教育部人文社会科学规划基金项目
"'一带一路'背景下中俄跨境电商与跨境物流协同发展研究"
（项目编号：21YJAGJW002）
国家社会科学基金重大项目
"建设面向东北亚开放合作高地与推进新时代东北振兴研究"
（项目批准号：20&ZD098）

普通高等教育物流类专业系列教材

物流服务质量管理：理论及应用

姜 岩 编著

机械工业出版社

本书针对我国物流行业服务质量亟待提升的现实及相关教研资料短缺的迫切需求，对物流服务质量管理基础理论及其在相关领域的应用展开全方位和多层面的论述。全书主要包括三部分内容：第一部分（第一至三章）重点阐述物流服务质量管理的核心概念与基本理论；第二部分（第四至八章）立足物流行业最新发展态势，对热点领域（电商、冷链、众包等）物流服务质量管理的理论及方法进行阐述；第三部分（第九章）从综合应用的角度阐述物流服务质量的标准化、控制与持续改进方法。本书注重理论与实践相结合，既介绍基础理论，又论述管理方法，帮助读者提高知识的应用能力，并为物流企业提升物流服务水平和改善服务质量提供指导。

本书既可作为普通高等学校物流管理与物流工程类专业的课程教材，也可作为相关物流企业工作人员的培训用书。

图书在版编目（CIP）数据

物流服务质量管理：理论及应用／姜岩编著 .—北京：机械工业出版社，2021.7

普通高等教育物流类专业系列教材

ISBN 978-7-111-68727-6

Ⅰ.①物…　Ⅱ.①姜…　Ⅲ.①物流–服务质量–质量管理–高等学校–研究　Ⅳ.①F252.1

中国版本图书馆 CIP 数据核字（2021）第 140903 号

机械工业出版社（北京市百万庄大街 22 号　邮政编码 100037）
策划编辑：常爱艳　易　敏　责任编辑：常爱艳　易　敏
责任校对：黄兴伟　责任印制：李　昂
北京中科印刷有限公司印刷
2021 年 10 月第 1 版第 1 次印刷
184mm×260mm · 16.5 印张 · 395 千字
标准书号：ISBN 978-7-111-68727-6
定价：49.80 元

电话服务　　　　　　　　　网络服务
客服电话：010-88361066　机　工　官　网：www.cmpbook.com
　　　　　010-88379833　机　工　官　博：weibo.com/cmp1952
　　　　　010-68326294　金　书　网：www.golden-book.com
封底无防伪标均为盗版　机工教育服务网：www.cmpedu.com

前　言

　　物流业是融合运输、仓储、货代和信息等行业的复合型服务产业，是支撑国民经济发展的基础性、战略性产业，也是推进质量强国建设的重要领域。近年来，我国物流行业快速发展，物流服务的标准化、规范化、信息化水平不断提高。2013年，我国物流市场规模首次超过美国，位居全球第一。但是，受经济水平、生产力、基础设施、市场化程度、信息化水平、客户需求等因素的影响，我国物流业呈现东部发展快、中西部发展慢，城市物流相对发达、农村物流滞后且水平较低的局面。物流行业质量标准和诚信体系尚不健全、质量管理的基础和能力有待提高、大型综合物流企业集团和物流服务品牌比较缺乏等情况的存在，制约了物流行业对国民经济保障和支撑作用的发挥。进一步提高物流服务质量水平，成为促进我国物流业持续、快速发展的迫切要求。

　　2017年4月，国家质检总局、国家发展改革委、交通运输部等11个部门共同出台《关于推动物流服务质量提升工作的指导意见》（以下简称《意见》）。《意见》提出：到2020年，基本建立规范有序、共建共享、运行协调、优质高效的现代物流服务质量治理和促进体系，物流行业服务能力和水平明显提升，优质服务、精品服务比例逐步提高；培育形成一批具有国际竞争力的大型本土物流企业集团和知名物流服务品牌，树立并强化"中国物流"优质服务形象。《意见》强调，要"加强服务质量测评指标、模型和方法的研究，以大型生产企业物流管理关键绩效指标为蓝本，研究建立涵盖物流服务及时率、准确率、破损率、投诉率、顾客满意度以及增值服务水平、服务保障能力、客户体验等各方面的物流服务质量综合评价体系"。《意见》聚焦影响物流服务质量的突出问题，吹响了全面提升我国物流服务质量的号角。本书正是在这一现实背景下推出的。

　　作者自20世纪90年代末起致力于客户服务管理方面的研究，2010年开始以物流服务质量管理为主要科研方向招收物流工程与管理专业研究生。在多年的教学和科研实践中，作者深感物流服务质量相关知识的重要性，但又为难以找到一本合适的教材而苦恼。目前，市面上关于服务管理和服务营销的教材不少，却还没有专门针对物流服务质量管理的教科书。尽管近年来涌现出了一批以"服务质量管理"为主题的专著和教材，但这些著作几乎都将服务质量管理纳入市场营销过程阐述，且其中很少对物流服务质量进行系统探讨。而近年来出版的以"物流质量管理"或类似题目为书名的教材，均侧重对物流过程质量的控制、检验等理论与方法的阐述，缺乏对物流服务质量的关注。

自 1954 年美国经济学家鲍尔·康柏斯提出"物流是市场营销的另一半"以来，物流已经成为独立于市场营销之外的一门学科。我国国家标准《物流术语》（GB/T 18354—2006）指出：物流是物品从供应地到接收地的实体流动过程，根据实际需要，将运输、储存、装卸、搬运、包装、流通加工、配送、回收、信息处理等基本功能实施有机的结合。可见，物流除却本身的特性外，还具有服务的特性——无形性、即时性、异质性、所有权的不可转让性等。因此，物流服务包含物流固有的属性和社会角色赋予的社会服务特性双重属性。对于服务产品而言，在需要物流服务的宏观背景下，质量是物流服务存在的生命线。物流服务质量管理就是借助管理学的框架——计划、组织、执行、控制——确保现有物流服务质量向标准物流服务质量的最优化靠拢。同时，物流服务质量管理汇聚物流管理、服务管理和质量管理三个学科领域的知识，日渐形成自身的学科特色和内容体系，并成为受到学术界和企业界日益关注的研究范畴。

基于上述背景，作者在系统地整理多年来的教学和科研成果的基础上编著了本书。本书共分为 9 章，对物流服务质量管理的基础理论及其在相关领域的应用展开全方位和多层面的论述，概括起来，主要包括以下三部分内容。

第一部分（第一至三章）为全书的理论基础，旨在阐述物流服务质量管理的核心概念与基本理论，具体包括服务与服务质量管理、物流服务质量评价与管理，以及第三方物流服务质量管理等方面的基础理论。

第二部分（第四至八章）立足物流业最新发展态势，对热点领域物流服务质量管理的理论及方法进行阐述，主要包括电商物流服务质量管理、冷链物流服务质量管理、众包物流服务质量管理、铁路物流服务质量管理、港口物流服务质量管理等内容。现代物流企业必须不断研究目标市场的物流特点和发展趋势，持续提升物流服务水平和服务质量，成为这些细分领域的物流服务专家。

第三部分（第九章）从综合应用的角度阐述物流服务质量的控制与改进方法，主要涉及物流服务质量的标准化、物流服务质量的控制，以及物流服务质量的持续改进三方面的内容。在物流不断系统化、专业化、社会化发展的同时，对物流服务质量的有效控制与持续改进成为企业提升物流服务质量的不懈追求。物流企业须在明确物流服务标准的基础上，遵循科学的方法实施物流服务质量控制及持续改进，以满足客户日益增长的对优质化服务的需求。

在本书的编著过程中，作者力求做到如下三个兼顾，以体现本书的特色。

第一，兼顾理论性与应用性。与大部分服务质量管理著作偏重理论性，而部分服务营销或质量管理著作侧重应用性不同，本书从读者需求出发，摒弃高深的理论研究和实证数据分析，将理论与实践结合起来，在每章内容中既概要介绍基础理论，又论述管理方法，但重在理论的应用。作者希望通过这样的安排，既能够帮助读者加深对基本概念和基础理论的认知，又能够促进读者理论联系实际，提高知识的应用能力。

第二，兼顾整体性与专门性。物流服务质量管理是物流管理和服务管理的核心内容。本书一方面兼顾物流管理学科的整体性，第一至三章重点对服务与服务质量管理、物流服务质量评价与管理、第三方物流服务质量管理的基本理论进行了提纲挈领的介绍，为后续章节内容提供理论基础；同时也兼顾专门性，第四至八章分别阐述了电商物流、冷链物流、众包物流等热点领域物流服务质量的评价方法及管理策略。

第三，兼顾学术性与可读性。本书坚持"够用、适度"的原则介绍物流服务质量管理的核心理论，避免与服务营销、服务管理及质量管理教材中的内容重复，如顾客满意、顾客忠诚、服务设计、质量认证、质量检验等内容都没有被包含在本书中。这样不仅可以使本书形成错位竞争优势，也更适于读者灵活的学习需求，便于读者专注并抓牢物流服务质量知识。同时，本书在介绍相关理论和方法时，尽量采用成熟理论、典型案例或企业实例，以增强实用性和可读性。

本书由大连交通大学教授姜岩博士编著。作者指导的硕士研究生闫芳、刘艳萍、郑毅、李莉娟、王岩、孟一哲、赵俊逸在初稿形成和教学资源建设方面提供了很大的帮助。中国物流学会常务理事、中国市场杂志社总编助理、《供应链管理》杂志主编马军博士在百忙中审读了书稿，并提出了宝贵的建议。

本书在编著过程中，参考了国内外相关学者的论文、著作及网络资源，在此深表谢意。尽管作者为撰写本书进行了多年的准备，但受精力和水平所限，书中难免存在一些不足之处，热忱希望广大读者提出宝贵的意见和建议，以便再版时修订。

姜　岩

目　录

前　言

第一章　服务与服务质量管理 ………… 1

引导案例　海底捞用服务打造品牌 … 1

第一节　服务的概念、特性与分类 … 2

第二节　服务科学的研究范式与
研究内容 ……………… 8

第三节　服务管理的含义与内容 …… 12

第四节　服务质量的内涵与评价 …… 16

案例讨论　迪士尼是否形成了一种顾客
服务质量管理理论 ……… 29

延伸阅读 ……………………… 30

第二章　物流服务质量评价与管理 …… 32

引导案例　佛山物流公司的一体化
服务 ………………… 32

第一节　物流服务质量的内涵 …… 33

第二节　物流服务质量的评价 …… 40

第三节　物流服务质量的管理 …… 49

案例讨论　中远货运的物流服务 … 55

延伸阅读 ……………………… 56

第三章　第三方物流服务质量管理 …… 58

引导案例　冠生园的"第三方
物流" ……………… 58

第一节　第三方物流概述 ……… 59

第二节　第三方物流服务质量的
内涵与评价 ………… 65

第三节　第三方物流服务质量
管理的内容与措施 ……… 75

案例讨论　大众包餐公司可否引入
第三方物流服务 ……… 82

延伸阅读 ……………………… 83

第四章　电商物流服务质量管理 ……… 84

引导案例　心怡科技的物流管理 … 84

第一节　电商物流概述 ……… 85

第二节　电商物流服务质量的
内涵 ……………… 93

第三节　电商物流服务质量的
评价 ……………… 98

第四节　电商物流服务质量管理的
关键因素与协同创新 …… 105

案例讨论　美国联合包裹公司开展
电子商务的启示 ……… 112

延伸阅读 ……………………… 114

第五章　冷链物流服务质量管理 …… 115

引导案例　鲜易控股的发展之路 … 115

第一节　冷链物流概述 ……… 116

第二节　冷链物流服务质量的
评价 ……………… 120

第三节　冷链物流服务质量管理
的内容和方法 ……… 129

案例讨论　麦当劳的冷链物流
管理 ……………… 138

延伸阅读 ……………………… 139

第六章　众包物流服务质量管理 …… 140

引导案例　京东众包：一场社会化

的电商革命 ·············· 140

第一节　众包物流概述 ·············· 142

第二节　众包物流服务质量的内涵
与评价 ·············· 148

第三节　众包物流服务质量管理的
问题与对策 ·············· 156

案例讨论　达达的众包物流服务 ··· 162

延伸阅读 ·············· 163

第七章　铁路物流服务质量管理 ······ 165

引导案例　铁路运输"华丽转身"
现代物流 ·············· 165

第一节　铁路物流概述 ·············· 166

第二节　铁路物流服务质量的
内涵 ·············· 174

第三节　铁路物流服务质量的
评价 ·············· 178

第四节　铁路物流服务质量的管理
对策 ·············· 190

案例讨论　宝供储运的成长
故事 ·············· 194

延伸阅读 ·············· 195

第八章　港口物流服务质量管理 ······ 197

引导案例　大连港的转型发展 ····· 197

第一节　港口物流概述 ·············· 198

第二节　港口物流服务质量的内涵
与评价 ·············· 205

第三节　港口物流服务质量管理的
环节与对策 ·············· 215

案例讨论　河北港口集团：从
"一煤独大"到"多点
开花" ·············· 223

延伸阅读 ·············· 225

第九章　物流服务质量的控制与
改进 ·············· 226

引导案例　S公司的质量改进 ····· 226

第一节　物流服务质量的标准化 ··· 227

第二节　物流服务质量的控制 ····· 234

第三节　物流服务质量的持续
改进 ·············· 244

案例讨论　美国家助公司 ·············· 253

延伸阅读 ·············· 254

参考文献 ·············· 255

第一章

服务与服务质量管理

 【学习目标】

知识目标

1. 掌握服务的概念与特性。

2. 了解服务的分类原则及方法。

3. 掌握服务质量的内涵与特性。

能力目标

1. 理解服务科学的研究范式与研究内容。

2. 理解服务管理的含义及内容。

3. 理解服务质量的评价模型及评价方法。

 【引导案例】

海底捞用服务打造品牌

海底捞成立于1994年，是一家以经营川味火锅为主、融汇各地火锅特色的大型直营餐饮品牌火锅店，目前已在我国多个城市及韩国、日本、新加坡、美国等国家和地区开设了百余家直营连锁餐厅。海底捞最负盛名的是它的服务，通过向顾客提供无微不至的"超级服务"，海底捞成功塑造了专业贴心的品牌形象。

前往海底捞就餐的消费者常常因为其热情周到的服务和照顾而受宠若惊：进门点餐时服务员会送上热毛巾和围裙，用餐时端茶倒水、帮忙涮锅也是随叫随到；对于长发女士会细心地提供橡皮筋，对于戴眼镜的顾客则会奉上眼镜布，以擦拭用餐时被热气模糊的镜片；对用餐顾客会额外赠送一些小礼物、水果等。同时，在顾客等候时，还会提供美甲、擦皮鞋等多项"奇葩"的服务。

很多消费者在享受到如此热情周到的服务后都大呼"过瘾"，因为这些无微不至的服务的确独此一家。而且，通过这些服务，大多数消费者的用餐体验提升很多，对海底捞也产生了深刻的印象和好感。海底捞优质、深入人心的服务，顾及了消费者在用餐时产生的多种需求，让消费者拥有了宾至如归的就餐体验。

资料来源：作者参考手机搜狐网相关资料编写。

思考：海底捞为什么推行独特的优质服务？

在经济全球化的趋势下，服务业快速变革，服务贸易迅猛发展，服务业就业人数持续增加，竞争日趋激烈。现今，服务经济在国民经济中的比重不断上升，服务业已成为推动国民经济增长、经济持续发展的重要动力。伴随时代的发展，"服务"被不断赋予新意，为顾客提供满意的服务成为越来越多企业的价值追求。海底捞通过提让顾客"过瘾"的服务，使顾客获得了独特的差异化就餐体验，从而使海底捞的服务营销大获成功。实际上，这不仅体现了海底捞强烈的人性化服务意识，更凸显了其具有一支专业化、高素质、制度优越的服务团队。借由该案例导入，本章将系统讲述服务的概念、特性与分类，服务科学的研究方式与研究内容，服务管理的含义与内容，服务质量的内涵与评价四个方面的内容。

第一节　服务的概念、特性与分类

英国经济学家约翰·哈里·邓宁（John Harry Dunning）在分析生产的服务形式时，曾把社会进化分为三个时期：从 17 世纪初到 19 世纪，是以土地为基础的农业经济；从 19 世纪到 20 世纪末，是以机器为基础的工业或制造业经济；从 20 世纪末开始，则过渡到了以金融或知识为基础的服务经济时代。服务业取代农业和工业成为国民经济的第一大产业，这是经济发展的必然趋势。然而，对于什么是服务，目前还缺乏统一的界定，众多学者从不同角度进行了广泛探讨。

一、服务的概念界定

服务是人们经常使用的一个词。从最广泛的意义上说，在社会分工存在的条件下，人们分别进行不同的劳动，在不同行业中进行操作，就是彼此为对方提供服务。但在现实生活中，由于社会分工的发展，一部分人不从事工农业生产，只为他人提供非工农业产品的效用或有益的活动，人们便把这种现象称为服务。实际上，服务还没有一个被普遍接受的权威观点。在现代经济理论中，学者们分别从不同角度出发界定出了多种服务的概念。

（一）从服务营销角度界定服务

市场营销（包括服务营销）领域强调服务与实体的联系，以及服务的相关特性（主要是无形性和所有权不可转移性）。美国市场营销学会（AMA）（1960）最早给出了服务的定义：服务是用于出售或连同产品一起提供的活动、利益或满足。市场营销学家菲利普·科特勒（Philip Kotler）则认为，服务是一方能够向另一方向提供的基本上是无形的任何活动或利益，并且不会导致所有权的转移。艾德里安·佩恩（Adrian Payne）认为，服务是一种涉及某些无形性因素的活动，它包括与顾客或他们所拥有财产的相关活动，不会造成所有权的变更，服务产出可能或不会与物质产品紧密相连。可见，他们给出的定义都强调了非所有权转移的特性。

（二）从服务过程角度界定服务

服务与普通产品最大的区别在于，它主要是一个过程、一种活动。服务可被视为一个"投入→变换→产出"的过程，任何一个企业的运营过程都是投入人力、物料、设备、技术、信息等各种资源，经过若干个变换步骤，最后产出的过程。但是，产品形态最后有两种：有形产品和无形服务。无论制造业企业还是服务业企业，提供的产出都是"有形产品＋无形服务"（或"可触＋不可触"），只是各自所占的比例不同。顾客无论是购买有形产品还是无形服务，都不是为了得到产品本身，而是为了获得某种效益或收益。对制造业企业的投入产出过程来说，投入的是制造产品所需的资源（人力、物料、设备等）；对服务业企业来说，有时顾客也是"投入"的一部分，有些服务甚至直接作用于顾客本身。

（三）从服务特性角度界定服务

服务是一种具有无形特征和交互作用的过程活动，它经常是与顾客进行"合作生产"而使顾客得到的利益或满足感。经济学家希尔（Hill）认为，服务是状态的变化，这种状态变化可以发生在某个经济主体的物身上，或是另外一个经济主体的劳动结果。从服务产生的结果出发，希尔揭示了服务包含的主体和客体，但过于笼统，因为"状态的变化"同样可以在有形产品中产生。格罗鲁斯（Grönroos）（2000）认为，服务是一种或一组具有无形性特征的活动，其最重要的功能就是向顾客提供问题的解决方案。

（四）从服务管理角度界定服务

在实物产品交易中，客户仅扮演购买者角色，而在服务交易过程中，客户同时也是协同生产者。基于这种观点，IBM 服务研究小组认为，服务是"供应商和客户协同创造或获取价值的交互过程"。在协同创造价值的过程中，客户直接体验服务所带来的满足感，并实时提出要求，从而对服务效果产生影响。由此，服务是向着效用最大化的方向不断修正的过程。

詹姆斯·菲茨西蒙斯（James A. Fitzsimmons）认为，服务是一种顾客作为共同生产者、随时间消逝的、无形的经历。厄尔·萨瑟（Earl Sasser）认为，服务管理包括生产管理、传递管理、运营管理，其研究的服务是那种与有形产品相关联的服务，强调从服务特性入手分析服务，所运用的理论大多数是从有形产品管理中引入的。服务营销学家瓦拉瑞尔·A. 泽丝曼尔（Valarie A. Zeithaml）认为，服务就是行动、过程和绩效。

（五）从与实体产品对比的角度界定服务

我国学者蔺雷、吴贵生（2007）在总结国内外学者对服务本质研究的基础上，认为除了从服务过程和服务的内在特征角度界定服务之外，还可以从与实体产品的对比中对服务的概念进行界定。典型的代表是 G. 佩里切利和菲利普·科特勒等，他们认为，产品与服务的形态是一个连续谱，以可触内容为主的称为有形产品，以不可触内容为主的称为服务。

上述关于服务的概念定义反映了服务的一些共性，也分别包含了与时代发展相关的一些元素，它们都从某个侧面反映了服务的性质。美国市场营销学会的定义是建立在传统的市场营销观念之上的，它将服务视为有形商品的一种附属物，因此，这个定义带有深刻的时代烙印。到了 20 世纪 70 年代，服务概念已经趋向于独立的"活动"说，而且已经触及服务深层的内容——所有权与服务对象的状态变化问题。20 世纪 80 年代之后，服务概念彻底摆脱了"商品"的"影子"，而且日趋科学化和完善化。特别是格罗鲁斯（2000）对服务概念的界定，拓展了服务概念的内涵和外延，使服务概念成为企业建立竞争优势的重要工具。同时，从这些学者的论述中可以看出，他们对于许多问题虽然在表述上尚存差异，但对服务本质的认识是基本一致的，如服务的无形性、互动性等，这为区分服务与商品奠定了理论基础。

归纳以上学术界对服务概念的界定，本书对服务给出如下定义：服务是服务提供者与服务接受者（服务对象）之间经由互动完成的具有一定无形性特征的活动或过程，其目的是使主体对象获得某种利益，并使企业通过差异化获得长期的竞争优势。

这一定义包含以下四个方面的含义：

第一，服务是一种无形活动（而不是有形的"物"）或过程。

第二，服务一般是在服务行为主体和服务对象的互动过程中完成的（而不是事先生产好的）。

第三，服务的结果是服务对象获得某种利益，发生"状态变化"（这种变化可能是物质形态的，如理发后发型的变化；也可能是精神形态的，如心理咨询后咨询者心理的变化）；而服务行为主体也获得自身的利益（利润）并建立起与其他服务行为主体不同的竞争优势。

第四，服务是一种"产品"，同时也是一种竞争工具和手段。特别是对于竞争激烈的制造业来说，获取竞争优势的途径不再是技术优势、产品优势，而是服务，尽管前两者依然非常重要。

从上面的定义可以看出，本书对于服务概念的界定，除了强调服务的本质属性外，还将服务延伸到了另外一个层次，即将其视为一种竞争的手段，一种获取竞争优势的工具。

二、服务的特性

服务是一种无形的过程和行为，不表现为一个实物形态，或者说它是一种运动形态的使用价值。在更广的意义上，服务还是由过程和行为造成的结果。由于服务的特殊性造成了人们对服务定义的不一致性，因此也就决定了服务特点的多样性和不确定性。

（一）无形性

无形性是服务与实物产品的最基本的区别之一，或称"不可接触性"。从服务营销和服务管理的角度来看，服务是一种活动、行为、体验和交互，是客户通过感知而获得的一种满足，不具有实物形态。例如保险公司的险种、银行的储蓄等，都是看不见、摸不着的产品。

服务是一种执行的活动，由于它的无形性，在被购买之前，顾客不能凭借视、听、味、触、嗅等感知实物产品的方法去感知服务的存在并判断其优劣，而只能通过搜寻相关信息、参考多方意见并结合自身的过往体验来做出购买决策，这正是服务与实物产品的差异所引起的。因此，在购买服务时，有时因为难以确定其品质而要承受不确定的风险。当然，服务的无形性也不是绝对的，许多服务都具有某种特点，并附着于有形物品而发挥作用。

（二）即时性

服务是无形的、易逝的，是一种生产与使用同时或几乎同时发生的事件或过程。服务的即时性主要表现在两个方面：一是不可分离性，二是不可储存性。

不可分离性是指服务的生产过程与消费过程同时进行，它不像有形产品那样，会在生产、流通、消费各阶段停留一定时间；服务的生产与消费过程通常是同时发生的，而服务产品与其提供来源大多是无法分割的。服务在本质上是一个过程或一系列的活动，消费者在此过程中必须与生产者直接发生联系。服务人员将服务提供给顾客的过程，也就是顾客消费和享用服务的过程，因此服务的生产和消费在时间上不可分离。服务的不可分割性使得在大多数情况下顾客必须介入生产流程，这就使服务的提供人员与顾客之间的互动极为密切，服务购买者对于服务品质也具有相当的影响力。

不可储存性是指服务具有很强的时效性，不像实物产品可以存储，一旦服务结束，产品立即消失，或称"易消逝性"。许多服务产品具有较强的时效性，如某个班次飞机、火车的座位，时间一过，产品立即消失，无法像有形的实物产品那样可事先储存起来以满足未来的需求。服务的不可储存性是由不可感知性以及服务的生产和消费的不可分离性决定的，如美容美发、餐饮服务、仓储运输服务、旅馆、旅游及医疗服务等。因此，由于服务的不可储存，服务能力的设定以及对服务需求的管理就显得非常重要。服务能力的大小、服务设施位置对服务业企业的获利能力具有至关重要的影响。服务能力不足会带来机会损失，服务能力过剩则会多支出许多费用。

（三）异质性

服务的异质性是指服务的构成要素及质量水平经常变化，很难统一认定。服务具有高度异质性，即使是同一服务，其质量受提供服务的时间、地点及人员等因素的影响也很大。尤其是必须有人员接触的服务，其服务的品质异质性更大，通常会因服务人员、接触顾客的不同而有所差异，服务的构成成分及其质量水平经常变化，甚至每天都有变化。由于服务无法像有形产品那样实现标准化，因此同一服务也存在质量差别。每次服务带给顾客的效用、顾客感知的服务质量都有可能不同。究其原因，服务的异质性是由服务提供者、服务消费者以及两者之间的相互作用三方面共同决定的。

① 服务提供者：不同服务人员的技术水平、服务态度及其努力程度会有所差异，这会产生不同的服务效果，顾客感知的服务质量因而也不相同。即使是同一名服务人员，其在不同时间和地点的行为也有所差异，因此提供的服务也会存在差异。

② 对服务消费者：顾客的个性化特征存在很大差异，如知识层次、兴趣爱好、道德修养等，时常会对服务提出特殊的要求，从而对服务的质量和效果有直接的影响。顾客的特殊要求使得服务质量标准有很大的弹性，因此服务质量可以在很大范围内发生变动，这也使得对服务质量的管理要困难得多。

③ 服务人员与顾客的交互作用：服务提供者和消费者本身的差异决定了两者之间的相互作用也存在差异，即使是同一服务人员向同一个顾客提供的服务也可能会存在差异。

（四）所有权的不可转让性

服务所有权的不可转让性是指服务的生产和消费过程中不涉及任何有形物品的所有权的转移，或者说服务与所有权无关。顾客在消费完服务后，不会获得像有形产品交易后那样的所有权的转移，服务消费者对服务只拥有使用权或消费权。例如，乘坐飞机抵达目的地后，除了机票和登机卡以外，旅客不再享受旅行服务，旅行服务的所有权不会发生变化；在银行提款后，储户取到了钱，但银行的服务也不会产生所有权的变更。

在服务的几种特性中，无形性是最基本的特性，其他的特性都是以这一基本特性为基础的。但同时服务的各种特性也相互影响、相互作用，它们共同构成了服务与有形产品之间的本质区别。正是由于服务的无形性，它才具有不可分离性，而服务的异质性、不可储存性、所有权不可转让性在很大程度上是由无形性和不可分离性两大特性决定的。此外，不同的特性对服务质量及营销管理的影响也有所不同，而将不同特性综合考虑，还会发现服务与商品的其他差异。

三、服务的分类

与服务的基本概念存在广泛争论一样，关于服务的分类也是众说纷纭。布莱森（Bryson）和丹尼尔斯（Danniels）（2007）曾经指出，（对于服务）有多少研究就有多少分类。

（一）服务分类的一般原则

服务分类最重要的就是确定分类维度。对于服务，在很长一段时间里，一直按照行业维度进行分类，这无益于发掘服务管理的共同特性。最近几十年来，服务营销学者从管理学角度对服务分类进行了大量探索性研究，提出了许多新的分类方法。

托马斯（Dan R. E. Thomas，1978）按照服务是由设备或人提供的分类维度，将服务分为：①设备提供的服务；②人工提供的服务。

蔡斯（Richard B. Chase，1981）按照服务提供者与服务对象的关系分类维度，将服务分为：①高接触服务业；②中接触服务业；③低接触服务业。

施米诺（Roger W. Schmener，1986）按照服务性企业劳动密集程度、顾客与服务人员相互交往程度与服务定制化程度，将服务分为：①服务工厂；②大众服务；③服务车间；④专业服务。

对于服务的分类仅仅确定分类维度是远远不够的，更为重要的是通过分类维度的确定寻找分析服务的方法，提炼不同服务所共有的特征，为服务管理提供富有战略性的建议。美国著名服务管理学者洛夫洛克（Christopher H. Lovelock）在 1983 年提出了基于五个分类维度的服务分析框架：①服务活动的性质；②顾客与服务机构之间的关系；③服务传递方法；④服务需求的性质；⑤服务的定制化程度和需求判断力等。

在活动的性质维度，可以将服务分为四种类型：①针对顾客人身服务的有形服务；②针对顾客思想的无形服务；③针对顾客实体财产的有形服务；④针对顾客无形财产的无形服务。这一分类方法能够让管理者明确服务活动的对象，分析服务活动的对象在服务前后的变化，进而更加深刻地理解服务活动的性质及本企业的服务可为顾客提供哪些核心利益。

在顾客与服务机构之间的关系维度，可以将服务分为四种类型：①持续性的会员关系服务；②间歇性的会员关系服务；③持续性的非会员关系服务；④间歇性的非会员关系服务。

在服务传递方式维度，可以将服务分为六种类型：①顾客到服务组织的单一网点服务；②顾客到服务组织的多网点服务；③服务组织到顾客处的单一网点服务；④服务组织到顾客处的多网点服务；⑤顾客与服务组织非直接接触的单一网点服务；⑥顾客与服务组织非直接接触的多网点服务。

在服务需求的性质维度，可以将服务分为四种类型：①生产能力能满足的需求波动大的服务；②生产能力能满足的需求波动小的服务；③生产能力不能满足的需求波动大的服务；④生产能力不能满足的需求波动小的服务。

在服务的定制化程度和需求判断力维度，可以将服务分为四种类型：①需要服务人员主观判断的高定制化服务；②需要服务人员主观判断的低定制化服务；③不需要服务人员主观判断的高定制化服务；④不需要服务人员主观判断的低定制化服务。

（二）服务的不同分类方法

人们从不同角度、不同维度给出服务的分类或分类组合。表 1-1 是几种有代表性的分类方法。

表 1-1　服务的不同分类方法

分类方式	希尔分类方案	洛夫洛克分类方案	坎宁汉姆分类方案
角度	面向供应方	面向供应方	面向需求方
种类	单一分类	组合分类	综合分类

（续）

分类方式	希尔分类方案	洛夫洛克分类方案	坎宁汉姆分类方案
维度	服务对象 状态持久性 效果可逆性 效果的物质性或精神性	活动的性质 顾客与服务机构之间的关系 服务传递方式 服务供需的性质 定制化程度与需求判断力	个性化与标准化 实物相关性

资料来源：陈红丽．物流服务质量管理［M］．北京：首都经济贸易大学出版社，2016：15．

希尔（1977）面向供应方从四个维度对服务进行单一分类：①服务对象（人、物）；②服务状态的持久性（永久性、临时性）；③服务效果的可逆性；④服务效果的物质性或精神性。这种分类方法强调服务的效果。

洛夫洛克（1983）面向供应方从服务营销角度针对五种营销特点进行组合分类，具体分类方法前文已介绍。

上述两种分类均是面向供应方进行的服务分类，而坎宁汉姆（2004）等抽取了一些最常用的分类维度，着重研究了服务对象在这些维度上对服务的感知，进而提出了一种全新的面向需求的服务分类方案：①服务的个性化或标准化；②实物相关性，即服务中是否存在实物成分。他认为这才是服务分类中最为重要的两个方面。

（三）商业和运作服务中的劳动力集中服务

日本学者清水（Kiyomizu，1994）将服务分为三个大类：智力和精神上的服务、行为上的服务、商业和运作的服务。智力和精神上的服务对行为上的服务产生影响，并且这两类服务共同成为商业和运作服务的基础。服务科学研究的服务是那些对自身或其他服务有影响的，并且给客户提供无形产品的商业和运作的服务。其他两方面的服务与社会和自然认知相连，并且都是商业和运作的基础。商业和运作服务是用来处理人类思维和行为的，而这正是服务科学感兴趣的方面。按照清水的观点，商业和运作的服务又可以分为四类（见表1-2）：集中于工作、特别技术和人类知识信息的服务，与商品货物很少有关联；提供商品货物设备的服务；处理货币资金的服务；处理不由人提供的信息的服务。在这些小类中，集中于工作、特别技术和人类知识信息的服务是服务科学所关注的，因为其涉及更多的人类思维与行为，并且涉及大量的劳动力集中的服务。

表1-2 日本学者清水（1994）对商业和运作服务的细化分类

	小类名称	具体内容	与实体的关联性
商业和运作的服务	集中于工作、特别技术、人类知识信息的服务	处理体力劳动的服务	很少有关联
		处理特定技术的服务	
		处理特定知识的服务	
	提供商品货物设备的服务	商品设备公共服务设施	有显著的关联
		提供可借用的服务设施	
	处理货币资金的服务	财政金融信用服务	关联较少
	处理不由人提供的信息的服务	信息收集、处理、储存、传播、生产的服务	较少关联

资料来源：陈红丽．物流服务质量管理［M］．北京：首都经济贸易大学出版社，2016：17．

第二节　服务科学的研究范式与研究内容

服务领域已经变得日益宽泛，学科交叉和智能化越来越普遍，服务科学是研究服务管理与工程的基础和前提。服务科学本质上集中于研究多个供求双方（如服务系统）由多阶段商业运作流程引导的服务，传统的研究角度在于经验和直觉，服务科学的角度在于科学建模方法的运用。服务科学通过关注基础学科、模型、理论及其应用来推动服务过程中创新、竞争和质量等问题的解决。

一、服务科学的基本含义

服务科学的概念最早是由 IBM 公司提出的。2004 年 12 月，IBM 公司首席执行官帕米萨诺（Samuel J. Palmisano）在一份题目为"创新美国：在充满挑战和变化的世界中持续繁荣"的报告中正式提出了服务科学的概念。他认为，服务科学是一种通过整合不同学科的知识来提供服务的创新。2005 年 7 月，IBM 公司结合服务科学研究的内容和方法，把服务科学正式更名为"服务科学管理与工程"（Services Sciences Management and Engineering，SSME），认为 SSME 是服务科学（Services Science）、服务管理（Service Management）和服务工程（Service Engineering）三者的结合。服务科学偏重建立适当的服务模型来对服务行为、能力、过程、咨询人员和客户进行正式的描述，特别是对他们之间关系的描述；服务管理侧重于为客户设计合适的服务方案，指导服务提供商提供受欢迎的服务等；而服务工程则是通过相应的方法论、技术平台和基础设施来支持服务生命周期中的分析、设计、建模、实施和运行管理等过程。

值得一提的是，我国学者李琪在 2005 年参加 IBM 举办的"服务科学学术研讨会"时率先提出了"服务学"的概念，到 2009 年，国内领先的学者们达成了基本的共识，将服务科学、管理与工程统称为"服务学"（SSME 或 Service Sciences）。至此，两个内涵一致的学科名称均有其适用的场合："服务学"多用于国内，"服务科学"则通用于国际。2009 年 5 月 14 日，在北京召开了服务学领域规格最高的国际会议——"2009 国际服务学会议"（2009 International Conference on Service Science）。

二、服务科学的研究范式

研究范式是一个学科或学术领域的公理性假设和逻辑前提，是开展学术研究与批评的基础。依据现有服务科学研究文献，可将服务科学的基本研究范式归纳为产品主导逻辑与服务主导逻辑两种。

（一）产品主导逻辑的主要内容

产品主导逻辑范式（Goods-dominant Logic）以产品为中心，以价值的"交换价值"含义为基础。在产品主导逻辑中，价值由企业创造并且通常通过产品和货币的交换在市场进行分配。"生产者"和"消费者"的角色是截然不同的，价值创造是企业的一系列专属行为。

在产品主导逻辑中，产品的价值在生产过程中嵌入到产品中，并最终通过市场价格的形式体现。服务在产品主导逻辑中或者被视为产品的一种类型，或者被视为增加产品价值的附属物。在产品主导逻辑中，虽然认为服务不同于产品，但是忽视了两者的本质区别，管理产品生产的方法同样被用来管理服务生产和传递。

（二）服务主导逻辑的主要内容

服务主导逻辑（Service-dominant Logic）认为，基于服务的基础构建服务理论是理解所有经济活动的一般基础，而消除生产者和消费者之间的区别是构建一个基于服务主导逻辑理论的首要任务。

服务主导逻辑认为，所有的经济交换均以服务为基础，产品只是资源传递和应用的工具。服务主导逻辑以价值的"使用价值"概念为基础，"生产者"和"消费者"的角色没有被明显区分，价值由两者在资源整合和能力应用的相互作用中共同创造，知识和技能是获取竞争优势和创造价值的关键资源。瓦戈（Vargo）和卢斯科（Lusch）（2008）在研究基础上列出了服务主导逻辑的 10 项基本假设，见表 1-3。

表 1-3　服务主导逻辑的基本假设

序号	假 设 内 容	解　释
1	服务是经济交换的基础	服务主导逻辑中的"服务"是交换的基础
2	间接交换掩饰交换的基础	服务通过物品、货币或其他能力的复杂结合体来提供，交换的服务基础不明显
3	产品是服务供应的分配机制	产品通过使用获得价值
4	操作性资源是竞争优势的基本源泉	参与竞争需要资源优势
5	所有的经济都是服务经济	服务更加具有专业化和外包特征
6	顾客常常是价值的共同创造者	价值创造是相互作用的过程
7	企业不能传递价值，只是提出价值主张	企业不能单独创造和传递价值
8	服务中心视角本质上是顾客中心	服务以"顾客决定利益"的方式定义
9	所有社会经济参与者都是资源整合体	价值创造的背景是价值网络
10	价值通常由受益者决定	价值具有体验特征和情景特征

资料来源：VARGO S L, LUSCH R F. Service-dominant logic continuing the evolution ［J］. Journal of the Academy of Marketing Science, 2008, 36（1）: 1-10.

1. 服务主导逻辑下的资源观

在服务主导逻辑下，对价值的理解转向整合资源的过程。瓦戈和卢斯科（2004）认为，产品主导逻辑和服务主导逻辑的根本不同在于看待经济交换基础的视角不同：产品主导逻辑聚集于物质性资源，将服务视为产出单元；而服务主导逻辑聚集于知识性资源，将服务视为与其他主体共同创造价值的过程，服务的价值来源于知识性资源的交换和应用。事实上，在服务主导逻辑下，所有的经济都是服务经济，产品只是服务提供的载体，是服务能力的传递者，在经济交换中表面上是提供有形产品，实际上是提供一种服务和解决方案。

2. 服务主导逻辑下的价值创造

服务主导逻辑是服务科学和服务系统中价值创造研究的基础，服务主导逻辑以知识和技能为核心，通过知识和技能使静态的资源动态化，强调客户参与共同价值网络。产品只是被看作价值创造的一个输入因素，只有与知识和技能等资源相结合才能产生价值，单个产品是没有价值意义的。瓦戈和卢斯科（2004）从九个方面提出了产品主导逻辑和服务主导逻辑下价值和价值创造的主要区别（见表1-4），强调价值是在服务供应方和客户互相交换能力的过程中产生的，由两者共同创造。

表1-4 产品主导逻辑和服务主导逻辑下的价值创造

内 容	产品主导逻辑	服务主导逻辑
价值驱动	交换价值	使用价值
价值创造者	企业在供应链的投入	企业、网络伙伴和客户共同创造价值
价值创造过程	企业将价值嵌入产品或提供的服务	企业通过市场提出价值主张，客户通过使用共同创造价值
价值目的	增加企业财富	通过其他服务系统的知识和技能的应用，加强系统的持久性、适应性和系统能力
价值测量	交换中得到的价值，体现为价格体现	系统的适应性和持久性
使用资源	主要是对象性资源	主要是操作性资源，有时通过对象性资源传递
企业的角色	生产和分配价值	提出价值主张，共同创造价值，提供服务
产品的角色	一种产出，嵌入价值的对象性资源	操作性资源的传递者
客户的角色	"用尽"企业创造的价值	通过整合企业资源和其他公共或私人资源，共同创造价值

资料来源：VARGO S L，LUSCH R F. Evolving to a new dominant logic for marketing [J]. Journal of Marketing, 2004, 68 (1)：145-152.

三、服务科学的研究内容

现代服务业发展的基础理论逐渐成为近年来的研究热点问题。在服务科学的基础理论研究方面，研究者主要从工程技术、管理学、心理学和社会学等多学科角度构建了服务科学的学科体系，也对服务科学的背景知识和分析方法进行了深入探讨。在服务科学的应用方面，研究者主要从信息技术的角度利用标准网络服务技术和服务导向结构，研究服务导向计算、服务工程和服务模拟等微观问题，以提高服务效率。

（一）服务科学的基础理论研究

在服务科学的基础理论方面，目前主要涉及的重点研究领域及关键问题有以下几个方面。

1. 行为科学与经典理论相结合

服务中最重要的因素是人及其行为，考虑到人的有限理性特征，需要将行为科学与经典的运筹学、统计学、信息学和博弈论相结合，建立行为运筹学、行为统计学、行为信息学和行为博弈论的理论体系，为以人为中心的服务系统的性能分析、最优设计和最优控制的研究和应用奠定理论基础。

2. 信息不对称问题

服务具有无形性的特征，服务提供者和客户之间由此会出现信息不对称的问题。因此，服务定价、服务质量控制、服务过程控制、服务效果及风险评估、服务的不确定性问题研究，以及客户对服务提供者的信任评价、风险评价等，都是亟待解决的问题，也是服务科学研究的重点问题。

3. 服务优化相关问题

服务是服务提供者和客户的交互行为，需要对服务提供者和客户两个方面进行优化：①进行服务的分类研究，针对不同类型的服务，提取知识并将其组件化、标准化，为服务的标准化和定制化以及大规模柔性服务奠定基础；②服务需求预测、服务资源合理调度和配置、服务过程优化、服务流程优化、服务质量控制、服务功能配置、客户满意度问题研究等。从客户角度，有对服务效果评价、服务提供者的评价体系等问题的研究。另外，还有关于服务系统间的资源配置、服务系统的成本优化、服务系统信息交流平台和机制的研究，以及服务系统之间相互作用的最优路径设计和研究等，都将丰富服务科学理论。

4. 技术方面

这方面的研究内容包括：服务交付技术、信息与通信技术、服务隐私和安全保障技术，以及数学、物理等自然科学研究方法在服务科学领域中的应用；面向服务的体系结构、服务模型驱动的体系结构、价值知觉的服务工程方法体系、信息服务与服务外包、面向双边资源整合的服务模式及技术等方面的研究等。

5. 其他方面

服务科学相关的人才培养是服务科学的重点和难点之一。人与技术、人与信息、技术与信息之间的关系，以及服务系统内外部关系研究都是服务科学需要解决的问题。由于服务具有多方共同创造价值的特点，因此，服务相关的法律法规及政策研究，将为服务提供和服务纠纷的解决提供法律保障。

（二）服务科学的应用研究

目前，服务科学的研究主要针对服务在现实世界中的应用，覆盖了服务设计、服务运营、服务交付及服务创新等内容。

1. 服务设计

服务设计（Service Design）包括一项服务的全部相关体验的设计，以及对提供这项服务的过程与策略的设计。服务设计不仅关系到顾客、组织与市场，而且关系到如何将新创意、新观点转化为可行方案直至实施。服务科学的发展首先需要在服务设计方面有所突破。从服务设计的研究方向来看，主要可分为服务设计理论、服务设计方法、服务代表、服务美学以及服务设计教育等五个方向。从服务设计的对象来看，现有研究从人际交互系统、技术提升、自主服务、计算服务系统、多渠道和多设备以及定位、语境感知 7 个方面构建了复杂服务系统，因此服务设计的应用主要涉及这 7 个方面。而在实践应用中较为突出的是企业服务系统的设计，从商业服务的角度出发构建业务架构，改进企业服务系统。

2. 服务运营

服务运营（Service Operation）是指对服务体系的构造、测量以及控制，聚焦于实现一项服务的基本过程，包括列队管理、需求预测以及生产计划等。值得注意的是，服务运营是从商业角度而不是工程角度出发对服务进行管理。一般来说，服务运营部分包括服务系统管理与服务系统工程的各种相关研究。服务运营管理覆盖了一项服务涉及的所有环节，关系到商业策略的制定与实施，以及员工的能力管理、日常所需的设备管理等。服务运营管理要解决的问题是，如何在正确的、恰当的时间为适合的顾客提供所需的服务。为解决这一问题，服务运营管理应该理清三方面问题：①目标市场与顾客的正确划分；②将服务理解为复杂的产品捆绑；③设计完善的服务交付系统。

3. 服务交付

服务交付（Service Delivery）主要是从应用的角度，关注服务交付如何实施，采用分析技术（如自助服务系统）研究服务交付优化等问题。一些研究者认为，虽然企业管理者是决策制定者，但感受到顾客想法的往往是服务者而非管理者，管理者制定决策到最终的服务交付是两个过程，因此如何优化服务交付对价值的创造非常重要。部分研究者进一步指出，服务交付的优化在于服务交付的创新，而服务交付的创新需要具备6个要素：网络组织模式、灵活可变的工作流程、全球化资源、客户与供应商协作、持续的创新以及技术支持。

4. 服务创新

服务创新（Service Innovation）可以是服务产品的创新，也可以是服务过程的创新，既包括新服务的发展、服务产品的创新，又包括服务提供过程中的创新。由于服务创新能够有效地提高服务产出率、服务质量以及服务系统的增长和回报率，因而对于服务科学而言至关重要。如何实现服务创新，成为服务科学必须解决的首要问题。以往服务创新的研究多集中于分析服务创新的类别、创新的过程及创新的动力，相关服务创新的研究与成果主要集中在信息与通信技术（Information and Communications Technology，ICT）的创新与应用方面。越来越多的研究者意识到，顾客共同创造价值是理解服务创新的核心概念，顾客在服务生产和服务创新中具有重要的作用。服务创新不能仅从技术的角度出发，还要从商业的角度出发考察客户的需求，这样服务提供者才能凭借自己独特的服务功能及服务资源与其他服务提供者区别开来。格罗鲁斯认为，服务中的交互是构建市场的基础，服务中的交互聚焦于客户价值的创造以及价值的实现，并且有助于企业和客户之间的协同创造。

第三节　服务管理的含义与内容

服务管理是面向服务竞争社会而产生的一种新的管理模式。服务管理来源于多个学科，是一种涉及企业经营管理、生产运作、组织理论和人力资源管理、质量管理等学科领域的管理活动。

一、服务管理的含义

从20世纪60年代开始，服务管理已成为国内外管理界一个新的重要研究领域，并获得了丰硕的成果。对服务问题最早进行专门研究的是一些北欧的营销研究人员。他们根据营销活动中的服务投入、服务产出和服务传递过程的特性，进行了大量卓有成效的研究，提出了一系列新的模型、概念和工具，并把这些研究成果归类为"服务营销"。服务营销作为服务管理的一个研究领域，对服务管理理论体系的形成起到了重要的开创作用。

（一）服务管理的基本概念

首先对服务管理提出人们普遍接受的定义的是格罗鲁斯和阿尔布里奇（Albrecht）。格罗鲁斯（1994）认为，服务管理是以客户、客户感知质量为导向，注重长期关系和内部开发的一种综合管理方法。他们两个人的定义有一个共同之处，就是把服务管理的含义界定得十分明确，即"将顾客感知服务质量作为企业经营管理的第一驱动力"。

由于服务过程本身的特点，客户在消费服务产品时的心理、消费地点、消费过程的差异性，使得不同的客户在进行服务产品的消费时可能会获得不同的消费效用，即感知服务质量可能存在差异性，这些造成了对于服务管理的对象——服务产品的内容界定会产生一定的困难，也增加了企业实施服务管理行动的难度。因此，如何更好地界定服务内容，就成为企业为客户提供更加满意的服务产品的关键。

（二）基于 Web 的服务管理

Web 服务是一种互联网的分布协同的计算模式，它使用标准的互联网协议，如超文本传输协议（HTTP）和 XML 等，并为客户提供特定的功能。根据接入性质和目的，基于 Web 的服务管理中网络实体可分为三种角色：①客户是提出具体或模糊需求的对象实体；②服务供应商是提供原 Web 服务，并对 Web 服务实施部分管理功能的对象实体；③服务管理者是服务管理中的控制中心，参与协调不同角色之间的各种操作，并负责服务的质量、等级的控制和安全管理。

涉及的角色不同，服务管理的出发点和侧重点也不同。从客户的角度出发，基于 Web 的服务管理的内容包括服务定制、服务检索和服务支持。从服务供应商的角度出发，基于 Web 的服务管理的内容包括从服务设计、创建开始，到服务的测试、发布、重组、集成和支持，以及服务的二次开发、功能调整和最终注销的整个过程。从服务管理者的角度出发，基于 Web 的服务管理的内容包括服务注册、客户注册、服务供应商注册、结算中心、安全控制、质量控制和服务导航，以及综合服务集成等。

二、服务管理的内容

服务管理所要研究的是如何在服务竞争环境中对企业进行管理并取得成功。概括起来，服务管理主要涉及服务运营管理、服务质量管理、服务创新管理三个方面。

（一）服务运营管理

服务管理主要是指服务运营管理。服务运营管理包括服务需求预测、生产能力、排队管理、供应管理、辅助物品管理等方面。服务运营管理是服务科学管理与工程（SSME）在运营管理方面的研究。SSME 通过科学方法有效地管理商业组织，例如服务中的客户关系管理就可以通过专业的 CRM 软件进行分析，以更有效地处理客户关系。类似的还有企业资源规划、供应链关系管理、财务系统、人力资源管理等方面，因此，服务运营管理是 SSME 关于运营管理的子学科。

服务运营管理涉及对服务内容、服务提供系统以及服务运作过程的设计、计划、组织与控制等活动。

1. 服务营销管理

服务营销是指服务供应商向客户销售服务而开展的一系列营销活动，以提高客户满意度和顾客忠诚度，从而使客户购买且重复购买其服务产品。服务营销的核心是客户满意和客户忠诚，方式是营销活动，目的是盈利和推动企业的成长。

服务营销是服务科学管理与工程在营销方面的应用和发展。我国的服务营销研究主要涉及服务竞争与战略、服务传递和执行、倾听客户需求、认识客户需求等 4 个大类，又可以分为服务品牌、服务质量、客户和关系营销等 8 个主题。SSME 强调多学科的整合，是一个广义的范畴，可以涵盖这些方面。而且 SSME 的发展可以使服务营销更加理性，用科学方法、模型、工具代替经验和直觉，使服务营销更科学。服务营销强调生产过程和消费过程的有机整合，将营销活动纳入服务过程，但是 SSME 强调服务生产和消费形成服务系统，营销只是服务系统中的一环。因此，服务营销是 SSME 在服务方面的子学科。

从现有的研究成果来看，服务营销管理主要涉及客户感知价值、客户感知质量、服务保证、客户忠诚、服务情绪与行为、客户保持、服务失败后的客户反应、客户满意、服务供应商-客户关系、客户信任等方面。

2. 服务运营的定制模式

建立在对客户个性化需求的认知之上，以提高客户的感知质量为核心，实施服务定制营销，建立柔性"定制"运营模式已成必需。定制的思想来源于精益生产，两者都是在需要的时候，按照需要的数量生产出需要的产品，都强调零库存、低成本和快速反应，都来源于"工艺多样化"。因此，准时制生产方式（JIT）同样适用于服务企业。但是，定制思想比精益生产思想更强调客户的互动参与。在此过程中，客户的意见、建议对服务的生产、交付、传递有很大的影响。服务定制模式的构建需要考虑如下问题：①充分理解和把握客户需求；②建立与客户的新型关系；③重新界定"固定成本"与可变成本；④适时地调整和变革企业运营的价值链；⑤提高隐性知识向显性知识的转化率；⑥借鉴 JIT 库存管理经验。

3. 服务人员管理

服务质量不像工业产品那样易于标准化。服务通常不能与服务人员分离，而同一服务由数人操作，其服务品质难以完全相同；同样的服务由同一人完成，每次的成果也很难完全一致，因而服务品质难以像工业产品一样标准化。企业要力求始终如一地维持高水平，建立客户信心，赢得良好的信誉，就应在服务人员的挑选、培训、激励、授权等方面进行科学化、人性化管理。在服务人员的管理方面，应重点把握如下要点：①甄选合适的人员；②落实教育训练；③尊重员工并人性化对待；④充分授权。

（二）服务质量管理

服务质量管理是指通过各种措施对企业服务行为进行策划、实施、控制，以提高企业的服务质量、增加企业效益的过程。鉴于服务交易过程的顾客参与性以及生产与消费的不可分离性，服务质量是在发生服务、生产和交易过程中的真实瞬间实现的，因此服务质量也就是顾客感知的质量。

1. 服务质量研究

服务管理的核心是服务质量。国外对服务质量广泛而深入的研究始于 20 世纪 80 年代初。在大量研究成果中，最具代表性的是芬兰学者格罗鲁斯发表的一系列论著。他根据认知心理学的基本理论，提出了客户感知服务质量的概念，论证了服务质量从本质上讲是一种感知，是由客户的服务期望与其接受的服务经历比较的结果。服务质量的高低取决于客户的感知，其最终评价者是客户而不是企业。格罗鲁斯在这一领域的研究成果为服务管理理论体系的形成奠定了基础。

20 世纪 80 年代以后，美国哈佛大学商学院、范德堡大学服务研究中心等院校的学者和专家在服务质量领域的研究日趋深入。汉斯凯特（Heskett，1994）在有关研究中探讨了影响利润的变量及相互关系，建立了"服务利润链"模型，形象而具体地将变量之间的关系表示了出来。这一模型对研究服务问题和寻找影响服务质量的原因具有十分重要的作用。拉斯特（Rust，1995）在主持服务质量回报的研究中阐述了提高服务质量给企业带来的收益及其途径，论证了服务质量与企业营利性之间的关系：第一，从广义的服务质量角度来看，高质量可减少返工成本，进而导致高利润；第二，高质量可以提高客户满意度，可达到效率提高、成本降低的目的；第三，高质量可吸引竞争对手的客户，产生高的市场份额和收益。

与国外研究相比，我国服务质量研究起步较晚，大多数研究还处于对国外现有理论的实证验证上，对理论创新和发展的贡献还远远不够。近年来，我国学者开始对服务质量进行更为深入的研究。例如，汪纯孝（1996）对于服务质量管理进行了系统总结；范秀成（1999）从服务交互过程入手，分析了服务交互的性质、交互质量的含义和改善交互质量的途径；韦福祥（2003）就服务质量与顾客满意之间的关系进行了研究。

2. 服务质量控制

服务质量控制的主旨是满足客户需求。服务质量越高，客户的满意度就越高。服务的差异性是造成服务质量不易控制的因素之一。为了降低服务差异性造成的质量不稳定，企业内部需要制订一套标准作业流程，以利于服务动作的统一。只有具备一系列标准的动作及语言，才能将由不同服务人员展现的服务差异降到最低。在运用新技术产品以提升服务水准和效率方面，更需注意质量管理。另外，还可通过订立衡量绩效的准则，建立一个成果督促的自动控制系统；也可以实行全员参加、全过程、全因素控制的全面质量管理，即PDCA 循环[⊖]。

3. 服务质量评估

服务的"无形性"决定了其交易前的难以评估性。由于服务是一种体验和效用满足，而客户体验难以统一，即使能提供完全一致的服务，不同客户所获得的效用满足仍可能千差万别。用主观效用理论来解释，即每个客户的主观效用函数及其参数是不一致的。

经典的主观效用理论以及实验经济学、行为经济学理论在决策领域取得了巨大的成功。如何运用这些理论，结合服务的特征建立一套科学的服务评估体系，是服务科学管理与工程所倡导的对服务进行形式化表述的重要方面。服务形式化是服务效果与风险预测、定价以及生产力量化建模的基础。显然，运筹学、博弈论等理论是服务量化分析的重要理论工具。只有对服务效果与风险进行合理预测，才能明确服务运作的目标，常见的工具包括收益最大化、成本最小化和社会福利最大化等，并在一定条件约束下（如能力约束、资源约束等）确定服务价格、生产力和策略等，以实现整体最优。服务科学管理与工程特别强调从整体，即服务系统角度对服务进行研究，这就很自然地带来了如下问题：能否将传统供应链思想应用于服务研究领域，服务供应链成员之间的合作与协调如何开展，供应链集成优化所带来的收益改进如何在各成员间进行合理分配等。这些问题需借助供应链集成建模、合作博弈分析等来解决。

（三）服务创新管理

服务创新（Service Innovation）就是使潜在用户感受到不同于以前的崭新内容，是指新的设想、新的技术手段转变成新的或者改进过的服务方式。由于服务处在不同行业时，其内容、性质和功能等均存在很大差别，因此学者们界定服务创新的视角各有不同。本茨

⊖　PDCA 循环将质量管理分为四个阶段，即 Plan（计划）、Do（执行）、Check（检查）和 Act（处理）。

（Betz）（1987）是最早提出服务创新概念的学者，他认为服务创新不同于产品创新、技术开发创新以及过程创新，它是一种依据技术导向融入市场的新服务。布拉兹（Blazevi）和利文斯（Lievens）（2008）则认为，服务创新是指一种企业服务要素的变化，这种变化是由于企业想要提升服务质量和创造新的市场价值而发生的，并且他们还认为服务创新是一种动态过程，这种动态过程是企业服务系统进行的一种目的性、组织性的变革。还有一些学者，如盖雷（Gadrey）等人（1995），从服务业的本质特征出发，认为服务创新不仅局限于产品，还是人力资本、技术、组织和能力的集成，为特定的客户群体谋求新的解决方案。

对于服务创新管理的内涵，目前并没有统一的界定，尚未形成完整的研究体系。狭义上，服务创新管理可以简单地理解为服务业中的一系列创新行为和为服务创新而组织的活动。有学者给出了服务创新管理的新界定，他们通过研究服务业的无形性、易逝性、不可存储性和难以复制性等本质特性之后，认为服务创新管理是指当服务型组织为了自身能够获得更多的商业利益和相应的社会利益，而向服务目标顾客提供更周到、更准确、更高效、更满意的服务，这种服务可能包括支持性设备、辅助物品、显性服务、隐性服务等诸多要素，这些要素即构成了企业服务创新管理。狭义的服务创新管理可分为产品创新管理、过程创新管理、传递创新管理、市场创新管理、技术创新管理、组织创新管理、重组创新管理、专门化创新管理和形式化创新管理等形式。广义上，服务创新管理是指与服务相关的组织为了得到更多利益，创造出更大的价值而进行的所有创新性服务活动。广义上的服务创新管理不仅包括狭义服务创新管理，而且还要求企业提供承载了产品特色的服务管理。因此，广义服务创新管理研究体系范畴较大，基本涵盖了所有和服务相关的创新。

第四节　服务质量的内涵与评价

服务管理的核心是服务质量问题，特别是服务管理理论中涉及的全面服务质量管理思想、服务利润链理论等内容，也是企业管理理论中的重要组成部分。目前，激烈的市场竞争、多样化的顾客需求及日趋成熟的顾客心理，使顾客对企业的产品和服务质量更加关注和重视。从服务管理的内容来看，顾客感知是服务内容的关键，服务质量也因此被看作顾客感受与他们的期望之间的差异，服务质量的评价最终也是由顾客而非企业决定的。

一、质量的概念及特性

质量的内容十分丰富，随着社会经济和科学技术的发展，还在不断充实、完善和深化，同样，人们对质量概念的认识也经历了一个不断发展和深化的历史过程。

（一）质量的概念

原始时代，生产者即消费者，他们以生产出自己生活所需要的产品为满足。直到出现劳动分工，质量意识才开始萌生。但产品的质量依靠掌握熟练技术和技巧的工匠来保证，并没有人对"质量"进行深入的理论思索。

20世纪初，随着人们对质量问题的重视以及对质量概念认识的深化，一些学者和专家提出了质量的符合性定义，即质量是产品符合标准的程度（Conformance to Standard）。

1956年，美国通用电气公司的工程师费根堡姆（Armand Vallin Feigenbaum）提出了

"全面质量管理"（Total Quality Management，TQM）的概念，主张从产品设计、制造到销售、使用等各个环节都开展质量管理，建立质量保证体系，以确保最经济地大批量生产出用户需要的产品。

同时期，美国著名的质量管理专家朱兰（Juran）博士从顾客的角度出发，提出了产品质量就是产品的适用性，即产品在使用时能成功地满足用户需要的程度。用户对产品的基本要求就是适用，适用性恰如其分地表达了质量的内涵。从这个意义上来说，质量并不要求技术特性越高越好，而是追求诸如性能、成本、数量、交货期、服务等因素的最佳组合，即所谓的"最适当"。

20 世纪 60 年代，全面质量控制的概念开始广为人知，其中主要主张有强调全员参与、全公司范围和全过程控制，下道工序就是用户，满足用户需要等。这一时期，出现了质量是指满足顾客（或用户）需要的程度的定义。

20 世纪 80 年代末，国际标准化组织制定了《质量管理和质量保证》（ISO 9000）系列标准，将质量定义为"反映实体满足规定和潜在需要能力的特性综合"，并做了比较全面的解释。2000 年 7 月，国际标准化组织又将质量的定义修改为：一组固有特性满足要求的程度。这一定义既反映了要符合标准的要求，也反映了要满足顾客的需要。

通过人们对质量概念的认识过程可以发现，质量概念的演变经历了如下三个阶段。

1. 符合性质量

这一观点认为，质量只是符合标准的要求。这是长期以来人们对质量的理解，但是如果标准不先进，即使是百分之百符合，也不能认为是质量好的产品，于是质量的概念在满足符合性的基础上又产生了"适用性"的概念。

2. 适用性质量

这种观点认为，质量是以适合顾客需要的程度作为衡量的依据，即从使用的角度来定义质量，认为产品质量是产品在使用时能成功满足顾客需要的程度。"适用性质量"概念的发展，表明人们在质量概念的认识上逐渐把顾客的需求放在了首位。但是，满足顾客使用需要的产品质量还不一定使顾客满意，于是质量的概念开始向"顾客满意质量"演变。

3. 顾客满意质量

顾客（和相关方）满意的"要求"是广义的，它除了适用性外，还可能是隐含的要求。如对汽车来说，顾客除了要求其美观、舒适、轻便、省油以及能提供方便良好的售后服务之外，还可能有法律法规方面的要求，如发动机排放物符合排放标准，制动器的安全可靠性高等。

（二）质量的特性

质量特性是指产品、过程或体系与要求有关的固有属性。质量概念的关键是"满足要求"，这些"要求"必须转化为有指标的特性，作为评价、检验和考核的依据。由于顾客的需求是多种多样的，因此反映质量的特性也应该是多种多样的。

质量特性可分为真正质量特性和代用质量特性。所谓"真正质量特性"，是指直接反映用户需求的质量特性。一般来说，真正质量特性表现为产品的整体特性，但不能完全体现在产品制造规范上，而且在大多数情况下，很难直接定量表示。因此就需要根据真正质量特性（用户需求）相应地确定一些数据和参数来间接反映它，这些数据和参数就称为"代用质量特性"。

对于产品质量特性，无论是真正质量特性还是代用质量特性，都应当尽量定量化，并尽量体现产品使用时的客观要求。把反映产品质量特性的技术经济参数明确规定下来，作为衡量产品质量的尺度，就形成了产品的技术标准。产品技术标准代表产品质量特性应达到的要求，符合技术标准的产品就是合格品，不符合技术标准的产品就是不合格品。

另外，根据对顾客满意的影响程度不同，还可将质量特性分为关键质量特性、主要质量特性和次要质量特性三类。关键质量特性是指，若不符合规定的特性值要求，会直接影响产品安全性或导致产品整体技能丧失的质量特性。主要质量特性是指若不符合规定的特性值要求，将造成产品部分功能丧失的质量特性。次要质量特性是指若不符合规定的特性值要求，暂不影响产品功能，但可能会引起产品功能逐渐丧失的质量特性。

二、服务质量的内涵与特性

关于服务质量方面的研究一直是学术界研究的焦点，但是由于服务本身所具有的无形性、异质性等特点，人们很难对服务质量进行衡量。自 20 世纪 70 年代以来，学者们不断致力于揭示服务质量的内涵。

(一) 服务质量的内涵

早在 20 世纪 70 年代，学者就开始了对服务质量的概念及内涵的探索。莱维特（Levitt）（1972）认为，服务质量是指客户接受服务的结果能否达到甚至超越其预期。朱兰（1974）博士认为，服务质量可以分为 5 部分：技术方面（如服务的困难度）、心理方面（如感觉）、时间导向（可靠度和持续性）、契约性（保证服务）和道德方面（如服务人员的态度和诚实服务等）。

1982 年，格罗鲁斯第一次提出了"顾客感知服务质量"这一概念，认为服务质量是客户的主观感受，由客户的服务期望与感知实绩的差异决定，因此服务质量的评价者应该是顾客而不是企业。同时，他还界定了顾客感知服务质量的两个基本构成要素，即技术质量（服务结果）和功能质量（服务过程）。2000 年，格罗鲁斯又对顾客感知服务质量的构成与决定要素进行了详尽的探讨，提出了良好服务质量的 7 个维度：①职业作风与技能；②态度与行为；③服务的易获得性和灵活性；④可靠性与信任性；⑤服务补救能力；⑥服务环境组合；⑦声誉与信用。其中，①为技术质量，②~⑥为功能质量，而⑦则为感知质量的"过滤器"。

帕拉苏拉曼（Parasuraman）、泽丝曼尔（Zeithaml）和贝利（Berry）等人（简称"PZB"）（1985）认为，服务质量取决于顾客购买前的期望、感知的过程质量和感知的结果质量。当顾客期望未能被满足时，代表"不能接受的质量"；当达到顾客期望时，表示"满意的质量"；而服务超过顾客期望水平时为"理想的质量"。因此，顾客对服务质量的满意度主要基于期望服务水平与实际服务水平的比较。在此基础上，PZB 提出了衡量服务质量的 10 个维度：可靠性、响应性、胜任力、接近性、礼貌性、沟通性、信赖性、安全性、了解性和有形性，并于 1988 年将 10 个维度缩减为 5 个，即有形性、可靠性、响应性、保证性和移情性，创建了评估服务质量的 SERVQUAL 量表。同时，PZB 也对服务质量做了一个比较权威的定义，指出服务质量是指服务实际是否符合顾客期望。PZB 认为，服务质量来自顾客接受服务前的期望与接受服务后的认知的比较，对服务质量的衡量不仅包括对服务结果的评价，还包含对服务过程的评价。

达伯霍卡（Dabholkar）、索普（Thorpe）和伦茨（Rentz）（1996）指出，顾客对服务质量的评价是分层次的。通过对美国零售业服务质量的研究，他们发现顾客对服务质量的感知过程有 3 个层次：一是对总体服务质量的感知，二是对服务质量主要维度的感知，三是对服务质量亚维度的感知。这一模型虽然只被证明适用于零售业中的服务企业，而且也未详尽描述各层次维度的主要内容，但是它为后续的服务质量模型奠定了基础，可以说是多层次、多维度服务质量模型的雏形。

（二）服务质量的基本特性

服务质量的概念是逐步发展和完善起来的。尽管学者们对服务质量还有不同的看法，但归纳上面的观点可以看出，服务质量具有以下基本特性：

1. 服务质量是一种主观质量

服务质量与有形产品的质量存在着很大的差异，有形产品的质量可以采用许多客观的标准加以度量。如对一辆汽车，其耗油量、时速、制动性能等，即使对于不同的顾客也存在着一个客观的标准，这些标准不会因为产品提供者的不同、购买产品的消费者的不同而产生变化；但服务质量却并非如此，不同的顾客可能对同一种服务质量产生不同的感知。例如，服务过程中的可靠性常常被视为一个非常重要的服务质量要素，但不同文化背景的顾客对这个问题的感知却存在着较大的差异。即使是同一名顾客，在不同的时段，对质量的要求也可能会产生变化。

2. 服务质量具有极强的差异性

服务提供和消费过程都涉及"人"的作用因素，包括顾客、服务人员、管理人员等。人是复杂的个体，存在差异性和多样性，因此在不同的时间，不同的服务提供者所提供的服务是不同的，即使是同一名服务提供者，其在不同时间提供的服务质量也会存在差异；不同的顾客，甚至同样顾客，在不同的时间对服务质量的感知也会存在差异。此外，顾客的素质如文化修养、审美观点、兴趣爱好、价值取向、情绪等，都直接影响着他们对服务的需求和评价。而同一名顾客的要求还会改变或提高，因而服务质量也应随之改变或提高。

3. 服务质量是一种互动质量

产品质量是在工厂里形成的，在产品没有出厂之前，质量就已经形成了。在整个质量形成过程中，消费者基本上是没有"发言权"的。当然，企业必须根据市场调查的结果，按照消费者的整体期望来提供产品，但在产品生产过程中，顾客的作用是微弱的。而服务质量不同，服务具有生产与消费的同时性，服务质量也是在服务提供者与顾客互动的过程中形成的，如果没有顾客的密切配合、响应，或者顾客无法清晰地表达服务要求，那么，服务过程就将失败，服务质量将是低下的。正是由于这个原因，有些学者也将服务营销称为互动营销。

4. 服务过程质量在服务质量构成中占据重要地位

正因为服务质量是一种互动质量，所以，服务过程在服务质量形成过程中起着异常重要的作用。过程质量是服务质量构成的极其重要的组成部分。当然，这样表述并不意味着结果质量不重要，服务结果是顾客购买服务的根本目的所在，如果没有服务结果，或者服务结果很差，那么，再好的服务过程也无法弥补。同样，即使服务结果很好，但服务传递过程很糟，最后形成的顾客感知服务质量也可能是低下的。忽视结果或者忽视过程，在服务质量管理中都是错误的。

5. 对服务质量进行度量，无法采用制造业中所采用的方法

在制造性企业，管理人员可以采用抽查和检验等方法检查有形产品与事先制定的产品标准是否吻合，如果吻合或者优于标准，则说明质量是合格的或者是优异的。但在服务性企业中，管理人员不但要考虑服务质量与服务标准的吻合问题，更重要的是，还要衡量质量的外部效率，即顾客期望对服务质量的影响。因此，许多制造业中行之有效的质量管理方法在服务业中都不适用。

三、服务质量的评价模型

服务质量的评价模型实际上是对服务质量定量化描述的成果。1982 年，格罗鲁斯首次提出了顾客感知服务质量的概念，并得到了理论界的广泛认可。随后，学者们在此基础上纷纷开展了对服务质量评价的研究，相应也产生了各式各样的评价模型。这些评价模型成为服务质量评价的重要理论基础。

（一）顾客感知服务质量模型

格罗鲁斯（1982）认为，感知服务由技术质量、功能质量和企业形象三个要素构成。1984 年，他在《欧洲市场营销学报》发表题为"一个服务质量模型及其营销含义"的文章，对自己的观点进行了修正。文中，格罗鲁斯将感知服务质量分为技术质量和功能质量。2000 年，格罗鲁斯对该模型再次进行了修正，并对企业形象问题给予了特别关注。在此基础上，他提出了顾客感知服务质量模型，如图 1-1 所示。

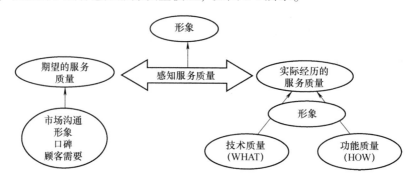

图 1-1　格罗鲁斯的顾客感知服务质量模型

资料来源：GRÖNROOS C. Service management and its marketing：a customer relationship management approach ［M］. England：John Wiley & Sons，2000：67.

根据格罗鲁斯的观点，技术质量是服务过程的产出，即顾客从服务过程所得到的东西，也称为结果质量，顾客容易感知也便于评价。功能质量是顾客如何得到服务的，也称为过程质量，具体表现为在服务接触的过程中，服务人员的仪表仪态、服务态度、服务方法、服务程序和行为方式等，具有无形性特点。由于功能质量完全取决于顾客的主观感受，与顾客自身的习惯、个性有关，因此难以量化。技术质量和功能质量构成了顾客感知服务质量的基本内容。

格罗鲁斯在服务质量的理论模型中还提出企业形象对服务质量的影响。企业形象是指企业在社会公众心目中的总体印象，它不仅影响顾客的服务期望，还影响顾客的服务感知。企业形象是顾客感知服务质量的"过滤器"，而顾客感知的服务质量反过来又决定着

企业的形象。

这一模型成为后来众多学者研究的理论基础。但格罗鲁斯的模型忽略了几个对可感知服务质量起到重要影响的变量，如价格；也没有对顾客感知服务质量与顾客满意、顾客忠诚之间的关系做进一步的探讨。

（二）服务质量差异评价模型和服务质量差距分析模型

格罗鲁斯（1982）认为，服务质量是存在于顾客头脑中的主观印象，主要取决于顾客对此服务的期望质量（接受服务前对服务水平的期望）与其感知质量（接受服务时实际感知到的服务水平）的差距，即服务质量（SQ）＝服务感知（P）－服务期望（E）。格罗鲁斯的服务质量差异评价模型如图 1-2 所示。当服务感知远远大于服务期望时，顾客认为服务质量是优异的；当服务感知大于服务期望时，则顾客认为服务质量是良好的；当两者基本相等时，服务质量是可接受的；当服务感知小于服务期望，服务质量就是较差的。这一差异评价模型得到了绝大多数学者的赞同，奠定了服务质量评价研究的基础。

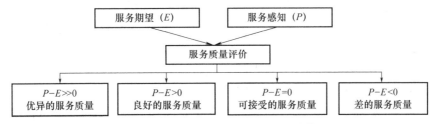

图 1-2　格罗鲁斯的服务质量差异评价模型

资料来源：GRÖNROOS C. An applied service marketing theory［J］. Europe Journal of Marketing, 1982, 16（7）：30-41.

在格罗鲁斯研究的基础上，学者们对该模型进行了多次改进。1985 年，帕拉苏拉曼和其同事泽丝曼尔和贝利建立了服务质量差距分析模型，又称为 PZB 服务质量模型，如图 1-3 所示。

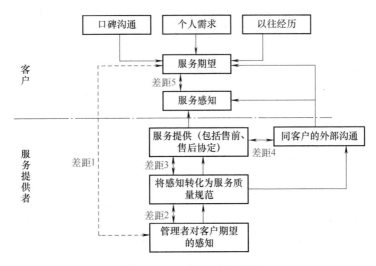

图 1-3　PZB 服务质量模型

资料来源：PARASURAMAN A, ZEITHAML V A, BERRY L L. A conceptual model of service quality and its implications for future research［J］. Journal of Marketing, 1985, 49（3）：41-50.

服务质量差距分析模型主要解决了三个方面的问题：

① 模型描述了服务质量的形成过程。模型上半部分包含了与顾客有关的内容，下半部分展示了与服务提供者有关的内容。

② 模型指出顾客所经历的服务（在该模型中被称为"感知的服务"）是服务提供者一系列内部决策和活动的产物。即管理者根据对顾客期望的理解，设计出相应的服务内容、服务流程和服务方式及相应的标准，通过服务传递过程呈现给顾客，这就是顾客实际感知的服务。其中，在推广服务的传递过程中，企业还会通过与顾客的外部沟通，影响顾客对服务的感知，这种沟通是企业的主动行为。

③ 模型分析了服务质量评价时需要考虑的环节，并可以探明产生质量问题的根源。该模型显示出在服务设计和服务提供的过程中，不同阶段产生的质量差距及偏差的产生根源。顾客的服务期望与服务感知间的差距为差距5，被认为是最终的差距，它受到其他4个差距的影响，是其他4个差距累积的结果。5项质量差距分别是：

差距1——管理者认识的差距。管理者认识的差距是指顾客对服务质量的期望与管理者对顾客期望的理解之间存在的差异。不能准确收集信息、不能精确地理解顾客的期望、信息传递失真和缺乏需求分析等，都可能导致这一差距的产生。

差距2——质量标准的差距。质量标准的差距是指管理人员确定的服务质量标准与其顾客期望之间存在的差异。服务质量设计和管理存在缺陷就可能产生这个差距。

差距3——服务交易差距。服务交易差距是指管理人员确定的服务质量标准与服务人员实际提供的服务之间存在的差异。这一差距主要体现为一线员工的行为与质量标准不符。服务质量标准制定不合理或服务操作工作管理不善都可能引发这一差距。

差距4——营销沟通的差距。营销沟通的差距是指服务人员实际提供的服务与企业做出的服务承诺之间存在的差异。缺乏对企业内部能力的准确度量和夸大宣传都可能产生这一差距。

差距5——感知服务质量差距。感知服务质量差距是指当顾客消费结束后，将期望质量与实际感受质量进行比较而产生的差距。这一差距将最终决定顾客全面感知质量。顾客体验到的服务质量低于其期望的服务质量、服务失败或者服务提供者口碑较差都可能产生这一差距。

服务质量差距分析模型有助于企业管理者发现引发服务质量问题的根源，并采取适当的措施消除差距。差距分析是一种直接有效的工具，它可以发现服务提供者与顾客在服务观念上的差异。明确这些差距是制定战略、战术及保证期望质量和现实质量一致的基础。

（三）4Q 服务质量模型

瑞典学者古麦逊（Gummesson，1993）在对顾客感知服务质量模型和工业品质量的概念加以综合的基础上，提出了4Q 服务质量模型（见图1-4）。古麦逊提出的4Q 服务质量包括设计质量（Design Quality）、生产与传输质量（Production and Delivery Quality）、关系质量（Relationship Quality）、技术质量（Technical Quality）。这一服务质量模型将产品和服务的所有要素都包括了进来，除了预期服务和服务经历（感知服务）变量外，形象和品牌要素也被纳入了该模型中。

该模型认为，服务和有形的产品都是服务不可分割的组成部分，所以，该模型将产品和服务的所有要素都包括了进去，目的是"忽略"服务和有形产品的差异，探讨在抽象的情况下如何提高质量。按照该模型的观点，企业服务化趋势越来越明显，所以没有必要再区分服务与产品。

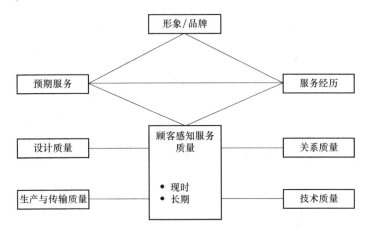

图 1-4　古麦逊的 4Q 服务质量模型

资料来源：GUMMESSON E. Quality management in service organizations ［M］. New York：ISQA，1993：229.

　　品牌要素是顾客感知服务质量模型中的新要素。形象与顾客对企业的看法相关，而品牌则是产品在顾客心目中的定位，品牌形象有时会用来表示一种事物。按照古麦逊的观点，顾客对总的服务质量的感知，一方面会影响企业的整体形象，另一方面也会对顾客心目中品牌的形象起到决定性的作用。

　　设计质量说明的是服务和产品怎样整合成为功能质量组合，设计质量失误会导致低下的绩效和顾客糟糕的服务消费经历。生产与传输质量，说明的是这种服务组合是如何生产和传输给顾客的，即服务的传递过程。不论是服务生产还是服务传输过程，哪个环节没有达到客户的期望，都会出现质量问题。

　　关系质量指的是在服务过程中顾客如何感知服务质量。以顾客为导向、细心、关怀顾客的员工通常具备高超的服务能力和技巧，他们通常能提高与顾客的关系质量。关系质量与功能质量要素紧密相关。

　　技术质量指的是一个服务组合既是短期也是长期的利益，如果对生产设备的维护保养能够减少设备故障导致顾客的损失，那么对于生产者来说就是一种技术质量。

　　古麦逊的 4Q 服务质量模型指出了质量最重要的构成要素，它将整个企业流程都纳入了考虑范围，服务质量优良或者低下的原因可能源于工厂或后台（生产质量），甚至可以追溯到相关部门（设计质量）。同时，它还将服务的特殊要素（传输和关系质量）引入模型，而以前的顾客感知服务质量模型是不包括这两个要素的，这进一步丰富了服务质量的评价研究。

（四）交互质量模型

　　交互质量可以理解为衡量顾客在与员工和企业的服务接触过程中感知到的服务优劣程度，是在服务过程中服务提供者与顾客之间互动的效果。肖斯塔克（Shostack）（1985）最早使用了"服务交互质量"的概念，用来指广泛的"顾客与服务企业的直接交互"，既包括顾客与服务人员的交互，又包括顾客与设备和其他有形物的交互。列迪宁（Lehtinen）（1982）认为，互动主要是发生在服务传递的过程中，服务接触次数并不限于一次，可能是多次的服务接触经验积累形成对互动过程质量的衡量，因而交互质量主要建立在对顾客与员工的互动过程的评估上。

在交互质量的构成维度上，列迪宁（1991）将服务质量划分为实体质量、交互质量和企业质量三个方面。实体质量包括有形产品本身的质量和整个服务过程中物质支持的质量。其中，有形产品是指在服务过程中消费的物质资料。物质支持是指保证服务实现或更加便利所需要的物质条件，具体为服务环境和服务手段等。交互质量是指顾客与企业员工的服务接触过程的质量，也就是"真实瞬间"（Moment of Truth）的质量，它包括三个方面：首先是服务人员的态度、语言、外表等与顾客接触的全部方面；其次是企业与顾客的接触形式，可以分为自动化服务、自我服务和人工服务；最后是具体的服务对顾客需求的满足程度。企业质量是指顾客根据以往对企业的经验和印象，或者根据企业在大众消费者心中所形成的印象，而对这个企业做出的综合评价。

布雷迪（Brady）和克罗宁（Cronin）（2001）综合各学派的观点，以达伯霍卡（Dabholkar）等人（1996）的研究模型为框架，将各层次的内容具体化并适当地加以修正，构建了多层次、多维度的服务质量模型（见图1-5）。在该模型中，服务质量主要由交互质量、实体环境质量和产出质量3个维度组成，同时又将PZB所提出的SERVQUAL量表中的9个因素作为主要维度的具体内容，即亚维度，从而弥补了SERVQUAL量表出现的感知内容笼统的问题。值得注意的是，这个模型并不是固定不变的，针对不同的服务领域和不同的研究对象，亚维度可以做相应的调整。

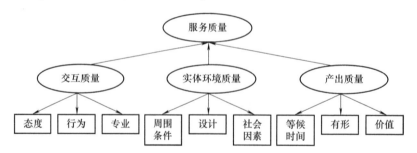

图1-5　布雷迪和克罗宁的服务质量模型

资料来源：BRADY M K，CRONIN J. Some new thoughts on conceptualizing perceived service quality：ahierarchical approach［J］. Journal of Marketing，2001，65（3）：34-49.

四、服务质量的评价方法

服务质量评价是企业改善服务方式、提高服务质量的重要依据。在实践中，企业管理人员应从本企业的外部顾客、竞争对手企业的顾客、本企业的员工等主要方面获取信息，采用多种方法评价企业及其竞争对手的服务质量，找出服务质量管理工作中存在的问题，并采取有针对性的改进措施。根据不同的分类依据，可将服务质量的评价方法划分为不同的类型。

（一）服务质量评价的定性研究方法和定量研究方法

根据服务质量评价依据的资料是数字化信息还是非数字化信息，可将服务质量评价方法分为定性研究方法和定量研究方法。

1. 服务质量评价的定性研究方法

服务质量评价的定性研究方法主要包括深入访谈、专题座谈会和关键事件技术。采取这些方法时，调查人员多采用非结构化问卷，通过开放式问题调查受访者（顾客或员工）对服务质量的看法。

（1）深入访谈。调研人员可以对顾客（包括现有顾客和潜在顾客、本企业顾客和竞争对手企业顾客、新顾客和老顾客）和员工进行深入访谈，了解他们对服务质量的看法，以便采取有针对性的措施，提高本企业的服务质量。深入访谈可以在许多方面得到应用，可以在定性研究中单独应用，也可以结合定量方法帮助形成封闭式结构化问卷，以提供信息，帮助理解定量研究的结果。深入访谈通常是研究人员与被访谈者一对一进行访谈，具体可分为非正式访谈、引导性访谈、标准化的开放式访谈 3 种类型。

（2）专题座谈会。专题座谈会是服务质量调研中非常实用且有效的定性调研方法，它是指以 8 ~ 12 人为一组，在一名专业主持人的引导下，让参与人员对某个主题或者概念进行深入的讨论。专题座谈会通常是在设有单透镜和监听装置的会议室中完成的。专题座谈会的调查目的在于了解被访者对某项产品、某个概念、某种想法或者某个组织的看法，从而获取对有关问题的深入了解。根据座谈对象的不同，专题座谈会也可以分为针对顾客的专题座谈会和针对员工的专题座谈会。

（3）关键事件技术（Critical Incident Technique，CIT）。这是一种通过记录服务过程中成功或失败的事件和行为来发现质量问题或质量优势，从而对服务质量现状做出评价、并采取措施以提高顾客感知质量和满意度的分析方法。利用关键事件技术，营销人员可以得到服务失误的大量数据，同时可以寻找到改进服务质量的新方法。目前，关键事件技术已成功应用于服务消费行为研究和组织行为研究，关键事件技术的可靠性和有效性已得到一定程度的证实。当研究的目标包括管理的有效性和理论发展时，关键事件技术尤其适用。

2. 服务质量评价的定量研究方法

服务质量评价的定量研究方法主要是问卷调查法。使用这类评价方法的调研人员需要设计结构化的问卷，通过顾客或员工问卷调查收集数据，并对数据进行量化处理和分析。这类服务质量调查问卷也称为服务质量计量量表。

在现有的文献中，国内外学者对顾客感知服务质量计量量表及其使用方法进行了大量的研究，并开发了不同的服务质量计量量表。其中，使用最广泛且争议最多的是帕拉苏拉曼、泽丝曼尔和贝利于 1988 年开发的 SERVQUAL 量表，其包含 5 个维度（有形性、可靠性、响应性、保证性、移情性），22 个测量题项（见表 1-5）。

表 1-5　SERVQUAL 量表

维　度	定　义	测 量 题 项
有形性（Tangibles）	服务中的实体部分，包括服务设施、设备和服务人员的外表	1. 具有现代化的服务设施 2. 服务设施具有吸引力 3. 员工仪表整洁 4. 公司的设施与所提供的服务相匹配
可靠性（Reliability）	可靠、准确地提供所承诺的服务的能力	5. 能履行对顾客的承诺 6. 顾客遇到困难时，能表现出关心并提供帮助 7. 公司是可信赖的 8. 能准时提供所承诺的服务 9. 正确记录相关的服务

（续）

维　　度	定　　义	测 量 题 项
响应性（Responsiveness）	乐于帮助顾客，提供及时的服务	10. 确实告知顾客各项服务的时间 11. 提供及时的服务 12. 服务人员总是乐于帮助顾客 13. 服务人员不会因为忙碌而无法提供服务
保证性（Assurance）	知识和态度使顾客信任、放心	14. 服务人员是值得信赖的 15. 在从事交易时，顾客会感到放心 16. 服务人员是有礼貌的 17. 服务人员能从公司得到适当的支持，以提供更好的服务
移情性（Empathy）	关心并为顾客提供个性化服务	18. 公司针对不同顾客提供个性化服务 19. 服务人员对顾客给予个别的关怀 20. 服务人员了解顾客的需求 21. 公司重视顾客的利益 22. 公司提供服务的时间符合所有顾客的需求

资料来源：PARASURAMAN A，ZEITHAML V A，BERRY L L. SERVQUAL: a multiple-item scale for measuring consumer perceptions of service quality [J]. Journal of Retailing, 1988, 64（1）: 12-40.

SERVQUAL 量表对顾客感知服务质量的评价是建立在对顾客接受服务后对服务质量的感知和顾客期望的服务质量的基础上的，即以顾客的主观意识为衡量重点。它先度量了顾客对服务的期望，再度量顾客对服务的实际感知，最后将两者间的差距作为判断企业服务质量水平的依据。PZB 通过对信用卡公司、设备维修和养护公司以及长途电话公司 4 个行业进行调查研究后发现，这 5 个服务质量维度的重要程度排序依次为可靠性、保证性、有形性、响应性、移情性。而在后来的一项研究中，PZB 通过对另外一些服务行业的调查，改变了各维度的重要程度排序，依次为可靠性、响应性、保证性、移情性、有形性。虽然可靠性依然排在第一位，但最后一位由移情性变为了有形性。由此可以看出，SERVQUAL 量表应用于不同行业时，5 个维度的相对重要性是不同的。也就是说，SERVQUAL 是一种动态的服务质量度量方法。

3. 定性研究方法和定量研究方法的结合

定性研究方法和定量研究方法都是服务质量评价的重要方法，两类方法各有优缺点，适用的情况也不相同。在实践中，调研人员应同时采用定性和定量方法收集服务质量评价信息，既收集量化数据，又记录文字信息。在服务质量评价的不同阶段，调研人员可配合采用多种定性和定量方法。如在运用 SERVQUAL 量表对服务质量进行定量评价之前，调研人员通常会采用深入访谈、专题座谈会等定性研究方法；而在对服务质量进行定量评价和分析之后，研究者又可能会采用各种定性方法，借助对顾客或员工的访谈，找出量化数据中的规律和各变量之间存在的因果关系。

（二）基于顾客的服务质量评价方法和基于企业的服务质量评价方法

根据评价的主体不同，服务质量的评价方法可分为基于顾客的服务质量评价方法和基于企业的服务质量评价方法。

1. 基于顾客的服务质量评价方法

基于顾客的服务质量评价方法主要有交易调查，新顾客与流失顾客调查，服务实绩评论，顾客投诉、评论和问询记录，整个市场调查等。

（1）交易调查。交易调查是指调研人员在每次服务工作结束之后调查顾客感知的服务质量，收集顾客的反馈，以便管理人员采取改进措施。这种方法的局限在于企业调研人员只能了解到顾客对最近一次服务工作的意见，而不能了解顾客对本企业服务的全面评价。此外，调研人员不调查竞争对手企业的顾客。

（2）新顾客与流失顾客调查。这种调研方法是指调研人员通过调查新顾客选购本企业服务的原因、老顾客在本企业消费额减少的原因、流失的顾客不再购买本企业服务的原因，分析服务质量和其他有关因素对顾客购买行为和顾客忠诚度的影响。持久采用这种方法的前提是企业必须长期记录每位顾客的每次消费信息，识别每位顾客的类型（即属于新顾客、忠诚顾客还是流失顾客）。

（3）服务实绩评论。服务实绩评论是指管理人员定期走访一批顾客，了解顾客对本企业服务的期望和评价，与顾客探讨本企业服务改进工作的重点，以及双方应如何加强合作关系。这种调查方法需要付出的时间和经济成本较多，但所获得的信息较为全面、可靠。

（4）顾客投诉、评论和问询记录。这种方法是指企业长期记录顾客投诉、评论和问询的情况，并定期分类整理这些资料，以发现最常见的服务差错，进而采取有针对性的改进措施。该方法的局限在于对企业不满的顾客往往不会向企业直接投诉，管理人员无法通过顾客投诉分析全面了解企业的服务质量现状。

（5）整个市场调查。整个市场调查是指调研人员不仅调查本企业的外部顾客，还调查竞争对手企业的顾客，计量顾客对本企业服务的全面评价，对本企业和竞争对手企业的服务实绩进行比较分析，以确定本企业服务改进工作的重点，了解本企业服务改进的情况。这种方法的局限在于调研人员可计量顾客对本企业服务的全面评价，却无法计量顾客对本企业某一次服务的评价。

2. 基于企业的服务质量评价方法

基于企业的服务质量评价方法主要包括：员工现场调查报告、员工调查、神秘顾客调查、经营数据记录系统分析和质量检查。

员工现场调查报告，是指服务性企业采用正式的程序，收集、分类、整理员工在服务现场获得的信息，以便管理人员了解顾客对本企业服务的期望和评价。这种调查方法的局限在于员工可能不愿向管理人员汇报不利的信息。此外，不同的员工反映情况的能力和自觉性也会有所不同。

员工调查是指调研人员向员工调查服务情况和工作环境质量，以便管理人员计量内部服务质量，发现员工在服务工作中面临的问题，了解员工的工作态度和精神状态。员工直接为顾客服务，能了解本企业服务质量问题产生的直接原因，为服务改进提供宝贵的意见。但是，员工对服务质量的看法不可能始终客观、准确。

神秘顾客调查是一种检查现场服务质量的调查方式，在 20 世纪 70 年代由美国零售行业"模拟购物"（Mystery Shopping）的调查方式发展而来。在这种调查中，神秘顾客通常是聘请的第三方人员，如市场研究公司的研究人员或经验丰富的顾客，通过参与观察的方式到服务现场进行真实的服务体验活动。神秘顾客针对事前拟好的所要检查和评价的服务问题对服务现状进行观察，提出测试性问题并获取现场服务的有关信息。

经营数据记录系统分析是指通过经营数据记录系统分析和推测出顾客期望与顾客感受

差异。企业记录、分类、整理服务差错率、员工回应顾客要求的时间、服务费用等实际经营数据，监控服务实绩，以便采用必要的措施改进经营实绩。

在服务业中，需要定期对服务质量进行检查。服务质量检查旨在找出服务工作中存在的问题，从而采取一定的措施，在原有基础上达到改进和提高服务质量的目的。所有外部授权的质量管理系统（如 ISO 9000:2000）都要求在初始认证中执行"检查"，然后进一步做定期检查。各种质量奖励一般也都要求对企业进行一次检查，看其是否有资格赢得奖项。

以上各种基于顾客和企业的服务质量评价方法各有利弊，使用的情况也不相同。在实践中，调研人员一方面应有针对性地选择某些方法，另一方面应把多种方法结合使用。相关研究表明，几乎所有服务性企业都可以采用"交易调查""顾客投诉、评论和询问记录""整个市场调查""员工调查"这 4 类调查方法，同时采用 4 种调查方法，管理人员既可以了解顾客对某项服务工作的反馈，又可以从本企业顾客、竞争对手顾客和本企业员工 3 个方面获得本企业服务质量评价的全面信息。

（三）服务质量评价不同阶段的方法

根据方法运用的阶段，可将服务质量的评价方法分为信息收集方法和信息分析方法。以上所列的各种定性和定量研究方法、基于顾客和基于企业的服务质量评价方法，都属于服务质量评价信息的收集方法。在收集到有用的信息后，研究人员需要对信息进行整理、分析和结果显示。在这一阶段，研究人员常用的方法有平均数、百分比、相关分析、回归分析、因子分析、重要性-绩效分析、排列图等。

【本章小结】

- 服务还没有一个被普遍接受的权威定义。在现代经济理论中，学者们分别从服务营销、服务过程、服务特性、服务管理、与实体产品对比等不同角度提出了多种服务概念。本书认为，服务是服务提供者与服务接受者（服务对象）之间经由互动完成的具有一定无形性特征的活动或过程，其目的是使主体对象获得某种利益，并使企业通过差异化获得长期的竞争优势。

- 依据不同的分类维度及方法，可将服务划分为不同的类型。美国学者洛夫洛克在1983 年提出了基于 5 个分类维度的服务分析框架，即：服务活动的性质、顾客与服务机构之间的关系、服务传递方式、供需的性质、定制化程度与需求判断力。日本学者清水则将服务分为 3 个大类：智力和精神上的服务、行为上的服务、商业和运作的服务。

- 服务科学是服务科学、服务管理和服务工程三者的结合。服务科学的研究范式主要包括产品主导逻辑和服务主导逻辑，其研究内容涉及基础理论研究和应用研究两方面。基础理论方面包括行为科学与经典理论相结合、信息不对称问题、服务优化相关问题、技术方面和其他方面；应用研究覆盖了服务设计、服务运营、服务交付及服务创新等方面的内容。

- 服务管理是以客户、客户感知质量为导向，注重长期关系和内部开发的一种综合管理方法。服务管理研究如何在服务竞争环境中对企业进行管理并取得成功，主要涉及服务运营管理、服务质量管理、服务创新管理三个方面。

● 服务管理的核心是服务质量问题。自 20 世纪 70 年代以来，学者们始终致力于揭示服务质量的内涵。PZB 于 1988 年将顾客感知服务质量的测量维度由 10 个缩减为 5 个，即有形性、可靠性、响应性、保证性和移情性，并创建了评估服务质量的 SERVQUAL 量表。同时，PZB 也对服务质量进行了比较权威的定义，认为服务质量来自顾客接受服务前的期望与接受服务后的认知的比较，服务质量的衡量不仅包括对服务结果的评价，还包括对服务过程的评价。

● 服务质量的评价模型实际上是对服务质量进行定量化描述的成果。服务质量的评价模型主要有顾客感知服务质量模型、服务质量差距分析模型、4Q 服务质量模型和交互质量模型。

● 根据不同的分类依据，服务质量的评价方法可以分为：服务质量评价的定性研究方法和定量研究方法；基于顾客的服务质量评价方法和基于企业的服务质量评价方法；服务质量评价不同阶段采用的方法。

【思考题】

1. 如何理解服务的概念？服务具有哪些特性？
2. 服务有哪些不同的分类方法？商业和运作中的服务如何分类？
3. 什么是服务科学？服务科学有哪些研究范式？
4. 服务科学包括哪些研究内容？
5. 如何理解服务管理的概念？服务管理包括哪些内容？
6. 如何理解服务质量？它有哪些基本特性？
7. 服务质量主要有哪些评价模型？试分析其各自的特点。
8. 服务质量有哪些主要的评价方法？

【实践训练】

1. 回忆你最近接受的一次服务经历，分析在这次服务过程中影响你的服务质量感知的因素。
2. 选择你所熟悉的一家服务企业，列出其所提供的服务内容，并分析其服务管理方法，并为这家公司提出改进服务质量的建议。
3. 与班级同学就 PZB 的服务质量差距分析模型的应用进行讨论。

 【案例讨论】

迪士尼是否形成了一种顾客服务质量管理理论

当你走近位于美国佛罗里达州奥兰多市迪士尼乐园的梦幻世界（Magic Kingdom）时，单轨铁路上的录音会宣布你即将进入一个"神奇的地方"，而该地方将会牵动你年轻的心。进入园区之后，你的周围的确充满神奇，除了美丽的花床、干净的地板、洁白的建筑物之外，如果你够幸运的话，还可以与米老鼠、高飞狗、跳跳虎或维尼熊亲密接触。接着，你会很容易相信神话中的"神奇的地方"确实存在。

但是，真实的梦幻世界到底是什么呢？实际上，它是一个构思细致、执行巧妙的戏剧化产品。它对细节的关注非同寻常，在园区发生的每一件事，从迪士尼人物与小朋友的互动到游客在园区里的移动线路，都是精心策划过的。例如，如果你站在睡美人城堡的底部向后看园区的入口，将会发现当游客离开主要通道进入观光区时，引导他们向左或向右的人行道稍有不同。向右的人行道比向左的人行道稍微宽些。为什么？总结多年的经验，迪士尼发现，人们先天较偏好向右拐而非向左拐，所以他们将右边的人行道建造得宽一些，以便很好地解决早晨拥挤的问题。类似地，你会发现人行道被设计为蛇形，而非直线。迪士尼认为蛇形的人行道会让人感觉路程较短一些，因此它们通过缩短路线的感知长度来提高顾客满意度。

由此可知，迪士尼已形成了游客在梦幻世界和其他园区里的"行为理论"。因此，迪士尼乐园便能预测游客将会在园区内如何活动、如何排队，以及对不同状况如何反应。这些经验提高了迪士尼提供高水平顾客服务的能力。正因为迪士尼知道该做什么，所以它可使游客队伍的移动较为平顺、游客较容易坐上游乐器、标识简单而清楚，且纪念品店在它们该在的地方。这并不是魔术，而是依据迪士尼对游客行为的预测所精心执行的顾客服务管理。有时，迪士尼对游客的了解近乎狂热。例如，在主题乐园中大部分的饮水机一高一低成对出现，以便同时服务于父母和孩子；且喷水口是相对的，以便父母与孩子同时喝水时，父母可以看着孩子，而不是背对着孩子，这种方式使父母和孩子都有安全感，并且可互相分享饮水所带来的乐趣。

除了了解游客的行为模式外，迪士尼也通过为优良质量创造条件来提升其顾客服务质量。例如，从梦幻世界穿过七海礁湖（Seven Seas Lagoon）的波利尼西亚旅馆时，你可以听见在旅馆主要泳池水下所演奏的夏威夷音乐。在荒野旅馆，你可以看到满地的松针，而附近并没有松针，这些松针是由迪士尼的员工定期运来撒到地上的。顾客服务和客户关系的其他方面也同样让人惊讶。

梦幻世界可以说是将理论作为质量管理基础的范例。通过形成自己的顾客和相关活动理论，像迪士尼一样的公司将有能力提升其产品和服务质量。

资料来源：步会敏．上海迪士尼乐园服务质量分析研究［J］．山东农业工程学院学报，2018，35（2）：45-46.

思考：

1. 迪士尼对预期顾客行为的专注是否适中？或者说公司在这方面是否花费了太多的努力？请说明你的理由。

2. 形成一种顾客在主题公园或其他地方的行为模式"理论"是否适当？如果是，请说明你的理由。

3. 请回想一下以前你参观的主题公园，是否达到了你对它的期望？你能感觉到该主题公园的经营者在预期其顾客的行为吗？如果有，试举例说明。

【延伸阅读】

1. 陈红丽．物流服务质量管理［M］．北京：首都经济贸易大学出版社，2016.

2. 格罗鲁斯. 服务管理与营销：服务利润的逻辑 第4版 [M]. 韦福祥，姚亚男，译. 北京：电子工业出版社，2019.

3. 蔺雷，吴贵生. 服务创新 [M]. 2版. 北京：清华大学出版社，2007.

4. 佩恩. 服务营销 [M]. 郑薇，译. 北京：中信出版社，1999.

5. 王海燕，张斯琪，仲琴. 服务质量管理 [M]. 北京：电子工业出版社，2014.

6. 温碧燕. 服务质量管理 [M]. 广州：暨南大学出版社，2010.

7. 韦福祥. 服务质量评价与管理 [M]. 北京：人民邮电出版社，2005.

8. BRADY M K, CRONIN J. Some new thoughts on conceptualizing perceived service quality：a hierarchical approach [J]. Journal of Marketing, 2001, 65 (3)：34-49.

9. DABHOLKAR P A, THORPE D, RENT Z. A measure of service quality for retail stores：scale development and validation [J], Journal of the Academy of Marketing Science, 1996, 24 (1)：3-16.

10. GRÖNROOS C. An applied service marketing theory [J]. Europe Journal of Marketing, 1982, 16 (7)：30-41.

11. GRÖNROOS C. Service management and its marketing：a customer relationship management approach [M]. London：John Wiley & Sons, 2000.

12. GUMMESSON E. Quality management in service organizations：an interpretation of the service [M]. New York：International Service Quality Association, 1993.

13. PARASURAMAN A, ZEITHAML V A, BERRY L L. A conceptual models of service quality and its implications for future research [J]. Journal of Marketing, 1985, 49 (3)：41-50.

14. PARASURAMAN A, ZEITHAML V A, BERRY L L. SERVQUAL：a multiple-item scale for measuring consumer perceptions of service quality [J]. Journal of Retailing, 1988, 64 (1)：12-40.

15. VARGO S L, LUSCH R F. Evolving to a new dominant logic for marketing [J]. Journal of Marketing, 2004, 68 (1)：145-152.

16. VARGO S L, LUSCH R F. Service-dominant logic continuing the evolution [J]. Journal of the Academy of Marketing Science, 2008, 36 (1)：1-10.

第二章

物流服务质量评价与管理

【学习目标】

知识目标

1. 掌握物流服务质量的概念与特性。

2. 理解物流服务质量的影响因素。

3. 理解物流服务质量环的基本原理。

能力目标

1. 熟悉物流服务质量的评价模型及评价方法。

2. 理解物流服务质量管理的主要过程。

【引导案例】

佛山物流公司的一体化服务

佛山物流公司是佛山市第一家物流企业，拥有按国际标准建造的钢结构现代化物流仓库及完善的仓储配送设施，是佛山市物流行业的旗帜企业。多年来，佛山物流公司一直将主营业务锁定在食品物流板块，为多家企事业单位提供先进的物流一体化服务。其中最为成功的一个案例，就是为海天味业提供仓储配送业务。

作为海天味业唯一的物流一体化服务合作伙伴，佛山物流公司通过光缆专线将两家公司的信息系统相连接，实现仓储管理同步联网操作。海天味业的产成品从生产线下来，直接通过大型拖车运进佛山物流公司的仓库。通过佛山物流公司先进的物流信息管理系统，海天味业可以实现跟踪货物库存信息、出入库管理及业务过程管理，并自动生成相关数据报表，确保配送计划、库存计划等顺利完成，满足了海天味业"安全、及时、准确"的配送要求。佛山物流公司先进、高效的仓储配送服务使海天味业可以集中发展主业，将精力聚焦于生产，增强了公司在行业中的核心竞争力。

面对消费者主权概念的不断凸显，佛山物流公司倡导为客户提供专业、优质的一体化服务，而不是单纯的仓储和运输服务。该公司有一套完整的管理细则和操作规范，并根据每一位客户的个性化要求制定服务方针。有时因客户原因产生的问题，公司也会主动解决，而不是推卸责任。公司不但关注直接客户，也关注客户的客户，这对直接客户的业务发展起到了关键的作用。也因为这一点，客户对佛山物流公司的服务都感到非常满意，其业务量也不断增加。

在产品竞争逐渐趋向无差异化的情形下，最佳做法就是凸显服务的差异。物流业从属于服务业，一家物流公司能否生存发展，关键在于其服务质量。物流服务对于物流公司来说至关重要，也是佛山物流公司安身立命所在。

资料来源：作者根据豆丁网文章《佛山物流的非常之道》改编（https://www.docin.com/p-2068902818.html）。

思考：佛山物流公司是如何为海天味业提供一体化物流服务的？

经过多年来的持续发展，我国已成为具有国际影响力的物流大国和全球最大的物流市场，物流业已经成为国民经济的支柱产业和重要的现代服务业。在物流业发展的进程中，物流服务质量起着关键性的作用。随着市场竞争的加剧和市场供求关系的快速动态变化，客户对物流服务的要求越来越高。在产品竞争趋向无差异化的情形下，佛山物流公司意识到服务差异的重要性，以先进的物流一体化服务为海天味业等企业提供物流服务，使业务量逐年增加，企业得到了快速发展。佛山物流公司的成功，归功于其具有强烈的物流服务质量意识，重视物流服务的差异，从而推行专业化的物流服务和规范的物流服务管理。本章将系统讲述物流服务质量的概念、特性及影响因素，物流服务质量的评价，物流服务质量的管理三方面的内容。

第一节　物流服务质量的内涵

物流服务质量是物流质量管理的一项重要内容，这是因为物流业属于第三产业，具有极强的服务属性，其使命主要在于服务。因此，整个物流业的质量目标，就是其服务质量的提升。物流服务质量作为物流业核心竞争能力的关键衡量指标之一，对企业收入水平和盈利能力均有显著的影响。

一、物流服务质量的概念

根据国家标准《物流术语》（GB/T 18354—2006）对有关概念的界定，物流是指物品从供应地向接受地的实体流动过程，根据实际需要，将运输、储存、装卸、搬运、包装、流通加工、配送、回收、信息处理等基本功能实施有机的结合。物流管理是指物流服务为达到既定的目标，对物流的全过程进行计划、组织、协调和控制。物流服务是指为满足客户需求所实施的一系列物流活动过程及其产生的结果。物流服务质量是指用精度、时间、费用、客户满意度等来表示的物流服务的品质。

从物流服务质量产生的过程来看，物流服务质量包括物流技术质量（结果质量）和物流功能质量（过程质量）两个方面。物流技术质量是指客户通过消费物流服务所得到的，即服务的结果；物流功能质量则是指客户是怎样消费物流服务的，即服务的过程。因此，在理解物流服务质量的含义时，必须充分考虑技术质量和功能质量，两者缺一不可。以下分别从企业和客户视角介绍其对物流服务质量的认识。

（一）基于企业视角的物流服务质量

学术界对物流服务质量（Logistics Service Quality，LSQ）的研究始于20世纪60年代。

早期有关物流服务质量的概念多基于企业（供应商）视角，从操作层面进行界定。最具代表性的是由佩罗特（Perreault）和鲁斯（Russ）在 1974 年提出的 7Rs 理论。该理论认为，物流服务是指企业能在恰当的时间（Right Time）和正确的场合（Right Place），以合适的价格（Right Price）和方式（Right Channel or Way），为合适的客户（Right Customer）提供适合的产品和服务（Right Produce），使客户的个性化需求（Right Want or Wish）得以满足、价值得以提高的活动过程。

随着经济的发展，独立物流供应商（第三方物流企业）开始出现，传统的以产品运作为基础的物流服务质量的定义发生了变化。拉隆德（LaLonde）和津泽（Zinszer）（1976）将物流服务质量定义为：满足客户需求的活动；确保客户满意的绩效测量；公司承诺的哲学（文化）。这一定义将物流服务质量从单一的产品运营层面上升到了市场营销层面，认为物流服务质量是以提高客户满意度为目的的。然而，这一概念依然是从物流供应商的角度而非客户的角度定义物流服务质量的。如果要度量物流服务质量及其对客户满意度的影响，仅根据物流执行者对自身提供的服务做出评价，显然缺乏科学性。因此，只从物流供应者角度出发建立物流服务质量的评价尺度是不完善的，还需要引入从客户角度评价物流服务的尺度来完善物流服务质量的定义。

（二）基于客户视角的物流服务质量

1989 年，美国学者门策（Mentzer）等人为克服从物流供应者视角衡量服务质量的不足，在研究物流服务时考虑了客户的因素，提出物流服务应包括实体配送服务（Physical Distribute Service，简称 PDS）和客户营销服务两个方面。他们研究了过去 20 年关于物流服务的文献，综合了大量有关物流配送和客户服务的资料，最后从 26 个因素中抽取了货物的可得性、时间性和质量性 3 个因素作为衡量实体配送服务的指标。该研究为后来的物流服务质量测量奠定了基础，但仍停留在"实体配送"的传统物流观念范围内。

1997 年，比安斯托克（Bienstock）、门策（Mentzer）和伯德（Bird）关于物流服务质量的研究指出，物流服务质量由技术质量和功能质量组成，其中技术质量是指服务的结果，功能质量则是指服务的过程。他们还对感知服务质量模型和服务质量差距模型在物流服务领域的应用进行了研究，认为将 SERVQUAL 模型所包含的有形性、可靠性、响应性、保证性和移情性应用于物流服务并不适合，由于实体配送服务中的"感情投入"变量无从测度，因此 SERVQUAL 模型不适于对实体配送服务质量的测量，并由此提出了新的实体配送服务质量（PDSQ）量表。此量表共涉及 3 个维度——时间性、可得性和完好性以及 15 个测量项目。

1999 年，门策（Mentzer）等学者针对美国大型物流服务供应商 DLA（Defense Logistics Agency，美国国防后勤局）的客户样本，结合 SERVQUAL 服务质量模型和 PDSQ 量表，最终总结出从客户角度出发度量物流服务质量的 9 个维度指标（也称为 LSQ 量表）。

1）人员沟通质量，是指负责沟通的物流企业服务人员是否能通过与客户的良好接触而提供个性化的服务。一般来说，服务人员的相关知识丰富与否、是否体谅客户处境、帮助客户解决问题的程度等，都会影响客户对物流服务质量的评价，并且这种评价形成于服务过程之中。因此，加强服务人员与客户的沟通是提升物流服务质量的重要方面。

2）订单释放数量，与前文提到的货物可获得性概念相关。一般情况下，物流企业会按实际情况释放（减少）部分订单的订购数量（出于供货、存货或其他原因）。对于这一点，尽管很多客户都有一定的心理准备，但是，如果不能按时完成客户要求的订购数量，也会对客户满意度产生影响。

3）信息质量，是指物流企业从客户角度出发提供产品相关信息的多少。这些信息包含产品目录、产品特征等。如果有足够多的可用信息，客户就容易做出较为有效的决策，从而降低决策带来的风险。

4）订购过程，是指物流企业在接受客户的订单、处理订购过程时的效率和成功率。

5）货品精确率，是指实际配送的商品和订单描述的商品相一致的程度。货品精确率应包括货品种类、型号、规格准确及相应的数量正确。

6）货品完好程度，是指货品在配送过程中受损坏的程度。如果货品有所损坏，那么物流企业应及时寻找原因并及时实施补救。

7）货品质量，是指货品的使用质量，包括产品功能与消费者的需求相吻合的程度。货品精确率与运输程序（如货品数量、种类）有关，货品完好程度反映货品损坏程度及事后处理方式，而货品质量则与产品生产过程密切相关。

8）误差处理，是指订单执行出现错误后的处理。如果客户收到错误的货品，或货品的质量有问题，都会向物流供应商追索更正。物流企业对这类错误的处理方式会直接影响客户对物流服务质量的评价。

9）时间性，是指货品是否如期到达指定地点。它包括从客户下单到订单完成的时间长度，受运输时间、误差处理时间及重置订单的时间等因素的影响。

以上9个因素涵盖了实体配送服务的3个指标，也包括了其他文献中的一些指标。其中的3个指标——货品精确率、货品完好程度、货品质量，描述了订单完成的完整性，它们与其他6个指标共同构成从客户角度衡量物流服务质量的指标。

由此可见，物流服务是整个物流服务过程和结果的集合，是物流企业和客户在合作过程中实现的。对于物流服务质量，重要的是客户如何理解，而不是企业对质量如何诠释。因此，物流服务质量是物流企业向其客户所提供的物流相关服务过程中，能够有效满足客户对物流服务明显的和隐含的需求的程度。物流服务质量主要包括有形的实物产品质量、无形的劳务质量、服务设备设施质量和服务环境质量4个组成部分，它们共同构成了物流服务质量管理的对象。

1. 实物产品质量

实物产品质量在物流业的服务质量构成中处于基础地位，这是由它的基本职能所决定的。物流企业如果没有产品质量的保证，就不能满足客户的基本需求，提高服务质量也就失去了意义。在组织产品流通活动中，物流企业还要提供一系列的劳务活动，但这都是由其基本职能派生出来的。

2. 无形的劳务质量

提供劳务是一切服务组织的重要职责，是服务质量的重要组成部分。劳务质量主要包括服务人员的服务态度、言谈举止、仪容仪表，以及服务方式、服务时间等。劳务质量集中反映了服务组织的信誉和形象，客户对服务质量的评价，在很大程度上取决于劳务质量。

3. 服务设备设施质量

服务组织的服务性设备设施供客户直接使用，因此设备设施的质量也是服务质量的重要组成部分。这种特点决定了服务设备设施必须高质量。例如，运输企业交通工具的质量直接关系着客户的生命和财产安全。

4. 服务环境质量

服务环境质量不同于服务设备设施质量，主要是指服务场所的美化、商品陈列的艺术性、环境卫生状况、设备设施摆放布局、灯光音响及室内温度的适宜性等。良好的服务环境能使客户置身于轻松、愉快的享受之中，提升对物流服务的满意度。

二、物流服务质量的特性

与硬件、流程性材料等有形产品相比，物流服务的质量特性具有一定的特殊性。有些物流服务质量特性，客户可以观察到或感觉到，如服务等待时间的长短、服务设施的好坏等，还有一些客户不能观察到但又直接影响服务业绩的特性。有的物流服务质量可以定量地考察，而有些只能定性地描述。前者如等待的时间，后者如卫生、保密性、礼貌等。物流服务质量特性一般包括如下几个方面。

（一）功能性

功能是指某项服务所发挥的效能和作用。例如，交通运输业的功能是运送旅客和货物到达目的地，电信业的功能是为用户及时、准确地传递信息，银行的功能是为用户提供储蓄和其他金融服务，而工业企业的销售和售后服务功能则是使采购方满意地获得和使用产品。能否使被服务者得到这些功能是对服务的最基本要求，因此，功能性是物流服务质量特性中最基本的特性。

（二）经济性

经济性是指客户为了得到某项服务而支出费用的合理程度。这里所说的费用是指在接受服务的全过程中所需要的总费用，即服务周期费用，如客户购买商品所支付的商品货价、运输费用、安装费用、维修费用等。这是每一位客户在接受服务时都要考虑的质量特性。经济性是相对的，不同等级的服务所需要的费用是不同的。

（三）安全性

安全性是指保证客户在享受服务的过程中生命不受到危害，健康和精神不受到伤害，以及资金不受到损失的能力。安全性的改善和保障的重点在于唤起员工对安全性的高度重视，如加强防火、防盗措施的改善，增加对服务设施的维护保养、环境的清洁卫生等方面工作的精力和财力的投入。

（四）时间性

时间性是指服务在时间上能够满足客户需求的能力，包括及时、准确和省时 3 个方面。及时是当客户需要某种服务时，能够及时地提供；准时是要求某些服务的提供在时间上是准确的；省时是要求客户为了得到所需的服务所耗费的时间能够缩短。对物流企业来说，在时间性方面还要掌握和控制好等待时间、提供时间和过程时间。等待时间就是客户等待接受服务的时间；提供时间是服务人员向客户提供服务的平均时间；过程时间则是客户看不到的组织内部自身经营过程的时间，但其对客户感受到的服务却有着直接的影响。

（五）舒适性

舒适性是指在满足了功能性、经济性、安全性和时间性等方面特性的情况下，服务过程的舒适程度，包括服务设施的完备、使用方便和舒服，环境的整洁、美观和有序。显然，舒适性与客户所付出的代价，即服务的不同等级密切相关；也就是说，舒适的程度是相对的，但不同等级的服务应该有相应的规范要求。

（六）文明性

文明性是指客户在接受服务的过程中精神需求得到满足的程度。客户期望感受到自由、亲切、尊重、友好、自然与和谐的气氛，并在这种气氛中满足自身的需要。文明性受提供服务人员的思想素质、道德水准、技能、礼貌、教养等因素的影响，而这些个人素质在很大程度上来自组织的熏陶和教育。因此，为了保证文明性，服务组织需长期不懈地致力于对员工的培训、开发和教育。

三、物流服务质量的影响因素

物流是以服务为核心的行业，同样具备生产力三要素，即劳动力、劳动资料和劳动对象。物流同样具有其自身的社会性质，这是由一定的社会生产关系决定的。因此，物流服务质量的水平要受到多方面因素的影响。

（一）影响物流服务质量的基本因素

影响质量的因素一般被称为质量因素。影响质量的五大基本因素为：人（Man）、机（Machine）、料（Material）、法（Method）、环（Environment），即 4M1E。具体为：①人——人的思想素质、责任心、质量观、业务能力、技术水平等均直接影响质量。②机——所采用的机械设备应在生产上适用、性能可靠、使用安全、操作和维修方便。正确、合理地操作机械设备，是保证质量的重要环节。③料——材料、零部件、构配件的质量要符合有关标准和设计的要求，要加强检查和验收，严把质量关。④法——工艺流程、技术方案、检测手段、操作方法均应符合标准、规范、规程要求，并有利于质量控制。⑤环——影响项目质量的环境因素很多，有技术环境、劳动环境和自然环境等。除此以外，测量、计算机软件、辅助材料、水、电等公用设施也会对质量产生影响。

下面重点从人、机、料、法、环五个方面阐述物流服务质量的影响因素。

1. 人力因素

（1）物流企业内部操作人员。物流活动中企业内部人员参与装卸、搬运、配送及包装等环节，人员缺乏服务质量意识及物流活动操作不规范，都可能造成物流过程中断，导致时间延误和货损、货差，从而影响服务质量。

（2）客户作为物流服务的接受者，在物流服务过程中感知到的物流服务与其预期的物流服务之间的差距将影响客户的满意度。

2. 机械因素

对于物流企业而言，机械因素不仅包括仓储、搬运、运输等设备设施，如自动分拣系统、自动化立体仓库等，还包含物流信息平台。首先，物流设备设施不完善将降低物流运作效率，造成物流运输速度下降，从而形成时间成本，降低物流服务的时间价值。其次，物流信息平台作为物流企业之间、物流企业与客户之间及物流企业内部沟通的有效途径，能够加强信息的共享、共用，提升物流服务质量和客户体验。

3. 物料因素

首先，物流设备设施的质量会影响物流过程的运转效率，如运输车辆、装卸搬运设备、信息平台、物流技术等，良好的设备设施质量能够在提高物流活动运作效率的同时，降低物流设备设施的维修和保养成本，从而降低物流总成本。其次，物流对象决定了运输工具、包装工艺和运作方式的选择，承接客户物流业务时应考虑到物流对象的具体属性和特质。

4. 方法因素

物流企业涉及的方法因素主要是运输过程中物流活动之间的规范性和有效衔接，以及物流企业服务质量改进方法。首先，物流企业运输方式之间的有效衔接可以充分利用各种运输方式的优势，如可以通过采用公铁联运降低运输成本，缩短物流服务时间，提升物流服务的空间价值。其次，物流企业组织结构中应设立质量管理部门，采取物流服务质量改进措施提升物流服务质量，提高客户物流服务质量满意度，增强客户对企业的信心。

5. 环境因素

物流企业中的环境因素包括两个方面。首先，物流企业工作环境，包括物流仓储场所或节点的工作噪声干扰、照明、室内净化和现场污染程度等。其次，市场竞争环境，物流企业数量多、规模小、市场准入低等加大了物流企业之间的竞争。由于以价格战为主导的竞争导致物流企业将主要关注点放在降低物流成本上，有可能忽视物流服务质量的提升，导致客户感知的服务质量下降。

需要强调的是，在质量管理中，人是决定性的因素，这已成为越来越多的企业的共识。物流企业也是一样。因此，应当把重视人的因素作为搞好质量管理的基本出发点。分析影响物流服务质量的4M1E五大因素的相互关系，应该以人为中心（见图2-1）。只有选用素质优良、专业技能过硬的员工去操作设备设施，按合理的比例对原材料进行配置，按规定的程序去生产，并在生产过程中减少对环境的影响，企业才能实现良性发展，才能保证质量目标的实现。

图2-1 影响物流服务质量的五大因素

（二）企业作业流程模块对物流服务质量的影响

客户服务是物流系统的产出，但只有当物流企业在所有环节、要素方面都做得很好时，才能产生客户满意的结果，因此，客户服务贯穿于整个物流系统的所有环节。无论存储、装卸、搬运还是包装、流通加工，甚至配送，都是通过物流服务来实现流通商品的增值。只有将物流看成是一个集成的系统，系统地调整客户服务的各种要素，才能实现有效的质量管理，降低物流总成本，从而达到提升整个企业物流质量水平的目的。

一般来说，物流的业务流程包括订单处理、仓储、运输、配送、信息管理等。这些环节都将对企业的物流服务质量产生影响。

1. 订单处理对物流服务质量的影响

订单处理是客户与企业组织接口的关键领域，会对客户对于服务的感知和由此产生的满意度产生很大的影响。如何快速、准确、有效地取得订货资料，如何追踪、掌握订单的进度以提升客户服务水准，以及如何支持、配合相关作业等，都是订单处理需要面对的关键问题。

2. 仓储对物流服务质量的影响

仓储是用来在物流过程的所有阶段存储库存的。为了满足客户对商品快捷、廉价的需求，物流企业管理人员应注重对仓储过程中的劳动生产率及成本的考察。设计仓库可以帮助物流达到加快订单处理、降低成本、为客户提供更好服务的目标。随着企业越来越注重将客户服务作为一个动态的、有附加价值的竞争工具，仓储对保障物流服务质量也会变得越来越重要。

3. 运输对物流服务质量的影响

由于运输成本在现代物流总成本中占的比重很大，因此，运输成本的高低直接关系到物流成本的大小，进而影响物流企业的价格以及企业的经济效益。

4. 配送对物流服务质量的影响

配送应发挥规模经济优势，通过集中仓储与配送，提高作业效率与车辆的利用率，缩短配送线路，使单位存货、配送和管理的总成本下降，以实现企业组织的低库存或零库存的设想，并提高社会物流的经济效益。配送应针对市场要求快速反应，及时处理订货、出货，提高物流服务水准及货物供应的保证程度。

5. 信息管理对物流服务质量的影响

信息是物流服务过程中企业与客户之间极其重要的联系。企业的物流系统设计越有效，它对信息的准确性要求就越高。准确、及时的信息沟通是保障物流服务质量的基础。物流企业应利用信息来达到主动控制物流作业的目的，以便在快速响应等方面对客户的需求做出更快的反应。信息流反映了一个物流系统的动态形态，订单处理过程中出现的不正确的信息和信息延误都会影响物流服务质量水平。因此，物流信息的质量和及时性是物流运作的关键因素。

四、物流服务质量环

物流服务质量环是指从识别客户的服务需要直到评定这些需要是否得到满足的服务过程各阶段中，影响服务质量相互作用活动的概念模式，是对物流服务质量的产生、形成和实现过程的抽象描述、理论提炼和系统概括。物流服务质量环通过将物流服务质量形成的全过程分解为若干相互联系而又相互独立的阶段，来对物流服务质量的全过程进行分析、控制、管理和改进。

依据 ISO 9004-2《质量管理和质量体系要素第 2 部分：服务指南》[⊖]第 5.4.2 条，结合物流企业服务过程的实际情况，可将物流服务质量环划分为 6 个过程阶段（见图 2-2）。

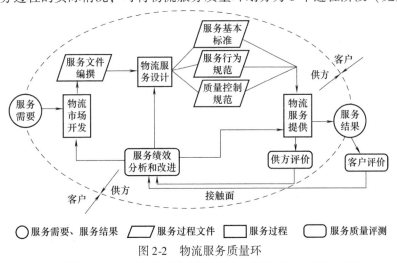

图 2-2　物流服务质量环

资料来源：冉文学，李严锋，宋志兰，等. 物流质量管理［M］. 北京：科学出版社，2008.

⊖　ISO 9004-2 等同于 GB/T 19004.2—1994。该标准现已废除，但其中的部分内容仍有学术参考价值。

（一）物流市场开发

物流服务组织采用设置客户意见本、召开客户座谈会等方式了解客户的服务需要，特别是要针对市场供需，经常研究分析现在的、潜在的市场变化和客户需求以及物流服务需要层次，获取并研究下列信息：①客户期望的服务质量特征是怎样的；②竞争对手的服务特点以及可以得到的财力和物力等资源情况如何；③新技术、新设备的出现给物流服务带来了哪些影响，广告宣传的效果如何；④客户还需要哪些额外服务，他们希望得到哪些目前还没有提供的服务；⑤订单传送的方法是否需要改进；⑥哪方面的物流服务对客户最为重要；⑦目前的订货速度客户可否接受，以及为了得到较高水平的服务，客户是否愿意支付较多的费用；⑧对客户的要求是否明确并为客户所知晓。

（二）服务文件编撰

物流企业在市场调研过程结束之后，应将获得的有关物流市场信息综合、归类、分析、对比、明晰化、条理化和书面化，从而编撰出物流服务简报等物流服务提供纲要及文件，用于物流服务过程的设计。

（三）物流服务设计

这是物流服务质量环的核心，它有三方面的工作：①根据市场调研过程中获得的信息——客户期望的服务质量的特征，制定具体的服务基本标准及服务行为规范；②设计出服务程序，以便达到已制定的服务标准；③制定服务过程的质量控制规范，保证服务程序的完整实施和服务标准的严格执行。

（四）物流服务提供

物流服务提供过程分为进货、搬运、盘点、订单处理、拣货、补货、出货和配送等阶段。服务过程产生服务结果：功能性、经济性、安全性、时间性、舒适性和文明性，这是物流服务质量的特性。

（五）物流服务评价

在提供服务之后，需要对服务的质量进行评价，具体分为供方评价和客户评价。一方面，物流服务组织要对其服务提供过程和服务结果的情况进行自我评价；另一方面，客户（货主等）应对物流服务组织提供的服务质量进行用户评价。

（六）服务绩效分析和改进

物流企业根据自我评价和客户评价结果分析服务绩效，并通过进一步对信息的充实、纠正和研究来提高服务过程的设计水平，以便改进服务、提高服务质量，从而在更好的基础上进行又一轮的循环。

第二节　物流服务质量的评价

物流服务质量的评价通常涉及绩效水平、成本水平及质量水平等多个方面的评价，而衡量现代物流业服务水平最重要的是对物流服务质量水平的评价。对物流服务质量的评价通常可分为对内部服务质量和对外部服务质量的评价，外部服务质量通常与客户发生直接联系，因而衡量外部服务质量通常以客户满意度为重要指标。对物流服务质量评价的研究是伴随着西方管理学界对物流特性和服务质量的认识、理解而逐步形成和发展起来的，经历了一个从概念性争论到形成物流服务质量评价工具的深入过程。

一、西方物流服务质量评价的主要模型

20 世纪 80 年代后,学术界对物流服务质量的研究开始转向测量研究。不少学者将帕拉苏拉曼、泽丝曼尔和贝利在 1988 年开发的经典 SERVQUAL 量表引入物流服务业,并试图通过导入物流特征在 SERVQUAL 量表基础上进行必要的修正以适应物流业的情况。但一些学者认为,将 SERVQUAL 量表运用于物流行业存在缺陷,SERVQUAL 量表适合从功能或过程维度来测量服务质量,而物流服务更多是由技术或结果维度组成,因此使用 SERVQUAL 量表测量物流服务质量并不适合。鉴于 SERVQUAL 量表在测量物流服务质量方面的局限性,以门策为代表的物流学者将服务质量模型应用于物流服务中,先后开发了实体配送服务质量(Physical Distribution Service Quality, PDSQ)量表、物流服务质量(Logistics Service Quality, LSQ)量表等测量工具,为测量现代物流服务质量奠定了重要基础。

(一) 门策等人的实体配送服务质量量表

门策、戈麦斯(Gomes)和克拉普菲尔(Krapfel)(1989)认为,物流服务应包含实体配送服务和客户营销服务两个方面。三位学者研究了前 20 多年关于物流服务的文献,综合了大量有关实体配送和客户服务的资料,发现传统上对物流客户服务的测量主要是对库存、交付时间和交付产品的无损性等方面属性的感知,最后从归纳总结的 26 个测量项目(其中 16 个测量项目反映实体配送服务所带来的利益,3 个测量项目测量实体配送服务绩效的,还有 7 个测量项目几乎与实体配送服务无关,用来评价客户服务的项目,如销售人员的访问次数)中提炼出 3 个维度(时间性、可得性和质量性),作为衡量实体配送服务质量(Physical Distribution Service Quality, PDSQ)的指标。

门策等学者的研究克服了前人从企业视角出发评价物流服务质量的缺陷,提出了基于客户视角衡量物流服务质量的 3 个维度,但是,这 3 个维度实际上只能衡量物流整体服务质量中的实体配送服务部分,对整个物流服务质量而言是片面的。更令人遗憾的是,该项研究并没有进行实证检验。

(二) 比安斯托克等人的实体配送服务质量量表

比安斯托克(Bienstock)、门策和伯德(Bird)(1997)针对 SERVQUAL 量表运用于某一特定行业的缺陷进行了研究,认为 SERVQUAL 量表适合从功能或过程维度来测量客户感知的服务质量,但是物流服务更多的是由技术或结果维度组成,对于物流服务等具有明显的技术/结果本质的产业服务质量而言,必须开发出足够的技术/结果维度指标,才有可能构建起具有一定效度和信度的物流服务质量测评模型。为此,他们将物流服务质量划分为物流服务过程的质量和物流服务结果的质量两部分。通过对门策等学者(1989)提出的实体配送服务质量(PDSQ)量表进行了实证检验,比安斯托克等人开发出了新的 PDSQ 量表。此量表共涉及 3 个维度:时间性(包含 6 个测量项目)、可得性(包含 4 个测量项目)和完好性(包含 5 个测量项目)。

现代质量管理理论认为,产品或服务是企业生产过程和活动的结果,应注重从质量(或服务)的设计及质量实现(生产)的全过程来保障结果的质量。比安斯托克等人将物流服务质量概念化为物流服务过程的质量和物流服务结果的质量,符合现代质量管理的观点。其研究成果借鉴 SERVQUAL 方法探察物流服务质量的构成要素,形成新的 PDSQ 量表,拓展了服务质量的研究范围。但值得指出的是,其研究与门策等人(1989)的研究存在同样的

缺陷，即测量量表中的 3 个维度依然只能度量物流整体服务质量中的实体配送服务部分。

（三）门策等人的物流服务质量量表

门策、弗林特（Flinth）和肯特（Kent）（1999）将实体配送服务质量（PDSQ）看作物流服务质量（LSQ）的一个组成部分，认为时间、可得和环境是客户感知物流服务质量的最主要方面；同时，物流服务质量与传统的服务质量研究一致，应该包括提货和交付产品的人员以及订货和处理差异性的过程。这些人员和过程影响客户对整个物流服务质量的感知，特别是订货过程、人员沟通质量、信息质量、货品精确率、货品完好程度和误差处理等因素，都会影响客户对物流整体服务质量的感知，因此提出把影响客户服务的因素和 PDSQ 量表中的因素整合起来共同构建物流服务质量（LSQ）量表。因此，门策等人选择美国大型物流服务供应商——美国国防后勤局（DLA）的客户作为研究对象，共涉及 8 个细分市场（药品、燃料、电子、服装/纺织、建筑、生产资料、生活资料供应商和普通供应商），按照 SERVQUAL 方法通过定性研究了解 DLA 客户的需求，确定最初的 72 个物流服务质量项目，经由对 DLA 的客户调查，获得 5531 份有效问卷，通过定量方法提炼和修正后得到一个 9 维度 25 个测量项目的 LSQ 量表，见表 2-1。

表 2-1　物流服务质量（LSQ）量表

评价维度	评价项目
人员沟通质量	DLA 指定的沟通人员理解了我的处境
	DLA 指定的沟通人员解决了我的问题
	DLA 的沟通人员有足够的产品知识或经验
订单释放数量	我要求的订单数量没有改变
	要求的最大的订单释放量没有问题
	要求的最小的订单释放量没有问题
信息质量	有可用的信息
	有足够的信息
订货过程	申请过程很有效
	申请过程容易接受
货品精确率	出货量中错误的物品少
	出货量中不正确的数量少
	出货量中替换品数量少
货品完好程度	从 DLA 仓库收到的货物没有破损
	直接从厂商收到的货物没有破损
	由于运输工具原因发生了小破损
货品质量	从 DLA 发送的替代物品运行良好
	从 DLA 订购的产品满足技术要求
	不相容的设备或物件很少
误差处理质量	误差的修正处理令人满意
	误差处理报告的报告过程令人满意
	对误差处理报告的回复令人满意

（续）

评 价 维 度	评 价 项 目
时间性	请求和接收交付之间的时间间隔短
	在承诺日期交付
	在待发货订单上停留时间短

资料来源：MENTZER J T，FLINT D J，KENT J L. Developing a logistics service quality scale［J］. Journal of Business Logistics，1999，20（1）：9-32.

门策等人（1999）的研究站在客户的立场上，从实体配送服务和客户营销服务两个方面深入研究物流服务质量的构成要素，并进行实证检验，开发了LSQ量表。然而，门策等人的LSQ量表也有不尽人意之处：①忽视了物流服务发生的过程和时间性，以及各个维度之间的相关性。全面质量管理一直注重过程，物流服务质量当然也强调过程。②没有对不同的细分市场进行比较。过去的研究表明，LSQ量表的各个维度在物流服务质量中的地位会因市场细分的差异而有所区别。因此，应对各个因素在不同细分市场的影响力及对客户满意度的影响进行比较研究。

（四）门策等人的物流服务质量综合模型

门策、弗林特和亨特（2001）在门策等人1999年研究成果的基础上，建立了以物流服务发生的时间过程为基础的客户导向物流服务质量（LSQ）模型，分析了各个维度之间的相关性，并比较了在不同细分市场上（普通供应商、纺织品、建筑材料、电子产品和生鲜品市场）物流服务质量各个维度对客户满意度的影响差异（见图2-3）。研究结果表明，不同产品市场的客户对物流服务质量有不同的期望，9个影响客户满意度的因素（人员沟通质量、订单释放数量、信息质量、订货过程、货品精确率、货品完好程度、货品质量、误差处理质量和时间性）在不同行业的权重（影响力）各不相同，其对满意度的影响也不同。因此，物流企业应根据不同的产品（行业）类型分析客户满意度的影响因素，做出有利于提高客户满意度的差异化物流服务决策。

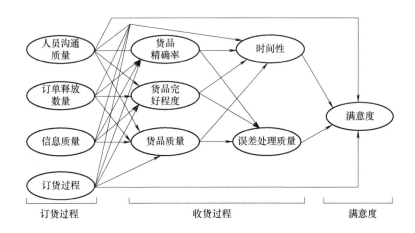

图2-3 门策等人的物流服务质量（LSQ）综合模型

资料来源：MENTZER J T，FLINT D J，HULT G T M. Logistics service quality as a segment-customized process［J］. Journal of Marketing，2001，65（10）：82-104.

尽管门策等学者（2001）的研究取得了突破性的进展，但是仍然存在一定的局限性：①对物流服务质量维度的研究是建立在美国市场环境的个别行业之下的，并未考虑其他国家和地区的不同因素对物流服务质量的影响；针对不同的文化背景、社会条件及物流服务内容，物流服务质量的维度可能还需要进一步精炼或拓展；②虽然每个细分市场的样本足够大，但是由于这些样本来自同一供应商的细分市场，因此研究的结论可能无法适用于其他物流供应商的客户细分市场；③用于概念性模型的项目都是与美国国防后勤局的客户相关的，其他物流供应商在使用该模型时必须重新修正相关的测量项目。

（五）比安斯托克等人的扩展物流服务质量模型

比安斯托克等人（2008）考虑到物流服务质量在供应链管理中的重要作用，对其1997年的研究中关于物流服务质量的过程质量与结果质量的二分法原则做出了再次确认，并对门策等人（2001）提出的物流服务质量（LSQ）测量维度及其25个测量指标进行了分析提炼，提出了新的物流服务质量量表。两者的维度及测量指标变化对比见表2-2。

表2-2　门策等人（2001）与比安斯托克等人（2008）的物流服务质量量表对比

门策等人（2001）的量表维度		比安斯托克等人（2008）的量表维度		含义及指标变化
过程质量	订货过程（Order Procedures）	过程质量	订货过程（Order Procedures）	无变化
	人员沟通质量（Personnel Contact Quality）		沟通质量（Contact）	无变化
	信息质量（Information Quality）		信息质量（Information）	将物品信息扩展为物流服务全程信息
	订单处理误差（Order Handling Discrepancy）		误差质量（Discrepancy）	无变化
结果质量	订单释放数量（Order Release Quantities）	结果质量	易得性（Availability）	认为订单释放数量与易得性有交叉，测量指标比订单释放数量多两个
	货品精确率（Order Accuracy）		精确率（Accuracy）	认为货品精确率和货品质量含义接近，故删除货品质量维度
	货品质量（Order Quality）			
	货品完好程度（Order Condition）		完好度（Condition）	无变化
	时间性（Timeliness）		时间性（Timeliness）	无变化

同时，比安斯托克等人（2008）考虑到跨组织间的信息技术系统对物流服务运作，以及物流服务商与客户企业之间的跨企业信息交互，会对客户的物流服务过程感知带来重要影响，便将技术接受模型（Technology Acceptance Model，TAM）框架融入物流服务感知测评模型，得到了包含对物流信息技术使用和感知作为模型要素的一个具有更强适用性的一般化物流服务质量测评模型（Expanded LSQ Model），并通过网络调查进行了检验，检验结果如图2-4所示。

二、我国物流服务质量评价研究的进展

近年来，我国学者对物流服务质量的测评问题也展开了深入的研究。鉴于国内早期的物流管理理论著中的物流服务质量管理部分大多是借鉴实体产品质量管理的理论及方法，田宇（2001）率先提出基于服务质量理论，特别是基于SERVQUAL模型对物流服务质量进

行测量，并指出应从内部客户和外部客户两个角度对物流服务质量进行测量。当物流服务过程发生在企业内部，并向企业中的其他员工及其他部门提供服务时，此时接受服务的客户称为内部客户，而处于企业外部的客户则统称为外部客户。相应地，针对内部客户和外部客户应采用不同的评价方法。田宇（2001）认为，对内部客户的物流服务质量评价比较客观，采用物流绩效评价指标即可；而对外部客户的服务质量评价，建议根据 SERVQUAL 模型中客户期望与实际感知的服务差距理论来进行。下面将对近年来我国学者在物流服务质量评价研究方面的典型成果进行介绍。

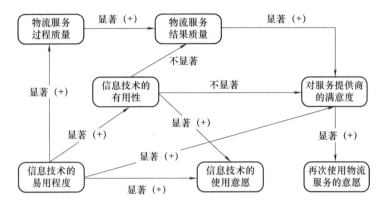

图 2-4 比安斯托克等人（2008）的扩展物流服务质量模型

资料来源：BIENSTOCK C C，ROYNE M B，SHERREL D，et al. An expanded model of logistics service quality：incorporating logistics information technology ［J］. International Journal of Production Economics，2008，113（1）：205-222.

（一）郑兵等人的中国本土物流服务质量测评指标体系

郑兵等人（2007）较早开展了我国本土物流服务质量评价的实证研究。他们在分析借鉴门策等学者（1999，2001）研究成果的基础上，基于统计分析方法，建立了我国本土的物流服务质量（LSQ）测评指标体系。该测评指标体系包括 7 个维度：时间质量、人员沟通质量、订单完成质量、误差处理质量、灵活性、货品完好质量、便利性，以及 25 个测量项目，见表2-3。其中，灵活性和便利性两个维度是我国物流服务质量测评指标体系所特有的。

表 2-3 中国本土物流服务质量（LSQ）测评指标体系

评 价 维 度	评 价 项 目
时间质量	落订时间短
	重置订单时间短
	订货过程效率高
	递送迅速
	按承诺日期交货
人员沟通质量	物流联系人解决问题
	物流公司理解客户需求
	物流职员经验
	突发事件处理

（续）

评价维度	评价项目
订单完成质量	货物与订单一致
	货物与需求相符
	符合技术要求
	设备和零件一致
误差处理质量	质量差异应答
	对交付质量差异的修正
	处理差异的理由充分
灵活性	灵活运输方式
	定价灵活
	渠道灵活
	办理报关手续灵活
货品完好质量	无野蛮装卸
	科学分拣
	货物运送过程中无损
便利性	包装便利
	门到门送货

资料来源：郑兵，金玉芳，董大海，等. 中国本土物流服务质量测评指标创建及其实证检验 ［J］. 管理评论，2007，19（4）：49-55.

郑兵等学者采用"直接测量感知期望差"的方法测量物流服务质量，生成的物流服务质量测评指标体系具有较高的信度与效度，说明该测量方法在其选择的服装物流企业样本中是适用的。然而，该研究只是以服装行业为背景做了实证。为了使研究更具有一般性，还需要在其他行业中做进一步的实证研究。此外，由于研究的产品及行业背景的不同，客户对物流服务质量的期望也是不同的，因而还需要从不同的角度深入研究。

（二）周正嵩等人的物流企业服务质量评价模型

周正嵩、施国洪（2012）认为，目前学术界偏重于研究物流服务质量，而对物流企业的服务质量研究还较为少见。物流企业服务质量评价不同于物流服务质量评价，后者仅是对物流这项具体业务的评价，而前者则是对一个企业运作物流业务能力的总体评价，涉及物流企业对客户呈现的方方面面。为此，他们从我国物流企业服务质量的现状分析出发，整合物流服务质量模型的内涵来修正 SERVQUAL 模型，从功能质量和技术质量两方面构建了物流企业服务质量评价指标体系，包括可靠性、响应性、有形性、协作性、交互性、经济性 6 个维度，共 19 个测量指标，见表 2-4。

表 2-4　物流企业服务质量评价指标体系

评价维度	评价指标
可靠性	提供服务的稳定性是值得信赖的
	能准时为客户提供所承诺的物流服务
	能准确为客户提供所承诺的物流服务
	能完好地为客户提供所承诺的物流服务

（续）

评 价 维 度	评 价 指 标
响应性	针对客户要求（如订货、包装等），有快捷的响应能力
	对客户需求或误差处理等问题具有有效的反应能力
有形性	呈现出良好的社会外在形象
	物流信息化水平高，能够随时跟踪物流进程
	设施设备较先进，能满足客户的需求
	拥有或使用现代化的办公场所、仓库等
协作性	具有主动帮助客户解决问题的态度和意愿
	能为不同客户提供优化或创新的物流设计方案
交互性	工作人员外在形象良好
	服务人员的技能水平、业务素质能够胜任其岗位
	与客户沟通良好且愉快
	处理物流客户投诉快捷，答复令人满意
经济性	为物流服务支付的成本相对合理
	提供的物流方式适应客户需求且合理
	提供的增值服务恰当且合理，受到客户的欢迎

资料来源：周正嵩，施国洪. 物流企业服务质量测评及实证研究［J］. 技术经济与管理研究，2012，（7）：29-32.

　　统计检验表明，该评价指标体系具有可靠性和有效性，采用该指标体系可以对我国物流企业的自身服务质量进行测评，并制订有针对性的改进方案。另外，还可以通过用户实际感知分数来正确定位企业的服务质量，也可以通过对用户容忍区域的分析来诊断服务的缺陷，从而采取相应的措施进行补救。需要指出的是，该评价指标体系的数据主要来自长三江经济比较发达的地区，调研对象相对集中，因而样本数据的全面性和代表性存在一定的局限性。

（三）南剑飞等人的物流服务质量评价体系

　　南剑飞、刘志刚（2013）指出，物流活动具有服务的本质特性，既要为企业的生产经营过程服务，又要为产品和客户服务。基于这一原则，他们从物流企业、客户以及两者之间相互交流的角度将物流服务质量分为三个部分：企业服务能力评价指标、客户感知评价指标、服务过程评价指标，并构建了相应的物流服务质量评价指标体系（见图2-5）。

1. 企业服务能力评价指标

　　企业服务能力评价指标包括市场占有率、部门设置合理性、技术装备能力、员工素质、通信能力、差异化物流服务能力。市场占有率是指物流企业在整个行业中占有的份额，反映了企业的经营业绩和该企业在整个行业中的地位，因而也可以体现企业的服务能力。部门设置合理性是指企业内各个部门设置的合理性，良好的部门设置可以实现企业内信息的有效沟通以及经营活动的顺利开展。技术装备能力是指物流企业拥有用于存储、运输、信息采集及处理等物流活动的设备的多少及先进程度。员工素质是指企业员工的道德修养、文化水平、专业水平和管理能力等综合素质。通信能力是指企业运用现代信息技术实现物流信息在企业与客户之间、企业内各职能部门之间流通的程度。通信能力的高低对客户满意度有很大的影响，因此该指标可以体现企业的服务能力。差异化物流服务能力是指与行业内其他物流企业相比，该企业具有的较鲜明的特色。该指标是高服务质量和取得竞争优势的基础，也是物流企业服务战略的重要特征。

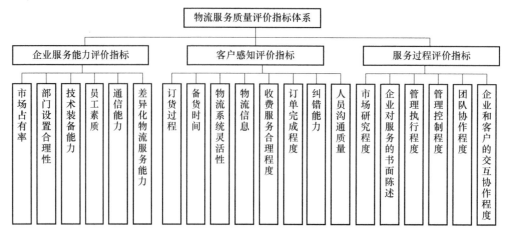

图 2-5   物流服务质量评价指标体系

资料来源：南剑飞，刘志刚．物流服务质量评价体系构建研究［J］．现代管理科学，2013，（10）：51-53.

2. 客户感知评价指标

客户感知评价指标包括订货过程、备货时间、物流系统的灵活性、物流信息、收费服务合理程度、订单完成程度、纠错能力及人员沟通质量。订货过程是指从客户提出物流需求到物流企业生成物流订单并传送至客户手中的时间。备货时间是指客户从下达订单到收到货物的时间。物流系统的灵活性是指物流企业对特殊或未预料到的客户需求的反应能力，通常表现为对特殊需求的反应时间。物流信息是指物流企业对客户信息需求反应的及时性与准确性。收费服务合理程度是指在提供相当服务水平的基础上，收费与同行相比的合理性。订单完成程度是指整个物流活动与订单描述相一致的程度。纠错能力是指物流企业恢复出错程序的效率与时间，包括账单出错、发运出错、货损及索赔等。人员沟通质量是指客户与物流企业人员接触过程中感知质量的好坏程度，与服务人员的知识水平、素质、态度有关，直接影响客户的满意程度。

3. 服务过程评价指标

基于对物流服务过程的系统分析，将物流服务划分为 3 个主要过程，即市场研究和开发、物流服务设计和物流服务提供过程，具体包括市场研究程度、企业对服务的书面陈述、管理执行程度、管理控制程度、团队协作程度以及企业和客户的交互协作程度这 6 个指标。市场研究程度是指企业对客户需求的理解及预测，对自身能力和竞争对手能力的分析评价，以及对相关政策法规的研究程度。企业对服务的书面陈述是指企业在接到订单并与客户沟通交流以后对客户的书面陈述，考察企业员工对客户需求的理解程度和对客户的承诺的实现程度。管理执行程度是指企业员工按照订单描述执行物流活动的程度。管理控制程度是指在服务过程中，管理人员对物流活动的监视，从而保证各项活动按计划进行并纠正各种显著偏差的程度。团队协作程度是指企业员工在对外提供服务的过程中，各层级信息沟通、相互理解以及协作完成订单的程度。企业和客户的交互协作程度是指在服务提供过程中企业对客户需求变化和突发事件等问题与客户协作解决问题的情况。

南剑飞、刘志刚（2013）从物流企业和客户及其相互关联角度构建了物流服务质量评价指标，指标体系较为全面、系统，并且兼顾物流服务的过程和结果两方面的评价，具有一定的可操作性。

三、物流服务质量评价研究总结

国外研究表明，服务质量既涉及服务的结果也包括提供服务的方式，即技术（结果）质量、功能（过程）质量、交互质量。因此，评价物流服务质量不仅要评价结果质量，还应评价其过程质量；过程质量和结果质量共同构成物流服务质量评价的两大维度。

从目前有关物流服务质量评价的研究来看，多数评价方法是基于 PZB 等人的 SERVQUAL 模型和门策等学者的 LSQ 模型展开，或者是对其进行修正提出的。实际上，SERVQUAL 模型的测量维度指标侧重于对"功能（过程）质量"的评价，LSQ 模型的测量维度指标则偏重于"技术（结果）质量"。因此，对物流服务质量进行评价时，应从技术质量和功能质量两个主要方面入手，综合考虑其功能质量属性和技术质量的影响因素，对 SEVRQUAL 模型及 LSQ 模型予以完善和修正，并结合行业及企业实际情况对其中的指标做出适当的调整，以保证评价方法的科学性。

通过本节介绍的国内外物流服务质量的评价研究成果可以看出，人们对物流服务质量的认识是随着物流服务运作模式的发展及物流服务质量研究的深入而不断深化的。对于物流服务质量的评价，如果从客户满意角度来看，它是客户对物流服务过程中的组成要素的一种心理上的预期，并且是由多方面因素所构成。从客观上来看，物流服务质量是对物流服务过程、物流服务态度等的综合判断，并在客户心中形成一定的满意尺度；从主观上来看，物流服务质量则直观地反映为客户所需要的服务和物流本身所提供的服务在客户主观心理中形成的差距，这种存在于客户心中的主观判断通常难以衡量。

目前，物流服务质量的评价已经形成了比较成熟的理论成果，但如何结合物流服务的特点将客户的物流服务要求（质量感知过程及指标特性）进一步转化为物流服务设计及物流服务实现过程中的质量特性，从而更好地实现基于过程的质量管理，仍有着巨大的研究空间。

第三节　物流服务质量的管理

物流服务质量管理是物流管理中的重要内容，是以客户满意为最终目标实施的物流服务质量计划、实施、控制、保证与改进活动。现代物流服务质量管理已经不仅仅局限在降低物流成本上，还应当通过提供最适宜的物流服务、采取有效的质量管理措施，满足客户的需求，实现企业效益的最大化。

一、物流服务质量计划

物流服务质量计划是指确定物流服务质量以及采用质量体系要素的目标和要求的活动。其中，最主要的工作内容是确定质量方针和质量目标，并建立有效的质量管理体系。

（一）确定质量方针和目标

质量方针是企业开展各项质量活动的行动指南，它体现了物流企业就产品质量和服务质量向客户及员工的承诺。质量目标是企业质量方针的具体体现，是企业质量方针得到落实的保证，也是考核企业质量管理水平的基本依据。

制定质量方针的目的是为企业全体员工在所从事的质量工作中的行动和决策提供两个明确的方向和可靠的依据。质量方针的制定通常由组织整体业绩负责的最高管理者决定和发布，质量方针一经发布，将对整个企业所有对质量有影响的活动产生影响，决定企业质量活动的总的宗旨和方向。物流企业服务质量方针的提出涉及以下主要方面：以满足客户的综合物流服务要求为宗旨；全心全意为企业的外部客户和内部客户服务；对员工进行培训，提高全体员工的质量意识，使员工掌握质量管理技能和现代物流技术；遵守质量法规，积极实施质量管理体系标准，建立质量管理体系。

质量目标是企业为提高其持续满足客户现在和将来的需要和期望的能力的结果。例如配送服务可靠性的提高、服务时间的缩短、库存商品损失率的降低、质量体系认证等。物流企业的服务质量目标通常涉及以下主要方面：企业提供服务满足客户需要的能力和与市场竞争能力方面的目标；企业服务过程能力、服务过程的有效性和效率方面的目标；企业组织的有效性和效率方面的目标；员工的知识、技能、积极性和事业发展方面的目标。

（二）建立物流服务质量体系

物流服务企业必须把物流服务质量管理作为企业管理的核心和重点，把不断提高服务质量、更好地满足客户和其他受益者的需求作为企业管理和发展的宗旨。但任何一个服务企业要实现自己的质量计划，若没有完善的服务质量体系做保证，那都将成为空洞的口号。

物流服务质量体系主要包括管理者的职责、物流服务资源、质量体系结构三个关键方面，而客户则是物流服务质量体系三个关键方面的核心。只有当管理者的职责、人力和物质资源、质量体系结构三者之间相互配合和协调时，才能保证客户满意。

1. 物流管理者的职责

物流服务管理者的职责是制定物流服务质量方针并使客户满意。成功地实施这个方针依赖于管理者对物流服务质量体系的开发和有效运行的支持。

（1）质量方针。物流服务质量体系是实现本企业质量方针的基本手段和根本保证。任何物流服务企业在设计和建立物流服务质量体系时，均应编制并颁布本企业的质量方针，并通过物流服务质量体系的实施，保证本企业质量方针的实现。

（2）物流质量目标和活动。物流服务企业要实现本企业的质量方针，首先要识别建立质量目标的主要目的。建立质量目标的主要目的应当包括：使客户需要与职业标准相一致，不断地改进物流服务，考虑社会和环境方面的要求，提高物流服务的效率等。以上主要的质量目的可以转化为一系列的质量目标和活动。

（3）质量管理者的职责和权限。管理者的职责主要是对由于其活动影响物流服务质量的所有人员，明确规定一般的和专门的职责和权限。这些职责和权限包括物流服务企业内部和外部各个接触面上的客户与物流服务提供者之间有效的相互关系。所规定的职责和权限应该与为达到物流服务质量所必需的手段和方法相一致。

（4）管理评审。管理者应对企业质量体系进行正式、定期和独立的评审，以便确定质量体系在实施质量方针和实现质量目标中是否持续稳定和有效。评审中应特别关注和强调改进的必要性和机会。评审应由管理者中的适当成员来做，如有资格的、直接向最高管理者报告工作的、独立的人员。管理评审是管理的一项重要职责，对于企业质量体系的有效运行和持续改进是必不可少的。

2. 物流服务资源

物流服务资源是物流服务质量体系的物质、技术基础和支撑条件，是物流服务质量体系赖以存在的根本，也是其能有效运行的前提和手段。这里所说的资源包括人力资源、物质资源和信息资源三部分。

（1）人力资源。人是物流服务企业最重要的资源，几乎所有的物流服务都要由服务企业的员工来提供。对客户而言，物流服务员工是客户评价物流服务质量的重要来源，他们往往把第一线员工当作物流服务的化身。由于物流服务是一种情绪性的工作，管理好物流服务体系中的人力资源必须做到以下三方面：①聘用合适的人员；②进行必要的培训；③实施适当的激励。

（2）物质资源。所有的物流服务企业要提供客户物流服务，建立完善的物流服务质量体系，都要对基础设施及设备的建设投入大量的资金，这些基础设施及设备包括：基本的装修和物流服务工具，有关客户的信息系统，管理的通信网络，备用物资的储备等。

（3）信息资源。物流服务质量体系有赖于物流服务质量信息系统的支持。对信息资源的投资就像对其他物质资源的投资一样，都是为了增强物流服务企业的竞争优势。拥有信息基础的物流服务企业，可以根据自身的信息资源，向客户提供个性化的物流服务，针对客户的偏好适时调整物流服务，以提高物流服务的效率。

3. 物流服务质量体系结构

（1）组织结构。组织结构是组织为行使其职能而按某种方式建立的职责、权限及其相互关系。质量体系的组织结构是组织为行使质量管理职能的一个组织管理的框架，其重点是将组织的质量方针、目标层层展开形成多极的职能，再转化分解到各级、各类人员的质量职责和权限，明确其相互关系。

对物流企业而言，考虑物流服务的特殊性，其组织结构的设立应与传统的制造企业的组织结构有所不同，主要表现在一线员工的职责和权限、管理者的职权和管理的层次等方面。

（2）过程。ISO 9000 标准是建立在"所有工作都是通过过程来完成的"这样一种认识的基础上，每一个过程都有输入，而输出是过程的结果。对于物流服务企业而言，过程的输出就是无形的物流服务。每个物流服务企业都有其独特的过程网络，物流服务企业的质量管理就是通过对物流服务企业内部各种过程进行管理来实现的。

根据物流服务质量环，物流服务可划分为三个主要过程，即市场研究和开发、物流服务设计和物流服务提供（传递）过程。市场研究和开发过程是指物流服务企业通过市场研究和开发确定并提升对物流服务的需求和要求的过程。物流服务设计过程是指把市场研究和开发的结果，即物流服务提出的内容转化为物流服务规范、物流服务提供规范和物流服务质量控制规范，同时反映出物流服务企业对目标、政策和成本等方面的选择方案。物流服务提供过程是将物流服务由物流服务供应者提供给物流服务消费者的过程，是客户参与的主要过程。

（3）程序文件。程序是指为进行某项活动所规定的途径。物流服务工作程序是物流服务企业为确保所提供的物流服务满足明确的和隐含的需要，保证质量方针和质量目标得以实现所制定和颁布的所有影响物流服务质量的各项直接和间接活动的规定。根据性质，可分为管理性程序和技术性程序两类。物流服务质量工作程序就是属于管理性的工作程序。把物流服务质量写成文件，即程序文件。对于物流服务质量体系，所有程序最终必须形成程序文件，使之有章可循、有法可依。

对物流服务质量体系而言，程序是对物流服务质量形成全过程的所有活动，给出恰当而连续的方法，使物流服务过程能够按规定具体运作，达到系统输出的要求。形成文件的程序应根据物流服务企业的规模、活动的具体性质、物流服务质量体系的结构而采用不同的形式。物流服务质量体系应重视避免问题发生的预防措施，同时还应保持一旦发现问题就做出反应和加以纠正的能力。

二、制定和实施物流服务质量管理制度

制定和组织实施服务质量管理制度是物流企业服务质量管理的重要职能。没有一定的服务质量规章制度和服务质量运行规范进行制约和控制，物流企业的各项物流服务活动就不能科学、合理、高效地运转。服务质量管理制度并不求多，关键在于是否科学，是否适应物流企业服务质量活动的实际需要，以及有无可操作性。服务质量制度是物流企业服务质量管理的内部规范和管理准则，因此要求服务质量管理制度要具有权威性和稳定性，一旦确定就不能随意更改。在制定质量制度时，既要明确物流企业的整体服务质量目标，还应具体规定服务质量标准。由于物流企业经营活动涉及库存、运输、加工、配送等很多环节，工作的复杂性较高，因此对物流服务成效、服务效果、客户满意率等不仅要有定量指标，同时还要辅之以定性指标。对物流服务过程中的每一环节，要规定其质量职责和权限，使人人都清楚在自己的岗位上应该干什么、怎么干，以及应该达到什么样的服务质量标准，并将执行服务质量制度作为自觉的行动。

三、物流服务质量控制

质量控制是质量管理的一部分，致力于满足质量要求。质量控制的目标就是确保产品的质量能满足客户、法律法规等方面提出的质量要求（如适用性、可靠性、安全性等）。质量控制的范围涉及产品质量形成全过程的各个环节。产品的质量受到各阶段质量活动的直接影响，任何一个环节的工作没有做好，都会使产品质量受到损害而不能满足质量要求。质量环的各阶段是由产品的性质决定的，根据产品工作流程由掌握了必需的技术和技能的人员进行一系列有计划、有组织的活动，使质量要求转化为满足质量要求的产品，并完好地交付给客户；还要进行售后服务以进一步收集意见改进产品，完成一个质量循环。为了保证产品质量，这些技术活动必须在受控的状态下进行。

物流企业服务质量控制的工作内容包括作业技术和活动，也就是包括专业技术和管理技术两个方面。由于物流企业是多环节作业，每一阶段的工作都要保证做好，应对影响其工作质量的人、机、料、法、环等因素进行控制，并对物流服务质量活动的成果进行分段验证，以便及时发现问题、查明原因，从而采取相应的纠正措施，以减少经济损失。因此，物流服务质量控制应贯彻预防为主与事后把关相结合的原则。

另外，还需注意质量控制的动态性。由于质量要求随着时间的进展而不断变化，为了满足新的服务质量要求，物流服务质量控制又有了新的任务：应不断提高设计技术水平、工艺水平、检测率和快速反应水平，不断进行技术改进和技术改造，研究新的控制方法，以满足不断更新的服务质量要求。因此，物流服务量控制不能停留在一个水平上，应不断发展、不断前进。

四、物流服务质量保证

质量保证是质量管理的一项重要内容。对于一般市场销售，客户不提质量保证的要求，企业仍应进行质量控制，以保证产品的质量满足客户的需求。随着技术的发展，产品越来越复杂，对其质量要求越来越高，产品的不少性能已不能通过检验来鉴定，在使用一段时间以后就逐渐暴露出各种质量问题。这时，客户为了确信企业提供的产品达到了所规定的质量要求，就要求企业提供设计、生产各主要环节有能力提供合格产品的证据，这就是客户提出的"质量保证要求"。针对客户的质量保证要求，企业要开展外部质量保证活动，提供必要的证据，以使客户放心。

质量保证的内涵已经不再是单纯地为了保证质量，而是以保证质量为基础，进一步引申到提供"信任"这一基本目的。要使客户（或第三方）能"信任"企业，企业首先应加强质量管理、完善质量体系，对合同产品有一整套完善的质量控制方案、办法，并认真贯彻执行，对实施过程及结果进行分段验证，以确保其有效性。在此基础上，企业应有计划、有步骤地采取各种活动，使客户（或第三方）能了解企业的实力、业绩、管理水平、技术水平以及合同产品在设计、生产各阶段主要质量控制活动和内部质量保证活动的有效性，使对方建立信心，相信提供的产品能达到所规定的质量要求。因此，质量保证的主要工作是促进完善质量控制，以便准备好客观证据，并根据对方的要求有计划、有步骤地开展提供证据的活动。质量保证的作用可以分为内部质量保证的作用和外部质量保证的作用。内部质量保证是为使企业领导"确信"本企业所生产的产品能满足质量要求而开展的一系列活动。外部质量保证的作用是从外部向质量控制系统施加压力，促使其更有效地运行，并向对方提供信息，以便及时采取改进措施，将问题在早期加以解决，以避免更大的经济损失。

五、物流服务质量改进

单纯的质量控制和质量保证并不能完全达到质量改进的目的，仅能提供符合要求的证据。为此，物流企业服务质量管理部门必须在质量控制和保证的基础上，对企业服务质量活动中出现的问题加以分析和研究，制定纠正和预防措施，改进现有的或制订新的质量控制计划，经验证后运用到工作中，从而使整个质量控制体系处于一个闭合滚动向上的环中，达到稳步提高产品和服务质量的目的。美国质量管理专家戴明（Edwards Deming）博士提出的质量管理14条原则中，第1条就指出：要进行经常性的质量改进活动。这就为我们指明了使物流企业质量管理水平跃上一个新台阶的道路，即质量改进是提高产品质量和提升服务的有效手段。在整个组织内部采取的旨在提高活动和过程的效益和效率的各种措施就是质量改进。质量改进是一个没有终点的连续性活动，是一项系统工程，涉及企业处理每一项工作的思维方法和行为方式，以及最终的结果。因此，企业必须认真地研究，有组织地进行改进活动，预估在一定时期内要达到的水平或应取得的成果，并通过定量化指标明确表示出来。实施过程中要不断进行阶段性总结，找出新问题，提出新要求，从而实现质量改进的目标。

【本章小结】

- 现有研究主要从企业运作能力和客户两个角度来定义物流服务质量。物流服务质量是物流企业在向其客户提供的物流相关服务过程中，能够有效满足客户对物流服务明显的和隐含的需求的程度。物流服务质量包括有形的实物产品质量、服务设备设施质量、服务环境质量和无形的劳务质量四个组成部分，它们共同构成了服务质量管理的对象。

- 物流服务质量具有功能性、经济性、安全性、时间性、舒适性和文明性六个方面的特性。

- 物流服务质量受到多方面因素的影响。人、机、料、法、环（即4M1E）这五个质量因素是影响物流服务质量的基本因素。订单处理、仓储管理、运输管理、配送质量、信息管理等企业作业流程模块也对物流服务质量有影响。

- 物流服务质量环是指从识别客户的服务需要直到评定这些需要是否得到满足的服务过程各阶段中，影响服务质量相互作用活动的概念模式。物流质量环分为物流市场开发、服务提供文件编撰、物流服务设计、物流服务提供、服务评价和服务绩效分析改进六个阶段过程。

- 鉴于SERVQUAL量表在测量物流服务质量方面的局限性，以门策和比安斯托克为代表的西方物流学者先后开发了实体配送服务质量量表（PDSQ）、物流服务质量量表（LSQ）、扩展的物流服务质量模型等测量工具，为测量现代物流服务质量奠定了重要基础。我国学者近年来也对物流服务质量测评展开了深入研究。郑兵等学者采用"直接测量感知期望差"的方法测量物流服务质量，开发了具有较好测量属性的中国本土物流服务质量测评指标体系。

- 物流服务质量管理是以客户满意为最终目标实施的物流服务质量计划、实施、控制、保证与改进活动，具体涉及编制物流服务质量计划、制定和实施物流服务质量管理制度、物流服务质量控制、物流服务质量保证、物流服务质量改进等内容。

【思考题】

1. 如何理解物流服务质量？它具有哪些特性？
2. 物流服务质量有哪些影响因素？
3. 什么是物流服务质量环？它包括哪些阶段？
4. 西方学者提出了哪些主要的物流服务质量评价模型？
5. 我国物流服务质量评价研究取得了哪些进展？
6. 物流服务质量管理主要涉及哪些内容？
7. 如何建立物流服务质量体系？
8. 如何对物流服务质量实施控制？

【实践训练】

1. 登录你熟悉的一家物流公司的网站，查找这家公司有关物流服务的流程、管理制度等，尝试为这家公司编制一份物流服务质量计划。

2. 与班级同学讨论人、机、料、法、环对物流服务质量的影响。

3. 假如你是一家物流公司的经理，你倾向于怎样评价公司的物流服务质量？你将如何处理公司质量保证与服务质量改进的关系？

 ## 【案例讨论】

中远货运的物流服务

中远国际货运有限公司（简称中远货运）是我国最大的货运企业集团之一，担负着中远集装箱运输的国际、国内货运代理，船舶代理，沿海货运，拼箱，多式联运及项目物流等有关业务。公司成立多年来，先后组织过许多大型物流项目，使中远货运的品牌不仅局限于"海上承运人"，而且延伸到全方位的"物流经营人"领域。

在物流服务方面，中远货运具备如下四方面的优势：

（1）依靠中远大规模的集装箱班轮船队及辅助设施，在国内集装箱航运市场占据了举足轻重的地位。

（2）拥有相对完善的业务分支机构和网络。中远货运在全国100多个城市设有业务网点近300个，形成了以北京为中心，以香港、大连、天津、青岛、上海、广州、深圳、武汉、厦门等口岸和内陆地区公司为龙头，以遍布全国主要城镇的货运网点为依托的江海、陆上货运服务网络，可以为广大客户提供全方位的物流服务。

（3）中远货运在业务经营上一直以组织、安排运输服务为特长，它拥有高素质的专业销售队伍，能够通过对供应链的整体设计和管理，最大限度地降低货物流通的时间与成本，拥有较强的货运控制和驾驭能力。

（4）中远货运拥有大规模的、与中远货运运力相匹配的客户群。中远货运坚持服务创新的经营战略，不断拓展货运的增值服务，为货主提供"一站式服务""绿色服务"等服务模式。在国内货运行业中，率先应用客户完全满意服务体系（TCSS），采用电子订舱与网上货运保险等业界领先的服务手段。同时，中远货运依托"零距离服务"理念，致力于客户关系建设，提高客户管理水平。目前，中远货运的客户范围已从工贸企业货主扩大到私营企业、个人货主，能够针对不同类型的客户需求，提供个性化的服务。

中远货运提供的物流服务可以分为基本业务和增值服务两大类。在基础物流服务方面，中远货运已经具备了雄厚的实力；在货运增值服务上，也有着强有力的优势，如拼箱、多式联运、项目物流等。中远货运还依托自身的航运主业优势，以集装箱运输为核心，开展综合性物流服务，避免追求"小而全"或"大而全"的物流模式，也不会简单局限于两头延伸服务。在增值物流服务方面，突出个性化服务与边缘市场开发；在冷冻冷藏鲜活货、化工危险品、展品物流、在建工程项目物流、拼箱、私人物品运输等新型业务上积极开拓物流新市场。

中远货运物流在个性化服务方面有两个突出的案例经验值得借鉴。

1. 通用汽车项目

中远货运为上海通用汽车提供了 Inbound（入站）全程物流管理，使其生产线做到了零库存。中远货运一是按照上海通用汽车的要求做到了生产零部件 JIT 直送工位，准点供应，提供了一种把原材料直接送到生产线上去的服务。二是实施"门对门"运输配送，使零部件库存放在途中。这样包装成本可以大幅度下降，从供应商的仓库门到客户的仓库门，装卸一次即可；库存可以放在运输途中，货物可以准时送到，在流通过程中只进行次调控。三是在上海通用的生产线旁边设立了"再配送中心"。四是做到每两小时自动补货到位，保证"蓄水池"充满"活水"。通过上述服务，中远货运与上海通用建立了战略合作伙伴关系。

2. 杜邦纺织品项目

中远货运为客户提供了涵盖出口、进口以及内陆陆运的 JIT 物流服务。根据杜邦的纺织品生产预测与产品需求特征，中远货运为其量身定做了物流提供方式，包括整套操作流程，从原材料的 Inbound（入站）物流（就是海外—天津—北京），到产成品的 Outbound（出场）物流（就是北京—天津—上海）的全方位质保方案及应急措施，得到了杜邦公司的认同和信赖。

随着业务的良性运转，中远货运逐步得到了客户的信任，进一步开拓了逆向物流市场，实现了客户价值的创造与维护，降低了企业的运营成本。

资料来源：中远货运的物流服务，道客巴巴，http://www.doc88.com/p-7874039266346.html，有改编。

思考：

1. 中远货运是如何依托自身优势不断拓展第三方物流市场的？

2. 中远货运为上海通用汽车、杜邦纺织品项目提供了哪些服务项目？这对双方的合作有哪些促进作用？存在哪些利弊？

【延伸阅读】

1. 华蕊，马常红. 物流服务学［M］. 北京：中国物资出版社，2006.

2. 姜岩，物流服务质量理论研究进展（1989—2020）：基于系统文献回顾法的研究评述［J］. 中国流通经济，2021，35（4）：13-25.

3. 南剑飞，刘志刚. 物流服务质量评价体系构建研究［J］. 现代管理科学，2013（10）：51-53.

4. 冉文学，李严锋，宋志兰，等. 物流质量管理［M］. 北京：科学出版社，2008.

5. 田宇. 论物流服务质量管理：兼与王之泰教授商榷［J］. 物流科技，2001，24（2）：3-8.

6. 郑兵，金玉芳，董大海，等. 中国本土物流服务质量测评指标创建及其实证检验［J］. 管理评论，2007，19（4）：49-55.

7. 周正嵩，施国洪. 物流企业服务质量测评及实证研究［J］. 技术经济与管理研究，2012，（7）：29-32.

8. 全国物流标准化技术委员会. 物流术语：GB/T 18354—2006［S］. 北京：中国标准出版社，2007.

9. BIENSTOCK C C, MENTZER J T, BIRD M M. Measuring physical distribution service quality［J］. Journal of the Academy Marketing Science, 1997, 25（4）：31-44.

10. BIENSTOCK C C, ROYNE M B, SHERREL D, et al. An expanded model of logistics service quality: incorporating logistics information technology [J]. International Journal of Production Economics, 2008, 113 (1): 205-222.

11. LALONDE B J, ZINSZER P H. Customer service: meaning and measurement [C]. Chicago, IL: National Council of Physical Distribution Management, 1976: 156-159.

12. MENTZER J T, GOMES R, KRAPFEL R E. Physical distribution service: a fundamental marketing concept [J]. Journal of the Academy of Marketing Science, 1989, 17 (4): 53-62.

13. MENTZER J T, FLINT D J, KENT J L. Developing a logistics service quality scale [J]. Journal of Business, 1999, 20 (1): 9-32.

14. MENTZER J T, FLINT D J, HULT G T M. Logistics service quality as a segment-customized process [J]. Journal of Marketing, 2001, 65 (10): 82-104.

15. MENTZER J T, MYERS M B, CHEUNG M S. Global market segmentation for logistics services [J]. Industrial Marketing Management, 2004, 33 (1): 15-20.

16. PERRAULT W D, RUSS F R. Physical distribution service: a neglected aspect of marketing management [J]. MSU Business Topics, 1974, 22 (2): 37-45.

第三章

第三方物流服务质量管理

【学习目标】

知识目标

1. 掌握第三方物流的概念与特征。

2. 了解第三方物流企业的概念及分类。

3. 理解第三方物流服务的主要功能。

能力目标

1. 理解第三方物流服务质量的内涵。

2. 熟悉第三方物流服务质量的评价方法。

2. 理解第三方物流服务质量管理的思路。

【引导案例】

冠生园的"第三方物流"

冠生园是一家有着百年历史的中华老字号食品集团，旗下拥有"冠生园"和"大白兔"两个中国驰名商标。随着大白兔奶糖、蜂制品系列产品产量的扩大，以及酒类、冷冻微波食品、面制品等新产品的推出，集团产品的市场需求不断增加。集团生产的食品已涵盖五大类、上千个品种，其中糖果销售额超过4亿元。市场需求增加了，集团的运输配送却跟不上了。集团拥有货运车辆近100辆，不仅要承担上海市3000多家大小超市和门店的配送，还要承担北京、太原、深圳等地区的远途运输，经常出现淡季运力空放、旺季忙不过来的现象。再加上车辆的维修更新，每年维持车队运行的成本费用达上百万元。

面对这种状况，冠生园集团专门召开会议研究如何改革运输体制，降低企业成本。冠生园集团作为在上海市拥有3000多家网点并经营市外运输的大型生产企业，物流管理是一项十分重要的工作。为克服自身从事运输配送带来的弊端，加快产品流通速度，增强企业的效益，集团决定采用第三方物流，使集团产品更多、更快地进入千家万户。冠生园集团下属合资企业达能饼干公司率先做出探索，将公司产品配送运输全部交给第三方物流。通过物流外包，配送实现了准时准点，而且费用要比自己运输低许多。达能公司把节约下来的资金投入到开发新品与改进包装上，使企业经营效益又上了一个新台阶。为此，集团销售部门专门组织各下属企业到达能公司学习，决定在集团系统推广他们的做法。经过选择比较，集团委托上海虹鑫物流有限公司作为第三方物流机构。

虹鑫物流与冠生园签约后，通过集约化配送，极大地提高了效率。每天一早，虹鑫物流就在计算机系统中输入冠生园相关的配送数据，绘制出货最佳搭配装车作业图，安排准时、合理的行车路线，不让车辆走回头路。货物不管多少，就是两三箱也配送。此外按照签约要求，遇到货物损坏，虹鑫物流将按规定赔偿。

冠生园集团自委托第三方物流以来，产品的流通速度加快，原来铁路运输发往北京的货途中需7天，现在虹鑫物流运输只需2～3天，而且实行的是门到门配送。由于第三方物流配送及时周到、保质保量，商品的流通速度明显加快，集团的销售额也有了较大增长。更重要的是，企业能够从非生产性的后道工序，如包装、运输等环节中解脱出来，集中精力抓好生产，更好地开发新品、提高质量、改进包装。

资料来源：覃圣云. 知名企业的物流管理实践［J］. 中小企业科技，2004（9）：36-37. 作者据此参考百度文库相关资料编写。

思考： 冠生园集团为什么选择与虹鑫物流合作？

随着信息技术的飞速发展，经济全球化进程逐步加快，企业间竞争的加剧要求企业将有限的资源集中在发展企业的核心竞争能力上，而将非核心业务外包出去，提高企业整体的运营效率。冠生园集团将运输配送业务外包给上海虹鑫物流有限公司，集中精力于生产，使企业扭转了运输体制带来的不利局面，提高了产品流通速度，极大地提高了效率。第三方物流以其先进的物流管理信息系统、专业化的物流服务为企业提供了必备的物流技术支持，从而赢得了许多企业的青睐，并成为经济领域中发展最快、最活跃的行业之一。但是与第三方物流的高速发展相比，物流服务水平还处在初级阶段，物流服务质量不高成为制约第三方物流企业发展的瓶颈。本章将从第三方物流概述、第三方物流服务质量的内涵与评价、第三方物流服务质量管理的内容与措施三个方面系统介绍相关知识内容。

第一节　第三方物流概述

第三方物流是伴随传统物流发展而成的一种专业化物流形式。早前的欧美企业为了增强核心竞争力，开始把自身不擅长的运输、配送、仓储、流通加工等业务外包给专业服务商来承担。我国自20世纪90年代初开始发展第三方物流，但目前多数第三方物流企业仍只能提供单项或分段的物流服务，尚未形成完整的物流供应链。我国第三方物流服务水平与发达国家相比还有较大的差距。物流服务质量是物流企业取得竞争优势的重要手段，第三方物流企业的竞争越来越体现在物流服务质量上的竞争。提升第三方物流服务水平对我国物流产业的持续、快速发展具有重要的意义。

一、第三方物流的概念

"第三方物流"（Third Party Logistics，简称3PL或TPL）是1988年由美国供应链管理专业协会首先提出的概念。它源于管理学中的业务外包（Outsourcing），将业务外包引入物流管理领域，就产生了第三方物流的概念。作为一种新兴的物流形态，第三方物流使物流从一般制造业和商业等活动中脱离出来，成为能够开辟新的利润源泉的新兴商务活动，受到物流产业界和理论界的广泛关注。

（一）针对第三方物流概念的研究

国内外学术界对第三方物流的概念进行了不断的探索及研究，但迄今为止，还没有形成统一、明确的第三方物流定义。

瑞典学者安德森（Andersson）（1995）认为，第三方物流是相对"第一方""第二方"而言的，第一方是发货人或供应商，第二方是购买者，第三方则是对产品没有所有权、充当中间人角色的物流服务企业。而物流服务提供商是根据与顾客之间联盟的情况来划分的。联盟情况的评估因素主要包括伙伴关系的深度、设计和管理、个性化服务的程度以及贡献程度、发货人以及物流服务提供者的知识水平、物流特征等。另一位瑞典学者伯格伦德（Berglund）（1997）进一步指出：服务活动的地理范围以及外购物流服务的程度是区分第三方物流提供商的关键因素。

美国供应链管理专业协会（2002）对第三方物流做出了如下解释：第三方物流是将企业的全部或部分物流运作任务外包给专业企业去管理和经营，而这些能为顾客提供多样化服务的专业企业被称为第三方物流提供商。它们的存在加快了原料和零部件从供应商到制造商的流动，更为产成品实现从制造商到零售商的转移搭建了良好的平台。第三方物流提供商所提供的集成服务包括运输、仓储、装卸、库存管理、包装以及货运代理在内的诸多服务。

我国2009年发布的国家标准《第三方物流服务质量要求》（GB/T 24359—2009）将第三方物流定义为"独立于供需双方，为客户提供专项或全面的物流系统设计或系统运营的物流服务模式"。

综上可见，第三方物流是相对"第一方"发货人和"第二方"收货人而言的，是由第三方物流企业来承担企业物流活动的一种物流形态。第三方物流服务既不属于第一方，也不属于第二方，而是通过与第一方或第二方的合作来为客户提供以合同为约束、以结盟为基础的，系列化、个性化、信息化的专业物流服务。

（二）第三方物流的特征

第三方物流使物流活动向两端延伸并加入了新的内涵，使企业物流与社会物流有机结合在一起，经过采购物流、生产物流，直到进入销售物流；与此同时，产品要经过运输、仓储、包装、加工、装卸、配送等环节到达顾客手中，最后还有回收物流。第三方物流包含了产品或服务从出现到结束的整个流通的全过程。第三方物流与传统物流的区别见表3-1。

表3-1　第三方物流与传统物流的区别

比 较 项 目	第 三 方 物 流	传 统 物 流
服务功能	多功能、一体化物流服务	仓储或运输等单项功能
服务项目	提供个性化及增值服务	较少提供增值服务
客户关系	长期契约关系	临时买卖关系
信息共享程度	较高	较低
物流成本	较低	较高
利润来源	与顾客共创价值	顾客的成本性支出
运营风险	大	小

由表 3-1 可见，第三方物流服务不同于传统的单项物流服务，具有一些特有的优势。具体来说，第三方物流的特征包括以下几个方面：

1. 关系合同化

第三方物流是通过契约形式来规范物流经营者与物流消费者之间关系的。第三方物流是按照与客户签订的合同为客户提供一系列的物流服务，而不是一次性的运输或仓储活动。正是由于物流合同的签订，双方的关系更加稳固，合作更加规范。物流经营者根据契约规定的要求，提供多功能直至全方位一体化物流服务，并以契约来管理所有提供的物流服务活动及其过程。此外，第三方物流发展物流联盟也是通过契约的形式来明确各物流联盟参加者之间相互的责权利关系。

2. 服务个性化

工商企业之所以将物流业务外包给第三方物流企业，是因为第三方物流企业可以为其消费者提供个性化的物流服务，同时也增强了工商企业的核心竞争力。首先，不同的物流消费者存在不同的物流服务要求，第三方物流需要根据不同物流消费者在企业形象、业务流程、产品特征、顾客需求特征、竞争需要等方面的不同要求，提供针对性强的个性化物流服务和增值服务。其次，从事第三方物流的物流经营者也由于市场竞争、物流资源、物流能力的影响而需要形成核心业务，不断强化自身物流服务的特色，以增强自身在物流市场中的竞争能力。

3. 功能专业化

第三方物流所提供的是专业的物流服务，从物流设计、物流操作过程、物流技术工具、物流设施到物流管理必须体现专门化和专业水平，这既是物流消费者的需要，也是第三方物流自身发展的基本要求。比如在软件方面，ERP（Enterprise Resource Planning，企业资源计划）、MRP（Material Requirement Planning，物料需求计划）等软件工具已经成为第三方物流企业运作时不可缺少的基础条件；在应用技术方面，实现网上支付的电子商务技术、实现信息快速输入的条码技术都得到了广泛应用；另外，第三方物流企业在物流行业中特有的工作经验也是其专业化的重要体现。

4. 信息网络化

第三方物流是建立在现代电子信息技术基础上的。信息技术实现了数据的快速、准确传递，提高了仓库管理、装卸运输、采购、订货、配送发运、订单处理的自动化水平，使订货、包装、保管、运输、流通加工实现了一体化，极大地提高了物流效率和物流效益。同时，为了给客户提供便捷和个性化的物流服务，第三方物流企业需要充分利用现代各种先进的技术设备，如地理信息系统（Geographic Information System，GIS）、全球定位系统（Global Positioning System，GPS）、电子数据交换（Electronic Data Interchange，EDI）、智能交通系统（Intelligent Transportation System，ITS）等。

二、第三方物流企业的界定与分类

近年来，在市场竞争日益激烈、社会分工不断细化的背景下，专业化、社会化的物流服务需求不断增长，促进了我国第三方物流企业的扩张式发展，各类具有不同背景的企业纷纷转型为第三方物流或者将第三方物流作为新的增长点，许多新注册的和外商投资的物流企业也相继建立。鉴于此，我们有必要对第三方物流企业这样一种新颖的生产服务型企业组织进行界定与分类。

（一）第三方物流企业的界定

根据国家标准《物流术语》（GB/T 18354—2006），物流企业是"至少从事运输（含运输代理、货运快递）或仓储一种经营业务，并能够按照客户物流需求对运输、储存、装卸、包装、流通加工、配送等进行组织和管理，具有与自身业务相适应的信息管理系统，实行独立核算、独立承担民事责任的经济组织，非法人物流经济组织可比照适用"。《物流企业分类与评估指标》国家标准（GB/T 19680—2013）进一步将物流企业的定义简化为：从事物流基本功能范围内的物流业务设计及系统运作，具有与自身业务相适应的信息管理系统，实行独立核算、独立承担民事责任的经济组织。可见，物流企业是独立于生产和商业经营活动之外，专门从事物流业务活动的独立经济组织。

根据上述对于物流企业的定义可知，第三方物流企业就是独立于供方与需方以外的第三方专门从事物流活动的物流企业。它不拥有商品，也不参与商品买卖，而是通过与第一方或第二方的合作提供专业化的物流服务，如运输、储存、包装、装卸搬运、流通加工、配送、物流信息管理、物流系统分析与设计等。

在我国，第三方物流企业一般从传统的与物流相关的企业发展而来，如源自传统储运企业的物流企业、源自货运代理的物流企业、源自生产流通企业的物流企业，此外还有源自民营资本的新兴物流企业和外资物流企业。从整体上看，我国第三方物流企业尽管数量众多，但规模相对较小，市场集中度较低，规模效益难以实现，还未能很好地达到现代物流企业的要求。

（二）第三方物流企业的分类

按照不同的分类标准，可以把我国第三方物流企业划分为如下类型。

1. 根据企业来源构成分类

按第三方物流企业来源构成分类，可以把第三方物流企业划分为以下几类：

（1）从传统仓储、运输、货运代理等企业基础上改造转型而来的第三方物流企业。目前，这类物流企业占主导地位，占据较大的市场份额。

（2）从工商企业原有物流服务职能剥离出来的第三方物流企业。传统工商企业对网络的控制方式是企业自建的物流系统，所有的物流资源均属于企业。随着加强核心竞争力的管理理念的普及，部分企业将原属第三产业的物流以外包的形式剥离，原企业部门逐步独立并社会化。这类企业利用原有的物流网络资源，依靠与客户"先天"的亲密合作关系，运用现代经营管理理念，逐步走向专业化、社会化。

（3）不同企业、部门之间物流资源互补式联营设立的第三方物流企业。具体又分为两种情况：①企业与第三方物流公司联营设立第三方物流公司。企业一般以原有物流资源入股，企业对新的第三方物流公司有一定的控股权，并在一定程度上参与经营。物流公司一般对合资建立的第三方物流公司行使经营的权力，全面负责建立和运行公司的物流系统。②能够资源互补的不同部门联手进军物流领域。

（4）新创办的第三方物流公司。近年来，随着我国的经济发展，出现了大量新创立的现代物流企业，这些公司多为民营企业或中外合资公司。

2. 根据企业的资本归属分类

按资本归属分类，第三方物流企业可以划分为外资和中外合资物流企业、民营物流企业和国有物流企业。

（1）外资和中外合资物流企业。伴随着我国的市场开放，国外物流公司以独资和合资的方式进入我国物流领域，并逐渐向我国的物流市场渗透。这类物流企业具有丰富的行业知识和实际运营经验，与国际物流客户关系良好，拥有先进的信息技术系统，还有来自总部的强有力的财务支持。

（2）民营物流企业。民营物流企业是我国物流行业中最具朝气的第三方物流，其业务地域、服务和客户相对集中，效率相对较高，机制灵活，发展迅速，如天津大田物流、昆山佳利货运有限公司等。

（3）国有物流企业。我国多数物流企业是借助于原有物流资源发展而来的，近年来也出现了一些新的国有第三方物流公司，如中国远洋物流有限公司、中邮物流有限责任公司等。

3. 根据企业的物流服务功能分类

按第三方物流企业的物流服务功能，可将其划分为以下类型：

1）运输型物流企业，是指从事货物运输服务为主，包含其他物流服务活动，具备一定规模的实体企业。企业的主要业务活动是为客户提供门到门运输、门到站运输、站到门运输、站到站运输等服务，以实现货物运输为主。根据客户需求，运输型物流企业也可以提供物流功能一体化服务。

2）仓储型物流企业，是指从事区域性仓储型服务为主，包含其他物流服务活动，具备一定规模的实体企业。企业以为客户提供货物存储、保管、中转、配送等服务为主，还可以为客户提供其他仓储增值服务，如商品经销、流通加工等。

3）综合服务型物流企业，是指从事多种物流服务活动，并可以根据客户的需求提供物流一体化服务，具备一定规模的实体企业。其业务范围广泛，可以为客户提供运输、货运代理、仓储、配送等多种物流服务项目，并能够为客户提供一类或几类产品契约性一体化物流服务，也可为客户定制整合物流资源的解决方案，提供物流咨询服务。

4. 根据企业拥有的资源分类

按第三方物流企业拥有资源的情况，可将其划分为以下类型。

（1）资产基础型第三方物流公司。这类企业有自己的运输、仓储设施设备，包括车辆、仓库等，为各个行业的用户提供标准的运输或仓储服务。在现实中，他们实际掌握物流企业的操作，如基于仓储服务的第三方物流企业、基于运输服务的第三方物流企业。我国大部分第三方物流企业都属于资产基础型第三方物流公司，如中国远洋运输（集团）总公司（简称"中远"）、中国外运股份有限公司（简称"中外运"）等，都拥有自己的物流设施与设备。

（2）非资产型第三方物流公司。这类企业是一种物流管理公司，自己不拥有运输、仓储设施设备，而是通过租赁方式取得这类资产，只利用企业员工对网络的专业知识和管理系统，来专业管理顾客的各种物流功能，为客户提供第三方物流服务。

三、第三方物流服务的主要功能

第三方物流服务是按照客户的要求，为保证货物的及时供给、客户货物在空间和时间上的分离而进行的一系列工作的有机结合。其主要功能性活动有：

（一）运输

运输是指用运输设备将物品从一个地点向另一个地点运送的活动，包括集货、分配、搬运、中转、装货、卸货、分散等一系列操作。运输是物流运作的必备环节，可以说，没有运输就没有物流服务。因为在社会分工和商品生产条件下，企业生产的商品必须供给其他企业或消费者使用，但生产者与使用者在空间上往往是相互分离的，这就需要物流的这一运输功能将生产者和使用者连接起来，克服商品供应地和需求地之间的空间距离，实现商品在空间中的实体移动，产生商品的空间效用。

（二）仓储

仓储是利用仓库及相关设施设备进行物品入库、存储、出库作业的活动。如果说运输是产生商品的空间效用，那么仓储就是产生商品的时间效用。仓储是将商品的使用价值和价值暂时保存起来，对于某些商品来说，该功能也是不可或缺的，因为产品的生产完成时间与其被使用时间总有一段时间间隔，特别是季节性产品的生产和消费更是如此。另外，为保证再生产过程的顺利进行，也需要在供、产、销各环节中保持一定的储备，这都需要仓储功能发挥其应有的作用。

（三）装卸搬运

装卸是指物品在指定地点以人力或机械装入运输设备或卸下；搬运则是在同一场所内，以对物品进行水平移动为主的物流作业。装卸搬运是伴随着输送和存储而产生的必不可少的物流活动，也可以将装卸搬运理解为短时间、短距离的运输。不像运输和仓储那样会产生空间或时间上的效用，虽然装卸搬运本身不产生有效价值，但它将运输和仓储等活动连接了起来。在每一次物流活动中，装卸搬运的活动频率一般都发生得比较高，作业内容也较为复杂，而且在机械化水平偏低的公司，依靠的往往都是体力劳动，因此在装卸搬运中消耗的费用在物流费用中也占有较大的比重。

（四）包装和流通加工

包装是为在流通过程中保护产品、方便储运、促进销售，按一定技术方法而采用的容器、材料及辅助物等的总体名称；也指为了达到上述目的而在采用容器、材料和辅助物的过程中施加一定技术方法等的操作活动。流通加工是指物品在从生产地到使用地的过程中，根据需要施加包装、分割、计量、分拣、刷标志、拴标签、组装等简单作业的总称。根据客户的要求或者为了便于运输保管、方便销售，在流通过程需要对货物进行适当的包装和加工。因为适当的包装不但可以保护货物在流通过程中不受损坏，而且也便于运输或仓储过程中的作业操作，精美的包装还有助于产品营销。而流通加工则是为适应顾客需要，对物品进行的加工，如切割、平整、套裁、配套等。

（五）物流信息服务

物流信息服务是现代物流服务中不可或缺的一项重要功能。第三方物流服务过程会产生大量的信息流，如订货信息、货物在途信息、库存信息、客户收货信息、意外情况反馈信息、货物回单签收信息、报表等，如果没有先进的信息处理技术，就很难将零散的物流资源加以整合并有效地运作。有了良好的物流信息通信技术，客户就可以随时查询货物的流动状况，发生意外情况时也能够及时获得相应的信息，并及时采取应对措施。另外，良好的物流信息服务还包括向客户提供货物流通、市场分析预测等有价值的信息。第三方物流企业凭借计算机网络和信息技术的支撑，并应用先进的管理技术和组织方式，可以将原来分离的商流、物流、信息流和采购、运输、仓储、配送等环节紧密联系起来，形成一条完整的供应链，并构成一条完整的价值增值链。

（六）总体策划

总体策划是第三方物流企业未来发展中必须具备的一项重要能力，因为系统策划能力是最能体现第三方物流企业专业水平的业务之一。国家统计局印发的《生产性服务业统计分类（2019）》指出，"货物运输、通用航空生产、仓储和邮政快递服务"类别加上"互联网生产服务平台"中的"互联网物流平台"，以及"商务咨询服务"中的"物流咨询、物流方案策划"，即为"第三方物流"。可见，物流咨询及供应链战略规划是第三方物流服务的重要组成部分。第三方物流企业只有具备总体的、系统的物流策划能力，才能称得上一个全方位、一体化的物流服务提供商，才能大大提升竞争实力，才能在激烈的市场竞争中脱颖而出。

图3-1列出了第三方物流服务的主要功能性活动。目前，我国大部分第三方物流企业尚处于物流功能的执行及优化层面，物流活动主要涉及运输、仓储、装卸搬运、包装、流通加工及信息服务等基础性服务，但随着现代物流理念的深入，第三方物流企业的功能性活动正逐步向物流决策及规划层面跃迁，增值性服务将成为综合型物流企业的主要服务内容。

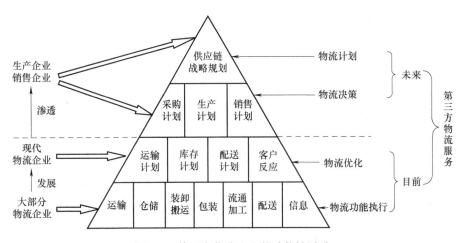

图3-1　第三方物流企业的功能性活动

第二节　第三方物流服务质量的内涵与评价

物流服务质量是衡量物流系统为客户创造时间和空间效应能力的尺度。从系统的角度来分析，服务质量是物流系统所有活动的综合结果。第三方物流系统是一个开放的系统，运作过程中会受到多种因素的影响，充满了可变性和不确定性。如果任其自行运行下去，其运作效率将会降低，服务质量会逐渐"退化"。因此，必须对第三方物流服务过程的状况不断进行衡量和评价，找出其中的差距和不足，以便改善系统的运作，保证和提高物流服务质量。

一、第三方物流服务质量的内涵

具有专业化、系统化、网络化、信息化等特征的第三方物流作为一个典型的生产服务性行业，在发展过程中首先要解决服务质量的问题。只有提供优质服务的物流商，才会具有进一步的发展空间。第三方物流服务质量对第三方物流企业来说尤为重要，第三方物流企业本身就是一个提供服务的机构，其服务质量的好坏对企业的发展来说至关重要。

（一）第三方物流服务质量的概念

物流服务质量是满足物流客户要求的能力水平，是物流客户感知的对象，发生在物流服务产生和交易的整个过程当中，一般包括运输服务质量、配送服务质量、仓储服务质量、包装服务质量等多个层面，其衡量的标准主要包括时间、成本、数量、质量、服务等方面。物流服务质量是在服务提供方与客户互动的过程中形成的，因此物流服务质量是一种互动质量和过程质量，服务过程在物流服务质量形成过程中起着非常关键的作用。

第三方物流管理的对象主要是货物、服务、信息及其流动过程，但是由于第三方物流系统的复杂性，人们对第三方物流服务质量的内涵还没有形成统一的认识。《第三方物流服务质量要求》国家标准（GB/T 24359—2009）将第三方物流质量定义为"第三方物流服务满足明示的、通常隐含的或必须履行的需求与期望的程度"。该定义从需求方的角度出发，将第三方物流服务质量界定为第三方物流服务满足客户需求的程度，强调服务质量是一种"程度"的表示。

基于上述分析，本书认为：第三方物流服务质量是第三方物流企业通过提供物流服务，对达到服务质量标准、满足用户需求的保证程度，也是整个物流服务过程和结果的集合，是由物流企业及其客户在合作的过程中相互作用的真实瞬间实现的。

第三方物流服务是一个复杂的过程，因此客户所感受到的第三方物流服务质量会受到多种因素的影响。企业的外在形象、客户预期质量和客户接触质量是其中非常重要的三个方面。客户在接受第三方物流服务之前会受到物流企业外在形象的影响，也可能受其他客户对物流企业评价的影响，由此会在头脑中形成对第三方物流企业的一个初步认识。也就是说，客户对物流企业的服务质量有了预期，从而带着对物流企业的预期去接受物流企业的服务。在接受物流服务的过程中，客户会不自觉地把自己感受到的服务质量同预期的服务质量相比较，从而对物流企业的服务质量做出很满意、满意或不满意的评价。

第三方物流企业的服务质量是接受物流服务的客户的满意度的体现，提供第三方物流服务的出发点是顾客的需求与反应，从不同角度满足客户的需求是第三方物流服务的直接目的。第三方物流企业不直接参与供应方和需求方之间的交易，只提供物流服务，顾客对物流服务的满意度便是顾客对企业的满意度。顾客的满意度在很大程度上受到服务质量的影响，当企业的服务质量较好时，顾客的满意度较高，且对企业的忠诚度也比较高。

（二）第三方物流服务质量的构成要素

第三方物流企业在提供物流服务的过程中需要与顾客进行沟通，服务质量的优劣很大程度上取决于顾客的主观感受。同时，第三方物流企业要根据客户的需求确定具体的服务类型、投入的资源比例、服务需求的档次、服务的方式以及设计合理的服务费用标准。因而，对于第三方物流服务质量的要素，应重点从第三方物流服务供方与顾客接触的活动，以及供方内部活动所产生的结果中进行提炼，并关注活动完成的结果。

根据《第三方物流服务质量要求》国家标准（GB/T 24359—2009），第三方物流服务主要包括方案设计、信息服务、作业服务、风险与应急管理、投诉处理五个部分，这些服务内容相应的质量要素阐述如下。

1. 方案设计质量

方案设计质量要素包括：根据客户的物流业务需求，制定物流服务总体方案；制定物流服务网络规划；制定运输、仓储、流通加工、配送、信息处理等物流活动的运行方案；制定支持物流业务运作的信息系统解决方案；制定应对不同风险类型的解决方案；制定物流服务流程与物流作业程序；制定物流成本核算和测控的方案；制定物流服务质量的考核方案；制定与客户沟通及持续改进的方案。

2. 信息服务质量

信息服务质量要素包括：采用适宜的信息技术，满足客户对物流信息服务的需求；提供给客户的信息应准时、准确、完整；应符合相关信息技术标准的要求；应防止客户信息的泄露及不正当使用。

3. 作业服务质量

第三方物流服务作业主要围绕仓储服务、运输与配送服务、装卸与搬运服务、包装与流通加工服务等业务展开。

1）仓储服务质量要素包括：对入、出库物品按规定程序进行检查，各环节交接职责明确，交接记录清晰且易于识别和检索；仓储作业应符合物品理化性质要求；对在库物品进行定期或不定期的检查、养护；对非正常物品做好记录并单独存放或按合同约定处理；按规定要求进行盘点；准确、完整地向客户提供物品入库、出库及在库数据；单证反馈按时、准确、完整。

2）运输与配送服务质量要素包括：根据规定要求和具体条件制订合理的运输与配送计划；采用适当的设施、设备及措施保障货物安全；货物应按时送达并完成交接手续；货损、货差应控制在合同约定的允许范围之内；应按时、准确地填写运输与配送单证；必要时，提供运输与配送的统计分析信息。

3）装卸与搬运服务质量要素包括：采用适当的设施、设备及措施，保障作业安全；装卸与搬运作业应符合货物包装件上的标志要求，无标志要求的应不损坏物品和物品外包装；选择合理的装载、卸载流程及加固货物措施，保障货物安全。

4）包装与流通加工服务质量要素包括：符合相关标准的技术要求；符合合同约定的工艺要求或流程要求；应保障货物安全、卫生，且不危害环境；按时完成包装与流通加工服务，服务过程的控制与结果应在合同约定的允许范围之内。

5）其他服务质量要素包括：根据客户要求，提供代理、咨询、物流金融等其他物流服务；服务质量应符合合同约定或相关标准的要求。

4. 风险与应急管理质量

风险与应急管理质量要素包括：风险与应急管理应贯穿服务的全过程，使风险得到有效控制；对潜在风险进行分析、识别，针对不同的风险类型制订相应的解决方案；发生意外事件时，及时采取应急措施，主动和客户进行沟通或按合同约定进行处理。

5. 投诉处理质量

投诉处理质量要素包括：应为客户提供方便、可靠的投诉渠道；投诉应在合同约定的期限内进行处理，无法有效处理的，应及时同客户进行沟通；所有投诉应有记录，并提供投诉处理的进度查询；投诉处理的结果应在合同约定的期限内反馈给客户，并采取预防措施防止类似事件再次发生。

（三）第三方物流服务质量的影响因素

第三方物流企业向顾客和市场提供的产品就是物流服务，了解第三方物流企业服务质量的影响因素对于提高服务质量水平及企业的经济效益都具有十分重要的意义。对第三方物流企业服务质量的影响因素进行具体的细化研究，有助于物流企业快速有效地识别各类客户的需求，从客户角度出发，准确地解决客户提出的问题、满足客户要求。

1. 人员因素

人员因素的主体包括第三方物流服务过程中提供服务的物流企业人员和接受服务的顾客。对服务质量起着直接决定作用的是服务者，其道德观、思想素质与修养、归属感、知识结构、专业技能、能力结构、质量意识、责任心、技术水平、业务能力等反映人的综合素质的各项因素，均会对服务质量产生直接影响。顾客是评价服务质量的主体。当顾客感知的物流服务与期望的物流服务保持一致时，就会产生满意的态度；相反，当顾客感知的物流服务与期望的物流服务相差甚远时，就会产生"不满意"的态度。因此，第三方物流企业要站在顾客的立场上考虑问题，快速响应客户的需求，并及时处理突发事件。

2. 设备因素

第三方物流企业的设备包括物流仓储设备、流通加工设备、运输设备等。设施设备与企业的整个物流活动息息相关，每个物流环节的执行都离不开设施设备，它关系到具体业务运行的效率。对于第三方物流企业来说，物流设备是物流系统的物质基础，是组织物流活动的物质技术基础，企业的物流能力大小通过物流设备的综合情况直接得到反映。设备的因素涵盖物流企业各项设施设备的适应性、与物流业务的匹配性、技术水平、生产能力、性能可靠性、操作、维修保养状况及其配套能力等。因此，确保提供较高服务质量的重要环节包括合理使用机械设备，正确进行操作等。

3. 体制因素

影响第三方物流企业服务质量体制方面的因素，不仅仅指公司关于工作要求的规章制度，还包括企业的战略与发展规划、领导的管理思想与组织方式、公司的组织结构、关于服务质量的测评与控制标准制度（操作方法的规范规程要求）等。如果公司对员工提出的规定标准以及服务行为操作要求等制度规范比较合理，体现出人性化和科学化，那么这样的公司体制就会增强员工的归属感，进而提升员工的士气和自豪感，员工提供服务时也会表现得热情、积极，从而对服务质量产生良好的影响。第三方物流企业应加强体制管理，借鉴国内外优秀的管理理论和模式，并结合第三方物流企业的实际情况，形成符合企业自身发展要求的管理体制。

4. 环境因素

为了给客户提供良好的服务，保证环境的优美、方便、安全、舒适和有序是很有必要的，这也是在物流服务过程中应该着重关注的主要影响因素。影响第三方物流企业服务质量的环境因素有很多，包括技术环境、劳动环境和自然环境等，具体包括公司的装修环境、工作环境、工作氛围；工作环境中的湿度、温度、照明、安全环境、卫生条件等；还有第三方物流企业的宣传手段、在社会环境中的声誉对客户的吸引度等。技术环境好的企业拥有先进的设备、高素质的物流人员，能够提供良好的、质量更高的物流服务；劳动环境好的物流企业会提高物流一线员工的舒适度，员工因此会更有效地按照要求完成作业；自然环境好的物流企业能够给员工提供好的工作环境，给货物提供好的储存条件等。

第三方物流服务质量的影响因素具有综合性、全面性、复杂性，它们相互影响并最终作用于服务质量。第三方物流企业要提高服务质量，就有必要全面分析各种影响因素，洞悉其内在规律，并从物流服务过程的各个环节入手，对整体物流资源进行掌控和把握。

二、第三方物流服务质量的评价

随着第三方物流的发展，其服务质量不断地受到客户、提供者及研究者的重视。与其他行业的物流服务质量一样，对第三方物流服务质量的评价，首先应设计合理的评价指标体系，这是开展服务质量评价的基础；同时，第三方物流质量的评价指标体系还应针对具体情况不断更新和完善。

（一）第三方物流服务质量评价的特点

第三方物流服务质量评价具有两个主要特点：

1. 服务的功能（过程）质量越来越重要

近年来，物流服务质量问题日益引起关注。服务质量研究发现，客户感知的服务质量包括两个方面，即服务的技术质量和功能质量。服务的技术质量是用户在服务中得到的实际内容，属于"硬"的方面，客户一般能以一定的标准较客观地评价服务的技术质量。然而，技术质量并不能代表用户感知的全部服务质量。对服务而言，客户越来越重视第三方物流服务企业提供服务的功能质量，它是客户在接受服务过程中所感知的质量，与工作人员的态度、行为、仪容仪表，以及工作人员与用户的沟通互动等"软"因素密切相关。客户对服务的功能质量的评价贯穿服务评价的全过程。

2. 服务质量评价很大程度倾向于顾客满意度

质量评价的基础是对"质"及"量"两方面的数据进行收集和分析。在物流服务质量评价中，人们越来越多地把顾客满意度作为评价标准。而满意度是顾客对自身需要与预期满足程度的感知。在顾客满意和服务质量之间的因果关系中，感知的服务质量好坏决定了顾客满意度的高低。客户满意度对需求动机有很大的影响，比服务质量对需求动机的影响更强烈、更持久。如果将物流服务的过程看作由不同的特定事物组成，那么每一个特定事物都是服务过程中的一个环节。顾客在被服务的过程中，对每一个特定事物的感知服务质量与其对服务质量的评价有着密切关系，共同决定了顾客对这一环节的满意程度。当服务结束时，顾客对服务过程中的每一个特定事物都有了满意度方面的判断之后，就形成了客户对整体服务的评价。

（二）第三方物流服务质量评价的方法

第三方物流服务本身具有多种特性，决定了其服务质量较为复杂。与产品质量的量化指标不同，物流服务质量是通过顾客对服务的感知而确定的，是客户期望的服务与实际感知的服务相比较而形成的主观结果。根据学术界对服务质量概念达成的共识，即顾客感知的服务质量包括技术质量（结果质量）和功能质量（过程质量），可以分别从物流服务的技术质量和功能质量两个层面对第三方物流服务质量进行评价。

1. 技术质量层面的评价

物流服务的技术质量是指第三方物流企业为客户提供的服务结果，是客户对物流服务质量相对客观的评价。在对技术质量层面进行评价时，可分别从企业角度、顾客角度及企业和顾客的综合角度三个方面进行评价。

从第三方物流企业的角度进行评价时，主要衡量第三方物流企业所具备的服务条件，即企业的服务能力，其中既包括企业为了保证服务能力而拥有的设施设备等硬件条件，又包括企业满足顾客物流需求的能力。从顾客角度进行评价时，主要衡量顾客感知的物流服务结果。从第三方物流企业与顾客双方的角度综合进行评价，可以使评价指标更加全面也更能符合现代物流的发展趋势。

2. 功能质量层面的评价

我国一般将第三方物流企业分为运输型、仓储型和综合服务型，类型不同的第三方物流企业的物流运作的过程也存在差异，因此在评价功能质量时应根据各自的运作过程和特点提出相应的评价指标。

1）对于运输型第三方物流企业而言，其作业流程可以分为以下三个主要部分，即发、运、接。"发"主要包括运输作业之前的一些准备工作，即货物的承运、制单、办理相关手续、送单、通知等工作；"运"主要包括装运前的准备工作、装车、运送、卸车、保管等环节；"接"包括交付、费用的结算等环节。

在整个运输作业运作过程中，物流服务质量的评价主要集中于三个作业流程：一是运输前货源的组织和调配。对于第三方物流企业而言，要保证实际配送的商品和订单描述的商品在货品种类、型号、规格及数量上一致，就要在装车运输前对货物进行科学、合理、准确的组织。二是运输过程。可以说整个第三方物流企业运作的中间环节，即运输过程是最重要的，它会直接影响物流服务的最终效果。三是接货作业。货物到达目的地后要尽量组织好货物的检验与交付工作。只有把以上三项工作做好，才能在很大程度上提高运输作业的服务质量。因此在评价运输型第三方物流企业功能层面的服务质量时，应着重考虑能够反映以上三项作业流程质量的指标，如准时送达率、完好送达率、货物精确率、运输信息及时跟踪率。

2）对于仓储型第三方物流企业而言，仓储作业与管理是从仓库接受仓储任务即接单开始，在仓库准备、接受货物、堆存、保管、交付的整个过程中，仓库所要处理的事务、承办的工作和承担的责任。仓库作业过程既有装卸、搬运、堆垛等劳动作业过程，又有货位安排、理货检验、保管、盘点、货物记账、统计报表等管理过程，以及收货交接、交货交接、残损处理等商务业务。

仓储型第三方物流企业的运作流程可具体分为入库作业、储存管理和出库作业。其运作过程的第一个步骤就是入库管理。商品入库只是物品在整个物流供应链上的短暂停留，一般包括入库验收、分类搬运、凭证签发和货位选择。储存管理是对物品进入仓库进行保管，需要做到安全、经济地保持好物品原有的质量水平和使用价值，防止由于不合理的保管措施所引起的物品磨损、变质或流失等现象。在出库作业中，仓库管理员应根据提货清单，在保证物品原先的质量和价值的情况下，进行物品的搬运和简易包装，然后发货人核对出库凭证，仓库管理员根据提货清单，核对无误后才能发货，除了保证出库物品的品名、数量外，还要保证出库货物的质量。

仓储型第三方物流企业的服务质量可以分解为以上三个流程的运作质量，因此在评价这类企业的功能层面服务质量时，应着重考虑能反映以上三项作业流程质量的指标，如库存完好率、货品收发准确率、库存准确率。

3）《物流术语》国家标准（GB/T 18354—2006）中将综合物流服务定义为：为客户制订整体性的物流方案，并对物流活动要素进行规划、组织、实施和系统化运作。与传统物流企业相比，综合服务型第三方物流企业具有以下显著特征：①突出以增值服务为核心的综合服务；②广泛应用现代高新技术，尤其是网络信息技术和现代物流技术；③强调资源的优化整合及充分共享，突出资源利用的高效、协调及全程配置；④充分运用现代物流供应链管理的理念和方法完善物流管理，供应链上的各参与方密切合作，使整条供应链上的存货、运输、选址等一系列活动安排有序、统筹考虑。因此，综合物流服务就是将传统的物流服务从功能性向综合性发展，从为顾客提供拖车、仓储服务、报关经纪、零担运输、多式联运等功能性服务，进一步向顾客提供运输管理、仓储和流通加工作业、业务流程重新设计、分拨网络建立、供应链和物流信息管理等顾客定制的综合性服务发展。从以上四个特征可以看出，综合服务型第三方物流企业所涉及的产业规模、技术水平、资源基础及综合管理、协调和服务能力的范围更广、要求更高。

因此，在评价综合服务型第三方物流企业功能层面的服务质量时，不但要考虑运输、仓储这些常规作业指标，而且要考虑评价其增值服务的指标，如信息化服务覆盖率、延伸服务满足率、总体策划方案满意度。

（三）第三方物流服务质量的评价指标

由于物流服务本身的特殊性和顾客消费服务的复杂性，服务质量可以被视为由生产和消费服务的过程中各个环节的质量共同综合而成的。许多学者都以服务过程中各环节的感知与期望之间的差异为基础构建了相应的模型，并将总体服务质量分成几个部分的质量，说明顾客在对各部分质量进行评价之后，再综合形成对总体服务质量的评价。其中，尤其以帕拉苏拉曼、泽丝曼尔和贝利（PZB）（1988）开发的 SERVQUAL 模型，以及门策等学者（1999，2001）提出的顾客导向的物流服务质量（LSQ）模型为主要代表。目前，学术界对第三方物流质量的评价指标设计也多以这两个经典模型为基础。

1. 基于 SERVQUAL 模型的第三方物流服务质量评价

PZB（1988）在服务差距分析模型的基础上，提出了衡量服务质量的五个维度，即可靠性、保证性、有形性、响应性、移情性，用以判断企业的服务质量水平。第三方物流服务企业属于服务性企业，其提供的服务同样具有其他行业服务质量的特性。基于此，余杨（2009）结合第三方物流服务的自身特征，参考 SERVQUAL 量表，设计了第三方物流服务质量调查问卷并对货主及相关人员进行了问卷调查，确定了影响第三方物流服务质量的评价因素及相关指标的权重，最终获得的第三方物流服务质量评价指标见表 3-2。

表 3-2　第三方物流服务质量的评价指标

评价维度	评价指标
可靠性	货物在运输过程中的完好率、准确率
	运输过程的准确送达率
	仓储过程的收发货准确率

（续）

评 价 维 度	评 价 指 标
可靠性	货物的库存完好率、准确率
	装卸搬运的效率及质量
	包装、流通、加工的质量
	货款回收的质量
	报关服务的质量
	单证的准确程度
响应性	运输订单处理的及时率
	仓储过程中收发货的及时率
	单证返单的及时率
	出现误差时退货、调货的快速响应程度
	赔偿的及时性
	订单执行错误处理的及时性
	物流服务商的应急能力
保证性	员工具有充足的知识能够回答顾客的问题
	员工的服务态度
	员工积极解决问题的能力
移情性	了解顾客的需要
	及时处理投诉问题
有形性	员工穿着得体，企业文化鲜明
	顾客下订单的方便性
	物流服务商设备先进

资料来源：余杨. 基于 SERVQUAL 的第三方物流服务质量的评价研究 [J]. 物流工程与管理, 2009, 31 (5)：62-64.

余杨的研究显示，将 SERVQUAL 评价方法应用于第三方物流服务质量的评价是可行的。但是，该评价指标体系并未区分企业类型。针对不同类型的第三方物流企业，衡量服务质量的五个维度的相对重要性可能是不同的。比如，对于运输或仓储型第三方物流企业，有形性是比较重要的，它衡量了企业具有的设施设备，如自有车辆数、自有仓库面积等，是其能提供良好服务的基础；而移情性相对常规物流服务可能作用较弱，但是如果要实现综合型的物流服务，此项维度则相对重要。此外，在可靠性、响应性和保证性的维度衡量中，应体现"准备、及时、快速、高效率"的现代物流服务质量特点。因此，基于 SERVQUAL 的第三方物流服务质量的评价维度及指标需针对具体情况进行调整和修正。

2. 基于 LSQ 模型的第三方物流服务质量评价

门策等人（1999）在 PZB 构建的 SERVQUAL 量表基础上，创建了以物流服务发生的时间过程为基础，以客户为导向，包括人员沟通质量、订单释放数量、信息质量、订货过程、货品精确率、货品完好程度、货品质量、误差处理质量和时间质量 9 个维度、25 个项目的物流服务质量（LSQ）模型。拉菲克（Rafiq）和加法尔（Jaafar）（2007）认为，第三方物流企业一定要重视客户对物流服务的感知，并验证了门策提出的 LSQ 工具的有效性和稳健性。

常浩（2014）将门策等人的 LSQ 模型与第三方物流服务的特点相结合，构造出了基于技术质量、功能质量和特有质量 3 个维度的针对第三方物流服务质量的 3PLSQ 模型。该指标体系保留了原始 LSQ 模型中的订单完成质量、时间质量、货品完好质量、人员沟通质量、误差处理质量 5 个指标，为了突出客户服务的重要性，还增加了售后服务质量指标；同时充分考虑第三方物流企业的管理系统化、信息网络化、运作市场化特点，增加特有质量维度，包括经济性和信息网络质量 2 个指标。如表 3-3 所示，3PLSQ 模型由技术质量、功能质量、特有质量 3 个维度构成，包括 8 个二级指标和 30 个三级指标。

表 3-3　第三方物流服务质量评价指标体系（3PLSQ 模型）

评价维度	二级指标	三级指标
技术质量	订单完成质量	订单处理及时率
		货品与订单的一致性
		技术标准符合程度
		设备和零件的一致性
	时间质量	订购响应速度
		订货过程效率
		按时交货率
	货品完好质量	库存完好率
		货品完好率
		货品自身质量
		包装重量
功能质量	人员沟通质量	理解客户的个性化需求
		员工的服务态度
		员工的工作经验
		突发事件处理能力
	误差处理质量	订单执行错误处理质量
		退货调货处理质量
		对交付质量差异的修正
	售后服务质量	投诉处理质量
		客户信息反馈质量
		服务补救质量
特有质量	经济性	市场占有率
		运价水平
		物流成本
		货损赔偿费用
	信息网络质量	信息共享程度
		货品追踪质量
		在线服务质量
		计算机网络覆盖率
		信息系统投入比率

资料来源：常浩. 基于 LSQ 模型的信息网络环境下第三方物流企业服务质量模型构建 [J]. 信息系统工程, 2014, (1): 65-66.

随着互联网特别是电子商务的飞速发展，第三方物流企业的运作信息化程度不断提高，信息技术和网络环境已经成为第三方物流企业实现快速发展、打造核心竞争力的重要影响因素。常浩构建的 3PLSQ 模型经实证研究表明具有较好的信度和效度，可以作为信息网络环境下第三方物流服务质量测评的参考模型。

3. 国家标准中的评价指标

第三方物流服务质量评价不仅要坚持"以满足顾客期望为出发点"的原则，而且还要紧紧围绕第三方物流服务质量的有关特性，在技术层面做出具体规定，给出量化指标。国家质检总局和国家标准化管理委员会于 2009 年发布的《第三方物流服务质量要求》国家标准（GB/T 24359—2009）中，给出了 7 个第三方物流服务质量的定量评价指标。

1）订单按时完成率，即统计期内按时完成客户订单数占订单总数的比率。其计算公式为

$$订单按时完成率 = \frac{按时完成订单数}{订单总数} \times 100\%$$

第三方物流企业最为重要的存在理由就是为了满足客户的订单指令，所以，订单按时、及时地完成是一个经常被使用的效率指标。这个指标中的"订单"及"按时完成的订单"可根据客户与第三方物流企业的习惯进行定义和设定。

2）订单满足率，即统计期内实际交货数量与订单需求总数量的比率。其计算公式为

$$订单满足率 = \frac{实际交货数量}{订单需求总数量} \times 100\%$$

第三方物流企业与客户在达成合同并结成供求服务关系后，一般均会在一定时间窗口内实际管理和实际掌握货权属于客户的货物，并将根据客户的需求指令，通过第三方物流企业自身的管理系统满足客户的订单要求。该订单指令可以是将货物送达供应链下游某处、逆向送回客户工厂、进行标签粘贴等。该项指标实际考核了第三方物流企业自身的管理水平以及与客户之间协同的管理水平。

3）订单处理正确率，即统计期内无差错订单处理数占订单总数的比率。其计算公式为

$$订单处理准确率 = \frac{无差错订单处理数}{订单总数} \times 100\%$$

差错订单可能是由一线工人操作失误等人为因素导致的，也可能是由如货物代码在客户与第三方物流企业之间的不一致等非人为因素导致的。差错订单的定义有可能会将在统计期结束时被有效修正并正确完成的订单排除在外，这取决于第三方物流企业与客户之间达成的约定与协议等。

4）货损率，即统计期内交货时损失的物品数量与应交付的物品数量的比率。其计算公式为

$$货损率 = \frac{损失数量}{应交付总数量} \times 100\%$$

该指标主要是针对那些在客观非人为因素影响下本身即有损耗的情况。例如，金属、天然橡胶等初级工业用原材料在国家相应的其他储运标准中就有被市场认可的货损概率；物流周转设施设备，如纸箱、托盘等，由于长期反复使用，也存在一定的客观损耗，这通常都是被市场所接受的。当然，如上升到考核标准时，还是需要由客户与第三方物流企业

协商确定。

5）货差率，即统计期内货物累计差错数量占总数量的比率。其计算公式为

$$货差率 = \frac{差错数量}{总数量} \times 100\%$$

该指标主要指向的是由于第三方物流企业人为因素导致的差错，货物的总数量需依据协议或约定来计算，可以是总的发货数量，也可以是库存数量，还可以依据进货数量进行统计。

6）账货相符率，即经盘点，库存物品账货相符的笔数占储存物品总笔数的比率。其计算公式为

$$账货相符率 = \frac{账货相符笔数}{储存物品总笔数} \times 100\%$$

该项指标主要是针对存货库存管理而设定的，也是仓储管理最基础、最核心的管理指标，仓储管理过程的疏漏一般都会在此指标上有所反映。

7）有效投诉率，即统计期内客户有效投诉涉及订单数占订单总数的比率。有效投诉是指因第三方物流企业引起，经查证确属供方过失的客户投诉。计算公式为

$$有效投诉率 = \frac{有效投诉涉及订单数}{订单总数} \times 100\%$$

投诉机制的设立就目前来说也是市场所普遍接受的。在供求双方合作的前提下，该项指标在一定程度上保护了客户针对供应链管理运作过程的主导权。一般来说，第三方物流企业的操作失误所导致的差错并不一定会导致客户投诉，但上升到投诉尤其是书面投诉程度的、排除客户方因素的第三方物流企业的差错，应该都是较为严重且急迫需要解决的问题。当然，从积极的一面来看，客户投诉正是第三方物流企业提高自身服务能力的一次改善、改革的机遇。

作为衡量物流服务质量的预期目标，以数字量化考核作为指标标准是一种相对较为客观的手段。国家标准《第三方物流服务质量要求》尝试性地推出7个重要服务质量指标，具有很强的示范作用。对于制造业企业、贸易商和第三方物流企业而言，通过采用物流服务质量指标实施量化考核，可以相对客观地体现企业运作质量水平，达标后更能赢得相互的信任，并且可以避免主观的不确定性对合同物流业务的影响。同时，量化目标更能帮助确定第三方物流服务质量的重点管控方向。

第三节 第三方物流服务质量管理的内容与措施

第三方物流企业不同于生产制造企业，它向市场提供的产品是服务，这一特殊属性决定了物流服务质量管理在物流企业中的重要地位。物流服务质量管理在提高物流企业服务水平、降低成本、提高企业核心竞争力等方面具有非常重要的作用。如何加强物流服务质量管理，提高企业自身的物流服务质量水平，是我国大部分第三方物流企业面临的共同问题。

一、第三方物流服务质量管理的基本内容

第三方物流企业要取得利润，必须拥有自己的核心竞争力。服务质量就是第三方物流

企业的核心竞争力之所在，质量管理是第三方物流企业管理的重点。第三方物流企业的服务质量管理一般包括以下几个方面：

（一）市场研发的质量管理

市场研发的作用主要是确定市场或客户对物流服务的真实需求，为物流服务方案的设计提供依据，是保证第三方物流服务质量的基础，一般包括对各种市场的确定、市场容量及其变化趋势、客户需求特征分析等方面。第三方物流企业为了能够在激烈的竞争中立于不败之地，不能等同地对待所有的客户，而是要在物流服务质量与物流服务成本之间寻求一种平衡状态。在顾客导向的基础上，对客户进行细分以满足不同层次客户的需求是十分必要的。

东京理工大学教授狩野纪昭（Noriaki Kano）在1984年提出的卡诺模型中，将市场客户细分为交易型客户与关系型客户，这为第三方物流企业针对不同客户设计相应的服务方案提供了参考依据。

1. 交易型客户

交易型客户主要是指仅看重本次交易的客户群体，这类客户在第三方物流企业的客户群体中占有较大比例，可以直接决定企业的短期收益。他们对物流服务的购买具有随机性，其购买决策受价格因素的影响较大，要求更多集中于价格、信息质量、订购过程质量、货物精准率、货品完好程度与误差处理等基本质量因素上。

2. 关系型客户

关系型客户是指那些将本次购买看作是将来一系列购买中的一部分，更加看重购买总成本的一群客户。与交易型客户相比，该类客户的数量较少，通常与第三方物流企业是一种战略联盟关系，是企业稳定的利润来源。在物流服务的购买过程中，他们更关注的是物流服务的个性化。

对待上述两种不同客户，第三方物流企业要采取不同的策略。在对交易型客户的营销过程中，要注意对基本质量因素的管理，主要包括订单释放数量、信息质量、订购过程质量、货品精确率、货品完好程度、时间质量和误差处理质量等。而对待关系型客户，企业除了关注基本质量因素外，还要考虑个性化的服务。

（二）物流服务设计的质量管理

服务设计是决定服务质量的主要因素，第三方物流服务设计的质量管理包括：

1. 第三方物流企业组织结构管理

服务的组织和管理部门必须与服务体系的其他要素相配合，通过清晰定义、职责划分、授权，确保在控制与灵活之间达到平衡，从而保证工作效率和准确率。

2. 第三方物流企业员工

人始终都是组织中第一重要的资源。第三方物流服务的提供是通过企业员工与客户的接触完成的，客户感知到的服务质量很大程度上依赖于客户对企业员工的认识和态度的评价。第三方物流企业在设计物流服务时，应包括人员选择、培训、教育和激励。

（三）服务交付过程的质量管理

服务交付过程是指物流服务从服务者到消费者的流程。第三方物流服务交付过程中的质量管理需要关注如下问题：

1. 重视客户评价

客户评价是对服务质量的基本测量，客户的反映可能是及时的，也可能不及时，但肯定是最重要的。在获得客户评价信息方面，要主动采取激励措施，方便客户反馈信息，并且要认真对待客户的抱怨。

2. 服务质量的监测评价

服务质量监测属于服务流程的控制部分。对第三方物流服务的进行情况和效果要配备相应的监测系统，随时发现问题，及时调整并实施补救，使服务差错被控制在一定的范围内，以免对服务质量造成大的损害。

3. 不合格服务的补救

服务过程中的差错和过失是不可避免的，没有哪个第三方物流企业的服务质量保障体系能绝对保证所有的物流服务都是无缺陷的。补救措施必须快速、有效，对突发事故的及时补救是第三方物流服务能力的重要体现。一次对不合格服务的正确处理不仅不会降低客户对企业的评价，甚至可能增强客户的质量感知，使客户更加信任企业。

从上述分析可见，第三方物流服务质量管理首先要针对客户需求设计相应的服务方案，然后要从组织机构和员工方面为质量管理提供保障，服务流程的控制在第三方物流服务质量管理中也是至关重要的，而对服务执行状况进行监测评价是采取补救措施和进行服务改进的基础。

二、全面质量管理与第三方物流服务质量

全面质量管理的概念是美国通用电气公司总裁费根堡姆 1961 年在其著作《全面质量管理》一书中提出的。全面质量管理是指"为了能够在最经济的水平上，并考虑到充分满足顾客要求的条件下进行市场研究、设计、制造和售后服务，把企业内各部门的研制质量、维持质量和提高质量的活动构成为一体的一种有效的体系"。在我国，《质量管理体系：基础和术语》（GB/T 19000—2016，采标于 ISO 9000：2000）中指出，"质量管理体系是组织的管理体系的一部分，它致力于使与质量目标有关的结果适当地满足相关方的需求、期望与要求"，并且"一个组织的管理体系的各个部分，连同质量管理体系可以形成一个整体，从而形成使用共有要素的单一的管理体系"。同时，它强调"全员参与"的质量管理原则，认为各级人员都是组织之本，只有他们的充分参与，才能使他们的才能为组织带来收益。基于全面质量管理的思想，第三方物流企业进行全面质量管理主要包括以下几个方面：

（一）第三方物流企业资源发展的全面管理

第三方物流企业资源发展的全面管理主要是指第三方物流企业对企业资源发展的规划与管理，主要包括人力资源、资金和技术三部分内容。

1. 人才质量管理

从全面质量管理思想出发，第三方物流企业首先需要把好人才质量管理关。第三方物流服务质量的控制和改进最终将落实到每一位管理者和服务人员身上。物流服务质量的提高，对企业员工的知识、素养和技能都会不断提出新的挑战。因此物流企业必须从人才选择、人才培养、人才使用几方面分别建立人才质量管理标准和绩效考核系统，逐步构建出一支有层次梯度、有统一目标、有作战能力的人才团队。依靠这样的团队，才能够保证企

业的组织建设不变形，保障质量控制和改进活动的持续进行。

2. 资金投入管理

第三方物流企业需要合理分配质量管理的资金投入，才能保证质量管理体系作用的有效发挥。由于第三方物流企业以民营企业居多，物流质量管理的投入往往被简单地视为成本，其产出又难以衡量，所以质量方面的投入大多处于被动状态。为解决合理分配资金投入问题，首先需要在观念上有所改变，从长远看，质量管理实质是一种投资，而且是一种长期性的战略投资，周期长，但是回报大，企业需要有步骤、有计划地进行，并且需要有持续的可投入资金保证，以防止质量提升过程中出现资金短缺现象。比如，六西格玛管理方法就将质量改进活动作为一个个项目进行，通过项目的受益衡量管理的效果，使得资金投入集中进行，而且也保证了资金的持续投入。

3. 技术管理

技术进步也是第三方物流服务质量提高的一个关键因素。物流设备的先进程度、设施的自动化水平、物流管理的信息化水平以及各种物流优化技术，都是物流企业改进服务质量的重要环节。物流企业要不断地吸收新技术，同时，必须进行服务技术的改进和创新规划，在创新中获取竞争优势。

（二）第三方物流企业的全员参与管理

从全面质量管理的思想出发，物流企业管理要求必须是全体人员参与的全员质量管理。要保证质量，不能仅仅依赖某个部门或少数人，必须依靠相关环节各部门全体职工共同努力。实行全员管理，一是要配以恰当的组织体系，加以支持和保证；二是树立"质量第一、服务至上"的思想观念，充分调动广大职工参与质量管理的积极性，发挥集体的能力和作用。对于规模相对较小的第三方物流企业，可以采取质量控制小组的方式。由于大部分物流服务属于劳动密集型服务，在建立规章制度和操作手册的前提下，各部门由专门负责人员和操作人员就可以组成一个质量控制小组，针对到货检验、卸货、入库搬运、上货架等常规操作进行物流质量控制，或者根据某些客户的个性化要求，对拆包分拣、再包装等操作中发生的错误、遇到的问题进行统计分析，预测出的潜在问题，再进行物流质量改进。

（三）第三方物流企业的文化建设

企业质量管理是长期行为，不能因为领导的变化、业务内容或流程的改变、人员的流动而停止。组织方式是保证长期进行质量管理的一种制度保证，但是使用不恰当也会变成"花架子"。组织方式中最为核心的是文化建设。但是文化建设往往容易口号喊得响，内容却不扎实，如果脱离了企业员工的利益、客户的利益，这样的文化本身就不会长久。因此，文化建设不应该是单向的宣传工作，而应该是企业全体的学习和相互交流，需要渗透到工作的每一个环节中。全面质量管理思想渗透到物流企业文化建设的目的，就是在企业内部形成一种共同的信仰，让每一位员工将自身工作的品质和企业的信誉、生命和未来紧密联系起来，让员工在这种工作环境中产生自豪感和对企业的依赖，形成对员工个体有力约束的准则，并能够作为一种导向系统产生组织内的凝聚力，赋予组织鲜明的个性；在企业外部形成一种良好的信誉和形象，获得客户的偏爱。

第三方物流企业服务质量的不断提高是一个长期过程，把全面质量管理思想引入第三方物流企业服务质量管理的构建中，对物流企业服务质量的提高具有重要意义。未来的企业需具备区别于其他企业的核心竞争力，而随着国内物流的发展，物流企业高质量的服务必将成为各大企业在市场上获得竞争力之关键所在。

三、第三方物流服务质量的提升策略

目前，我国第三方物流企业多数只能提供单项或分段的物流服务，物流功能主要停留在储存、运输、配送等传统物流环节上，代理加工、准时化（Just In Time，JIT）配送、"零"库存管理、物流咨询与培训、物流信息等延伸服务不多，尚未形成完整的物流供应链。现阶段，我国第三方物流企业收益的85%来自基础性服务，增值服务、物流信息服务与支持物流的财务服务的收益只占15%。因此，必须深入完善我国第三方物流的服务功能，提升服务水平。结合当前市场状况及第三方物流企业的现实，应从如下几个方面改进第三方物流服务质量。

（一）运输过程实现标准化、托盘化作业

第三方物流企业业务中，运输占有很大比重，企业服务质量的提升必须考虑运输服务质量的提升。我国第三方物流企业的实际运作表明，制造企业生产出来的成品一般是由干线运输分配到区域物流配送中心，然后经区域物流配送中心输送给销售商仓库及柜台，最后到达最终用户手里，中间至少要经过四次装卸，其中每次装卸都有可能发生破损。而采用托盘化运输方式，货物都存放在标准托盘上，使用叉车作业，可以减少因野蛮装卸、装卸环节的踩踏产生破损的概率，极大地降低货物在运输过程中的破损概率。标准化、托盘化运输，可以实现低破损率、高装车率，极大地提高物流服务水平。例如，货车车辆载重及箱体规格标准，可以使装卸效率进一步提升。根据车辆尺寸制造的标准化的托盘，既能充分利用车辆空间，提高装载率，又能节约车辆装卸时间，提升物流服务的周转率，最终实现节约能源与提高效益的双重目标。因此，要不断提升我国第三方物流企业的服务质量，需要进一步实现标准化、托盘化的运输作业。

（二）以客户需求为中心创新物流服务内容

面对日益激烈的市场竞争，第三方物流企业必须转变服务理念，以客户需求为中心，不断创新物流服务内容，根据客户的实际需求提供个性化、差异化的物流服务，进而全面提升服务质量。

（1）以物流基本服务为基础，创新增值服务。第三方物流企业要在深入分析客户需求的基础上，从自身情况及当前市场形势出发，以配送、运输、仓储等服务为基础，创新增值服务，如发展"金融物流"，通过服务内容与服务方式的个性化为客户提供有别于竞争者的差异化服务。

（2）以物流功能服务为基础，创新管理服务。第三方物流企业要转变传统的物流功能服务，优化客户物流系统，对物流业务进行流程再造，对订单及库存进行管理，协调供应商和客户关系，通过为客户提供一体化物流解决方案来为客户提供"一站式"服务。

（3）以实物服务为基础，创新资金流与信息流服务。物流信息是第三方物流企业管理的基础，通过信息流可以实现对实物流的控制，如通知预先发货、查询运行状态及库存状态、跟踪货物、监控运行绩效等。第三方物流企业通过与客户建立战略伙伴关系对客户的供应链进行管理，对实物流、信息流与资金流进行协同运作，可以为客户提供垫付货款、代收货款等服务。

（三）对物流供应链进行优化管理

供应链管理就是在正确的时间，在保证产品正确状态的前提下，以正确的成本将正确数量的正确的产品送达正确的地方，交给正确的客户。在整个物流供应过程中，既要保证物流服务的质量和水平，还要尽可能地降低物流服务成本。作为一个复杂的动态系统，供应链的优化管理需要多方的参与。在整个供应链系统中占据主导地位的企业要高度关注对供应链系统的优化管理，运用战略视角对其进行规划。可以通过与物流服务供应商的交流与沟通达成一致的绩效评估方式，设定特定的外包标准，物流服务供应企业必须对雇主企业的相关信息数据进行严格保密。这样，通过优化供应链管理来提升物流服务水平就可以理解为：在网络经济环境下，单个企业难以通过自身努力实现物流服务质量的提升，需要联合供应链上的节点企业共同发挥核心优势，形成互补，进而为客户提供更大的价值。比如，中小型生产制造企业可以采用物流外包模式，利用第三方物流企业的专业运输配送及库存代替公司自建的物流网络，通过合作实现供应链系统结构的优化，节省物流成本，提升库存周转率及客户满意率。

（四）应用物流信息化提高服务水平

第三方物流企业通过物流与信息流的有效结合，可以实现对跨地区物流活动的有效整合，从而使物流运作安全、高效。因此，物流信息化可以有效提高第三方物流企业的服务质量与运作水平。物流信息化主要包括两方面的服务内容：一是与客户建立信息交互，方便客户实时查询、浏览服务信息、开展物流调度和货品检验、规划投递路线，以及对货物进行在线跟踪等活动；二是参与第三方物流活动，及时传递供需双方的信息，方便供需双方对相关业务及服务进行调整。第三方物流企业通过引进物流信息管理系统，可以极大地提高客户信息流服务水平。例如，依靠物流信息系统，企业可以随时随地为客户提供保质期报告、实时库存报告，并为客户提供安全库存设置及店铺订货建议等服务，进而为客户提供更多的附加服务；厂家也可以通过互联网及全球定位系统对运单进行即时查询及位置跟踪。因此，要提高第三方物流企业的客户服务水平，就需要采用信息系统，在全国范围内建立物流网络系统，从而赢得在服务质量方面的优势。

【本章小结】

● 第三方物流是相对"第一方"发货人和"第二方"收货人而言的，是由第三方物流企业来承担企业物流活动的一种物流形态。第三方物流具有关系合同化、服务个性化、功能专业化、信息网络化等特征。

● 第三方物流企业是独立于供方与需方以外的专门从事物流活动的物流企业。在我国，第三方物流企业一般从传统的与物流相关的企业发展而来。按照企业的来源构成、资本归属、物流服务功能及拥有的资源，可以将第三方物流企业分为不同类型。

● 我国大部分第三方物流企业尚处于物流功能的执行及优化层面，物流活动主要涉及运输、仓储、装卸搬运、包装、流通加工及信息服务等基础性服务，但随着现代物流理念的深入，第三方物流企业的功能性活动正逐步向物流决策及规划层面跃迁，增值性服务将成为综合型物流企业的主要服务内容。

● 第三方物流服务质量是第三方物流企业提供的物流服务达到服务质量标准、满足用户需求的程度。它是整个物流服务过程和结果的集合，是在物流企业和客户的相互作用中实现的。第三方物流服务主要涉及方案设计、信息服务、作业服务、风险与应急管理、投诉处理等部分及相应的质量要素。

- 影响第三方物流服务质量的因素主要包括人员因素、设备因素、体制因素和环境因素四个方面。
- 根据学术界对服务质量概念达成的共识，即顾客感知的服务质量包括技术质量（结果质量）和功能质量（过程质量），可分别从物流服务的技术质量和功能质量两个层面对第三方物流服务质量进行评价。对第三方物流服务质量的评价指标设计目前多以 SE-RVQUAL 量表和 LSQ 模型两个经典模型为基础。
- 第三方物流企业的服务质量管理包括市场研发的质量管理、物流服务设计的质量管理、服务交付过程的质量管理三个方面。
- 基于全面质量管理的思想，第三方物流企业进行全面质量管理主要包括第三方物流企业资源发展的全面管理、第三方物流企业的全员参与管理，以及第三方物流企业的文化建设。
- 第三方物流服务质量的提升策略包括：运输过程实现标准化、托盘化作业；以客户需求为中心创新物流服务内容；对物流供应链进行优化管理；应用物流信息化提高服务水平。

【思考题】

1. 什么是第三方物流？它具有哪些特征？
2. 如何理解第三方物流企业？它有哪些分类？
3. 第三方物流企业主要有哪些功能性活动？
4. 如何理解第三方物流服务质量的概念？它涉及哪些具体质量要素？
5. 影响第三方物流服务质量的因素主要有哪些？
6. 试述第三方物流服务质量评价的方法。
7. 试比较分析基于 SERVQUAL 量表和基于 LSQ 模型的第三方物流服务质量评价指标的差异。
8. 第三方物流企业的服务质量管理包括哪些基本内容？
9. 如何基于全面质量管理思想对第三方物流企业进行全面质量管理？
10. 如何提升第三方物流服务质量？

【实践训练】

1. 选择你熟悉的一家第三方物流公司，分析其客户服务方面存在的问题，并为这家公司提出一份改进服务质量的建议。
2. SERVQUAL 量表和 LSQ 模型是否可以直接应用于第三方物流服务质量评价？你认为存在哪些问题？请列出你对第三方物流服务质量评价指标设置的建议。
3. 第三方物流企业为什么要导入全面质量管理思想？你认为第三方物流企业实施全

面质量管理与其他企业的关键差异在哪里？请为第三方物流企业开展全面质量管理设计一份简明操作化手册。

 【案例讨论】

大众包餐公司可否引入第三方物流服务

"大众包餐"是一家提供全方位包餐服务的公司，由李杨夫妇于1994年创办，如今已经发展成为所在地区小有名气的餐饮服务企业。

"大众包餐"的服务分为两类：盒饭递送和套餐服务。盒饭主要由荤菜、素菜、卤菜、大众汤和普通水果组成，可供顾客选择的菜品种类包括：荤菜6种、素菜10种、卤菜4种、大众汤3种和普通水果3种，还可以指定饮料佐餐。尽管菜单的变化不大，但从年度报表上来看，这项服务的总体需求水平相当稳定，老顾客通常每天都会打电话来订购。但由于设施设备的缘故，"大众包餐"会要求顾客们在上午10点前电话预订，以便确保当天递送到位。在套餐服务方面，该公司的核心能力是为企事业单位提供冷餐会、大型聚会，以及一般家庭的家宴和喜庆宴会的餐饮服务。客户所需的各种菜肴和服务可以事先预约，但由于这项服务的季节性很强，又与各种社会节日和国定假日相关，需求量忽高忽低，有旺季和淡季之分，因此要求顾客提前几周甚至1个月预订。

大众包餐公司内的设施布局类似于一个加工车间，主要有五个工作区域：热制食品工作区，冷菜工作区，卤菜准备区，汤类与水果准备区，以及一个配餐工作区，专为装盒饭和预订的套餐装盆共享。此外，还有三间小冷库供储存冷冻食品，一间大型干货间供储藏不易变质的物料。但设施设备的限制以及食品变质的风险始终制约着大众包餐公司的发展规模。虽然饮料和水果可以外购，有些店家愿意送货上门，但总体上限制了大众包餐公司提供柔性化服务。李杨夫妇聘用了10名员工，包括2名厨师和8名食品准备工，旺季时还会另外雇佣一些兼职服务员。

包餐行业的竞争是十分激烈的，高质量的食品、可靠的递送、灵活的服务以及低成本的运营等都是这一行业谋求生存和发展的根本。近年来，大众包餐公司已经开始感觉到来自越来越挑剔的顾客和几位新加入的专业包餐商的竞争压力。顾客们越来越需要菜单的多样化、服务的柔性化和响应的及时化。另外，李杨夫妇最近参加了现代物流知识培训班，对准时化运作和第三方物流服务的概念印象也很深，深思着这些理念正是大众包餐公司要保持其竞争能力所需要的东西。但是他们又感到十分困惑：对于大众包餐公司这样一家规模不大的公司来说，是否应该借助第三方的物流服务呢？

资料来源：作者根据全国物流信息网的文章（http://news.56888.net/2016122/5537179369.html）进行改编。

思考：

1. 分析大众包餐公司的经营活动可否引入第三方物流服务，并请说明理由。

2. 分析大众包餐公司实施准时化服务有无困难，请加以解释。

3. 假如大众包餐公司引入第三方物流服务，你会向其提出什么建议？

【延伸阅读】

1. 薄瑞华. 第三方物流企业服务质量的影响因素研究 ［D］. 沈阳：沈阳理工大学，2016.

2. 常浩. 基于 LSQ 模型的信息网络环境下第三方物流企业服务质量模型构建 ［J］. 信息系统工程，2014 （1）：65-66.

3. 胡立琴. 基于 B2C 的第三方物流服务质量评价体系研究 ［D］. 成都：成都理工大学，2016.

4. 刘鹰. 国家标准《第三方物流服务质量要求》简析与应用案例 ［J］. 中国科技信息，2013 （23）：242-244.

5. 孙灿宇. 第三方物流服务质量评价及选择研究 ［D］. 成都：西华大学，2010.

6. 余杨. 基于 SERVQUAL 的第三方物流服务质量的评价研究 ［J］. 物流工程与管理，2009，31 （5）：62-64.

7. 张贵英. 第三方物流企业服务质量提升探究 ［J］. 物流技术，2012 （18）：55-57.

8. 全国物流标准化技术委员会. 第三方物流服务质量要求：GB/T 24359—2009 ［S］. 北京：中国标准出版社，2009.

9. RAFIQ M，JAAFAR H S. Measuring customers' perceptions of logistics service quality of 3PL service providers ［J］. Journal Marketing Management，2007，28 （2）：159-177.

10. SOHN J I，WOO S H，KIM T W. Assessment of logistics service quality using the Kano model in a logistics-triadic relationship ［J］. The International Journal of Logistics Management，2017，28 （2）：680-698.

第四章

电商物流服务质量管理

【学习目标】

知识目标

1. 掌握电商物流的概念和特点。

2. 理解电商物流的主要模式。

3. 理解电商物流服务的分类。

能力目标

1. 熟悉并掌握电商物流服务质量的评价方法。

2. 学会对电商物流服务进行质量管理。

【引导案例】

心怡科技的物流管理

2019 年母婴行业的"6·18"大战从六一儿童节就开始爆发了。当天，由心怡科技运营的杭州贝豪仓预估 16 万笔订单，实际流入订单超过 20 万笔，且商品大小件混合，订单复杂性和时效压力更是大增。虽然扛过了儿童节第一个高峰，但心怡科技贝豪仓运营团队仍不敢"轻敌"。果然，"6·18"大促第一天流入心怡科技仓易宝 WMS（Warehouse Management System，仓储管理系统）的全天订单量为 23 万笔，为该仓日常单量的近 10 倍，而这样的订单压力连续几天澎湃来袭。面对订单"洪峰"，心怡科技这一运营 10 余年的电商物流专家是如何平稳度过的？又是如何处理复杂的订单结构的呢？

首先，这得益于心怡科技具有先进的物流管理系统。在本次"6·18"之前，贝豪仓就全面启用了心怡科技的仓易宝系统发货，包括 WMS、OMS（Order Management System，订单管理系统）、TMS（Transport Management System，运输管理系统）和数据应用分析系统等。这些打磨了近 10 年、扛过大小电商物流大促战役的系统如同仓库的大脑和神经，可以无缝对接客户的各种订单接口，推动供应链流程一体化。

其次，心怡科技的物流数据平台发挥了重要作用。大量的订单汹涌而来，波峰预测就显得非常重要。基于全链路销售预测、算法和大数据应用能力，心怡科技在选品、补货和调拨上均有智能化的相应策略，能有效实现全链路的供应链管理和在线追踪。这也是为什么贝豪仓在"6·18"大促当天，即使仓库在几个小时内就涌进 15 万笔订单，仍能淡定面对并且在 72 小时内处理完全部订单的关键。

实际上，贝豪仓只是心怡科技众多仓储合作伙伴的一个缩影，他们还同时为品牌 B2C（Business to Consumer）、线上超市、跨境电商、精品电商（小米有品、网易严选等）、社交电商（贝店等）等 7 种电商模式提供仓储物流服务，其复杂程度可想而知。然而，凭借在电商物流和智能仓储领域的积累，心怡科技可以为电商企业提供智能化和一体化的物流服务解决方案。2012 年，心怡科技成为天猫超市的物流服务商，2014 年又引入了阿里巴巴战略投资。如今，心怡科技可以提供第三方电商仓储物流、产业仓储物流、跨境物流供应链等全方位的物流供应链服务。

在心怡科技看来，要制造有"弹性"的柔性生产能力，单靠堆人不行，单靠堆"黑科技"也不行，只有把人的运营经验、能力，和数据能力、智能硬件结合起来，输出为各种场景的解决方案，才能为商家创造"多快好省"的价值。

资料来源：王英，徐淑琴. 心怡科技物流："互联网 +"综合物流的融合创新之路［J］. 广东科技，2015，24（15）：26-31.

思考：心怡科技为何能为电商提供先进的物流服务？

近年来，伴随"互联网 +"的不断深化发展，电子商务吸引了越来越多的传统行业及新兴初创企业的加入。电子商务企业的物流服务质量是企业核心竞争力的重要体现。质优价廉、安全高效的物流服务是交易双方拥有良好客户体验的保障。心怡科技依托仓易宝 WMS、OMS 及心怡大数据平台等先进的平台系统，可以为电商提供高效、及时的仓储物流服务，为商家创造更好的价值。随着电子商务的发展不断细化，新兴的电商市场层出不穷，新零售战略在各地不断打响，电商对物流服务的要求也越来越高。从总体上看，尽管近年来我国在不断推进物流服务体系建设，但物流的发展仍然没有跟上电子商务发展的步伐。电商企业仍然存在不能及时更新服务内容以满足客户的个性化服务要求等突出问题。如何提高电商物流服务质量，通过有效的服务管理为客户创造价值，是亟待解决的问题。本章将系统阐述电商物流的概念与主要模式，电商物流服务质量的内涵，电商物流服务质量的评价，电商物流服务质量的管理等方面的内容。

第一节　电商物流概述

电子商务时代，由于企业销售范围的扩大，商业销售方式及最终消费者购买方式的转变，送货上门等业务成为一项极为重要的服务业务，促进了物流行业的变革。而专注于电商仓储物流的第三方公司在市场行业中也扮演着越来越重要的角色，甚至能够协助商家在终端和渠道端提供广泛的服务。这类企业的服务不仅是提供简单的发货服务，更重要的是需要站在商家的角度去做好仓储库存和物流配送，使电商整体运营流程形成良性发展，促进甚至推动电商的产量和销量提升。

一、电商物流的概念与特点

电子商务作为一种新的数字化生存方式，代表未来的贸易、消费和服务方式。电子商务的兴起打破了传统的物流格局，有助于建立以商品代理和配送为主要特征，物流、商流、信息流有机结合的社会化物流配送体系。电商物流的概念是伴随电子商务技术和社会需求的发展而出现的，是辅助于电子商务经济价值实现的不可或缺的重要组成部分。

（一）电商物流的概念

业界目前对电商物流尚没有形成统一的定义，有人认为它是为电子商务这一新兴行业配套的物流，也有人将其理解为物流企业的电子商务化，还有学者从广义的角度将电商物流界定为"电子商务时代的物流"，也称为虚拟物流（Virtual Logistics），即利用电子商务技术（主要是计算机技术、信息技术）进行物流运作与管理，实现企业间物流资源共享和优化配置的物流方式。

本书认为，电商物流（全称电子商务物流）是电子商务与物流在各种范围内进行资源整合而产生的一种新兴物流方式，是指用物流的方式辅助完成电子商务交易物品在时间和空间上转换的手段。

电商物流的基本业务流程因开展电子商务的企业性质不同而有所差异。如制造型企业的电子商务系统，其主要业务过程往往起始于客户订单，中间包括与生产准备和生产过程相关的物流环节，同时包括从产品入库直至产品送达客户的全部物流过程。也就是说，其物流活动一般包括企业供应物流、生产物流、销售物流、回收物流和废弃物物流。而销售型的电子商务企业（如网上商城），其物流过程就不包括生产物流，但与其商品组织相关的供应物流和销售物流的功能则极为完善。虽然不同类型企业的物流组织过程有所差异，但开展电子商务时，从电商物流过程上看，仍有许多相同之处。具体地说，其基本业务流程一般都包括进货、检验、分拣、保存、分类、拣选、包装、组配、装车及送货等。在电子商务领域，物流业是介于供货方和购货方之间的第三方，以服务作为第一宗旨。要为客户提供最佳的服务，就必须要有良好的电商物流系统。电商物流系统是指在实现电子商务特定过程的时间和空间范围内，由所需位移的商品（或物资）、包装设备、装卸搬运机械、运输工具、仓储设施、人员和通信联系设施等若干相互制约的动态要素所构成的具有特定功能的有机整体。建设电商物流系统的目的是实现电子商务过程中商品（或物资）的空间效益和时间效益，在保证商品满足供给需求的前提下，实现各种物流环节的合理衔接，并取得最佳经济效益。电商物流系统既是电子商务系统中的一个子系统或组成部分，又是社会经济大系统的一个子系统。

（二）电商物流的特点

电商物流与传统物流在功能和目的上并没有本质的区别，都包括基本功能和增值功能，最终目的都是要把商品送到顾客手中。但是，电商物流的最终用户是享受电子商务服务的企业或者个人，订单的传输、处理都是电子化的，空间和时间上有很大的不确定性；而且，每个订单都要送货上门，因此，电商物流的成本更高，配送路线的规划、配送日程的调度、配送车辆的合理利用难度更大。同时，由于电商物流在技术上和管理理念上的先进性，其增值服务功能（增加便利、加快反应、供应链集成等）能发挥得更好，显得更加重要。由于电子商务所独具的电子化、信息化、自动化等特点，以及高速、廉价、灵活等诸多好处，电商物流在运作特点和需求方面有一些新特点。

1. 信息化

电子商务时代，物流信息化是电子商务的必然要求。物流信息化表现为物流信息的商品化、物流信息收集的数据库化和代码化、物流信息处理的电子化和计算机化、物流信息传递的标准化和适时化，以及物流信息存储的数字化等。没有物流的信息化，任何先进的技术设备都不可能应用于物流领域，信息技术及计算机技术在物流中的应用将会彻底改变世界物流的面貌。

2. 自动化

自动化的基础是信息化，自动化的核心是机电一体化，自动化的外在表现是无人化，自动化的效果是省力化。另外，自动化还可以扩大物流作业能力、提高劳动生产率以及减少物流作业的差错等。

物流自动化的设施非常多，如条码、语音、射频自动识别系统，自动分拣系统，自动存取系统，自动导向车，以及货物自动跟踪系统等。这些设施在发达国家已普遍用于物流作业流程中；而在我国，由于物流行业起步较晚，发展水平不高，自动化技术的全面普及还需要较长一段时间。

3. 网络化

物流领域网络化的基础也是信息化。这里的网络化有两层含义：一是物流配送系统的网络化，具体包括物流配送中心与供应商或制造商的联系要通过计算机网络，另外，与下游顾客之间的联系也要通过计算机网络进行。二是组织的网络化。例如，台湾的计算机业在20世纪90年代创造出了"全球运筹式产销模式"，这种模式的基本点是按照客户订单组织生产，生产采取分散形式，即将全世界的计算机制造资源都利用起来，采取外包的形式，将一台计算机的所有零部件、元器件、芯片外包给世界各地的制造商去生产，然后通过全球的物流网络将这些零部件、元器件和芯片发往同一个物流配送中心进行组装，由该物流配送中心将组装的计算机迅速发给订购客户。

物流的网络化是物流信息化的必然，是电子商务物流活动的主要特征之一。互联网等全球网络资源的可用性及网络技术的普及为物流的网络化提供了良好的外部环境。

4. 智能化

智能化是物流自动化、信息化的一种高层次应用。物流作业过程中大量的运筹和决策，如库存水平的确定、运输（搬运）路径的选择、自动导向车的运行轨迹和作业控制、自动分拣机的运行以及物流配送中心经营管理的决策支持等问题，都需要借助于大量的知识才能解决。在物流自动化的进程中，物流智能化已成为电子商务物流发展的一个新趋势，需要通过专家系统、机器人等相关技术来助力。

5. 柔性化

柔性化的物流正是为了适应生产、流通与消费的需求而发展起来的一种新型物流模式。该模式要求物流配送中心根据消费者需求"多品种、小批量、多批次、短周期"的特色，灵活地组织和实施物流作业。

另外，物流设施、商品包装的标准化，物流的社会化和共同化也都是电子商务领域物流模式的新特点。

二、电子商务与物流的关系

在电子商务改变传统产业结构的同时，物流业也不可避免地受到了影响，电子商务与物流的关系日益紧密。一方面，可将物流视为电子商务的一个主要流程，是实物性电子商务的重要保证；另一方面，电子商务对物流活动产生了重大影响，物流的管理运作策略必然要做出调整以便满足电子商务发展的需求。

（一）物流对电子商务的影响

随着电子商务的进一步推广与应用，物流的重要性和所产生的影响日益显著。具体包括如下四个方面：

1. 物流是电子商务的主要组成部分

在电子商务活动中，物流作为整个交易的最后一个环节，其执行结果的好坏将对电子交易的成败起着十分重要的作用。电子商务下的任何一笔交易都包含商流、资金流、信息流和物流，电子商务交易的实现需这"四流"的协调与整合。在网络化时代，虽然一些电子出版物、信息咨询服务、软件、音像制品等少数商品可以直接通过网络传输方式进行配送，然而绝大多数商品仍然需要通过专用的运输装卸工具来完成实体的转移。因此，现代化的物流过程是电子商务活动必不可少的重要组成部分。

2. 物流能提高电子商务的效率和效益

电子商务通过快捷、高效的信息处理手段能够比较容易地解决信息流、商流和资金流的问题，可以将商品及时配送到客户手中，即完成商品的空间转移，标志着电子商务全过程的结束。因此，物流系统的效率高低是决定电子商务成功与否的关键。只有高效率的物流系统，才有高效率的电子商务，才能支持电子商务的快速发展。

3. 物流是实现电子商务的可靠保证

物流作为电子商务的重要组成部分，是实现电子商务的可靠保证。无论在传统商务环境下还是在电子商务环境下，生产的顺利进行都需要物流活动的支持。物流是电子商务实现"以客户为中心"的最终保证，缺少了现代化的物流技术，电子商务给消费者带来的购物便捷将消失，消费者必然会转向他们认为更安全的传统商务方式，那网上购物就没有存在的必要了。

4. 物流是电子商务企业实现盈利的主要环节

良好的物流管理可以大大降低企业的成本。在传统的商品成本中，物流成本可以占到商品总价的 30%～50%。对于电子商务企业来说也不例外，电子商务节约的只是交易时间和交易成本，它与传统企业一样离不开物流配送，而现代物流则可以大大降低企业耗费在该部分的成本。

（二）电子商务对物流的影响

电子商务作为一种新兴的商务活动，为物流创造了一个虚拟运作空间。电子商务的发展给物流的运作方式、技术发展水平等方面都带来了一系列影响。

1. 电子商务将改变物流的运作方式

电子商务可以使物流实现网络实时控制。传统物流活动都是以商流为中心的，物流紧紧伴随着商流来运作。而在电子商务环境下，物流运作是以信息为中心，信息不仅决定了物流的运作方向，而且也决定着电子商务的运作方式。在实际运作过程中，通过网络上的信息传递，可以有效对物流进行实时控制，使物流合理化，而且网络对物流的实时控制贯穿整个物流系统。例如，在实施计算机管理的物流中心或仓储企业中，计算机管理信息系统大都是以企业自身为中心来管理物流的；而在电子商务时代，由于网络全球化的特点，物流在全球范围内实施整体的实时控制。

2. 电子商务将改变物流企业的经营形态和竞争状态

电子商务将改变物流企业对物流的组织和管理。在传统经济条件下，物流往往是由某一企业进行组织和管理的，而在电子商务环境下，则需要物流从社会的角度来实行系统的组织和管理，以打破传统物流分散的状态。这就要求企业在组织物流的过程中，不仅要考虑本企业的物流组织管理，还要考虑全社会的整体系统。而且，电子商务将改变物流企业的竞争状态。在电子商务时代，要求物流企业应相互联合起来，形成一种协同竞争的状态，以实现物流的高效化、合理化和系统化。

3. 电子商务将促进物流基础设施的改善和物流管理与技术水平的提高

首先，电子商务将促进物流基础设施的改善。电子商务高效率和全球性的特点要求物流也必须达到这一目标，而物流要达到这一目标，良好的交通运输网络和通信网络等基础设施则是最基本的保证。其次，电子商务将促进物流技术的进步。物流技术主要包括物流硬技术和物流软技术；从物流环节来考察，物流技术包括运输技术、保管技术、装卸技术、包装技术等。物流技术水平的高低是决定物流效率高低的重要因素，建立适应电子商务运作的高效率的物流系统、对加快提高物流技术水平意义重大。最后，电子商务将促进物流管理水平的提高。物流管理水平的高低直接决定和影响着物流效率的高低，也影响着电子商务高效率优势的发挥和实现问题。只有提高物流的管理水平，建立科学、合理的管理制度，将科学的管理手段和方法应用于物流管理中，才能确保物流的畅通，实现物流的合理化和高效化，促进电子商务的发展。

4. 电子商务对物流人才提出了更高的要求

电子商务对传统物流提出了巨大挑战，电子商务要求网络营销与物流业实际发展相对接，将网络经济知识与物流知识相联系，从而找到适应电子商务发展需求的物流方案。因此，电子商务要求物流管理人员不仅具有较高的物流管理水平，还要具有较丰富的电子商务知识，并能在实际的运作过程中有效地将二者有机地结合在一起，这就需要一大批既擅长网络营销又精通现代物流知识的复合型的高级专门人才。

三、电商物流的主要模式

电商物流是基于互联网技术，旨在创造性地推动物流行业发展的新商业模式。电商物流致力于将众多具有物流需求的货主企业和提供物流服务的物流公司吸引到一起，提供中立、诚信、自由的网上物流交易市场，帮助物流供需双方高效达成交易。结合电商物流发展的实际情况，可将其主要模式分为自建物流、第三方物流、物流联盟和第四方物流四种模式。

（一）自建物流模式

自建物流模式是指企业自行投资组建物流仓储设施，参与物流网络建设，并不断更新物流设备，招聘物流从业人员的物流模式。自建物流模式可以实现从订单形成到配送售后的全程掌控，比较适合资金实力雄厚的企业。自建物流具体的运作模式如图4-1所示。

对于那些资金实力较为雄厚的企业来说，选择自建物流有利于保证订单配送的及时性和准确性，确保顾客服务质量，提高顾客的满意度，有利于维系企业与顾客之间的长期关系。而且，企业可以参与到整个物流运作流程，物流的可控性更高，并易于与其他环节密切配合，使企业的供应链更好地保持协调、简洁与稳定，也加快了资金的周转和流通速度。经过选拔培养的物流工作人员在配送过程中也无形地树立了专业可靠的企业形象，增强了企业的软实力。但是，自建物流也存在一些不足，其投入非常大，投资回收周期长，对没有稳定投资的企业来说，自建物流存在很大的风险。由于我国地域广阔，要通过自建物流网点实现全国范围的覆盖需要投入大量资金，这种高昂的成本会导致企业在核心业务上资金紧张。同时，物流活动人员的增多还增加了企业管理的难度。而物流业务需要独立核算，这也导致物流效益的评估难度更大。

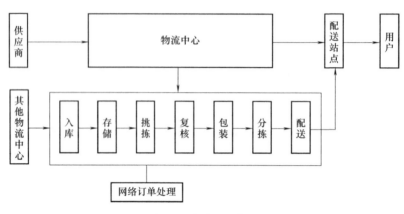

图 4-1　自建物流模式

（二）第三方物流模式

第三方物流（Third-Party Logistics，3PL/TPL），又称为外包物流，是指企业将物流活动外包给专业物流配送公司的物流模式。第三方物流企业独立于交易双方，是连接商家与消费者的桥梁，如图 4-2 所示。

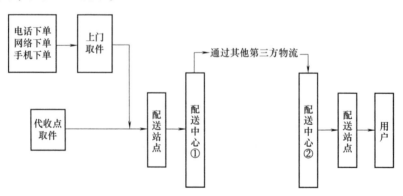

图 4-2　第三方物流模式

第三方物流是物流专业化的重要形式，其发展程度体现了一个国家或地区物流产业发展的整体水平。第三方物流企业作为专门从事物流工作的企业，拥有专门从事物流运作的专家，有利于确保企业的专业化生产，降低费用，提高企业的物流水平。企业采用第三方物流模式，有利于减少企业在物流固定资产方面的投入，将资金、技术等投放在企业的核心业务上，提高企业的经营效率。依靠专业化的物流公司，企业可以为客户提供个性化的增值物流服务，由此提高物流服务的客户满意度。第三方物流模式也存在某些劣势。首先，由于企业缺席了完整的物流流程，难以对物流职能形成直接的控制力；其次，物流服务质量完全取决于第三方物流企业，存在合作风险；第三，信息安全难以得到保障，客户信息很容易泄露，进而影响企业形象。

我国第三方物流企业一般是具有一定规模的物流设施设备（库房、站台、车辆等）及专业经验、服务技能的，经营批发、储运或其他物流业务的企业。不同的企业可以根据自身实力、产品属性与客户服务要求等选择合适的第三方物流企业进行合作。例如，国内B2C电商合作的第三方物流企业有"顺丰""四通一达""天天""中国邮政速递"等。第三方物流企业在谋求长远发展时可以考虑协同发展、优势互补。

（三）物流联盟模式

物流联盟是制造业、销售企业、物流企业基于正式的协议而建立的一种物流合作关系。参加联盟的企业汇集、交换或统一物流资源以谋取共同利益，同时，合作企业仍保持各自的独立性。从这个意义上说，物流联盟是一种战略联盟，是优势互补、利益共享的有机体，是一种介于自营物流与第三方物流之间的组织形式。

按照不同的分类标准，物流联盟可以划分为不同的形式。根据组织结构的不同，物流联盟可以划分为股权式物流联盟和契约式物流联盟。根据组成成员的不同，物流联盟可以划分为纵向一体化联盟、横向一体化联盟和混合联盟。根据合作的主导企业的不同，还可以将物流联盟划分为以下三种主要的类型：

① 以第三方企业为主导，如以蜂鸟联盟为代表的物流联盟。

② 以电商企业为主导，如以菜鸟物流为代表的物流联盟。

③ 以生产型企业为主导，如以苏宁与国美联合为代表的物流联盟。

例如，以电商企业为主导的物流联盟——菜鸟网络，其物流运作模式如图4-3所示。

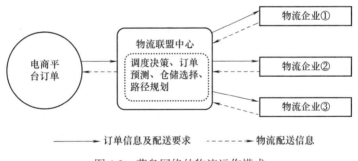

图4-3　菜鸟网络的物流运作模式

物流联盟为了达到比单独从事物流活动更好的效果，在企业间形成了相互信任、共担风险、共享收益的物流伙伴关系。物流联盟的优势主要体现在以下几个方面：物流联盟可以借助数据平台以最快速度对电子商务订单做出反应，提高配送效率；实现物流基础设施资源的互补，减少重复投资，降低物流成本；扩大区域覆盖范围，并通过多家第三方物流企业的业务覆盖能力，进一步完善全国物流网络体系；利用信息技术优势实现对物流动态的实时追踪，联盟伙伴数据库、物流需求信息等系统互联与信息共享。

但是，由于目前我国的物流联盟模式仍处于起步阶段，探索中也遇到一些问题：利益分配问题容易引起合作风险，选择长期且稳定的联盟对象比较困难；联盟成员之间的信息存在不对称的情况，信息化水平仍待提升，联盟中的控制权竞争激烈等。

选择物流联盟伙伴时，要注意物流服务提供商的种类及其经营策略。一般可根据物流企业服务的范围大小和物流功能的整合程度这两个标准，确定物流企业的类型。物流服务的范围主要是指业务服务区域的广度、运送方式的多样性、保管和流通加工等附加服务的广度。物流功能的整合程度是指企业自身所拥有的提供物流服务所必要的物流功能的多少，必要的物流功能是指包括基本的运输功能在内的经营管理、集配、配送、流通加工、信息、企划、战术、战略等各种功能。一般来说，组成物流联盟的企业之间具有很强的相互依赖性，联盟企业应明确自身在联盟中的优势及扮演的角色，减少内部的对抗和冲突，将注意力集中于提供客户指定的服务上，进而提高联盟企业的竞争能力和竞争效率，并满足企业跨地区、全方位物流服务的要求。

（四）第四方物流模式

美国埃森哲公司在 1998 年率先提出了第四方物流（Fourth Party Logistics，4PL）的概念，认为"第四方物流供应商是一个供应链的集成商，它对公司内部和具有互补性的服务供应商所拥有的不同资源、能力和技术进行整合和管理，提供一整套的供应链解决方案"。可见，第四方物流供应商主要从事物流咨询服务，它不需要从事具体的物流活动，更不用建设物流基础设施，只是通过拥有的信息技术、整合能力以及其他资源，为物流企业提供物流系统的分析和诊断，或提供物流系统优化和设计方案等，并以此获取一定的利润。

第四方物流整合了不同第三方物流企业在物流流程上的优势，是第三方物流发展到高级阶段的产物。第四方物流存在以下三种可能的角色：

① 协助提高者：第四方物流为第三方物流工作，并提供第三方物流缺少的技术和战略技能。

② 方案集成商：第四方物流为货主服务，是所有第三方物流提供商及其他提供商联系的中心。

③ 产业革新者：第四方物流通过对同步与协作的关注，为众多的产业成员运作供应链。

第四方物流无论定位于哪一种角色，都突破了单纯发展第三方物流的局限性，能真正地低成本运作，实现最大范围的资源整合。第三方物流缺乏跨越整个供应链运作以及真正整合供应链流程所需的战略专业技术，而第四方物流可以不受约束地将每一个领域的最佳物流提供商组合起来，为客户提供最佳的增值物流服务，进而形成最优物流方案或供应链管理方案。在电子商务环境下，第四方物流的运作模式如图 4-4 所示。

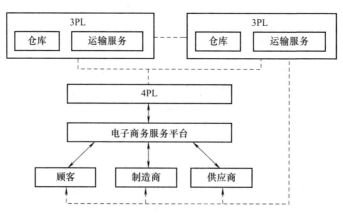

图 4-4　电子商务环境下的第四方物流运作模式

第四方物流是以优化供应链物流服务为出发点，提供物流解决方案的物流模式。第四方物流公司以其知识、智力、信息和经验为资本，为物流客户提供一整套的物流系统咨询服务。通过发展第四方物流，企业可以大大减少在物流设施（如仓库、配送中心、车队、物流服务网点等）方面的资本投入，减少资金占用，加快资金周转速度，降低投资风险。此外，第四方物流还有助于降低库存管理及仓储成本。第四方物流公司通过其卓越的供应链管理和运作能力，可以实现供应链"零库存"的目标，为供应链上的所有企业降低仓储成本。同时，第四方物流还可以大大提高客户企业的库存管理水平，从而降低库存管理成本。此外，发展第四方物流还可以改善物流服务质量，提升企业形象。

但是，由于第四方物流在国内外仍处于起步阶段，规模较大的第四方物流企业还没有大量涌现出来，因此许多企业对第四方物流的发展仍持观望态度。目前，我国发展较好的第四方物流企业有安得物流、青岛日日顺集团、春宇供应链管理集团、海尔集团的全球供应链体系等。

自建物流、第三方物流、物流联盟、第四方物流是目前我国电子商务企业主要采用的四种物流运作模式，这四种模式各有不同的适应范围。在选择适合的物流配送模式时，电商企业应在斟酌各种物流模式的优劣之外，综合考虑企业自身的相关因素及所处的外部环境等来做出取舍。

第二节　电商物流服务质量的内涵

在电子商务中，物流企业一般会根据从事电子商务交易的双方企业或个人的需求，帮助客户在线下满足线上的需求。对于电子商务企业来说，物流的快慢和服务质量的好坏是衡量其线下交易的重要标尺和内容之一，因此电子商务物流服务可以帮助企业提高信誉、吸引客户和形成竞争力。

一、电商平台服务体系的构成

根据国家标准《电子商务平台服务质量评价与等级划分》（GB/T 31526—2015），电子商务平台的服务体系包括基础保障、交易过程服务和服务结果等，其体系结构如图4-5所示。

（一）基础保障

基础保障为交易双方的安全可信提供各种基础服务，主要包括：平台运营管理、顾客关系维护和交易安全保障。

1. 平台运营管理

为保证电子商务平台交易的正常进行，平台提供必要且可靠的基础环境和服务，主要包括：

① 技术性能：平台为保证电子商务交易的稳定运行所提供的软硬件环境的性能指标。

② 管理机制：平台为履行对消费者的承诺和维护正常的交易秩序所制定的管理条款和规章制度。

2. 顾客关系维护

为维持良好的顾客关系，平台提供与顾客交互相关的管理和技术方法，主要包括：

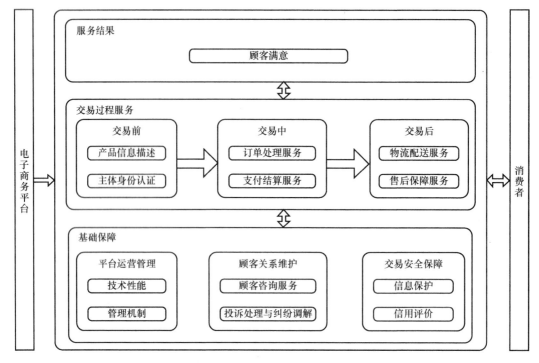

图 4-5　电子商务平台服务体系

资料来源：全国电子业务标准化技术委员会. 电子商务平台服务质量评价与等级划分：GB/T 31526—2015［S］.
北京：中国标准出版社，2015.

① 顾客咨询服务：平台为帮助顾客使用平台和顺利完成交易而为消费者提供的交互式支持服务。

② 投诉处理和纠纷调解：平台为处理顾客对产品或服务的不满意而提供问题处理方案和意见协调服务。

3. 交易安全保障

为保障电子商务交易安全，平台提供相关的保障措施，主要包括：

① 信息保护：平台对顾客的个人信息和交易信息进行保护。

② 信用评价：平台提供信用评价机制和信用评价系统，允许顾客对产品、平台（或平台上的卖家）和交易过程进行信用评价。

（二）交易过程服务

交易过程服务为交易双方的交易过程提供的各种服务，主要包括交易前服务、交易中服务和交易后服务。

1. 交易前服务

在交易前阶段，平台为顾客提供产品、卖家和平台的相关信息，主要包括：

① 产品信息描述：对平台上所发布产品的相关信息进行说明。

② 主体身份认证：平台提供的主体身份信息验证和披露服务。

2. 交易中服务

在交易中阶段，平台为顾客提供支持双方交易的相关服务，主要包括：

① 订单处理：平台为订单的提交、确认和取消提供相应的服务支持。

② 支付结算：平台为交易的支付、计算提供相应的服务。

3. 交易后服务

在交易后阶段，平台为交易中所做出的承诺开始履行相关责任，主要包括：

① 物流配送：订单确认后，平台为顾客提供的物流配送服务。

② 售后保障：产品售出后，平台为顾客提供的与所售产品相关的售后服务。

（三）服务结果

服务结果是顾客对电子商务平台服务质量的满意程度，即顾客满意度。

二、电商物流服务的内涵与分类

电子商务最大的特点在于商品商流与物流相分离，因此它突出强调通过准确、及时的物流信息对物流过程进行监督，以及一系列电子化、机械化工具的应用。在电子商务企业的交易中，不论其是自建物流还是依靠第三方物流，都是依靠物流配送过程中产生的信息流，把运输、仓储、配送等作业联系起来，并通过信息的及时流通和利用来提高电子商务交易的效率。

（一）电商物流服务的内涵

当前，我国电子商务企业经营产品的种类不同，其物流模式和目标客户也不尽相同，但通常情况下，电子商务的物流服务由两个作业系统完成，即信息作业和实体作业。信息作业主要强调电子商务中信息的作用。从对顾客订单的确认到将货物最后送达顾客手中的整个流程，都处于信息的监控中。信息作业主要包括顾客订单确认后处理产品的库存信息、货物及时配送信息、产品交付信息以及反馈退换货信息等一系列作业。而实体作业通常涉及产品的拣货、包装、仓储、配送等服务，其服务内容与传统的实体配送大体相同，且实体作业的开展是在信息作业的指导下进行的。产品物流配送的顺利完成是实体作业与信息作业共同作用的结果，两者相互配合，实体作业根据信息作业进行配送，信息作业又能及时反馈实体作业的信息，两者共同构成了电子商务物流服务。

（二）电商物流服务的分类

根据交易对象的不同，可将电子商务分为三种基本模式，即 B2B（企业对企业，Business to Business）、B2C（企业对消费者，Business to Consumer）和 C2C（消费者对消费者，Consumer to Consumer）。其中，B2B 和 C2C 两个模式中买卖双方都是同质的，或同为企业，或同为个人，交易时共同利用第三方电子商务交易平台，更能体现电商物流的特点。

在服务流程上，B2B 电商物流服务为电子商务供应链上的各节点企业提供从包装、装卸、运输到电子信息数据处理等综合一体化物流服务，并可以延伸到厂商内部，提供多种类型的增值服务。其服务流程如图 4-6 所示。

与 B2B 模式下电商物流服务模式不同，C2C 电子商务交易方一般与第三方物流公司进行合作，如中国邮政速递及一些民营快递企业等，其服务流程如图 4-7 所示。

根据物流服务内容、服务过程和服务要求等方面存在的差异，对 B2B 和 C2C 模式两种电商物流服务进行比较分析，详细情况见表 4-1。

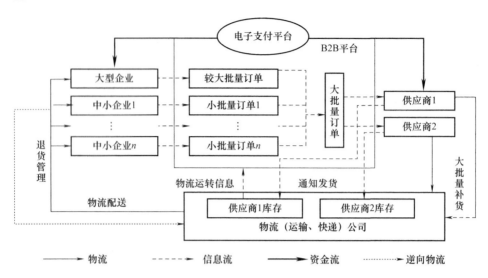

图 4-6　B2B 模式电商物流服务流程

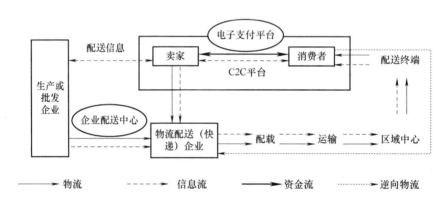

图 4-7　C2C 模式电商物流服务流程

表 4-1　B2B 和 C2C 模式电商物流服务的对比

物 流 服 务	B2B 模式	C2C 模式
总物流量	大	
服务内容	基本服务 + 增值服务	
服务特点	物流特点 + 电子商务特点	
服务范围	广	
服务模式	多采用第三方物流模式	
配送商品	以原材料、成品及半成品为主	以零售日用品为主
	种类较固定且较少	种类多
	大量或大批，少次	少量，多次
	体积大、重量大、包装大	体积小、重量轻、包装小
配送客户	批量订货的生产、批发企业等，客户区域固定，一般由其贸易伙伴组成	单件或少量订货的消费单位与个人，客户分布带有很大的随机性

（续）

物流服务	B2B 模式	C2C 模式
卖方	商家	个人（规模小、经营品种类少、环境控制能力差）
服务过程重点环节	长途运输	末端运输
服务要求	普适性较强，但是对服务的稳定、时速和规范以及技术要求高	服务个性化要求更强，对准确与安全诉求强，人性化的服务要求高
服务价格	敏感	影响较小

三、电商物流服务质量的含义及构成要素

电子商务主要由信息平台、支付平台和物流配送平台构成。电子商务可以通过快捷、高效的信息平台和支付平台实现信息交换和现金支付。物流配送平台作为三大支撑平台之一，是电子商务交易最后的重要环节。提高物流服务质量已经成为电子商务企业获得竞争优势的重要途径。在电子商务中，物流服务的首要任务是充分调动其物流能力，帮助电子商务企业取得比较优势。

（一）电商服务质量的提出

对于服务质量的研究已经流行了多年，但是直到近些年，这个概念才被运用到电子商务环境。电子商务环境下的服务质量与传统的服务质量在本质上有很大区别：传统的服务质量主要侧重于人与人之间面对面的接触，而电子商务环境下的服务质量则是人与网络技术平台的交流，电子商务实质上就是一种服务，简单地说就是技术与服务的结合。因此，电子商务具有多种质量属性，技术方面涉及软件、硬件和平台，服务方面则包含客户服务、物流服务等。

2000 年，美国学者泽丝曼尔（Zenithal）、帕拉苏拉曼（Parasuraman）和马尔霍特拉（Malhotra）在他们的论文中首次对电子商务服务质量给出了明确的定义，指出电子商务服务质量是网站使顾客能高效率地浏览查询、购物，以及为顾客配送产品或提供服务的便利程度。它是在互联网电子商务环境下消费者所感知和评价的服务质量，不仅包括对网站设计以及网站信息质量的感知和评价，还包括订货之后货物的配送、人员的沟通以及客户服务等各方面服务质量。由此可见，电子商务服务质量不仅具有服务产品的质量特性，还包含硬件产品和软件产品的质量特性。

（二）电商物流服务质量的含义和要素

电子商务领域的物流服务与传统的物流服务并不完全相同，其在实体配送和顾客营销的基础之上，更加注重信息作业的作用，即更加强调物流信息的作用。因此，电子商务物流服务质量可被视为顾客登录电子商务网站发生实际消费行为后，对电子商务企业的物流实体配送服务、顾客营销和信息服务的主观满意程度。从商家选择物流公司发货开始到货物送达顾客的过程中，货物能否准时完好送达、服务人员的服务水平以及消费者物流信息的保密程度，都是顾客物流服务质量评价的影响因素。在电商交易结束后，顾客对交易的物流服务水平的感知即为顾客认定的物流服务质量。

根据电子商务平台的服务特征，可将电商物流服务质量涉及的要素分为服务基础质

量、服务过程质量和服务结果质量三个方面。

1. 服务基础质量要素

服务基础质量要素是指支持电商物流服务实现的基础要素，如人员、设备、设施、环境等，这是服务实现的前提条件。电商平台服务基础质量要素主要包括平台设计、平台资源及平台形象。其中，平台设计主要是指网站的易用性，即客户易于操作交易流程，平台有足够的功能和友好的界面设计；平台资源主要是指平台提供的信息资源的广度及信息的更新频率；此外，平台用户的数量也直接影响平台资源的丰富程度；平台形象则通过平台文化、平台规章制度、人员专业素质、平台口碑等来描述。

2. 服务过程质量要素

服务过程质量要素是指客户与服务体系（服务人员与服务组织等）之间的互动过程，包括顾客对服务体系的主动服务过程和被动服务过程所形成的服务质量。电商平台服务过程质量要素主要通过服务平台的响应及客户参与来反映。响应性是指对用户的请求能快速响应，即数据、业务处理速度快，包括链接打开速度快、下载速度快等。响应性好表现为：客户可以方便地联系到平台的服务人员帮助解决问题，平台设置了多种与用户沟通及用户之间沟通的渠道，平台提供的定制化服务扩展能满足客户的个性化需求。

3. 服务结果质量要素

服务结果质量要素是指通过服务过程的运行而完成的服务结果和实现的服务效果，包括服务的完成结果和实现效果所形成的服务质量。电商平台服务结果质量要素主要包括可靠性、收益、成本及安全性。可靠性主要是指平台按时、准确地履行服务承诺的能力，包括服务履行的及时性、准确性等；收益包括功能收益及情感收益，前者是指所提供的服务在何种程度上实现了其预期目标，后者则是指用户接受服务后的愉悦感、感觉到其提供的服务很人性化等；成本包括客户接受服务所付出的费用等有形成本及其他无形成本；安全是交易的本质，同时客户信息的隐私性和保密程度是客户最关心的方面。

上述三个电商物流服务质量要素的关系为支持关系和逻辑关系，即服务基础质量要素支持服务过程和服务结果质量要素的实现，并通过服务过程的运行最终实现物流服务绩效。

第三节　电商物流服务质量的评价

电商物流服务质量评价是电商物流服务管理的重要组成部分。客观、真实、准确的评价，对电商物流服务质量的提高具有明确的导向作用，是电商提高物流服务水平、进一步促进电商物流发展的重要推动力。

一、电商物流服务质量评价的含义

在电子商务平台中，客户浏览产品、在线订货，并把资金支付给第三方平台。电子商务企业收到客户发来的订单，组织后台进行发货，然后进行物流配送服务。当然，这个物流配送服务的提供者可以是企业自身，也可以是社会第三方物流机构，但无论是谁提供配送服务，对于客户都是无差异的，客户最终感知物流服务质量的好坏与企业选取的第三方配送企业的物流服务质量密切相关。因此，需要对电商物流服务质量进行科学的认识与评价。

（一）电商物流服务质量评价的意义

电子商务的交易过程涉及网络安全、网上支付和物流服务三个方面，其发展是否良好对电子商务有重要的影响。而电子商务商流与物流分离的运作方式更加突出了物流服务评价的重要性。

1. 物流服务质量影响电商企业的竞争力

随着电子商务的发展，企业之间的竞争越来越激烈，电商企业在服务价格方面的竞争潜力越来越小，物流的柔性化、信息的及时性等方面逐渐成为决定电商物流企业竞争胜负的重要因素。由于电子商务的特征，电商领域的物流面对的是更加多样化和分散化的市场需求，因此只有顺应市场变化，提供多样化、个性化的商品服务，才能在激烈的竞争和市场变化中求得生存和发展。良好的物流服务质量有助于保持和提升客户的忠诚度和持久的满意度，也有助于提高电子商务企业和物流企业的竞争力。因此，物流服务质量评价就成为企业实行差别化经营战略的组成部分，是企业开展竞争的手段。

2. 物流服务质量是电商企业销售的保证

商流和物流是两类性质不同的经济活动。商流实现的是商品所有权的转移，而物流则完成商品实体的移动。对电商企业来说，没有物流就意味着交易无法实现。物流所提供的创造商品时间效用和空间效用的服务功能是促使电商企业销售得以顺利实现的重要保证。因此，良好的物流服务质量能够对电商企业的销售起到一定的促进作用。

（二）电商物流服务质量评价的内涵

从广义来说，电商物流服务质量不仅包括电子商务营销服务质量，还包括电子商务物流配送服务质量。就某一个电子商务企业而言，其配送体系可以自建（如苏宁易购、京东商城等），这就是所谓的垂直电商模式；也可以采取外包的形式（如淘宝网、天猫商城等），这就是所谓的电商平台模式。不论采用哪种配送体系，电商物流服务质量评价的核心是对其物流服务，即配送、运输、仓储、流通加工等一系列环节的服务质量进行评价。由于对电子商务营销服务质量的评价与营销策略、产品定位、细分市场等有着密切的关系，其涉及更多的是市场营销层面，因此，本节对电商物流服务质量的评价侧重从狭义角度，即对电子商务物流过程的服务质量进行评价。

二、电商物流服务质量的评价要素

近年来，电商物流服务质量评价要素的研究受到越来越多的关注，但由于电商物流服务质量的跨学科性和复杂性，其评价要素到目前为止尚未形成较为统一的方法和结论。由于对电商物流服务质量的评价本质上属于电商服务质量评价范畴的一部分，因此，可以借鉴电商服务质量评价要素的相关研究。

（一）e-SQ 差距分析模型

传统服务质量的评价主要的理论基础是帕拉苏拉曼和其同事泽丝曼尔和贝利于1985年建立的服务质量差距分析模型，又称为 PZB 模型（见图 1-3）。尽管电子商务环境与传统环境存在一定的差异，但两者在服务质量的特性方面仍然存在一定的相似性。泽丝曼尔、帕拉苏拉曼和马尔霍特拉（2002）在传统服务质量差距分析模型的基础上，针对顾客与公司在线沟通所存在的问题，又给出了电子商务环境下的服务质量（e-SQ）差距分析模型，如图 4-8 所示。

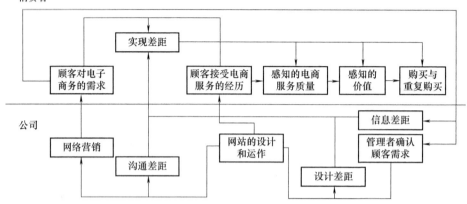

图 4-8　e-SQ 差距分析模型

资料来源：ZEITHAML V A, PARASURAMAN A, MALHOTRA A. Service quality delivery through web sites: a critical review of extant knowledge [J]. Journal of the Academy of Marketing Science, 2002, 30 (4): 362-375.

在图 4-8 中，横线以上的部分与顾客有关，主要描述了顾客对服务质量的评价以及该评价所能产生的结果。首先，顾客对电商服务产生需求。其次，企业根据这些需求相应地设计服务平台，即网站，并通过网站提供服务且与顾客进行互动，最终令顾客满意并促使其购买或重复购买电子服务。在这个过程中，顾客在线的服务经历直接影响其所感知的 e-SQ。如果顾客的在线服务经历是满意愉快的，其所感知的 e-SQ 就很高，进而感知的服务价值就很大，这将促使顾客购买或重复购买服务。横线之下的部分与公司（即服务的提供者）有关，分析了哪些方面的原因导致了较低的 e-SQ，其中信息、设计、沟通三个方面存在的差距能够在网站设计、运作及市场定位等诸多方面表现出来，产生顾客层面的"实现差距"，而"实现差距"对顾客感知 e-SQ 和重复购买行为有一定的影响。

1. 信息差距

信息差距主要反映了顾客对电商服务的需求与管理者对这种需求的准确感知存在一定的差距。产生信息差距的主要原因是，企业所进行的市场调研不充分，从而导致获取的顾客对电商服务需求方面的信息不准确；或者是由于管理人员缺乏对顾客期望的电商服务所具备的特征的准确理解。

2. 设计差距

网站是企业提供电商服务的平台，顾客通过这一平台与企业积极互动。然而，即使企业拥有完全准确的信息（即不存在信息差距），这种信息也往往无法完全体现在网站的设计和功能上。这就导致了设计差距的产生。产生这一差距的原因主要有：资源限制导致缺乏提供高质量电商服务的能力，高层管理者对服务质量不够重视，企业内部没有树立明确的质量目标，企业缺乏一支高素质的员工队伍等。

3. 沟通差距

沟通差距主要是由于公司内不同部门的员工缺乏沟通所造成的，主要表现在两个方面：一方面，设计人员缺乏对网络营销的认识，在网站功能、网站内容，以及对顾客关系与顾客服务的理解存在不足，在线服务手段比较欠缺，顾客关系建设较为薄弱；另一方面，由于营销人员对网站的特征、基础设施建设能力和局限性缺乏正确的认识，易造成单方面向顾客做出不准确或夸大的承诺，而网站的运作功能却难以实现，两者的不统一大大影响了顾客所感知的电商服务质量。

4. 实现差距

实现差距出现在顾客层面上，反映了顾客期望与顾客经历之间存在的总差距。除非信息差距、设计差距和沟通差距得到消除，否则总会或多或少地存在实现差距，进而影响顾客对服务质量的感知和对电子服务的评价。同时，还需要特别注意实现差距所产生的后果。实现差距是影响顾客对电子服务感知质量、感知价值以及购买与重复购买行为的重要因素。当顾客所体验的服务质量远低于他们所期望的服务质量时，将出现不良的口头宣传，影响公司形象，进而影响公司盈利。当顾客所体验的服务接近或适当高于他们所期望的服务时，将会产生积极的效果。

（二）电商服务质量的评价要素

近年来，学术界对电商服务质量的评价要素及维度进行了深入研究，积累了一定的研究成果。其中，最具代表性的是经典服务质量量表 SERVQUAL 的提出者帕拉苏拉曼和泽丝曼尔等学者的研究。2000 年，帕拉苏拉曼、泽丝曼尔和马尔霍特拉在对电子服务质量进行准确界定后，提出了电商服务质量（e-SQ）量表。它被用来确定顾客在购物与付费过程中所遇到的每个在线服务属性，是评价电子商务网站服务质量的基本且有效的工具。该模型共包含 11 个评价维度，分别为：可靠性、响应性、可得性、弹性、导航、效率、保证性/信任、安全/隐私、价格、网站美学及个性化。2005 年，帕拉苏拉曼、泽丝曼尔和马尔霍特拉又进一步改进和测试了 e-SQ 量表，并命名为 E-S-QUAL 量表，具体包括两个分量表：一个是核心服务质量量表，主要针对没有出现服务失败的情况下，对电商服务质量的评价，具体包括效率、可靠性、实现性、隐私性 4 个维度；另一个是恢复服务质量量表，主要是针对出现服务失败而进行补救的情况，包括响应性、接触性和补偿性 3 个评价维度。该量表已成为评价电商服务质量应用最为广泛的模型。

根据现有的电商服务质量评价维度的相关研究，可将电商服务质量的评价要素分为传统评价要素和电子商务评价要素两个方面。传统评价要素主要包括有形性、可靠性、反应性、保证性和移情性等因素，也就是 SERVQUAL 模型的评价维度；电子商务评价要素主要包括易用性、安全性、定制化、个性化、响应性等因素。传统的评价要素与电子商务评价要素共同组成了电商服务质量的评价要素，如图 4-9 所示。

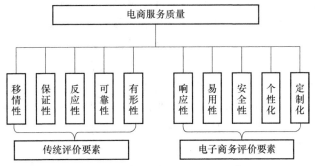

图 4-9 电商服务质量的评价要素

资料来源：陈静，沈丽，王超 . 电子商务质量管理 ［M］. 北京：中国财富出版社，2017：120.

1. 传统评价要素

传统评价要素主要包括有形性、可靠性、反应性、保证性、移情性。

有形性包括服务的实体凭证、服务设施、设备、人员，还有用于服务的工具、设备，以及服务中与顾客的实体接触。

可靠性是指服务企业可靠、准确地履行所保证的服务的能力。这意味着服务企业一次服务到位，也意味着服务企业兑现其所有的保证、达到约定质量水平的能力。

反应性表示服务人员主动及时地提供服务，包括服务的主动性和及时性，如提供快速的服务，及时自动自发地帮助顾客，为顾客提供迅速便捷的服务等。

保证性与服务人员的知识、能力、言谈举止有关，也与他们传递信任和信心的能力有关。所谓能力，是指服务人员拥有必需的技能和知识来履行服务，包括与顾客直接接触的服务人员表现得礼貌、尊重、得体和友好，还包括服务人员的诚信、可信性和专业的表现。

移情性表现为对顾客的关心和细致入微的个体关怀，包括与服务的可接近性和便捷性，还包括服务人员努力去了解顾客和顾客的需求。

2. 电子商务评价要素

电子商务评价要素主要包括易用性、安全性、定制化、个性化、响应性。

易用性是指能够提供易于使用的服务。顾客能感知到使用电子商务网站所需花费精力的多少。易学易用的浏览系统可以让顾客快速上手，更迅速地找到想要的信息，减少搜寻时间。电子商务网站的易用性有利于建立顾客对网站商家的信任。

安全性是指在电子商务服务中能够向客户提供安全的、不被欺诈的服务。安全性包括交易安全和个人信息安全两个方面。

（1）交易安全方面。顾客首先考虑的是在电子商务网站购物的安全性。与传统的实体商店相比，顾客与网站交易会遇到实体商店所不存在的麻烦或困扰，如支付安全、商家欺诈等，这易于使顾客对网站交易安全产生信任危机，因此，电子商务企业必须采取相关保证措施，确保网络交易的安全。

（2）个人信息安全方面。电子商务环境下的客户关系管理必须借助大量的个人信息才能得以落实。然而，顾客出于个人隐私考虑，通常不愿意提供其个人信息。因此，电子商务企业应当通过加强对消费者隐私的保护来赢得消费者的信任。

定制化和个性化是指电子商务企业是否能为客户提供可以定制的网站。客户在浏览电子商务企业的网站时，可以通过定制仅浏览自己感兴趣的信息，降低冗余信息浏览的时间和精力消耗。此外，使用个性化的电子商务网站，顾客可以在浏览一种感兴趣的商品的同时，得到相关商品信息的推送，便于顾客对商品进行比较和筛选。

响应性是指服务人员帮助顾客并提供适当服务的意愿。快速响应可以使顾客不会等待太久，从而造成不必要的负面效应。当服务失败时，电子商务企业的服务人员如能以专业的精神迅速地恢复服务，便可以使顾客产生非常积极的质量意识。因而，电子商务服务的各个环节中都应提高服务水平，以便快速响应顾客的需求。

（三）电商物流服务质量的评价维度

基于电商物流服务的重要性日益提升，近年来，学术界在电商服务质量研究的基础上，对电商物流服务质量的评价维度也进行了一定的探索。

曲慧梅（2014）认为，电商物流质量既有客观的属性，又有消费者主观属性。为此，她采用行业专家打分与消费者实验的方法，基于淘宝电商平台数据，确定电商物流服务质量包括可靠性、时效性、灵活性、经济性4个评价维度。

梅虎、林玲霞、马子程（2015）在借鉴及整合已有（电商）物流服务质量评价指标体系和SERVQUAL模型的基础上，将电商物流服务质量分为响应性、安全性、可得性、准确性和亲和性5个维度。

邱钰颖、马永慧、姜鑫海（2017）通过对我国电商物流服务现状进行实地调研，并在SERVQUAL量表的基础上提出了电商物流服务质量评价的6个维度，分别是：

1）有形性（Tangibles），指有形的设施、设备、人员和通信器材。电商企业通过有形的外在形象来为顾客提供更好的服务体验。

2）可靠性（Reliability），指可靠的、准确的履行服务承诺的能力。电商企业基于可靠获得顾客的信任。

3）响应性（Responsiveness），指帮助顾客迅速提供服务的愿望，减少顾客等待时间。

4）保证性（Assurance），指员工表达出的自信与可信的能力。保证性包括如下特征：完成服务的能力、对顾客的礼貌和尊敬、与顾客有效的沟通、将顾客最关心的事放在心上的态度。

5）移情性（Empathy），指设身处地地为顾客着想和对顾客给予特别的关注及关心，并为顾客提供个性化服务。

6）单向准确性（Unidirectional Accuracy），指为顾客提供准确的信息并且为顾客的个人信息保密。包括正确并及时地发送物流信息、在货物运输过程中不泄露顾客信息等。

可见，邱钰颖等人（2017）提出的电商服务质量评价维度是在保留SERVQUAL量表中有形性、可靠性、响应性、保证性、移情性5个维度的基础上，增加了一个反映物流信息准确性与保密性的评价维度——单向准确性。

吴芳芳、梁雯、潘蕊（2018）在LSQ模型和SERVQUAL量表基础上，通过对小城镇电商消费者物流感知服务质量的调查，提出了小城镇电商物流服务质量的评价维度，具体包括时间性、方便性、可靠性、经济性、关怀性5个要素。

总体来看，学术界目前对电商物流服务质量评价维度或要素的研究仍处于探索和起步阶段，多数研究均以SERVQUAL量表为基础，再针对电子商务环境对其进行适当的改进及调整。将SERVQUAL量表应用于电商物流服务评价中，通过不断地完善和修改后进行评估，具有较好的可行性，但也存在一定的局限性。由于物流服务水平由顾客的感知和期望的差距决定，大多取决于顾客的主观评价，因此客观性较弱。

三、电商物流服务质量的评价模型

电商物流服务质量评价不同于一般的服务质量评价，它是专门针对电子交易时的物流服务质量进行综合评价。但它同时也属于服务质量评价的范畴，需要采用科学的方法对电商物流服务质量进行调查、分析、测定，并直观地反映评价对象的总体服务水平。根据电商物流服务的特性，可以借鉴SERVQUAL量表和LSQ模型，从4个方面建立对电商物流服务质量的评价模型和维度。首先是可靠性，即能否让客户放心地将线下交易托付给物流企业，并具备顺利完成物流任务的能力。第二是便利性，有些物流企业在工作时手续复杂，不仅影响了时间价值，而且容易造成客户不满意。第三是关怀性，也就是在物流的各个环节中能否发扬对用户的各种人文关怀，并且满足客户的个性化要求。最后一个指标是响应性，主要是物流工作者对客户要求的响应和满足是否及时。

根据电商物流服务的分类，电商物流服务质量的评价模型可以分为 B2B 电商物流服务质量评价模型和 C2C 电商物流服务质量评价模型（B2C 可参照 C2C）。

（一）B2B 电商物流服务质量评价模型

B2B 电子商务企业建立物流服务可靠性指标时，应该注意交易和服务的完整性、准确性和及时性。由于是企业之间的电子商务交易，通常交易量大、运输线路长、交易商品贵重等，因此物流的规范性、安全性也体现在评价指标内。在评价便利性指标维度时，要充分考虑物流企业的集散点能否完整地覆盖交易所涵盖的范围，应保证实现门到门、点到点的物流，并且建立物流信息网络，利用短信、电话、邮件和即时聊天工具进行实时跟踪；除此之外，还要注意增值服务，如退换货等。在 B2B 中，响应性维度要求很高，由于物流量大而复杂，因此能否及时有效地处理异常情况和事故就很重要。关怀性维度主要关系到物流企业能否维系电子商务企业的良好形象，以及合作能否持续下去。根据上述分析，可得出 B2B 电商物流服务质量的评价模型及主要评价指标，如图 4-10 所示。

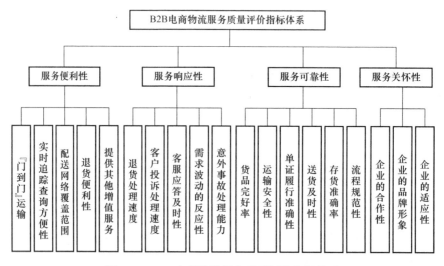

图 4-10　B2B 电商物流服务质量评价指标体系

资料来源：王晓华，姬静．不同模式下电子商务物流服务质量评价研究［J］．物流技术，2014，33（2）：39-41.

（二）C2C 电商物流服务质量评价模型

C2C 电子商务企业建立物流服务质量评价指标时，可靠性维度首先关注的也是完整性、及时性和准确性，由于用户变动大，还需要考虑价格、退换货、成本和效益等多个因素以及物流企业能否可靠应对，并提出双方都可以接受的服务和成本，尤其要注意价格因素。在便利性维度上，以淘宝网为例，用户有可能提出退换货要求，因此能否合理分布物流集散点以满足客户的需求是 C2C 物流便利性的重要工作，另外，货到付款也是重要的要求。在响应性维度方面，主要是能否通过各种信息系统及时通知交易双方，以及丢失或损坏货物的应急处理能力；关怀性维度更多地考虑通过直接接触物流服务人员，客户能否体会到其中的关怀等。根据上述分析，可得出 C2C 电商物流服务质量评价模型及其指标体系，如图 4-11 所示。

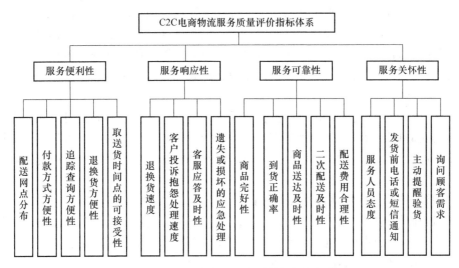

图 4-11　C2C 电商物流服务质量评价指标体系

资料来源：王晓华，姬静. 不同模式下电子商务物流服务质量评价研究［J］. 物流技术，2014，33（2）：39-41.

从上述电商物流服务质量评价模型可以看出，在 B2B 和 C2C 两种模式下，电子商务物流服务质量的评价指标体系均包含三个层次：目标层、准则层和指标层。由于 B2B 和 C2C 两种模式的电商物流服务并不完全相同，因此两种模式的评价目标层也是不相同的，但都是以便利性、可靠性、响应性和关怀性这四个维度作为标准进行评价的，而在每个维度下的具体评价指标会存在差异。

第四节　电商物流服务质量管理的关键因素与协同创新

有效的管理是电商物流服务质量提升及改进最为关键的一环。通过对电商物流服务质量的评价分析，可以明确电商物流服务质量的主要影响因素。在此基础上，如何对电商物流服务质量进行管理就显得至关重要。不仅要把握电商物流服务质量管理的关键因素，还应采取有效策略建立物流服务供应链协同平台，并通过不断的创新提高电商物流服务质量的管理水平，最终实现对电商服务的全面质量管理。

一、电商物流服务质量管理的关键因素

根据电商物流服务质量评价要素，电子商务企业应重点从如下方面实施物流服务质量管理。

（一）提高电商平台物流服务的可靠性和信息性

有关研究表明，电子商务平台物流服务质量的可靠性、信息性对顾客忠诚度的作用最大。这表明，消费者最为看重电子商务平台准确、完好、可靠地实施物流服务，并能快速准确地反馈相关物流信息。针对顾客这一方面的要求，电子商务企业应做好如下管理

工作。

对于自建物流的电子商务平台，应尽力加快自建物流体系，建立起具有支撑作用的物流服务体系，提高运营管理水平和层次，保证物流活动各衔接环节有效协作。同时，借助网络管理平台，实现服务过程的在线跟踪管理，以大幅度提高可靠性，并提升信息性。对于依靠三方物流的电子商务平台，应选择可靠的三方物流企业建立战略合作关系，优化物流服务功能，在入驻平台商家和三方物流企业之间起到衔接作用，保障物流服务质量及其水平，提高可靠性。

加强平台网页功能优化，保障物流信息系统的支持，不仅要做到信息充足、及时、准确，还要建立适时反馈系统，做到能够迅速地响应消费者需求。为此，可建立物流服务信息数据库，将常见问题入库，采取自动回应；非常规问题采取人工回应，以此提高对消费者需求的响应速度，提升信息性。

（二）提升电商平台物流服务的时效性

在我国当前的电子商务交易中，消费者日益重视电子商务平台物流服务的时间和速度。多数消费者都希望能尽量缩短物流时间，及时有效地解决物流问题，对配送速度、物流跟踪、客户服务等方面提出了越来越高的要求。因此，对于电子商务平台来说，提供快捷、有效的服务，对顾客提出的需求及处理问题能够较快地响应，有助于帮助其形成顾客忠诚。

针对顾客这一方面需求，电子商务企业应做好以下管理工作：对于自建物流的电子商务平台，应对物流体系进行科学规划和定位，并对自建物流点进行合理布局。采取与三方物流企业进行战略合作的方式，补充自建物流点无法覆盖的地方，达到自建与三方统筹联通，采取混合物流的模式，快速提高物流速度，提升时间性。对于采用第三方物流的电子商务平台来说，应根据区域物流的优劣势进行多方战略联盟，选取多个三方物流企业，不同的区域选择优势最大的物流企业，提升物流响应速度。

（三）改善电商平台物流服务的灵活性

随着电子商务的不断发展，消费者期待电子商务平台能够提供更多的方式，满足对物流服务不同程度、不同方式的需求。这就要求电子商务物流企业采用更灵活的方式，尽可能地为消费者提供定制化服务，尽量满足消费者的需求。

针对顾客在这方面的需求，可采取如下管理对策：对于自建物流的电子商务平台，依托物流布局对收发货点进行布局，以放置自助收发柜等方式满足消费者时间上的绝对自由及地点上的相对自由，从而在一定程度上满足消费者对灵活性的需求。在自建物流未能覆盖到的区域，可选择第三方物流企业进行战略合作，并根据区域物流的优劣势进行多方战略联盟，选取多个第三方物流企业，依据不同的区域选择优势最大的物流企业，尽量满足消费者不同程度的需求。

（四）丰富电商物流服务中的移情性

无论电商自建物流还是外包给第三方物流企业，消费者对物流服务的认识都会直接或间接地最终转化为对电商网站的评价，因此，物流从业人员的态度、与消费者的交流以及退换货物流服务的人性化等，都会对电子商务物流服务质量产生重要的影响。为此，电子商务企业需要做好以下几个方面：第一，移情性决定了是否让顾客在服务过程中获得身心愉悦的体验，也和服务工作及工作态度息息相关，因此，企业应形成良好的组织氛围，倡导员工之间相互协作，在相互理解的基础上达到上下级信任，从而以和谐、友好的工作态度为客户提供亲和性的服务；第二，通过建立标准加强监管，逐步完善服务标准化，加强员工个人工作能力培训，特别是要加强独立解决问题的能力，遇到意想不到的情况可以冷静地处理所有客户投诉，并及时给予反馈，改善工作不足；第三，应招聘积极的、负责任的客服员工，加强客服人员的服务意识，确保及时回应客户的问题。

二、电商物流服务质量管理的协同创新

德国著名物理学家赫尔曼·哈肯（Hermann Haken）于 20 世纪 70 年代创立了协同学，揭示了复杂的、开放的系统内各子系统通过非线性的相互作用产生协同效应，促使系统从混沌向有序、从低级有序向高级有序演变的一般规律。借鉴哈肯的协同论思想，形成电商与物流企业的供应链协同机制，有助于提升电商物流服务质量。

（一）电商物流服务供应链的激励机制

电商平台与物流企业之间存在着天然的互利互惠、共生共赢的合作伙伴关系，但各方面的原因又会导致双方在协同合作中出现各种困局。其中，影响物流服务供应链协同的主要因素是信息共享程度和合作伙伴关系的忠诚度，而且这两个因素相互影响、相互作用。供应链中合作伙伴的忠诚度提高后，委托-代理关系中不对称信息的阻碍会得到拆除，并最终形成信息共享；信息共享后又有利于双方合作伙伴忠诚度的提升。然而，物流服务供应链协同效益的获得并不能一蹴而就，还必须建立供应链协同激励机制，才能够促进系统的有效协同。电商物流服务供应链的协同目标、激励机制、节点企业行为规范构成了供应链协同运作组成部分，并且通过信息共享把这三者连接在了一起，形成了一个完整的、动态的物流服务供应链激励机制闭环模型（见图4-12）。

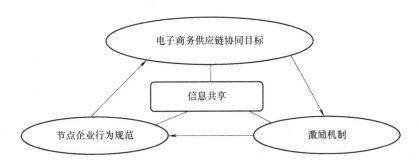

图 4-12　电商物流服务供应链激励机制模型

物流服务供应链的协同很大程度上取决于节点企业间的信息共享程度。只有实现信息共享，才能促进物流服务供应链快速、高效地反映市场需求变化，提高供应链的整体运营效率，才能给予客户高质量的电子商务体验。然而，信息共享的实现不仅要求物流服务供应链节点企业建立良好的合作伙伴关系，还要平衡节点企业的成本、风险和收益。物流公司只有在获得的经济利益与所承担的成本与风险相匹配或有收益的结果下，才有可能将自然获取的不对称信息积极、主动地与电商企业实现信息共享。因此，作为委托人的电商企业必须设计以利益分配为核心的激励机制，才能巩固双方的合作伙伴关系，实现信息的共享，促进电子商务物流配送系统的协同运作，从而提升物流服务质量。

（二）建立电商物流供应链协同管理平台

物流服务供应链协同运作的有效开展，不仅需要节点企业对组织体系和业务流程进行革新和重组，而且需要在节点企业之间进行信息交换和信息共享。贯穿整个物流服务供应链的信息主要包括：快递信息、客户信息、商品交易信息和物流配送信息。因此，应整合快递企业与电商企业的信息技术系统，使之与物流服务供应链协同管理平台逐步融合，最终实现无缝衔接。电商物流供应链协同管理平台的运作模式如图 4-13 所示。

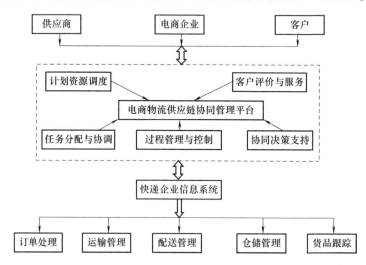

图 4-13　电商物流供应链协同管理平台的运作模式

电商物流供应链协同管理平台的建立不仅有助于实现供应链节点企业的信息交换与分享，也有利于实现物流决策的协同与优化，进而实现物流服务供应链的协同运作。首先，协同管理平台是一个信息的集成与共享平台。该平台可以实现电商企业与物流信息系统有效的对接，并对供应链协同管理所需的各种信息进行收集、处理和传递，为供应链节点企业提供与物流配送相关的全方位信息服务，同时也有助于电商企业对物流配送的全过程进行有效的监督和控制。其次，通过引入智能性和交互性技术，该平台支持节点企业参与物流服务供应链的决策和计划的制定，实现供应链物流资源的优化配置。接受客户订单后，电商企业首先完成自身决策，如送货周期、库存控制与采购计划等，然后根据经营策略和合作伙伴的能力，对需要协作完成的物流配送任务与快递企业进行匹配，快递企业可以根据自身的能力和收益决定是否接受该订单，并及时传递给其他参与者；一旦由于客户需求发生变化或紧急事件导致计划发生改变，各参与者也能及时地互动协调，直到任务协作完成。

（三）电商物流服务质量的提升及创新

依托于协同管理平台，电商企业可以有效地实现对快递物流配送过程进行监督和管理，有助于对快递提供的客户服务质量进行全面、客观的评价，从而避免快递企业由于信息不对称而发生投机、违约等不道德行为。电子商务客户不仅可以通过供应链协同管理平台实时地获知快件包裹的状态，还可以根据自己的特殊需求定制个性化的快递服务。快递公司也可以及时地获取客户订单配送信息，围绕客户订单整合本企业和其他快递企业的资源，实现物流服务的高效协同，从而为客户提供高质量的电子商务体验。

快递企业还应充分利用与客户直接见面的机会，以提升整个供应链的效益为出发点，积极探索物流服务模式的创新。通过与电商企业的协同合作，快递企业完全可以切入到电商企业售后服务体系中，开发诸如验货签收、货款代收、快件保价、商品安装、调试维修等电子商务客户现实或潜在需求的增值服务；快递物流企业也可以不断拓宽配送产品的服务范围，从生鲜物品冷链物流到奢侈品配送，以适应电子商务客户多样化和个性化的需求。系列增值业务的推出，既提高了电子商务体验质量，又为快递企业带来了新的利润增长点，提升了企业的核心竞争能力。此外，快递企业还应充分应用自身所具备的物流资源与能力，向电商企业提供供应链物流一揽子解决方案，从订单处理、存货控制到配送中心选址、规划设计等增值业务，并将电商企业所需物流功能有机地衔接起来，实现物流服务供应链一体化。

电子商务产业变化日新月异，竞争也异常激烈，电商企业为了获得市场竞争优势需要不断提升客户服务质量，快速反应客户需求，并降低物流作业成本。为了适应电子商务产业发展的需求，快递企业不仅要持续提升收发件、分拣、运输退换货等传统功能性物流服务质量，而且需要不断创新和拓展物流服务内容和方式。双方只有在互动协调中才能进一步发展壮大。

三、电子商务的全面质量管理

费根堡姆于1961年在其著作《全面质量管理》一书中，首次提出了全面质量管理的概念。他指出："全面质量管理是为了能够在最经济的水平上，并考虑到充分满足用户要求的条件下进行市场研究、设计、生产和服务，把企业内各部门研制质量、维持质量和提高质量的活动构成一体的一种有效体系。"全面质量管理的思想和技术在20世纪得到了不断的发展和完善，产生了从顾客出发强调过程控制的质量环模式到以顾客为中心、以顾客满意为宗旨的质量环模式。总之，全面质量管理是以质量为中心并建立在全员参与基础上的一种管理方法，其目的在于长期获得顾客满意、组织成员和社会的利益。

（一）全面质量管理与电子商务的结合

全面质量管理是以全面质量为重心的管理范式，它是一种"四全管理"的执行理念：全员的质量管理、全过程的质量管理、全组织的质量管理、全方法的质量管理。其目标是提高服务质量，强调以人为本，坚持持续改进；强调不断学习，简化结构和优化流程。之前的全面质量管理大多应用于制造业和服务业。由于电子商务本质上是一种服务，并且电子商务企业要获得竞争优势，必须全方位提高其服务质量，因此全面质量管理同样适用于电子商务行业。

电子商务服务质量涵盖网站内容、技术应用、辅助服务和运营质量等各方面质量。根据PDCA循环，电子商务企业的全面质量管理（TQM）可划分为以下阶段：

1. 计划（Plan）阶段

企业管理层根据顾客的需求，对网站内容设计、所提供的辅助服务和运营质量等做出计划，制订出全过程的质量解决方案。

2. 执行（Do）阶段

执行"计划"阶段制订的质量解决方案。

3. 检查（Check）阶段

根据顾客以及客服的反馈信息，检查在"执行"阶段是否严格执行了"计划"阶段的质量方案。

4. 处理（Act）阶段

分析顾客的满意度，将相关信息反馈到"计划"阶段，对质量目标和质量计划做出进一步调整。经过如此不断的循环，服务企业得以实现质量的持续改进。

(二) 电子商务的全面质量管理模型

根据电子商务服务质量的特点及目标特性，本着将电子服务质量纳入全面质量管理要素体系的原则，可将电子服务质量概括为五个方面：网站系统质量、网站信息质量、产品质量、物流配送质量、客户服务质量，由此形成了电子商务的全面质量管理模型，如图 4-14 所示。

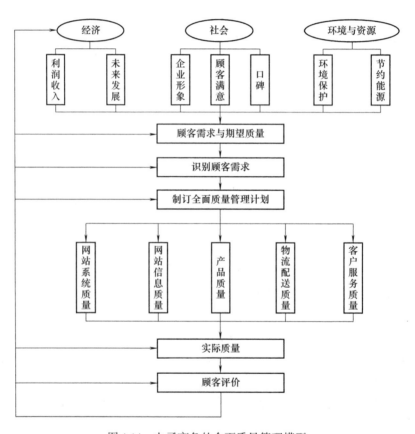

图 4-14　电子商务的全面质量管理模型

资料来源：周永强，陈士青. 电子商务服务全面质量管理模型构建研究 [J]. 中国商论，2012，(23)：112-113，115.

该模型是以顾客的需求识别为出发点，根据顾客的需求进行全面质量管理计划的制订，之后对企业实际运营的服务质量进行管理，然后再对其服务质量实际水平进行测试，最后根据顾客评价对实际服务质量和顾客的需求进行进一步的分析和改进。顾客需求的识别，主要依据的是顾客的期望质量，以及影响顾客进行选择的经济、社会、环境与资源因素。其中，影响顾客进行选择的主要因素为社会因素，包括该企业的顾客满意度、顾客口碑以及企业的形象。该模型为电子商务企业服务质量管理提供了一种基本操作方法。其优点为：以识别顾客需求为起点，以顾客评价为终点，并构成了一个循环，使服务质量在一次次的循环中不断提升。

【本章小结】

- 电商物流是电子商务与物流在各种范围内进行资源整合而产生的一种新兴物流方式，是指用物流的方式辅助完成电子商务交易物品在时间和空间上转换的手段。电子商务物流具有信息化、自动化、网络化、智能化和柔性化的特点。

- 电子商务与物流之间是相互影响的关系。一方面，物流是电子商务的一个主要流程，是实物电子商务的重要保证；另一方面，电子商务对物流活动产生了重大影响，物流的管理运作策略必然要做出调整才能适应电子商务发展的需求。

- 电商物流的主要模式包括：自建物流模式、第三方物流模式、物流联盟模式和第四方物流模式。在选择适合的物流配送模式时，电商企业应在斟酌各种物流模式的优劣之外，再综合考虑企业自身的相关因素及所处的外部环境等来做出取舍。

- 电子商务平台的服务体系主要包括角色、基础保障、交易过程服务和服务结果。

- 电子商务的物流服务由两个作业系统完成，即信息作业和实体作业。信息作业主要强调电子商务中信息的作用。从对消费者订单的确认到将货物最后送达消费者手中的整个流程都处于信息的监控中。信息作业主要包括消费者订单确认后产品的库存信息、货物及时配送信息、产品交付信息以及反馈退换货信息的一系列作业。

- 电商物流服务质量可视为顾客登录电子商务网站发生实际消费行为后，对电子商务企业的物流实体配送服务、顾客营销和信息服务的主观满意程度。根据电子商务平台的服务特征，可将电商物流服务质量涉及的要素分为服务基础质量、服务过程质量和服务结果质量三个方面。

- 电子商务服务质量的评价要素可分为传统评价要素和电子商务评价要素两个方面。传统评价要素主要包括有形性、可靠性、反应性、保证性和移情性等因素，也就是SERVQUAL模型的评价维度；电子商务评价要素主要包括易用性、安全性、定制化、个性化、响应性等因素。传统的评价要素与电子商务评价要素共同组成了电子商务服务质量的评价要素。

- 电商物流服务质量评价的核心是对其物流服务，即配送、运输、仓储、流通加工等一系列环节的服务质量进行评价。借鉴SERVQUAL量表和LSQ模型，可从可靠性、便利性、关怀性、响应性四个方面创建对电商物流服务质量的评价模型和维度。相应地，电商物流服务质量的评价模型可以分为B2B电商物流服务质量评价模型和C2C电商物流服务质量评价模型。

- 有效的管理是电商物流服务质量提升及改进最为关键的一环。不仅要把握电商物流服务质量管理的关键因素，还应采取有效的策略建立物流服务供应链协同平台，并通过不断地创新和提高电商物流服务质量的管理水平，最终实现电商服务的全面质量管理。

【思考题】

1. 如何理解电商物流？它具有哪些特点？
2. 电子商务和物流之间具有怎样的关系？
3. 电商物流包括哪些主要的模式？各具有哪些优缺点？
4. 比较分析 B2B 和 C2C 模式下的电商物流服务方式。
5. 什么是电商服务质量？如何对其进行评价？
6. 如何理解电商物流服务质量？它涉及哪些要素？
7. 如何对电商物流服务质量进行评价？
8. 电商物流服务质量管理的关键因素有哪些？
9. 如何建立电商服务质量的协同管理机制？
10. 如何理解电子商务的全面质量管理？

【实践训练】

1. 根据你最近一次网络购物的经历，分析其中的电商物流服务属于哪种物流模式、具有哪些优缺点？

2. 假设你是一家经营母婴用品的平台电商负责人，你更关注哪些服务质量要素？你更倾向与什么样的物流公司合作？

3. 与班级同学讨论电商全面质量管理的重点与一般制造业的不同之处。

 ## 【案例讨论】

美国联合包裹公司开展电子商务的启示

美国联合包裹服务公司（UPS）是一家百年老字号，在经过近一个世纪的运作之后，该公司已由一家拥有技术的货车运输公司，演变成为拥有货车的技术型公司。这是一个突破性的变革，其成功来自于 UPS 在数字时代来临时紧紧抓住了发展电子商务这一良机，实现了由传统物流企业向电子物流企业的跨越。商业界人士评价，当经济的原动力从实物的传递转向大规模的信息电子化传递时，真正的赢家将是 UPS 这样两者兼具的公司。

自从 UPS 于 20 世纪初开始在美国西雅图百货商店之间穿梭运送福特 T 型车和摩托车以来，它几乎已成为美国经济中一只无形的手。这家以深棕色为代表色的公司，一直严格遵循着自己成功的业务模式，并受到称赞。

1997 年，UPS 曾发生司机罢工事件，使其竞争对手在 15 天内获取了共 3.5 亿美元的收入。事后，UPS 感觉到，必须尽快修复与公司广大司机及不满客户之间的关系。同时，他们更深刻地认识到，公司虽然一度实现了在每个工作日投递 1300 万个邮包的创举，但还不足以应对在迈向全球化、知识化的物流市场中进行的竞争。因此，UPS 必须摆脱墨守成规的经营模式，向电子物流发展，才有益于迎接世界商务的新浪潮。

早在20世纪80年代，UPS就决定创建一个强有力的信息技术系统。该公司在技术方面投入了110亿美元，配置主机、PC、手提电脑、无线调制解调器、蜂窝通信系统等，并网罗了4000名程序工程师及技术人员。这一投入不仅使UPS实现了与99%的美国公司和96%的美国居民之间的电子联系，同时也实现了对每件货物运输即时状况的掌握。UPS前任总裁兼首席执行官吉姆·凯里在解释传统供应链与电子供应链的区别时曾指出：电子供应链改变了传统供应链的运行方向。在传统供应链中，供应商是将货物沿着供应链向最终用户的方向"推动"。这样的系统需要在仓库里储存货物，尽管这种做法并不合算。而电子供应链主张的是只及时生产顾客所需的产品，而不要在仓储上耗费巨资。

在电子商务及新的在线购物系统中，顾客可从供应链的每个成员中"拉出"他们所需的东西，结果是顾客可获得更加快速而可靠的服务，而供应商也可减少成本。为了有效地实施拉动战略，企业必须与供应链中的所有成员建立电子联系。UPS一直在争取使自己成为每个客户供应链中不可缺少的环节。在这个过程中，UPS逐步成长为一家信息公司。目前，UPS可向顾客和供应商提供瞬间电子接入服务，以便查阅有关包裹运输和递传过程的信息。

UPS能够对每日运送的1300万个邮包进行电子跟踪。例如，一个出差在外的销售员在某地等待某些样品的送达，他可以通过UPS安排的网络系统输入运单跟踪号码，即可知道货物所在的位置。当需要将货物送达另一个目的地时，可再次通过网络找出货物的位置并指引到最近的投递点。

UPS的司机是公司大型电子跟踪系统中的关键人物。他们携带了一块电子操作板，称作DLAD（运送信息获取装置），可同时捕捉和发送运货信息。一旦用户在DLAD上签收了包裹，信息将会在网络中传播。寄件人可以登录UPS网站了解货物情况。同时，司机行驶路线的交通拥堵情况，或用户需即时提货等信息也可发送给DLAD。

除利用网络对货件运送与监控外，利用其网络，UPS还可以开拓新的综合商务渠道，既做中间商，又当担保人。UPS通过送货件、做担保及运货后向收件人收款，成为商务社会链中一个重要的节点。

UPS在电子商务领域内所取得的业绩受到全球的广泛认可。在开发了安全而可跟踪的电子送达服务项目UPS Document Exchange之后，UPS又提出了一系列服务强化软件，并与惠普（HP）、甲骨文（Oracle）和国际社交（World Talk）等著名电子商务公司建立了联盟。《广告时代的商务营销》杂志曾将UPS的官方网站列为世界五大企业间商务网站之一。《个人电脑》杂志在"快速跟踪100强"栏目中，将UPS列为最富创意的企业网络。此外，UPS已连续多年被《财富》杂志评选为邮政、包裹运送及货运领域内"全球最受推崇"的公司之一。

资料来源：佚名. 美国联合包裹（UPS）开展电子商务的启示［EB/OL］. 豆丁文库，https://www. docin. com/p-1967631112. html.

思考：

1. UPS为什么决定从传统的物流企业向电子化物流企业转变？

2. UPS如何对电商物流服务进行有效的运营管理？

3. UPS在电商物流方面取得了哪些成就？

【延伸阅读】

1. 陈静，沈丽，王超．电子商务质量管理［M］．北京：中国财富出版社，2017．

2. 梅虎，林玲霞，马子程．电商物流服务质量评价关键指标构建及分析［J］．物流技术，2015，34（6）：85-88．

3. 曲慧梅．电子商务物流服务质量测度研究：以淘宝电子商务平台为例［J］．物流技术，2014，33（9）：294-296．

4. 邱钰颖，马永慧，姜鑫海．基于SERVQUAL的我国B2C电商物流服务质量评价［J］．物流技术，2017，36（6）：12-15．

5. 吴芳芳，梁雯，潘蕊．基于LSQ和SERVQUAL模型的小城镇电商物流服务质量研究［J］．集宁师范学院学报，2018（3）：20-25．

6. 王晓华，姬静．不同模式下电子商务物流服务质量评价研究［J］．物流技术，2014，33（2）：39-41．

7. 周永强，陈士青．电子商务服务全面质量管理模型构建研究［J］．中国商论，2012（23）：112-113，115．

8. 全国电子业务标准化技术委员会．电子商务平台服务质量评价与等级划分：GB/T 31526—2015［S］．北京：中国标准出版社，2015．

9. PARASURAMAN A，ZEITHAML V A，MALHOTRA A．E-S-Qual：A multiple-item scale for assessing electronic service quality［J］．Journal of Service Research，2005，7（3）：213-233．

10. ZEITHAML V A，PARASURAMAN A，MALHOTRA A．A conceptual framework for understanding e-service quality：Implications for future research and managerial practice［R］．Cambridge，MA：Marketing Science Institute，2000．

11. ZEITHAML V A，PARASURAMAN A，MALHOTRA A．Service quality delivery through web sites：a critical review of extant knowledge［J］．Journal of the Academy of Marketing Science，2002，30（4）：362-375．

第五章

冷链物流服务质量管理

【学习目标】

知识目标

1. 掌握冷链物流的概念和构成。

2. 理解冷链物流服务质量的含义和影响因素。

3. 理解冷链物流质量管理的内容。

能力目标

1. 熟悉冷链物流服务质量的评价方法。

2. 掌握冷链物流服务质量管理的基本思路。

【引导案例】

鲜易控股的发展之路

生鲜电商是如今物流产业发展的热点，其不到 1% 的渗透率和高达数万亿元的潜在市场正引爆生鲜电商市场的高速发展态势。在众多生鲜电商中，有一家商业模式非常有趣的公司，它从原来传统到不能再传统的肉制品企业，转型做生鲜电商，并在短短两年时间就探索出一条完整的生鲜电商产业链，为生鲜电商领域开辟出了一个新的天地。这家公司就是鲜易控股有限公司（以下简称"鲜易控股"）。

鲜易控股的前身是中国肉类食品行业的巨头——河南众品食业公司。成立于 1993 年的河南众品，产品涵盖冷鲜肉、低温肉制品、预制品和综合加工产品。在创始人朱献福董事长的带领下，河南众品由一个年产值几十万元的破落小厂成长为年销售额过百亿元的国际化企业，并曾经在美国纳斯达克上市，"众品"品牌也一度在华尔街成为中国食品行业的代名词。然而，朱献福并未满足于此。

在"互联网＋"大潮涌来之时，朱献福董事长认为，自身的产业结构已让其具备进军生鲜电商这一领域的核心要素。为此，通过对河南众品食业、河南鲜易供应链、河南鲜易网络科技等企业的重组，一个集供应端、食品安全管理、电商平台、物流配送为一体的产业互联网公司——鲜易控股成立了。

作为专门针对生鲜食材行业打造的行业 B2B 平台，鲜易网不仅拥有众品的猪肉产品系列，还涵盖了禽肉、牛羊肉、水产海鲜等动物蛋白产品以及调料、果蔬等系列产品。更重要的是，依托众品在食品产业链中的整合能力，鲜易控股保障了生鲜食材源头上的直采和安全。

食品安全是生鲜电商的难点、痛点之一。为解决这一问题，鲜易控股设立了鲜咨达技术服务平台。依托公司拥有的国家级企业技术中心、国家猪肉加工研发分中心等科研机构，并与中国肉类食品综合研究中心、中国农业科学院、中国质量认证中心等科研院所进行资源共享，鲜易控股建立了供应商资质认证体系，对入驻平台的供应商进行资质审核，对交易产品进行品质检验。同时，公司通过应用物联网技术，监控供应链各环节的产品状态，完善溯源流程。

冷链物流配送体系是生鲜电商发展的重要环节。鲜易控股在全国布局18个多温度带温控仓储基地，总容量180万 m^3，拥有标准化冷藏车辆3000多台，在21个全国性物流节点城市、17个区域性节点城市布局干线运输及城市配送网络，冷链线路覆盖150多个城市，在37个城市实现了生鲜品共同配送。同时，鲜易控股在全国360个城市规划、建设了集采分销平台，进一步扩大了冷链物流服务能力，实现了冷链物流服务到达"最后一公里"。

从"众品"到"鲜易"，鲜易控股实现了由"传统肉制品制造商"到"O2O生鲜供应链服务商"的华丽转身。通过依托旗下以食品产业链服务为主的众品品牌、以冷链物流服务为主的鲜易供应链、以电子商务服务为主的鲜易网，鲜易控股充分整合上下游产业链，进一步延伸"生鲜电商O2O"的线下能力，保障了生鲜电商从生产到配送入户的每一个环节，打造了一个产业互联网生态平台。

资料来源：郭云贵，张民权. 鲜易网的突围之路及启示 [J]. 北京经济管理职业学院学报，2016，31 (3)：41-44.

思考：鲜易控股是如何实现从"传统肉制品制造商"向"O2O生鲜供应链服务商"转型的？

随着经济的发展以及人们食品安全意识的提高，市场对生鲜食品的需求量不断增加，从而推动了冷链物流业的飞速发展。鲜易控股之所以获得了巨大的成功，是因为其充分借助了"互联网＋"的发展大潮，重新定位了产业互联网的转型方向，转变了自身的产业结构，将生鲜电商与线下产业相结合，打造出了O2O生鲜供应链服务模式。除此之外，鲜易控股还建立了完善的冷链物流配送体系，对产品的服务质量进行了有效管理，保障了生鲜食材的品质和安全，实现了从源头到餐桌全程可控制、可溯源，使消费者吃得安心，吃得放心。但目前，我国的冷链物流总体上还处于起步阶段，冷链物流各个环节之间缺乏组织协调性，服务水平较低，存在很多服务质量问题。本章将系统阐述冷链物流的含义和构成，冷链物流服务质量的内涵，冷链物流服务质量的评价方法，以及冷链物流服务质量管理等相关内容。

第一节　冷链物流概述

伴随生活质量的逐步提升，消费需求在潜移默化中发生着变化，多元化、新鲜化已成为消费者的追求。生鲜食品、乳制品、速冻食品等生活必需品单纯依靠传统的常温物流已无法满足消费者和市场的需要，冷链物流开始渗透到日常生活的各个方面，其发展也得到了越来越多的关注。然而，生鲜食品供应量的增加也凸显了冷链物流服务质量方面的问题。目前，我国生鲜物流业的物流服务质量监管体系普遍存在缺陷，因此开展生鲜食品冷链物流服务质量的研究具有重要意义。

一、冷链物流的含义

冷链（Cold Chain）是指为保证产品的特性不变，使其一直处于特定的低温环境下，涉及从产地、加工、销售直至被消费的整个供应链过程。国家标准《物流术语》（GB/T 18354—2006）规定了冷链物流过程中应当维持的温度范围：冷藏区（Chill Space）仓库内温度应当保持在0～10℃，冷冻区（Freeze Space）仓库内温度应保持在0℃以下。

冷链物流（Cold Chain Logistics）是指保证冷链食品在生产、储藏、配送、销售直到最终消费前的所有环节中始终处于低温环境中，以最佳的物流手段保证食品质量，减少食品损耗的一种物流体系。它是随着科学技术的进步、制冷技术的发展而建立起来的，是以冷冻工艺学为基础、以制冷技术为手段的低温物流过程。

目前，有三类产品需经过冷链系统：第一类是生鲜商品，如蔬菜、水果、肉禽蛋、水产品、花卉等；第二类是加工食品，如速冻食品、熟食制品、奶制品、冷饮制品等；第三类是特种商品，如药品等。

由于在冷链设施设备、信息化水平、标准化体系、管理服务能力等方面建设的滞后性，我国冷链物流尚处于起步阶段，有组织、成规模、较完善的冷链物流体系尚未形成。据中国物流与采购联合会冷链物流专业委员会发布的《中国冷链物流发展报告（2017）》显示，当前我国果蔬、肉类、水产品的冷链流通率分别为22%、34%、41%，冷藏运输率分别为35%、57%、69%，与欧美发达国家超过90%的平均水平相比，差距悬殊。食品冷链物流系统难以满足消费升级需求，存在较严重的供需不匹配难题，已成为制约我国生鲜电商行业发展的最大痛点。

二、冷链物流的特点

冷链物流是一个比较复杂的系统，由于需要保持以温度为主的稳定环境，所以比普通的物流系统更难控制。冷链物流要求产品从产地到销地整个过程维持所需环境，例如日常生活的肉类，从采购好到卖到消费者手里整个过程都需要把温度控制在有效的环境中，因此，冷链物流具备以下特点：

（一）时效性

由于冷链物流的对象为易腐生鲜品，运输时间的长短影响着产品保鲜程度的好坏。因此，要求冷链物流必须迅速完成作业，保证时效性。在产品的分拣、包装和分发环节需要提高作业效率，避免耗费大量的时间。对于运输环节，在成本可承担的情况下，也应尽量选择适合该产品的比较快捷的运输方式，以减少时间因素产生的损耗。

（二）复杂性

冷链物流不仅具有复杂的自身属性，还必须满足各种各样的条件要求。1958年，美国学者阿萨德（Arsdel）等人提出，冷链产品的品质保证取决于冷链的储藏与流通的时间（Time）、温度（Temperature）和产品耐储藏性（Tolerance），即3T原则。随后，赞尔（Zaur）对3T原则进行了补充，提出冷冻食品的品质还取决于产品冻前质量（Produce）、加工方式（Processing）和包装（Package）的3P理论。后来，又有学者相继提出了冷却保鲜（Cool）、清洁（Clean）和细心（Care）的3C原则，冷藏保鲜链中的设备数量（Quantity）、质量（Quality）和冷却速度（Quick）需要达到一定要求（3Q要求），冷藏保鲜的工具和手段（Means）、方法（Methods）和管理措施（Management）也需达到一定要求（3M条件）。

由于冷链物流系统的复杂性，它对技术服务水平也有较高的要求，如对冷链物流的仓库、车辆运输等提出了更高的控温要求，需要实时监控每个时间段的环境变化。同时，还要求组织具有较好的业务流程设计与管理能力。此外，由于冷链物流对象的品质和种类不同，所要求的温度控制和储藏时间等技术指标也有所区别，所以物流组织要对不同的物流对象提供不同的技术服务。

（三）协调性

为了保证产品经过流通加工、存储、运输和销售等环节后的质量，需要对冷链物流的每一个环节以及衔接环节的质量控制提出较高的要求，这样才能保证整个链条运作稳定。

相比于普通物流方式，冷链物流更关注及时、稳定的周转。为保证物流对象的品质、降低流通过程中的损耗，冷链物流要求整个流程的各个环节必须保持协调性。如果在周转过程中，各环节出现衔接不当，导致其中一个环节出现意外，就可能会破坏物流对象的品质。因此，冷链物流涉及的各个部门之间都要有较高的组织协调性，以保证产品在加工、储存运输及销售过程中的高品质。

（四）高成本性

冷链物流的成本远比普通物流要高。一方面，其设备成本较高。冷链物流中心仓库和冷链车辆的成本一般是常温仓库和车辆的数倍，而且因涉及的食品等还需要配备特殊的设施设备，需要大量的资金投入。以冷藏车为例，购置一部冷藏车约100万元左右，由于性质不一样，冷藏车维修成本也比较高，同时对发动机也需要经常的检修，每次费用都以万元为单位，因此冷链物流成本相对比较高。另一方面，冷链物流的运营成本也高。冷库需要不间断地制冷才能保证温度处于恒定状态，造成冷库的电力成本居高不下；冷藏车也需要不间断制冷才能确保产品的温度恒定，这就造成了更多的油耗成本。

此外，一个完整成熟的冷链物流系统需要很多的前期投资，并且冷链物流资本回收期较长。据统计，我国汽车冷藏保温车辆只有美国的1/12、日本的1/4，差距较大。随着业务的不断拓展，我国很多冷链物流企业均有扩大软硬件设施的计划，如计划新建物流配送中心、计划新建、收购或新租借冷库，计划购置冷藏车辆，完善配送网络等。这些均需要很多的投资。

三、冷链物流系统的构成

在一个完整的冷链物流供应链中，物流操作环节主要由四个部分组成：冷冻加工、冷冻储藏、冷藏运输与配送、冷藏销售，其作用是保证冷冻冷藏食品在生产、流通各环节都处于低温状态，以保证食品的品质。

（一）冷冻加工

冷冻加工是产品进入供应链的第一个环节，包括对生鲜产品的预冷加工、冷却冻结加工等作业。这一环节的产品经常会被放入冷冻柜和冷藏柜进行冻结和冷却。该环节的工作质量将直接影响后续工作的质量，之后的每一道工作都是在此基础上完成的，由此可见冷冻加工环节的重要性。

（二）冷冻储藏

冷冻储藏是冷冻加工之后的第二个环节，目的是为了保证产品的品质不变。生鲜产品被冷却到标准温度后，还需将其温度控制在标准温度范围内，以保持其质量。其中主要以两种方式进行储藏：冷却储藏和冻结储藏。

（三）冷藏运输与配送

冷藏运输与配送是指冷链产品从出库至批发销售端的整个过程。这一过程也是冷链物流中最为复杂的环节，需要生产商、物流服务商、批发零售商三者紧密衔接，以保证食品质量。在此环节中，温度的波动将对产品质量产生较大的影响，如处理不当，经常会出现二次解冻等现象。对于生鲜产品来说，解冻次数是有限的，每解冻一次其表面都会凝结水珠，若再次进行冷冻自然会产生一层冰霜附着在食品表面，这对食品质量的影响是极大的。因此在达到低温标准时，还应保持温度在这一区间的稳定性。

（四）冷藏销售

冷藏销售是指产品从配送中心出来之后，进入销售市场，开始批发零售环节，这是保证产品质量及冷链物流链条完整的最终环节。此环节由生产商、批发商和零售商共同完成。例如，生鲜食品销售的主要渠道为各个大型连锁超市及社区门店，在这些销售终端，温度控制更是不可掉以轻心，否则之前所有环节都将前功尽弃。在这一环节，销售商们通常使用冷藏库、冷冻陈列柜及储藏柜等冷藏设备。

四、冷链物流服务质量的内涵

几乎所有的冷链物流企业均意识到，只有不断提升服务质量和水平，提高客户满意度，才能促进企业的健康发展。在实际操作过程中，一些冷链物流企业通过企业内部的考核指标，对配送及时率和损失率进行统计和考核，并努力通过提高及时率、降低损失率来不断加强品牌建设，提升服务质量和水平。

（一）冷链物流服务质量的含义

冷链物流包括产地预冷、冷冻加工、冷冻储藏、冷藏运输与配送、冷藏销售等多个环节，因此，必须形成一个低温条件下的连续不间断的供应链系统。由于该系统的节点具有多元性、不确定性、动态性和关联性等特点，如果缺乏系统性标准和信息共享，就容易出现"断链"并发生连锁反应，造成食品安全事故。

服务质量是服务提供方所提供的服务能够满足顾客需求的程度。因此，冷链物流服务质量就是冷链物流服务提供商所提供的冷链物流满足消费者对食品新鲜度、安全性、时效性、舒适性、经济性等方面要求的程度。

以生鲜电商为例，其主要面向消费升级的顾客群体，这部分消费者对产品品类、品牌、品质及服务质量都有新的诉求，更加关注消费体验，强调冷链物流服务给消费者带来的满足感。由此可见，在生鲜电商环境下，食品冷链物流的主要服务对象是终端网络购买消费者，其重复购买行为取决于最终的服务体验，只有为消费者提供精准化、个性化、高品质的服务新体验，才能真正获得顾客青睐。

（二）冷链物流服务质量的影响因素

在本书第二章中，介绍了人（Man）、机（Machine）、料（Material）、法（Method）、环（Environment）（4M1E）五大质量基本因素对物流服务质量的影响。下面将根据这一理论逻辑，并进行相应的扩展，分析冷链物流服务质量的影响因素。

保持冷链产品的品质是冷链物流质量体系的基本目标，同时也是最重要的目标。为了实现这一目标，需要考虑对机制因素、人的因素、技术设施因素、作业因素和环境因素等五个企业内在影响因素，以及立法机制、政府政策导向、同行业竞争者及社会舆论等四个企业外部影响因素，如图5-1所示。

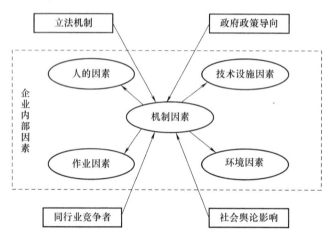

图 5-1　冷链物流服务质量的影响因素

资料来源：田雪，郑彩云. 生鲜产品冷链物流服务质量研究［J］. 中国储运，2016（2）：115-117.

冷链物流服务质量的实现需要将企业内部因素和企业外在影响因素两者结合起来看，进一步通过作业方式与资源融合的方式，使服务质量的目标更好地达到客户想要的物流服务要求。具体到物流工作中便是：运输配送过程顺畅、无延误，装卸搬运和仓储过程高效实现、保证冷链产品质量安全，并且通过包装和流通加工环节实现产品的附加价值。而来自于社会的监督与评价，也是评价冷链物流服务质量的一面镜子。

对影响冷链物流服务质量的企业内部与外部因素的分析与控制，并采取相应的技术和作业活动，可以使冷链物流承载的产品达到质量安全的要求，并将冷链物流服务质量产生、形成和实现的全过程更好地呈现在消费者面前。

第二节　冷链物流服务质量的评价

冷链物流对生鲜电子商务发展至关重要，冷链物流研究已成为物流领域的重要研究热点之一。目前，围绕冷链物流需求预测、配送模式、路径优化、网点选址、库存优化、风险管控、运营管理、绩效评级及政策规章等方面，已经开展了一系列卓有成效的探索，取得了较丰硕的研究成果。冷链物流服务质量评价属于冷链运营管理范畴，也是该领域的重要研究焦点。由于发达国家的冷链物流发展比较早，并且相关理论和技术更加健全，因此在冷链物流服务质量评价方面比我国更加完善。我国对冷链物流服务质量的评价仍然处于起步阶段。

一、冷链物流服务质量评价的必要性

冷链物流服务质量的评价，倡导将多方行为主体在冷链物流服务过程中的行为进行有效评价，以便更好地处理多方行为主体之间的关系，找到各个行为机制中存在的漏洞和缺陷，以使冷链物流流程朝着更加科学化的方向发展。由此可见，冷链物流服务质量评价的价值集中体现在如下两个方面。

（一）有利于更加全面地认知冷链物流服务

依靠科学有效的冷链物流服务质量评价体系，可以使供应商、工厂、配送中心、销售商及消费者更加全面地了解冷链物流服务的内容和形式，甚至找到其中存在的缺陷和不足，理解冷链物流服务的优势，继而帮助做好科学决策。比如，对于消费者而言，可以结合自身的需求，实现多家冷链物流服务水准的横向对比，并在此基础上做出决策，以满足自身冷链产品消费的需求。对于冷链物流服务提供者而言，可以全面地认知冷链物流服务工作流程，帮助其更好地查漏补缺，找到实际物流服务环节中的短板，以采取具有针对性的措施去调整和改善。

（二）有利于驱动物流服务质量管理的标准化发展

当前，我国物流行业标准化管理在不断推进，但是物流服务质量管理的节点还存在很多需要改进的地方。质量管理水平作为物流企业管理的重要指标，其必须要能够迎合当前物流服务质量管理的需求。在知识经济、信息经济及多元化文化的格局中，依靠健全科学的冷链物流服务质量评价模型，可以把握冷链物流服务质量的影响因素，进一步健全冷链物流服务质量管理的认证标准，引导冷链物流服务质量管理相关规章制度得以建立。

二、冷链物流服务质量评价的特征

随着我国冷链物流行业的不断发展，物流服务质量监督管理的必要性不断呈现出来，此时就需要积极开展具有针对性的冷链物流服务质量评价，以增强对于冷链物流服务过程的理解，不断提高冷链物流的服务质量水平。

（一）系统性

冷链物流是由不同环节、不同阶段、不同要素组成的有机整体，是一个系统。冷链物流服务质量评价是由冷链物流活动的相关方共同进行的，他们之间存在着既矛盾又统一的关系。无论从冷链物流服务质量评价的主体还是客体来看，它都是一个完整的系统。因此，加强冷链物流服务质量评价就必须评价冷链系统的各个环节、各种资源以及整个物流活动的相互配合和相互协调，运用系统原理对物流质量进行系统分析，使冷链物流活动达到整体最优。

（二）过程性

冷链物流服务质量评价涉及产品采购、包装、仓储、流通加工、运输配送等各个环节、全过程的质量评价，是鲜活易腐产品在社会再生产过程中进行全面质量管理的重要一环。因此，必须进行全过程质量评价和控制，才能使冷链物流质量得以高效地实现。

（三）全面性

冷链物流服务质量评价不仅需要评价物流对象本身，还应该评价产品的质量安全、物流作业质量、物流工程质量和物流服务质量，应具有全面性。只有质量评价与控制的全面发展，才能最终实现冷链物流服务质量评价及控制的目标。

（四）动态性

冷链物流是一个动态过程，影响冷链物流服务质量的因素是综合、复杂和多变的。冷链物流由于其作用对象的特殊性而更加复杂，其质量评价的测量点必须随着运输、仓储、包装、流通加工等环节中产品种类、人员操作以及自然条件变化等因素而随时变化，具有强烈的动态性。

（五）先进性

冷链物流服务质量具有物流业的独特特性。伴随现代物流理念的不断更新变化，新的物流应用技术不断出现，冷链物流服务只有保持先进性和创新性，才能保证质量评价与时俱进，适应冷链物流的发展要求。

三、冷链物流服务质量的评价方法

伴随冷链物流的快速发展，冷链物流服务质量日益受到关注。近年来，学术界借鉴服务质量及物流服务质量领域的理论及方法，对冷链物流服务质量评价也进行了研究，并提出了相关的评价模型及评价方法。

（一）冷链物流服务质量评价概述

学术界对冷链物流服务质量评价的研究主要包括评价指标体系构建和实证评价研究两个方面。

1. 评价指标体系构建

在评价指标体系构建方面，主要有两种思路：一是根据冷链物流系统构成要素展开。如宋宝娥等（2013）从物流作业环境、设施设备、作业流程、员工素质4个方面构建冷链物流服务质量评价指标体系；陈红丽（2016）从企业固有物流服务能力、冷链物流过程管理和生鲜肉品质3个方面构建了冷链物流服务质量评价的指标体系；王勇、张培林（2016）则建立了冷藏能力、运作能力、人员沟通能力以及物流信息能力4个维度的评价指标体系。另一种思路是对SERVQUAL模型和LSQ模型的修正应用。如侯杰玲、李林（2015）从可靠性、时效性、经济性、信息性、服务柔性5个维度构建评价指标体系，叶缘海（2017）从时间性、可靠性、信息性、灵活性和移情性5个维度构建指标体系，邱斌（2017）确定了可靠性、响应性、方便性、经济性和服务柔性5个评价维度。杨龙龙（2016）则从冷链物流服务质量的内涵出发，把SERVQUAL模型和LSQ模型中的维度调整为质量、时间性、可靠性和有形性4个维度，来评价食品冷链物流服务质量。张其春、黄陈润（2019）也在对SERVQUAL模型和LSQ模型修正的基础上，提出了从有形性、可靠性、响应性和便利性4个维度来构建生鲜食品冷链物流服务质量评价的指标体系。

2. 实证评价研究

在现有冷链物流服务质量评价研究中，研究人员多数采用三角模糊层次分析法、模糊综合评价法、突变级数法、灰色关联等系统工程方法或数理统计方法开展实证研究。这些方法在较大程度上受到主观判断和经验知识的影响，削弱了评价结果的准确性。贝克尔（Barker）（2002）认为，食品质量安全和微生物数量有一定的联系，并且通过贝叶斯网络模型对食品在冷链各个环节微生物数量进行预测，以此来预测食品在冷链过程中的质量风险对服务质量造成的影响。乔西（Joshi）等人（2010）运用德尔菲层次分析法（Delphi-Ahp-Topsis）设计了一套评价公司冷链物流绩效的评价指标体系，用以分析企业自身的长处和短板，进而得出今后改进的方向。杜雷特（Duret）等人（2015）采用灵敏度分析法进行冷链物流服务质量关键影响因素的识别，但考虑的因素较少，系统性不强。

　　总体来说，冷链物流服务质量评价研究虽然取得了一定研究成果，但现有的冷链物流服务质量评价指标体系多侧重于冷链物流运作过程的评价，以冷链物流服务提供商作为评价主体，忽略了顾客作为消费主体的直接体验，降低了评价结果的真实性。冷链物流服务质量评价的主体是消费者，应当构建以消费者体验为最终导向的评价指标体系。在研究方法方面，目前采用的方法多数依赖于主观评判，削弱了评价的准确性。因此，需要探索冷链物流服务质量评价更为合理、有效的方法，识别出制约冷链物流服务质量的瓶颈要素，为不断提升冷链物流服务质量提供决策依据。

（二）冷链物流服务质量的评价方法

　　目前，对冷链物流服务质量的评价方法主要分为两类：一类是物流过程视角的冷链物流服务质量评价方法，另一类是顾客感知视角的冷链物流服务质量评价方法。这两种方法各有优劣。以冷链物流过程为基础所构建的指标体系脉络清晰、易于理解，但主要体现为物流要素，忽视结果指标的衡量；从顾客感知视角构建评价指标体系通常借鉴 SERVQUAL 模型，侧重于从功能或结果维度测量冷链物流服务质量，理论性较强，但有些指标的含义比较模糊，且各维度间存在一定的交叉。

1. 物流过程视角的冷链物流服务质量评价方法

　　冷链物流服务具备一般服务的特征，即无形性、差异性、不可分离性和不可储存性，是通过服务人员和顾客的交往在"真实瞬间"共同完成的活动。因此，对服务质量的评价应该着重研究服务过程质量的评价。

　　冷链物流服务过程质量评价是对鲜活易腐产品的包装、冷冻储存、冷藏运输与配送、流通加工等过程进行的全过程评价，也是对商品从生产到消费整个物流过程进行全面质量管理的重要一环。在这一过程中，必须一环紧扣一环地进行全过程评价与控制，才能发现冷链物流服务中存在的不足，不断完善和修正服务过程以保证最终的冷链物流服务质量。

　　以下介绍几种基于物流过程视角的冷链物流服务质量评价方法。

　　（1）生鲜肉冷链物流评价指标体系。陈红丽（2016）基于对生鲜肉企业的调研以及分析研究，提出生鲜肉冷链物流服务质量的评价可以从企业固有物流服务能力、冷链物流服务过程及生鲜肉品质三个方面展开，其评价指标体系如图 5-2 所示。

　　1）企业固有物流服务能力指标。企业固有的物流服务能力是指顾客无法直接感受到的，但却对物流服务质量有支撑性作用的内部体系。冷链物流系统由于其特殊性，需要较多的建设投资和较强的技术支持，并强调各个环节之间的协调性。企业在提供服务时要综合考虑冷链物流系统中的各个环节，确保各环节紧密连接、环环相扣，以保证冷链物流系统中对象的质量。因此，评价冷链物流服务质量需要通过企业固有服务能力中的人员因素、设备设施和业务流程来分析。

　　① 人员因素。人员是企业物流服务能力的主要载体，服务业员工素质对于提高服务质量非常关键。冷链物流过程中涉及的人员主要包括订单处理人员、冷库管理人员、分拣包装人员、装卸搬运人员、冷藏配送人员、冷藏销售人员，以及各层次结构的管理人员。

对于这些人员的评价主要包括对企业中员工的工作态度、能力状况以及培训情况的评价。

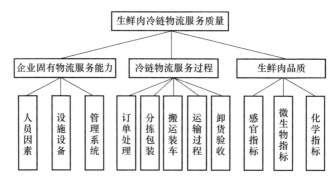

图 5-2　生鲜肉冷链物流服务质量评价指标体系

资料来源：陈红丽．物流服务质量管理［M］．北京：首都经济贸易大学出版社，2016：249．

② 设施设备。生鲜肉类冷链物流系统包括冷冻加工系统、低温冷藏系统、冷藏运输系统和装卸搬运系统，除此之外，在生猪屠宰结束后、按照客户订单出厂前，都要对生鲜肉进行检验检疫，所有这些系统的各个环节都需要相应的设施设备保证其顺利进行。因此，对于设施设备的评价十分必要，具体评价指标包括设施设备台数、设施设备有效工作时间、设施设备有效工作能力。

③ 管理系统。企业的管理系统主要体现在设置合理的组织结构，制定企业战略目标，制定工作标准和规章制度并保证实施、执行监督等。同时，企业还需要有相对完善的质量管理体系，以便及时发现物流过程中的薄弱环节或缺陷，并有针对性地制定改进机制。对于冷链物流来说，管理系统关系着质量管理体系是否能够有效地贯彻实施，直接影响冷链物流对象的品质。为了保证冷链物流控制的系统性和有效性，企业需要定期对其管理系统进行评估审核。

2）冷链物流服务过程指标。生鲜肉类的物流环节比一般的物流作业环节要更为复杂，其冷链物流流程主要包括订单处理、分拣包装、搬运装车、运输过程和卸货验收 5 个环节。

① 订单处理。在此环节中，要求订单处理人员与顾客有良好的沟通，保证信息的准确性；及时处理订单信息，使库房可以按时发货；准确处理订单信息，以保证产品数量、品名、客户等信息的准确性。

② 分拣包装。仓库人员接到传送的订单，按订单信息认真核对和拣选产品，在仓库内按照控制的温度范围、使用合适的工具进行分拣和包装，不得损害食品质量。

③ 搬运装车。装车前，司机对车内设备进行检查并根据产品要求对车厢进行预冷，之后将货物依配送线路逆序装车。由于大多数企业没有封闭的月台，因此装车在常温下进行。人工装车的速度很大程度上取决于装卸工人的熟练程度，为此，可合理使用工具来减少装车时间。

④ 运输过程。企业的运输时间完全是根据顾客要求到货的时间而定的。司机按照预定的路线进行配送，在配送过程中冷藏车应持续制冷，以保证生鲜肉处于安全的温度环境。在保证安全的前提下，尽可能在客户要求的时间点将货物送达。

⑤ 卸货验收。产品送达客户后，司机或押车人员按照单据与客户进行交接。客户对

生鲜肉的质量和重量进行检验，对合格的产品进行签收，不合格品进行退货。严格来说，这一环节对温度湿度也有要求，但大多数客户缺乏相应的设施设备，只能在常温下进行。

3）生鲜肉品质指标。无论企业固有的物流服务能力，还是冷链物流服务过程质量，都是以保证生鲜肉的品质，最终让消费者买到放心肉为目标。因此，生鲜肉生产企业必须从整个冷链的角度去控制产品质量，通过全程监控产品质量来确保输出的食品质量安全。生鲜肉的品质指标包括感官指标、微生物及化学指标两个方面。

① 感官指标。目前，生鲜肉生产企业和销售企业都以色泽、气味、弹性和黏度作为判断生鲜肉品质的标准。我国国家标准《鲜、冻片猪肉》（GB/T 9959.1—2011）对于生鲜肉的感官要求为：具有生鲜肉正常的气味；肌肉有光泽、色鲜红、脂肪呈乳白色、无霉点；肉质紧密、有坚实感；外表及切片湿润，不粘手，无肉眼可见的杂质。

② 微生物及化学指标。生鲜肉品质主要受微生物和化学指标影响。微生物指标中，菌落总数是日常检测中风险度较高的指标之一。挥发性盐基氮是国标中规定的评价生鲜肉品质的重要化学指标。

在上述评价生鲜肉冷链物流服务质量的三个指标中，企业固有的服务能力影响物流服务过程质量，而物流服务过程质量的好坏又决定生鲜肉的品质。三个方面相互影响。

（2）冷链物流服务质量评价指标体系。王勇、张培林（2016）在借鉴 LSQ 测量模型的基础上，选取包含冷藏能力、运作能力、人员沟通能力和物流信息能力 4 个一级指标、17 个二级指标在内的评价指标，如图 5-3 所示。

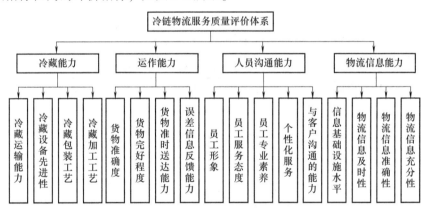

图 5-3 冷链物流服务质量评价体系

资料来源：王勇，张培林. 产业融合下冷链物流服务质量评价实证 [J]. 中国流通经济，2016，30（4）：33-39.

该评价指标体系通过合理地评价冷链物流企业的服务水平，寻找企业在实际经营过程中产生的各种问题，可以为企业提高冷链物流服务质量提供参考。

2. 顾客感知视角的冷链物流服务质量评价方法

聚焦冷链物流服务过程来评价冷链物流服务质量，便于对冷链物流运营管理各环节的服务状况进行考察和分析，然而，这种评价方法以冷链物流服务提供商作为评价主体，忽略了顾客作为消费主体的直接体验，在一定程度上降低了评价结果的真实性。而且，基于物流过程的冷链物流服务质量评价指标体系往往又与目前冷链物流的现实情境结合得不够紧密。由于生鲜食品冷链物流服务质量评价的主体是消费者，因而应当构建以消费者体验为最终导向的评价指标体系。近年来，学术界通过对测量服务质量的 SERVQUAL 模型及测量物流服务质量的 LSQ 模型等经典测量工具进行修正和调整，提出了顾客感知视角的冷链物流服务质量的相关测量维度及评价指标。以下介绍几种顾客感知视角的冷链物流服务质量评价方法。

（1）B2C 电子商务生鲜农产品冷链物流服务质量评价指标体系。侯杰玲、李林（2015）将 B2C 电子商务生鲜农产品冷链物流服务质量定义为：顾客在 B2C 电子商务网站发生购买生鲜农产品消费行为之后，对其感知的 B2C 购物网站所提供的物流服务质量（包括实体配送服务质量和营销服务质量两个方面）所进行的度量。参考 SERVQUAL 服务质量评价模型和 LSQ 物流服务质量评价模型中的指标维度，并结合生鲜农产品冷链物流服务的特点和对 B2C 电子商务生鲜农产品冷链物流服务质量内涵的理解，他们从可靠性、时效性、经济性、信息性、服务柔性 5 个维度构建了 B2C 电子商务生鲜农产品冷链物流服务质量评价评价指标体系，见表 5-1。

表 5-1　B2C 电子商务生鲜农产品冷链物流服务质量评价指标体系

评价维度	评价指标	指标描述
可靠性	物流设备	如冷库、冷藏车、冷藏箱等
	货物完好	产品最终交付到顾客手中时，产品是否完好无损，如农产品是否新鲜、是否有腐烂和变质的情况
	货物正确	农产品送到顾客手中时，该产品是否是顾客购买的产品，与订购数量是否一致
时效性	送货延迟时间	没能按照事先约定的时间将农产品送达顾客手中，而是延迟送到的时间，送货延迟时间越长，物流服务能力越低
	退货响应时间	顾客申请退货后 B2C 电商企业反应的时间
	订单响应时间	B2C 电商企业在接收到顾客传递过来的信息时，做出反应的时间
经济性	物流价格	顾客为获得物流服务冷链物流企业支付的费用
	退货成本	当购买的农产品不符合顾客预期时产生的退货费用
信息性	物流信息正确性	顾客在网上所查到的物流信息是否正确，是否能正确反映农产品的物流配送情况
	货物跟踪信息	顾客能够轻松查询到农产品的物流跟踪信息
	信息系统完备性	为顾客服务的信息系统的完备性，能否提供关于产品物流的重要信息，信息越充分，顾客满意度越高
	误差信息反馈	当产品运输出现错误时，顾客将误差信息反馈给企业，企业是否能较及时地给予回应
服务柔性	配送人员态度	配送人员在于顾客接触时其态度是否良好，是否及时用短信或电话通知顾客收取产品，是否能够对顾客提出的问题给予详尽的解答以及是否能够帮顾客助解决问题
	配送人员着装	配送人员的着装是否正式、统一
	配送方式灵活性	物流企业根据消费者的需求提供灵活的配送方式
	取货形式灵活性	顾客取货时有多种选择，如自提、送货上门

资料来源：侯杰玲，李林. B2C 电子商务生鲜农产品冷链物流服务质量评价研究 [J]. 物流科技，2015，38（6）：132-135.

可靠性是指 B2C 电子商务下物流企业及其服务人员能够遵守承诺为顾客带来事先承诺的服务，包括货物配送情况及设备是否可靠等。可靠性的指标包括：物流设备、货物是否完好、货品是否正确。

时效性是指物流企业在顾客指定的时间内将货物送达到指定地点，是物流服务的本质要求。时效性的指标包括：订单响应时间、送货延迟时间、退换货误差处理时间。

经济性是指顾客为物流服务所支付的价格。顾客在对物流价格进行评价时，最关注的是物流服务的性价比，即产品的价格与所提供的物流质量是否匹配。此外，当消费者对收到的产品不满意时，就会找商家退换商品，而退货成本会影响顾客对服务质量的主观评价。因此，反映经济性的指标可归纳为：物流价格和退货成本。

信息性是指顾客能够及时了解产品在物流服务过程中的全部信息。结合对 B2C 电子商务生鲜农产品冷链物流服务的特征分析，可将反映信息性的指标归纳为：物流信息正确性、货物跟踪信息、信息系统完备性、误差信息反馈能力。

服务柔性是指物流企业是否能够根据消费者不同的物流需求提供更多样、更灵活的服务。反映服务柔性的指标包括：配送方式灵活性、取货形式灵活性、人员态度、人员着装。

（2）食品冷链物流服务质量评价指标体系。杨龙龙（2016）从冷链物流服务质量的内涵出发，结合食品（酸奶）冷链物流的质量要求来确定，对 SERVQUAL 模型和 LSQ 模型中测量服务质量的维度进行合并、调整。其具体做法如下：

① LSQ 模型中的质量维度指的是送达顾客手中的产品质量，因此保留质量维度。

② LSQ 模型中的时间性和 SERVQUAL 模型中的响应性均是指服务过程中与时间概念相关的维度，因此保留并合并为时间性维度。

③ SERVQUAL 模型中的可靠性和保证性都反映了相关服务过程中活动所涉及的信息和操作是否可靠，将其保留并合并为可靠性。

④ SERVQUAL 模型中的移情性与有形性均是服务过程中给顾客的直接感受，因此将其保留；但由于移情性提供的个性化服务与服务的有形性给顾客感知过程都是可以通过某种形式表达出来的，因此都保留下来并合并为有形性。

⑤ 根据此次研究中冷链物流对象的特点，剔除了 LSQ 模型中的可得性维度。

经由上述分析，他们最终将食品冷链物流服务质量的评价维度确定为质量、时间性、可靠性和有形性 4 个方面，并依据指标选取原则选择了在库操作质量、配送破损、订单处理及时性、分拣时间、装货时间、配送准时性、运输温度控制、运输车辆预冷、发货准确性、缓冲区环境、信息管理水平、运输灵活性、运输能力和员工状况共 14 个评价指标。由此构建的食品冷链物流服务质量的评价指标体系如图 5-4 所示。

（3）生鲜电商环境下冷链物流服务质量评价指标体系。如前所述，学术界在构建冷链物流服务质量评价指标体系时，通常有解析冷链物流服务过程要素和借鉴 SERVQUAL 模型两种方法。张其春、黄陈润（2019）试图将这两种方法的优点结合起来。他们首先根据冷链物流系统属性对 SERVQUAL 模型中的有形性、可靠性、响应性、保证性和移情性 5 个维度进行调整和修正，形成评价维度；然后，在构建评价指标时，充分考虑冷链物流系统构成要素，借鉴 LSQ 量表，遴选适合评价生鲜冷链物流服务质量的指标，融合服务要素与服务结果，更全面地解析冷链物流服务质量的关键影响因素，最终形成了生鲜电商环境下测量冷链物流服务质量的有形性、可靠性、响应性、便利性 4 个评价维度及其对应的 17 个评价指标，见表 5-2。

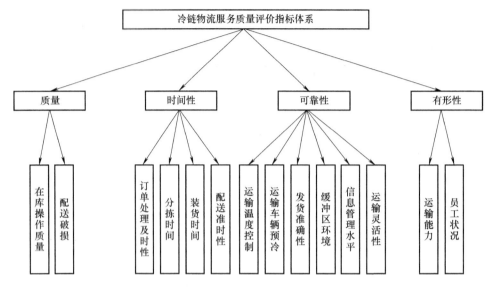

图 5-4　食品冷链物流服务质量评价指标体系

资料来源：杨龙龙. 基于 PCA-BP 神经网络的食品冷链物流服务质量评价研究［D］. 深圳：深圳大学，2016.

表 5-2　生鲜电商环境下冷链物流服务质量评价指标体系

评价维度	评价指标	指标描述
有形性	冷藏设施现代化	仓库冷藏设施设备的先进性、有效性与完备性
	运输设备温控化	冷链运输配送设备箱内温度的恒定性、可控性和可视性
	冷藏箱细分化	根据生鲜食品的温度要求选择制冷温度范围不同的保温箱、保温柜、特殊罐体等
	员工展现宜人性	工作人员的着装、形象、礼节以及业务熟练程度让顾客感觉到舒服的能力
可靠性	温控符合性	生鲜食品在冷藏、运输、装卸、搬运等环节的温度满足要求的程度
	配送准时性	按照规定的时间将生鲜食品送达顾客手中的能力
	产品损耗率	生鲜食品在运输、配送过程中，因为变质、损坏而造成损耗的比例
	流程标准化	生鲜食品从入库到出库采取标准化作业的程度
	信息掌控性	在运输、配送过程中可以随时监控冷藏车辆位置、生鲜食品温度的能力
响应性	订单处理及时性	在规定时间内将顾客订单处理完毕的能力
	装卸定时性	在产地、仓库、门店等处进行产品装卸、分拣、搬运满足时间限定的能力
	信息更新时效性	让顾客及时掌握到物流信息动态更新的能力
	咨询投诉高效性	提出咨询或投诉时物流提供商反馈及处理的速度
便利性	物流成本经济性	顾客获取物流服务所需支付费用的合理程度
	交货取货灵活性	顾客具有弹性的交货、取货方式，具有柔性的时间安排
	服务补救便捷性	发生售后问题时为顾客提供折价、退换货等补救措施的可能性
	配送网点覆盖率	冷链物流配送范围和配送终端网点密度

资料来源：张其春，黄陈润. 生鲜电商环境下食品冷链物流服务质量评价研究：基于 PCA-BP 神经网络的实证［J］. 大连海事大学学报（社会科学版），2019，18（3）：70-77.

我国冷链物流的发展还处于起步阶段，对冷链物流服务质量的评价体系也处于探索阶段。在构建冷链物流服务质量评价体系的过程中，需要树立创新意识，积极开展探索工作：其一，要积极学习国外先进冷链物流服务质量评价体系的构建经验，并结合国内的实际情况，将其融入评价体系建设中去；其二，要树立创新意识，积极将先进的统计方法及信息技术融入冷链物流服务质量评价之中，促进评价指标体系向科学化、系统化发展；其三，加强理论与实践的对接，鼓励对本土冷链物流实践案例的研究，促进我国冷链物流服务质量评价体系的本土化和应用化。

第三节　冷链物流服务质量管理的内容和方法

随着生活质量的提高和消费水平的升级，人们对食物的要求越来越高。食品的运输、储存和安全已成为社会关注的焦点。不断提高冷链物流技术与管理水平，提升冷链物流服务质量具有重要的现实意义。冷链物流就是要紧紧围绕食品安全与运营效率，以供应链和系统化管理思想为核心，以效率优先为指导原则，在危害分析及关键控制点确定的基础上，综合应用现代管理方法、现代信息技术、物流技术、节能和温度监控技术，实现投入产出比最优，作业质量和效率最佳，作业成本最低的冷链物流管理效果。

一、冷链物流质量管理的内容

冷链物流储运的对象是易腐、易变质的产品，其物流作业要求较常温物流更为严格。因此，冷链物流质量管理具有特殊性，其涉及的内容包括冷链产品的质量保证、冷链食品的质量改善、冷链物流服务质量、冷链物流工作质量和冷链物流工程质量 5 个方面的内容。

（一）冷链食品的质量保证

冷链物流的作业对象是对温度有要求的食品，如生鲜食品、蔬菜、水果等。这些食品有一定的外观规格和性质，并且它们的质量在生产时就已经达到了一定质量。因此，在对这类产品进行运输配送时，需要通过低温来保证其质量，否则会失去产品的价值，达不到客户的需求。同时，为保证冷链食品的质量，必须注重生产和流通两个环节。

（二）冷链产品的质量改善

冷链物流过程不只是保护和转移产品原有的质量，还可以利用流通加工、保鲜手段等技术来改善和提高产品的质量。因此，冷链物流过程在一定意义上也是质量形成及改善的过程。

（三）冷链物流服务质量

冷链物流的性质在于提供服务和满足消费者需求，所以从这个意义上说，整个冷链物流的质量目标就是其服务质量。影响冷链物流服务质量的因素有两个：冷链物流工作质量和冷链物流工程质量。

（四）冷链物流工作质量

冷链物流作为一个系统的活动，存在着相互影响的各种因素，任何一个环节出了问题都会导致服务质量的下降。因此，要想提高冷链物流服务水平，必须从每个环节去控制，把目标落实到各个环节、各个工作岗位中，只有这样才能实现冷链物流的总体目标。

（五）冷链物流工程质量

冷链物流工程质量是指整个冷链物流活动中涉及的技术水平因素，即物流技术、信息化程度、物流设施设备等。冷链物流将易腐、生鲜食品的生产、运输、销售、经济和技术等各种问题集中起来考虑，因而是一项具有高科技含量的系统工程。这决定了冷链物流的质量体系是多层次的，是多种因素相互依赖、相互作用的结果。

对冷链物流来说，最终的质量管理目标是物流服务质量。为顾客提供满意的服务，为顾客创造价值，从而达成长期的、良好的合作关系。冷链物流服务质量依赖于商品的质量保证，也就是在冷链商品流通过程中必须注意物流各项作业的速度和质量以及温度控制，使易腐、生鲜食品从产地收购、加工、储藏、运输、销售直到消费的各个环节都处于适当的低温环境之中，以保证产品的质量，减少产品的损耗，防止产品的变质和污染。因此，商品的质量保证是冷链物流质量体系的基本目标。而产品质量的保证又依赖于物流工作质量、物流工程质量和产品质量改善。冷链物流五种质量之间的关系如图5-5所示。

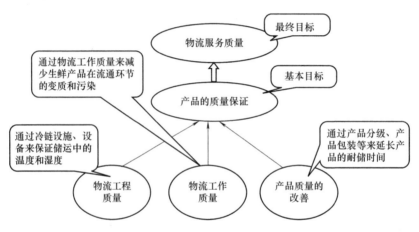

图 5-5　冷链物流的五种质量

二、冷链物流服务质量管理的方法

学术界以不同视角对冷链物流服务质量评价进行了探索，这些研究成果在引导冷链物流服务质量提升方面发挥着重要的作用。以冷链物流服务质量评价为切入点，物流企业可以引入相应的管理技术方法，改进冷链物流服务质量管理。

（一）基于关键控制点的冷链物流服务质量管理

关键控制点是指通过对原料、关键性工序、产品安全管理等因素进行分析，找到其中关键性的环节，在此基础上实现完善的冷链物流服务质量管理体系的构建。通过这一方法，可以矫正实际物流服务中的缺陷，建立集鉴别、评价、控制为一体的质量管理体系，对冷链产品安全监督和管理工作起到良好的辅助效能。

一般来说，这种方法主要包括如下几个方面的内容：

1. 做好危害分析

危害分析需要对整个冷链物流流程中可能存在危害的每项措施进行分析，要做到细致全面，以确保在之后的步骤中不遗漏关键控制点。

2. 确定关键控制点

一般采用决策树图来找出流程中的关键控制点。每个关键控制点会有一项或多项控制措施确保预防、消除了已确定的显著危害或将其降低到了可接受的水平。每一项控制措施要有一个或多个相应的关键限值。

3. 对关键点进行监控

对每个关键控制点进行监控的目的是评估关键控制点是否处于控制之中。在监控过程中，一旦发现被控制参数不符合关键限值，就要采取纠偏措施，并对监控记录进行保存，做好实际的验证工作。

对于冷链物流服务企业而言，运用关键控制点评价方式的优势在于：首先，可以驱动冷链产品风险预警体系不断完善；其次，可以积极借鉴发达国家的各种实践经验，使实际的运作效果得以体现；再次，全面的资料保存可以使冷链产品安全监督和管理进入到信息化的流程，并结合实际情况做好适当的调整和改善，保证冷链产品质量管理体系协调运转。

例如，食品安全事故的主要因素包括微生物污染、环境因素、营养均衡因素、农药残留因素及食品添加剂因素等。结合这些因素开展危害分析，实现关键控制点的管理，可以实现从源头到餐桌的全程精准管控，使食品质量管理和控制朝着更加夯实的方向发展和进步。

（二）基于六西格玛管理的冷链物流服务质量管理

六西格玛（six sigma 或 6σ）是一种关注企业流程管理质量、原则制定、技术标准形成的管理方法，其最终的落脚点为实现经营绩效的不断提升，全面提升企业的竞争力。6σ质量代表了极高的对顾客要求的符合性和极低的缺陷率。它把顾客的期望作为目标，并且不断超越这种期望。企业从 3σ 开始，然后是 4σ、5σ，最终达到 6σ。

以蔬菜冷链产品为例，运用六西格玛方法，其实际的物流服务质量管理切入点集中体现在以下阶段：

1. 定义阶段

物流企业需要依靠自身的资源，结合市场的需求，以有效的方式方法，实现实际问题、目标和流程的界定，找到客户的潜在需求，以界定客户的潜在期望。此时，市场在资源配置中起到基础性的作用，以高产、优质、高效、生态、安全为基本标准，积极实现蔬菜品种结构的优化调整，协调不同供应商、制造商、仓储部门、销售商之间的关系，确保上下游节点朝着稳定的方向发展。这是使蔬菜冷藏流程得以优化的关键所在。

2. 测量节点

使用六西格玛管理的方法，以顾客调查表、跟踪顾客服务信息、分析对手等措施为契机，站在相对全面的角度去审视蔬菜产品的采集、加工、包装、运输、仓储、配送、销售等行为，继而以层次分析的方式去应对各种流程，并针对顾客不同时间段的需求，实现关键性数据信息范围的缩减，以此发掘蔬菜冷链物流的关键性影响因素。这就是核心问题所在。

3. 分析阶段

这一阶段主要是物流企业对各种蔬菜产品的物流服务质量进行探查。一般使用的手段有逻辑分析法、个别访谈法、观察法等。在此基础上，获取实际有效的数据和流程图，提出初始的改进方案，保证后期的计划工作得以有效开展。

4. 改进节点

这一阶段需要在现代信息技术的帮助下，使实际的调控和技术储运设置在相对合理的状态下，并由此获得更多的改进方案，界定实际的关键因素。当每个节点的作用、重点、标准得到界定后，就可以实现各个方案之间的对比，蔬菜冷链物流流程也因此能够得到不断优化。在此过程中，可以培养大量会管理、懂技术的复合型人才。

5. 控制节点

制定过程控制的规划，实现相关计划的不断搜集和整理，并且依照实际的程序数据实现调整和改进，这样可以驱动蔬菜冷链物流流程朝着可持续的方向发展。

三、冷链物流服务质量管理的措施

随着社会的发展，个性化、定制化热潮兴起，物流市场的需求也在逐渐走向个性化和创新化。由于我国冷链物流发展起步较晚，冷链设施不够完善，冷冻产品的生产尚未形成规模，大多数冷链物流企业集包装、配送、加工、储存于一体，缺乏专业化分工，物流服务成本较高。因此，我国冷链物流行业应追随市场发展的方向，完善物流服务模式，创新物流管理方式，满足各类客户的需求，打造综合化的冷链物流服务体系。

（一）完善物流服务质量管理的机制

企业质量管理是企业管理的关键一环，企业要全面抓好质量管理，与组织结构优化相结合，才能彻底实现企业的全面管理。由于生鲜食品消费量的快速增长和消费品种的多样化，冷链物流业务繁忙，冷链物流各部门对冷链物流的监控力度相对较弱，很多质量问题疏于管理或无人管理。因此，应完善物流服务质量管理的组织结构和制度体系建设。

1. 建立物流过程为导向的质量管理组织

组织结构是构成质量控制体系的组织保证，质量责任制则是落实各项质量职能的重要手段。物流组织的最高管理者对质量方针的制定、实施负有最终责任，对物流服务质量负有全面责任。因此，组织的最高管理者应使各职能部门、各项目负责人和各类人员的质量职责得以落实。

为了加强物流服务质量管理，完善质量管理体系，应建立以物流过程为导向的水平化组织。例如，可以订单管理过程、加工与库存过程和配送战略过程这三个重要的冷链物流过程为导向，构建水平化组织结构，如图5-6所示。

从图5-6可以看出，针对每一个冷链物流过程都要组建一个特定的团队来完成具体的工作，并由企业高层管理人员所组成的过程管理者对团队进行领导。而建立这种水平组织的指导思想就是最好地实现每个物流过程的关键质量指标，从而达到保障各环节质量的目的。

2. 完善物流服务质量管理的制度标准

"无规矩不成方圆"。没有好的物流服务质量管理制度是不能做好质量管理工作的。在企业中，经常会存在很多制度文件通用性较强，而对不同物流环节和部门规定不细，或有很多方面未做规定，因而不能进行有效地实施物流服务质量管理的情况。为此，需要根据冷链物流自身管理的需要和企业当前存在的最突出的质量问题，参照同行业的先进标准，编制相应的物流服务质量管理文件。同时，冷链物流作为新兴行业，国家应对其进行宏观调控和指导，尽快制定全面的质量控制标准，实行标准化、规范化管理，进一步加强质量控制。

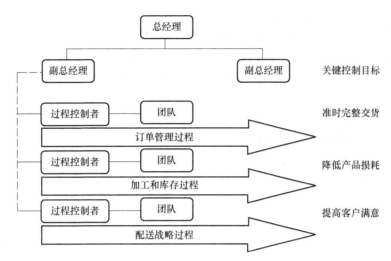

图5-6　以物流过程为导向的水平化组织结构

（二）加强对员工的管理和培训

冷链物流中最关键的就是对冷链产品的有效控制，而这往往要依靠手工作业完成，冷链物流服务质量在很大程度上依赖工人的作业能力和质量意识。因此，加强质量过程控制，首先必须从人员入手，做好如下工作。

1. 提高员工的质量意识

提高员工的质量意识，关键是培养一大批具有"零缺陷"质量意识的高素质员工，树立先进的质量观念。市场经济条件下，质量是反映产品或服务是否满足明确或隐含需求能力特性的总和。判断冷链物流服务质量的好坏，不仅要看冷链物流本身的符合性质量是否达标，更重要的是要看其能否满足用户的需要及其满足需要的程度。为此，必须把"用户型标准"的质量观念纳入质量控制教育的主题，树立员工的"大质量"观念，以便为用户提供优良的物流服务。

2. 做好人员的质量培训

冷链物流工作人员首先必须进行卫生知识培训，考核合格后方可上岗。冷链物流工作人员应有良好的个人卫生习惯，定期检查身体，并按要求取得健康证。除了卫生知识培训外，各部门还应该结合员工岗位，有计划、分级分类地开展质量与可靠性培训，制订各级各类人员的质量培训与考核总体方案，编制针对领导干部、工程技术人员、管理人员和生产工人等不同层次人员的质量培训与考核大纲。此外，应结合不同物流环节推行可靠性技术与管理工作，举办多层次、多类型、方式多样的培训活动。

3. 提升员工的技术能力

市场竞争要求食品冷链能够提供全方位、全过程、多元化、技术性的服务。只有不断提高服务人员的技能，企业终端服务质量的提高才能得到保障，冷链物流服务质量才能得以控制和提升。冷链物流流通加工人员应熟练掌握冷链物流质量标准和质量检验规范，能准确、熟练、快速地进行生鲜产品的挑选、分级、分割、包装工作。对于冷链物流搬运及装卸、配送工作人员，应熟悉各类机械设备的操作、冷链物流的作业规范和交通路线，能够快捷地完成冷冻产品的搬运、装卸、配送工作，缩短冷链产品暴露在常温下的时间，降低冷库能耗，保证冷链物流服务质量。

为全面提升员工的技术能力，首先应通过岗位培训和等级工培训来提高员工的岗位技术能力，严格进行应知、应会考核，员工只有通过相应的岗位考试才能独立上岗操作。其次，应有计划地安排员工进行等级技能培训和相关的专业课学习，提高员工的技术综合素质。

4. 实施激励约束机制

在冷链物流服务过程中，企业应对工作技能高且质量意识强的员工给予奖励，而对于作业效率低、造成货物损耗率高的员工要给予相应处罚。奖惩可以与部门绩效考核工资挂钩，并将此项目纳入质量管理考核制度中。

（三）加强技术设备的维护和管理

冷链物流与传统的常温物流在实际运作过程中最大的差异，就体现在冷藏装备和冷冻技术的应用上。因此，必须加强对冷链技术设备的维护和管理，确保设施设备的运行状态良好，以此保障冷链物流系统的有效运作。

1. 设备设施

设备设施在冷链物流过程中的正常运行，是冷链物流质量的重要保证。为了确保物流设备和温控设备的良好运转，可从以下几方面进行设备管理改进：

（1）建立设备设施的管理档案。在冷链物流过程中，生鲜农产品的质量需要依靠各种设备设施尤其是温控设备和操作者来共同保证。没有可靠的设备设施，在生产流通过程中保证产品质量就是无法实现的。为了有效开展冷链物流的设备设施管理，企业应成立由部门负责人、质量员、设备维修操作工为骨干的全员生产维护小组，为每台设备建立档案，并重点收集该设备的日常检查、保养、维修和改造记录。设备档案既能为科学分析重复发生的故障提供依据，又能使计划维修保养更具针对性。

（2）对设备设施定期跟踪、分析和控制。企业应定期跟踪每台设备的运行状况，并通过判断、评价单台设备的不良运行趋势，分析并累积故障原因、制定措施，达到对设备故障时间的长期有效控制。

（3）预防性设备维修。在满负荷运转条件下，停机保养是确保冷链物流长期正常运作的重要保证。进行预防性的设备维修保养，就是用可支配的计划保养时间来减少不能预料的设备故障停机时间。为做好这一工作，企业生产设备维护小组成员应当利用设备闲置时间，完成每月的计划维修保养，最大程度地降低设备在物流过程中的故障率。

2. 质量监控测量技术

冷链物流服务过程是较难监控的，这主要是由于服务场所往往比较分散，运输等服务过程又在企业外部发生，同时也缺乏有效的监控手段。此外，由于测量的主观性、每次测量的不可重复性、测量和服务过程甚至不同步进行等原因，冷链物流服务行为的测量也难以准确进行。随着远程信息通信技术以及计算机技术的发展和应用，这些难题正在逐渐被攻克。通过条码技术、FRID（射频识别）技术和计算机仿真技术相结合，可以远程控制分布各地的仓储活动，并通过计算机终端及时记录和汇总其中的各种缺陷情况，甚至使用摄像头跟踪和记录服务活动，记录因错误行为导致的服务缺陷。GIS（地理信息系统）和卫星定位系统技术的应用，解决了企业对长途运输过程的监控难题，可实现从原始的电话信息反馈、手机短信反馈，到自动反馈和记录服务行为的数据，不但提高了准确性、可靠性，而且提高了及时性。

（四）加强冷链物流作业管理

冷链物流作业涉及环节较多，对温度控制、技术标准及作业流程等均具有较高的要求，需要对作业流程及环节加强管理，确保冷链产品的品质和物流服务令客户满意。

1. 实施标准化的操作方法

冷链物流包括生鲜食品采购、储存、加工、配送和销售等一系列环节。按照泰勒制的标准操作方法可归纳为以下要点：

① 按照质量安全标准采购冷链产品。

② 按照各类生鲜食品的属性进行必要的保鲜处理和储存。

③ 按照标准化的操作方法进行产成品加工。

④ 按照产品标准分级进行运输配送。

⑤ 按照销售规律进行标准化陈列，并进行保鲜养护。

⑥ 所有操作流程和方法都以文本的方式固定下来，并进行周期性检查和不断优化。

2. 实现低温运输冷藏链的无缝化对接

冷链强调所有环节都应处于冷藏环境下。发展冷链物流业，应通过标准化和跟踪技术建立生鲜产品冷链，确保冷链各个主体间无缝化对接。例如，光明牛奶的"门到门"思想，在冷藏车到冷库接运牛奶时，需先将车倒进 10m 的门廊中再接运，这 10m 的门廊温度控制在 0～10℃内，从而实现冷链的永不"断链"，确保产量质量，减少能量损耗。针对冷链产品，尤其是肉制品和水产品的运输，为避免温度波动，应保证运输车辆的连续供电，不间断制冷。

（五）加强内部过程质量审核

质量审核是为了验证质量控制活动是否符合计划安排，以及其结果能否达到预期目标所进行的系统的、独立的质量工作。内部质量审核是以内部质量控制体系审核、过程质量审核、产品质量审核为核心的一系列质量活动。其中，过程质量审核是内部质量审核的重点，其目的是为了验证影响冷链过程的因素及其控制方法是否满足过程控制的要求，及时发现存在的问题，并采取有效的纠正或预防措施进行改进和提高，确保过程质量处于稳定受控状态。

过程质量审核应参照 ISO 9000 质量体系认证质量能力审核的模式，以关键作业为重点，以影响过程质量的因素为参照，进行全面的审核。为加强内部过程质量审核工作，企业应建立以质量助理和部门兼职质量员为成员的质量内审小组，有计划地组织进行过程质量审核。质量内审小组可根据需要开展以下审核工作：

① 对审核的内容、时间、频次、人员等做出具体的部署，每月不得少于两次审核现有人员的技术水平和业务能力是否符合质量控制的要求。

② 审查冷链产品早期质量和冷链物流合作商的质量能力。

③ 审查冷链物流流程、作业指导书的正确性、完整性和可操作性。

④ 审查冷链产品的储存、包装、搬运、标识是否符合程序文件的规定，是否有磕碰、

损坏、变质的现象。

⑤ 审查物流设备、温控设备、检验设备的完好率、专管率、周期检验率等是否满足控制的质量要求。

⑥ 重点审查作业质量控制点的物流作业质量能力、质量记录和统计分析结果。

⑦ 审查各部门的工作质量，部门之间的衔接是否具有连续性和稳定性，以防断链。

⑧ 找出过程质量控制存在的问题，采取有效的纠正或预防措施，不断改进和提高过程质量控制能力。

内部质量审核是质量改进的一种手段，其目的在于不断地改善冷链物流服务质量管理体系，使企业管理者能够把握质量管理体系运行的总脉搏，并将其作为质量决策的重要依据，通过开展有效的内部质量审核工作，不断补充、完善和修订质量体系文件，实现文件的动态化管理，促进冷链物流服务质量管理体系有效运行，切实保障冷链物流服务质量。

（六）实施精细化管理

细节决定成败。冷链物流流程中微小的缺陷以及状态的细微变化，都有可能导致冷链产品品质的改变。因此，要求对冷链物流的全过程进行极其严格的精细过程质量控制与管理，强调"五有"，即有依据、有检查、有记录、有对比、有结论。通过不断总结冷链产品流通过程中物流作业正反两方面的经验，可以逐步探索出一系列科学、独特的精细化管理措施。

1. 实行冷链产品"五统一"管理

所谓"五统一"管理，即统一采购、统一标识、统一配送、统一验收、统一复验。实行"五统一"管理，可以切实提高产品质量，规范冷链物流配送流程。

2. 建立冷链流程标准

冷链流程应涵盖温度记录与跟踪、温度设备控制、商品验收、温度监控点设定、运作系统标准作业程序的建立等各项活动，即便是在手工操作的微小环节上，也要有严格的标准进行把关。

3. 实施共同配送

通过冷链物流的集中化处理，能够有效提高冷链车辆的装载率，节省冷链物流处理空间和人力资源，提升冷链商业物流环境，进而改善整体社会生活品质。

【本章小结】

● 冷链物流是指保证冷链食品在生产、储藏、配送、销售直到最终消费前的所有环节中始终处于低温环境中，以最佳的物流手段保证食品质量、减少食品损耗的一种物流体系。冷链物流具有时效性、复杂性、协调性和高成本性的特点。

● 在一个完整的冷链物流供应链中，物流操作环节主要由冷冻加工、冷冻储存、冷藏运输与配送、冷藏销售 4 个部分组成。

● 冷链物流服务质量就是冷链物流服务提供商所提供的冷链物流满足消费者对食品新鲜度、安全性、时效性、舒适性、经济性等方面要求的程度。影响冷链物流质量的因素主要包括机制、人、技术设施、作业和环境这 5 个企业内在影响因素，以及立法机制、政府政策导向、同行业竞争者及社会舆论这 4 个企业外部影响因素。

● 冷链物流服务质量评价倡导将多方行为主体在冷链物流服务过程中的行为进行有效评价，有利于更全面地认知冷链物流服务，驱动物流服务质量管理的标准化发展。冷链物流服务质量评价具有系统性、过程性、全面性、动态性和先进性的特征。

● 冷链物流服务质量的评价方法主要分为两类：一类是物流过程视角的冷链物流服务质量评价方法，另一类是顾客感知视角的冷链物流服务质量评价方法。两种方法各有优劣。以冷链物流过程为基础所构建的指标体系脉络清晰、易于理解，但主要体现为物流要素，忽视结果指标的衡量；从顾客感知视角构建评价指标体系通常借鉴 SERVQUAL 模型，侧重于从功能或结果维度测量冷链物流服务质量，理论性较强，但有些指标含义比较模糊，且各维度间存在一定的交叉。

● 冷链物流质量管理具有特殊性，其涉及的内容包括冷链产品的质量保证、冷链产品的质量改善、冷链物流服务质量、冷链物流工作质量和冷链物流工程质量 5 个方面的内容。

● 以冷链物流服务质量评价为切入点，物流企业可以引入相应的管理技术方法，改进冷链物流服务质量管理，主要包括基于关键控制点的冷链物流服务质量管理和基于六西格玛管理的冷链物流服务质量管理。

● 冷链物流服务质量管理的措施包括：完善物流服务质量管理的机制、加强对员工的管理和培训、加强技术设备的维护管理、加强冷链物流作业管理、加强内部过程质量审核和实施精细化管理。

【思考题】

1. 什么是冷链物流？一个完整的冷链物流系统由哪些部分构成？
2. 如何理解冷链物流服务质量的概念？
3. 影响冷链物流服务质量的因素有哪些？它们之间存在哪些关系？
4. 开展冷链物流服务质量评价有哪些意义？
5. 冷链物流服务质量评价有哪些方法？试比较、分析各方法的优劣。
6. 冷链物流质量管理包括哪些主要内容？各项内容之间有何联系？
7. 冷链物流服务质量管理主要有哪些方法？
8. 冷链物流服务质量的措施有哪些？

【实践训练】

1. 查询近年来我国冷链物流行业发展报告，了解我国冷链物流的发展状况，并就此整理成一份时长 10 分钟的报告，以备课堂交流。

2. 假如你是一家大型生鲜电商负责人，你选择自建冷链平台还是委托第三方物流服务商进行？说明你做出这样选择的理由。

3. 与班级同学讨论国内冷链物流服务的主要模式，并分析各自物流服务质量管理的方式。

【案例讨论】

麦当劳的冷链物流管理

麦当劳的冷链物流标准，涵盖了温度记录与跟踪、温度设备控制、商品验收、温度监控点设定、运作系统 SOP（标准作业程序）的建立等领域。即便是在手工劳动的微小环节，也有标准把关。

麦当劳对其食品冷链物流的管理不是采取自营模式，而是将业务外包给夏晖公司进行管理。麦当劳之所以将冷链物流的管理业务进行外包，除了想为自身赢得更全面、更专业化的服务外，还能在解决本企业资源有限的问题的同时，更专注于核心业务的发展以及带来增值性服务。

为了满足麦当劳冷链物流的要求，夏晖公司当时在北京投资建立了一个占地面积达 12 000 m^2、世界领先的多温度食品分发物流中心，配备了专业的三温度（冷冻、冷藏、常温）运输车辆。中心内设有冷藏库、冷冻库及干货库，各个库区都极其严格地控制温度、湿度，从而保证了产品的品质。

麦当劳通过对夏晖公司冷链物流的过程管理，从而实现对自己餐厅销售的食品质量的控制。麦当劳通过订单管理以及库存与配送管理进行管理，麦当劳餐厅的经理需要预先估计安全库存，一旦库存量低于安全库存，便进入订货程序。麦当劳在网上下订单，将订单发往配销中心。夏晖公司在接到订单之后，在最短的时间内完成装货、送货一系列过程。但只有这种网上订货的方式还不够。每天，餐厅经理都要对照订货量与进货周期，一旦发现问题，便立刻进入紧急订货程序。虽然紧急订货不被鼓励，但一经确认，货品两个小时后就会被送到餐厅门口。麦当劳通过对其订单的有效管理，实现了仓库储备的货物总能保证在安全库存之上，保证随时能够满足消费者对食品的任何要求。

麦当劳对夏晖公司的库存与配送提出了"保证准时送达率、保证麦当劳的任何一个餐厅不断货、保持每一件货物的质量处在最佳状态"的三点基本要求。其中，保证货物的新鲜度是难度较大的环节。在接到订单后，夏晖公司就开始准备装车的工作。所有需要的货物都在夏晖公司的物流配送中心进行配送作业。在装货的过程中，冷冻、冷藏运输车辆停靠在装货的车道内，能与冷库实现完全的密封性对接。两家公司为了保证营业期间食品的新鲜度，冷藏库坚持"先进、先出"的进出货方式，并针对物品入库和出库环节也制定了严格的标准。

当食品运到麦当劳餐厅时，麦当劳餐厅经理首先会提前做一系列准备工作，如检查冷藏和冷冻库温是否正常，抽查产品的接货温度，检验产品的有效期，检查包装是否有破损和污染等情况。如果任何一个环节不符合要求，货品都要退回夏晖公司。

参考资料：郑宇欣. 对麦当劳冷链物流的分析与借鉴［J］. 中外企业家，2018（16）：57-58.

思考：

1. 麦当劳采取了哪些冷链物流管理方式？为什么？
2. 夏晖公司在冷链物流服务方面具有哪些优势？
3. 麦当劳是如何进行冷链物流质量管理与控制的？

【延伸阅读】

1. 陈红丽，张利瑶，张欣．基于 FAHP 的生鲜食品冷链物流服务质量评价模型的构建［J］．物流技术，2015，34（7）：142-145，189.

2. 侯杰玲，李林．B2C 电子商务生鲜农产品冷链物流服务质量评价研究［J］．物流科技，2015，38（6）：132-135.

3. 邱斌．基于突变级数法的生鲜电商冷链物流服务质量评价研究［D］．北京：北京交通大学，2017.

4. 宋宝娥，朱文英，李晓明．基于模糊综合评判的农产品冷链物流质量安全评价研究［J］．食品与生物技术学报，2013，32（10）：1057-1062.

5. 田雪，郑彩云．生鲜产品冷链物流服务质量研究［J］．中国储运，2016（2）：115-117.

6. 王勇，张培林．产业融合下冷链物流服务质量评价实证［J］．中国流通经济，2016，30（4）：33-39.

7. 杨龙龙．基于 PCA-BP 神经网络的食品冷链物流服务质量评价研究［D］．深圳：深圳大学，2016.

8. 叶缘海．生鲜农产品冷链物流服务质量评价研究［D］．福州：福建农林大学，2017.

9. 张其春，黄陈润．生鲜电商环境下食品冷链物流服务质量评价研究：基于 PCA-BP 神经网络的实证［J］．大连海事大学学报（社会科学版），2019，18（3）：70-77.

10. BARKER G C，ALBO N L C，PECKM W. Riskassessment for clostridium botulimum a network approach［J］．International Biodetetioration，2002，50（3）：167-175.

11. JOSHI R，BANWET D K，SHANKAR R. A Delphi-AHP-TOPSIS based benchmarking framework for performance improvement of a cold chain［J］．Expert Systems with Applications，2011，38（8）：10170-10182.

12. DURET S，GUILLIER L，HOANG H M，et al. Identification of the significant factors in food quality using global sensitivity analysis and the accept-and-reject algorithm［J］．Journal of Food Engineering，2015，148（3）：58-65.

第六章

众包物流服务质量管理

【学习目标】

知识目标

1. 掌握众包物流的概念和特点。

2. 了解众包物流的服务过程。

3. 理解众包物流服务质量的内涵。

能力目标

1. 理解众包物流服务质量的影响因素。

2. 熟悉众包物流服务质量的评价方法。

3. 掌握众包物流服务质量的管理对策。

【引导案例】

京东众包：一场社会化的电商革命

伴随"京东到家"在全国主要城市扩张的加速，这种电商O2O（Online to Offline，即线上到线下，是指将线下的商务机会与互联网结合）模式不仅对京东提供的商品及服务品质构成了挑战，更是对其背后的京东自营物流与配送体系的重大考验。为了更适应O2O的业务需求，提升用户的送达体验，2015年5月12日，"京东到家"上线的众包物流模式"京东众包"在北京正式开抢。

京东公司强调，只要参与者年满18周岁，拥有一部能上网的智能手机，就可成为"京东众包"的兼职配送员。配送员用手机自行下载APP、注册，并经京东公司培训后上岗，即可抢单。配送员完成周边3~5km范围内商品的2小时配送，每单可获得配送费6元。

"京东众包"和传统京东自营物流配送、第三方快递公司有何不同呢？从配送人员来看，"京东众包"的从业人员主要依托社会运力，这既不同于京东自营物流的正式员工，也与第三方物流的派遣劳力有所不同。从模式来看，"京东众包"采取按单隔日付费的方式结算，相比自营物流的雇佣或第三方物流的外包而言，成本更低，是一种"轻资产"的运营模式，有利于迅速扩张和规模化复制。从效率来看，"京东众包"按照区域范围进行划分，每个社会运力能够抢单的范围是周边3~5km，这种制度安排可以让"京东众包"

的运力形成"网格效应"，每个网格内都有运力响应，从而在整体上达到效率最优，实现快速送达的承诺。总之，"京东众包"的本质仍是一种快递服务，但其利用社会人员，经过上岗培训后担任京东的"社会快递员"，在模式上实现了"轻资产"运营，可以快速扩张。

那么，京东为何要强力推出"京东众包"呢？

首先，不难看出，"京东众包"的直接服务对象是"京东到家"。美国电商业界曾指出，就电商与O2O的关系而言，电商只是大蛋糕的10%，而O2O才是余下的90%。京东要真正解决全社会的电商需求，通过"京东众包"招募社会快递员无疑是明智之举。通过此举，京东可以杠杆化社会运力资源，实现快递服务"从群众中来，到群众中去"，推动O2O电商的真正普及。

其次，京东通过"京东众包"和"京东到家"实现了物流模式创新。凭借多年的自营电商经验，京东已形成独特的"软实力"。这些管理经验通过"京东众包"和"京东到家"的不断复制，有助于京东实现从"自营电商""平台电商"向"社会化电商"的迈进。

再次，通过"京东众包"和"京东到家"，京东让O2O电商连接了更多普通的消费者和线下资源，为更多消费者提供了购物便利。此举撬动的正是90%的"蛋糕"部分。这也意味着京东将影响更多的受众，不仅是白领或资深网民，很多掌握家庭财政权的妇女们也将成为"京东到家"的新粉丝。

最后，"京东众包"和"京东到家"有利于促进社会就业和民生发展。"京东众包"为每一个成年人开辟了将闲暇时间转换为金钱的机会，不论何时、何地，只要通过"京东众包"APP抢单并完成交付，就能获得报酬，这对拥有闲暇时间的人群无疑是很好的机会。同时，"京东到家"也将促进消费，拉动当地经济发展——哪怕每个家庭每周多消费两个面包，世界也可能会完全不同。

资料来源：作者根据网经社（http：//www.100ec.cn/home/detail--6266031.html）相关资料改编。

思考：京东为什么要推出"京东众包"配送服务？

在"宅经济"盛行、本地化电商服务盛行的商业背景下，物流行业，尤其是同城物流的终端配送面临着前所未有的挑战。外卖、生鲜等本地化电商平台的日趋火爆给物流服务提供商带来了指数级增长的配送需求，而仅凭现存的自建物流模式以及传统的第三方物流平台，已经无法满足终端物流配送的需求了。将众包思路引入物流配送领域，把众多的快递配送任务外包给大众群体，充分利用社会闲散资源，是解决物流终端配送难题的全新尝试。以"京东到家"为代表的O2O企业通过创新的"众包"模式，正悄然改变着传统的物流配送方式。"京东众包"是京东推出的一种全新的、社会化的全民快递服务，是京东在自营配送体系基础上进行的创新和探索。每一个人在空闲的时候，不论身处何地，都可以送快递、赚外快，这既是一种全新的生活体验，也是对物流配送方式的一次革命。然而，如何规范众包物流服务，提升众包物流服务质量，是众包物流模式发展中的重要课题。本章将系统讲述众包物流的概念、特点及服务过程，众包物流服务质量的内涵与评价，众包物流服务质量的管理这三方面的内容。

第一节　众包物流概述

随着移动互联技术的快速发展及消费者价值共创能力的日益提升，利用众包模式引入外部劳动力已成为企业降低运营成本和提高服务效率的利器。众包物流模式凭借其低成本、高效率以及最大化利用社会闲置资源等优势，逐渐被各类电商及提供到家服务的企业所重视。

一、众包的含义

众包（Crowd Sourcing）的概念最早由美国《连线》杂志记者杰夫·豪（Jeff Howe）于 2006 年提出，是指把传统上由内部员工或外部承包商所做的工作以自由自愿的形式外包给一个大型的、非特定的群体去做。自主参与、自由协作、开放性思维和互联网基因是众包的主要特征。

（一）众包的要素

众包一般涉及 3 个基本要素：有待执行的任务、执行任务的群体、用来执行任务的过程和工具。这些要素由激励措施和网络技术连接起来，如图 6-1 所示。

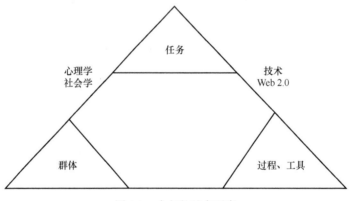

图 6-1　众包的基本要素

（二）众包的过程

众包被视为群体解决问题或者工作分享的过程，通常在互联网上进行。众包一开始是以问题的公开征集作为开端，然后由在线社区的成员提出意见，并按要求提交个人的解决方案。成员之间可以就解决方案进行讨论，并投票选出最佳方案，但最终选择哪种方案由群体或企业管理层决定。在群体中脱颖而出的成员可以获得金钱报酬或认可、能力认定等精神报酬，也可以获得自身知识的满足。典型的众包过程如图 6-2 所示。

（三）众包的优势

从众包运作来看，其优点首先是拓宽了组织边界，将所有众包合作伙伴纳入了企业的阵营，其管理边界不再局限于组织内部，而是通过规范和引导外部伙伴，实现共创企业价值的理念。其次，充分利用了外部的资源，弥补了企业自身资源的缺陷，尤其是企业将某些内部难以完成的工作众包给了不特定的大众，广泛地利用了社会资源。再次，众包的目的是降低企业成本、提高运营效率，众包的成本大大低于企业内部从事相应活动的成本。

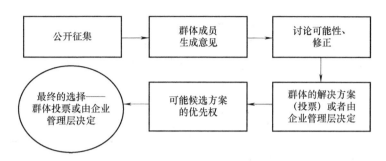

图 6-2　典型的众包过程

既然众包有如此优势，为何在 21 世纪才逐渐兴起呢？这是由于在这之前时间和地域的限制。以往，企业在寻求资源时，一般都会通过自身已有的渠道去寻找，而很少采取面向社会大众广泛"撒网"的方式，因为这种方式付出的成本太高，往往还得不到合理的反馈。进入 21 世纪后，互联网的大力发展使得大众沟通成本持续下降，并突破了时间和区域的限制；与此同时，网络推广和宣传成本也极大降低，这是现代意义上的众包活动成为可能的直接原因。

例如，网约车平台就是众包模式的直接运用。这些网约车平台在发展初期本身并没有车辆，也没有出租载客能力，而是建立平台，通过网络广发邀请函，甚至通过红包形式邀请私家车登记上线，运用私家车资源为乘客服务。平台则通过推送客户用车信息，由私家车提供出租服务，与私家车共同获得收益。众包模式充分利用了社会资源和群体智慧，令需求方和服务方实现了无缝对接，不仅降低了沟通成本，还提高了运作效率。随着众包理念在各行业的应用，众包模式将进一步激活行业发展潜力，激发大众创新创业的活力。

二、众包物流的内涵

众包物流是众包概念与物流行业的结合，它依赖于互联网大数据改变了传统的配送模式。与传统的同城配送不同的是，众包物流是一种新型的同城配送模式，也是共享经济愈加发达的产物。

（一）众包物流的概念

简单地说，众包物流（Crowd Sourcing Logistics）就是把原本由企业员工承担的配送工作，以自愿、有偿的方式，经由网络外包给非特定的群体，从而通过匹配供给与需求实现资源的优化配置。

从本质来看，众包物流是将众包的思想应用到物流企业的实际运营操作中，基于"互联网＋"时代背景、共享经济理念、开放式配送思维，借力于较为完善的移动网络技术和大数据分析，充分挖掘利用闲置的社会碎片化运力资源来服务同城零担物流服务，打造别致的物流配送轻模式。该模式的运作主要得益于物流需求和潜在的人力资源能够得到匹配实施，如图 6-3 所示。

从图 6-3 中可以看出，与传统物流模式相比，众包物流模式的服务流程主要由取货、配送、交货 3 个环节组成，省去了中间的集散环节，这样可以极大地提高配送作业的效率。

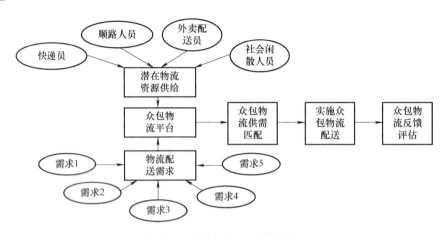

图6-3   众包物流的运作模式

（二）众包物流的特点

众包物流从根本上说仍属于同城配送的一种，但其属于"轻资产"运营，具有"用人而不养人"的特点，人员体系搭建速度远高于传统物流团队，能够大幅提升物流效率。总体而言，众包物流与传统物流的区别见表6-1。

表 6-1   众包物流与传统物流的区别

比 较 项 目	众 包 物 流	传 统 物 流
适应时代	互联网时代	工业化时代
经营模式	轻资产运营模式	"运输网络 + 自建网点"重模式
运作流程	去中间化	烦琐冗长
配送范围	同城配送	全程配送
配送时效	快（限时送达）	慢（时效性差）
服务柔性	较强	较差
运力保证	社会化运力	自有配送员
合作关系	非契约关系	契约关系
合作稳定性	不固定	相对固定
合作程度	相对复杂	相对简单

由表6-1可见，众包物流与传统物流具有显著的区别。众包物流是"互联网 + 物流"驱动下的产物，它将互联网与传统物流有机结合，使其服务具有一些显著的特点。

1. 互联网技术依赖程度高

众包物流属于"互联网 +"形势下的新型配送模式，其在服务过程中高度依赖互联网技术。自由快递人和客户只要拥有一部智能手机，熟悉基本操作流程即可参与众包物流。众包物流平台对自由快递人和客户的相关信息进行整理，通过互联网将他们聚集到一起互联互通。借助互联网和大数据技术，迅速定位到客户周边的自由快递人，通过定位系统并参考配送路况、天气和距离等因素，短时间内拟定高效的配送路线。利用大数据分析，将可以合并的订单进行合并，实现运力资源与物流订单的最佳匹配，省去传统物流冗长的物流集散环节，确保每笔物流订单都能够实现就近配送，缩短物品在途时间，提高物流配送的时效性，为客户提供门到门的精准服务。在众包物流模式下，物流需求的产生和物流服务的最终完成必须依靠大数据和互联网下的信息系统来支撑，形成信息闭环。自由快递人在抢单、取货、配送、投递和结算过程中都会实时接收到平台系统传递的信息；同样，客户也可以在众包物流平台的 APP 客户端实时追踪查看配送物品所处的地理位置，知晓大概的收货时间，从而可以合理安排自己的计划，减少不必要的等待时间，并实现配送物品的及时签收。

2. 轻资产模式运营成本低

不同于传统物流的重模式，众包物流属于轻资产运营模式，运营成本较低。众包物流的配送主体——自由快递人不属于物流企业的正式员工，他们通过完成配送任务获得应有的报酬，平台不需要每月为他们发放固定的工资薪酬，也不需要承担员工福利、社保等开销，以及配送装备和交通工具的购置费用，企业运营的固定成本能够有效降低。此外，就外卖平台来说，高峰期配送需求量激增，如果平台自建配送队伍，前期投入比较高，分摊成本较大。如果入驻平台的商家另外单独聘用配送员，人力资源成本就会更高。而众包物流模式恰好解决了这一难点，通过挖掘和聚集闲置的社会运力，每个自由快递人都是一个可移动的、分散的配送网点，可以顺便送快递，不仅拓宽了配送范围，还能够适应物流订单的骤增和骤降，一定程度上可以降低人力资源成本。众包物流通过将物流仓储转向在途物流运输车辆，可使库存成本基本为零，并基于城市道路交通状况和物流需求进行合理调配，不仅可以提高物流运输的效率，还能够大幅降低物流仓储成本。

3. 社会化运力服务柔性强

众包物流服务相较于传统物流服务的优势就在于其具有更强的服务柔性。目前，众包物流服务主要适用于生鲜、外卖等时效性极强的同城配送。该类商品订单的波动性较大。例如，外卖配送需求通常在饭点产生，在非饭点时段需求产生较少。众包物流的运力为社会闲散资源，可通过需求的波动及时调节运力供给。此外，社会化运力可满足客户不同的配送需求。例如，配送外卖时，自有电动自行车的自由快递人可以抢单；配送成箱的矿泉水时，自有三轮车的自由快递人可以抢单。配送的设施设备完全来自于社会，可以满足客户的个性化配送需求，服务柔性强。

4. 自由快递人平台控制弱

众包物流模式下，自由快递人与众包物流平台之间不是雇佣关系，仅仅是合作关系。由于缺乏契约合同约束，相对来说，自由快递人的配送行为具有较强的自主性、随意性和动态性。一般情况下，自由快递人会根据自己的空闲时间和行程安排选择合适的订单配送。大部分自由快递人加入众包物流是为了赚钱，少数是为了体验不一样的生活，其配送行为基本是由他们自身决定的，平台对他们的控制力很弱。当遇到恶劣天气、配送路况差、配送物件较大的情况下，自由快递人可能会选择不接单，或是接单后又取消订单，造成订单被搁置无人配送。对于这种状况，众包物流平台并不能采取强制手段强行要求自由快递人接单配送，只能以补贴、激励的形式提高自由快递人的参与度和活跃度。当众包平台的补贴较高、奖励丰厚时又会吸引更多的自由快递人，众包队伍会在短期内扩大，平台订单可能瞬间就被秒抢。受补贴力度、奖励机制、天气环境、配送高峰期和低谷期等复杂因素的影响，自由快递人与平台之间合作的稳定性不强，合作的关系相对松散。

5. 服务安全性考虑方面多

传统物流企业以企业信誉为担保，以行业规范为保障，同时利用安检、监控等手段来防范危险品、跑单、货物损毁等物流配送问题的发生，以保护客户的信息安全、财产安全及人身安全。但是，众包物流企业"用人而不养人"，对自由快递人的身份审核较为简单，只需他们在平台上注册并实名认证，而不太考虑自由快递人的综合素质等因素。而客户在享受众包物流服务过程中会对自身在身份信息、支付安全、商品安全及人身安全等方面的安全性产生怀疑。平台的口碑、规模，以及自由快递人的素质、身份验证程度都会成为客户判断众包物流服务安全性的依据。目前，众包物流信息平台只提供自由快递人的联系方式，由于信息不对称，客户对其所提供的服务安全性难免产生信任危机，因此，众包物流企业需要考虑更多安全方面的因素，并通过采取与公安系统联网、信息公开透明等手段多方面保证众包物流服务的安全性。

（三）众包物流的优势

众包物流模式得以迅速推广，不仅得益于其能有效整合社会资源、降低物流配送成本，还得益于其能够提高物流配送效率，提升最终消费者的物流体验。与传统物流相比，众包物流模式的优势主要体现在以下方面。

① 从成本角度来看，企业招聘的人员属于长期固定成本，公司需要发挥其最大的边际效应，简单地说，就是要让其尽量完成更多的工作任务；但是众包物流则不同，它让劳动力成本变成了可变成本，企业只需考虑如何统筹安排并最大化使用这些社会资源就可以了。

② 从运作效率角度来看，众包物流可以解决物流行业的需求波动问题，即"波峰"与"波谷"的平衡问题。聚集社会资源的物流创新模式正好解决了这样的行业痛点，可以通过增加补贴、提高分成等方式，在高峰期吸引更多的配送人员来提供配送服务。

③ 从服务体验角度来看，众包物流是分享经济的一种实现方式，让闲暇人员可以用自己的闲暇时间来创造价值与收益。由于有大数据的支持，平台可以对每名配送人员的每一次服务进行评价，形成完整的服务体验感，从而不断规范和提升平台的配送服务水平。

三、众包物流的服务流程

众包物流主要服务于同城即时配送，省去了"中间化""中介化"等很多集散环节。自由快递人根据众包物流平台传递的信息自行联系寄件方和收件方，完成配送任务，是一种典型的点对点直接配送。众包物流平台、自由快递人、客服中心是众包物流的三大服务主体，众包物流平台扮演着类似于"管理者"的角色，但又不同于传统意义上的管理者；自由快递人是众包物流配送的实践者，连接着寄件方和收件方两端，在众包物流配送过程中起着关键性作用；客服中心则相当于后勤服务部门，担负服务补救的角色。众包物流服务的流程主要包括抢单、取货、配送、投递、结算 5 个环节，其具体流程如图 6-4 所示。

1. 抢单

抢单是众包物流服务的首要环节，具体包括：

① 社会群体大众在众包物流平台注册，通过审核并完成相应的培训，即成为合格的自由快递人，可以参与众包物流配送。

② 寄件方将自身的物流配送需求信息通过客户端发送到众包物流平台系统中心，生

成物流订单。

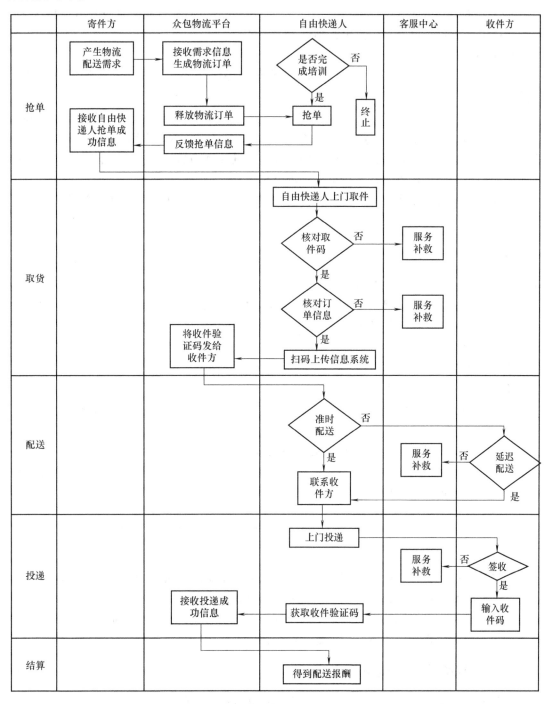

图 6-4　众包物流的服务流程

③ 众包物流平台系统接收到寄件方的物流订单信息，根据区域对物流订单进行分配，并将订单信息发布在众包物流平台信息系统中心。物流订单信息包括配送物品信息（品类、数量、重量）、配送时间、配送运价、配送起讫点等；如果寄件方有其他特殊要求，

还可以填写备注信息。

④ 自由快递人接收众包物流平台系统发布的物流订单信息，权衡自身各方面情况后，可以选择抢单或者不抢单。如抢单，则进入下一环节。

2. 取货

① 自由快递人抢单成功后，众包物流平台信息系统中心将自由快递人的抢单信息反馈给寄件方，寄件方收到取件验证码。

② 自由快递人联系寄件方，核对寄件方的物流订单信息，约定具体取货地点和时间。

③ 自由快递人在规定时间内按照信息系统中心 APP 设定的合理路线赶往寄件方取货，到达后双方先核对取件验证码，再根据物流订单信息核对物品品类、数量和重量，进行物流包装和扫码，并将扫码信息上传至众包物流平台系统中心。

④ 众包物流平台系统中心收到自由快递人发送的取货信息后，向收件方手机发送收件码。

3. 配送

① 自由快递人根据物流订单信息，联系收件方，确定配送时间。如果收件人不能及时收件，则要约定延迟配送的时间要求。

② 自由快递人按照合理的路线，并自备相应配送装备（保温袋、保温箱等）和交通工具，或乘坐公共交通工具开始配送。

4. 投递

① 自由快递人到达收件方地点，将物品交付给收件方，收件方核对确认无误后，将收件验证码告知自由快递人。

② 自由快递人将收件验证码上传到众包物流平台系统中心，投递成功完成。

5. 结算

① 众包物流平台系统接收到投递成功信息后，对物流订单进行结算。

② 综合客户端对服务的评价、配送运价、配送时段、天气补贴等因素支付给自由快递人相应的劳动报酬，交易结束。

第二节　众包物流服务质量的内涵与评价

较之传统物流，众包物流虽然具有一些不可比拟的优势，但由于其发展的时间较短，缺乏运营经验和行业规范，导致其服务质量参差不齐，不可避免地出现一些顾客对其服务质量问题的投诉或媒体对这种新型模式的质疑。因此，对众包物流服务质量进行系统的评价、找出影响众包物流服务质量的关键因素，就成为众包物流行业亟待解决的重要问题。

一、众包物流服务质量的内涵

物流服务质量是指用精度、时间、顾客满意度等来表示的物流服务品质。根据现有服务质量及物流服务质量的相关理论研究成果，结合现阶段众包物流服务的特点，可以认为众包物流服务质量主要取决于众包物流平台、客服中心、自由快递人这 3 个服务主体的服务质量。其中，众包物流平台为客户提供信息化服务，客服中心为客户提供客户服务，自由快递人为客户提供物流过程服务。

(一) 信息化服务质量

信息化服务质量是指众包物流平台为顾客提供需求信息服务的品质。众包物流平台提供的信息服务主要包括：订单受理、订单信息反馈、社会闲散物流资源整合、线上支付等，其品质将决定信息化服务质量。

1. 订单受理

众包物流平台接收顾客需求，并将其发布至自由快递人抢单平台。一般来说，众包物流平台在订单受理时会注重顾客在使用过程中的界面美观程度、个性化设计、操作流程便捷程度等。

2. 订单信息反馈

众包物流平台向顾客及时反馈接单自由快递人的身份信息、所在位置、配送进程等，通过信息反馈的方式使顾客实时跟踪配送商品的状态，进而有效降低顾客对众包物流服务安全性的质疑和不信任。

3. 社会闲散资源整合

众包物流平台发布顾客需求及配送报酬等订单信息，并通过后台计算匹配供需，吸引自由快递人就近领取配送任务，为顾客提供高效、及时的配送服务。

4. 线上支付

众包物流平台支持线上支付订单费用。为保证订单支付的安全性，众包物流平台通常采用与有信誉的第三方支付平台合作，如支付宝、微信支付等。

(二) 客服中心服务质量

客服中心服务质量是指客服中心为顾客提供辅助性客户服务的品质。该辅助性服务贯穿从顾客在众包物流平台下订单至自由快递人妥投的整个众包物流服务过程。客服中心提供的服务内容包括问题解答、服务补救、售后服务等，其品质将决定客服中心服务质量。

1. 问题解答

客服中心需要对顾客在接受众包物流服务过程中遇到的系统操作问题、个人信息问题等进行解答。例如，如何修改订单信息、如何与自由快递人联系等。通常，客服人员在进行问题解答时应注意服务态度、问题解答的清晰程度等。

2. 服务补救

在众包物流服务失败或错误的情况下，客服中心需对顾客投诉做及时的补救。例如，自由快递人抢单后没有按时取走需要配送的物品，客服中心需尽快协调新的自由快递人前往取货，以保证配送服务的完成。

3. 售后服务

在整个众包物流服务结束后，顾客会对接受的服务进行评价，客服中心应根据评价及投诉情况及时与顾客沟通，对顾客投诉进行反馈追踪，有时需要根据具体情况进行适当赔偿。

(三) 物流过程服务质量

物流过程服务质量是指自由快递人为顾客提供实质性物流过程服务的品质。自由快递人通过有选择地对众包物流平台发布的配送任务进行抢单，并借助自有交通工具，将物品由寄件人处配送至收件人处，经收件人验货后，完成整个配送过程。自由快递人提供的服务内容包括上门取货、安全配送、上门派件等，其品质将决定物流过程服务质量。

1. 上门取货

由于自由快递人具有不确定性，并不像传统物流那样有固定的门店收货，因此在众包物流服务中，自由快递人为顾客提供上门取货的服务，并在取货过程中对需要配送的物品进行检验。通常情况下，自由快递人在上门取货过程中应注重个人着装、礼貌用语、取货及时等。

2. 安全配送

自由快递人通过自有交通工具完成配送任务。通常情况下，自由快递人的自有交通工具为自行车或电动车，少数情况下为汽车或步行。在配送过程中，自由快递人要保证物品完好，将其保质保量地安全配送至收件人手中。

3. 上门派件

自由快递人为顾客提供上门派件的服务。由于众包物流为点对点配送，自由快递人需将每一笔订单都准确地配送到客户手中。若因客观原因无法上门派件，如门卫不允许进入，则需与客户及时沟通。在上门派件过程中，自由快递人应注意配送准确性和及时性等。

二、众包物流服务质量的影响因素

通过对众包物流服务质量内涵的界定，可以了解众包物流服务提供的具体服务内容，服务质量则是由这些服务内容的品质决定的，其精度、时间及顾客满意度都将影响众包物流服务质量。

（一）信息化服务质量方面的影响因素

众包物流是基于"互联网＋"模式的新型物流模式，因此信息化服务在众包物流服务中所占比例较传统物流更大。众包物流平台不再是仅仅跟进物流状态的平台，更是增加了订单处理、线上支付等多种功能的平台。在以往的物流服务质量评价研究中，影响平台信息服务质量的因素有信息准确率、信息更新频率、接单反应时间等。信息化服务质量除了受上述因素影响外，在服务内容中还包含了新的服务质量影响因素。

1. 订单受理方面

影响众包物流平台订单受理服务质量的因素包括并单程度、界面美观程度及操作流程便捷度、个性化设计。

（1）并单程度。发货人希望众包物流平台能提高后台运算技术及大数据挖掘，将可合并的订单进行合并，由一个自由快递人配送，以减少发货人与自由快递人的交接次数，提高交接效率。从实践来看，消费者也期望在一次购买多个商家的商品后，能够通过合并订单减少收货次数，提升服务体验。

（2）界面美观程度及操作流程便捷度。由于传统物流平台功能单一，顾客使用平台的时间较短，因此其界面美观程度和操作流程便捷度并不受到顾客的关注。但众包物流平台是提供信息化服务的重要服务主体，顾客在平台界面停留时间长、操作流程多，因此，顾客对平台界面的美观程度和操作便捷度要求更高，提升平台界面的美观程度并简化操作流程可以改善顾客的服务体验。

（3）个性化设计。众包物流整合社会闲散资源能够很好地保证顾客的个性化需求。无论商家还是消费者，都希望众包物流平台能够提供多样化的服务选项，如自由快递人性别、所使用交通工具等的选择，以保证不同种类商品的配送需求。因此，在众包物流平台设计方面，应根据顾客需求设置选项或备注，以此满足顾客的个性化需求。

2. 订单信息反馈方面

影响众包物流平台订单信息反馈服务质量的因素主要是信息全面性。由于众包物流配送的时效性很强，自由快递人到达发件人处取货的时间通常在半小时以内，为收件人配送的时间通常为两小时以内，且自由快递人不确定性高，因此，顾客希望平台在提供自由快递人联系电话、接单时间等配送静态信息的同时，还希望能够实时掌握自由快递人位置等动态信息，以此来追踪物品动向，缓解对众包物流服务的不信任感。

3. 社会闲置资源整合方面

影响众包物流平台社会闲置资源整合服务质量的因素包括权益保障和信息安全。

（1）权益保障。社会闲置资源的整合为顾客提供了更加快捷的配送服务，但出现问题后的追责却难以进行。众包物流企业应通过不断完善追责机制，并通过众包物流平台的良好运行来保证消费者权益，提高其对平台服务的满意度。

（2）信息安全。随着信息技术的发展，顾客越来越担心在互联网使用过程中的信息安全问题。众包物流由于其不可控性和不确定性远远高于传统物流，因此在顾客信息方面的安全隐患也更多。如果发生信息泄露，顾客对众包物流平台的信任度会下降，进而影响顾客对平台服务的满意度。

4. 线上支付方面

影响众包物流平台线上支付服务质量的因素包括支付方式多样性和支付安全。

（1）支付方式多样性。常见的支付方式包括线上支付、扫码支付、现金支付、POS机刷卡支付4种。众包物流平台提供的支付方式越多，越能够满足顾客对支付方式的不同需求。

（2）支付安全。在上述4种常见的支付方式中，除线上支付外，其余3种支付方式都需要自由快递人替众包物流企业代收货款。由于自由快递人与众包物流企业之间没有劳务关系约束，这种代收货款行为存在一定风险。众包物流平台可通过冻结自由快递人账号中的押金来解决，以保证顾客支付的安全性，提高顾客在支付费用方面的满意度。

（二）客服中心服务质量方面的影响因素

在众包物流服务过程中，客服中心不仅是提供顾客问题解答和售后服务的部门，更在协调顾客、物流平台、自由快递人三方关系中扮演不可或缺的角色。由于自由快递人是兼职人员，且配送的多为生鲜、餐饮外卖等时效性较强的商品，在配送过程中出现不可控情况和突发事件的可能性都较传统物流更高，因此客服中心增加了服务补救的功能。在以往的物流服务质量评价研究中，与客服中心服务质量相关的影响因素包括投诉处理率、员工沟通能力、协调能力、服务态度等。其中，客服人员与快递员同属于企业员工，并未区分客服人员和快递员，但在众包物流中，客服中心人员与自由快递人属于不同的服务主体，因此客服中心服务质量的影响因素除上述因素外，在服务补救方面还包含了新的影响因素，包括客服中心营业时间和紧急订单处理方式。

1. 客服中心营业时间

当出现众包物流服务质量问题时，顾客、自由快递人都需要客服中心来协调解决，因此客服中心营业时间的长短将影响众包物流服务质量满意度。由于自由快递人是社会闲散资源，众包物流平台基于互联网络，两者基本可保证在任意时间为顾客提供众包物流服务；而客服人员为众包物流企业自有员工，有固定的上下班时间，则其提供服务的时间，即客服中心营业时间，会成为众包物流服务质量的影响因素之一。

2. 紧急订单处理方式

众包物流企业承诺的配送时间包含等待接单时间，在自由快递人活跃度较低的时候，会出现距离企业承诺送达时间较近时仍无人接单的情况。若该订单为紧急订单，这类订单通常会由客服人员发现并解决，因此客服人员对此类紧急订单的处理方式会影响众包物流服务质量。

（三）物流过程服务质量方面的影响因素

在点对点配送服务方面，众包物流仍与传统物流一样，由自由快递人到寄件人处取货，并配送到收件人处，因此以往物流服务质量评价中的影响因素，如配送准确率、商品完好率、取货及时率、配送及时率等，同样会影响众包物流服务质量。但由于自由快递人不是众包物流企业的自有员工，其在提供物流服务的过程中有不可控性，且安全性受到质疑，因此物流过程服务质量的影响因素除上述因素外，还受到自由快递人素质及规范程度和配送安全性两方面因素的影响。

1. 自由快递人素质及规范程度

在自由快递人素质及规范程度方面，影响物流过程服务质量的因素包括自由快递人的专业度、活跃度、退单率、流程规范程度等。

（1）自由快递人的专业度。自由快递人为兼职人员，没有接受过正规物流服务专业培训，在专业程度方面参差不齐，会影响顾客对众包物流服务的满意度。

（2）自由快递人的活跃度。所谓活跃度，是指自由快递人积极接单的程度。自由快递人具有极强的不可控性和不确定性，是否接单不受众包物流企业约束，其接单的积极性直接影响到顾客的配送需求能否被满足，积极接单的人数越多，顾客配送需求满足率就越高。

（3）自由快递人的退单率。在实践中，自由快递人接单后退单放弃配送的情况时有发生，其发生原因包括自由快递人行程临时改变、配送商品超出配送能力等。自由快递人接单后退单，耽误了配送时间，影响了配送时效性，因此自由快递人退单数量的多少也会影响众包物流的服务质量。

（4）流程规范程度。自由快递人的素质往往参差不齐，规范的作业流程能够保证自由快递人提供的众包物流服务更加接近标准化，从而极大地降低自由快递人素质对物流过程服务质量的影响。

2. 配送安全性

在配送安全性方面，影响物流过程服务质量的因素包括自由快递人身份信任度、个人信息安全程度和商品安全程度等。

（1）自由快递人身份信任度。自由快递人通过简单的身份验证即可完成众包物流企业认证注册，领取配送任务。因此，顾客在接受服务时往往会出现对自由快递人身份的不信任感，甚至出现打电话与客服人员核实的情况，这在很大程度上会影响众包物流服务的顺利进行，进而影响众包物流服务质量。

（2）个人信息安全程度。自由快递人在服务中与顾客直接接触，顾客的生活习惯、家庭住址等个人信息，自由快递人在提供服务的过程中有机会获得。而自由快递人并不是一项职业，因此可能有不法分子通过向顾客提供众包物流服务来获取其个人信息。众包物流企业应通过规则约束避免这类情况的发生，有效提高顾客个人信息的安全程度，进而提高顾客对众包物流服务的信任度。

（3）商品安全程度。顾客对自由快递人配送商品的安全性会存有顾虑，一方面是自由快递人可能调换所配送的商品，甚至跑单；另一方面是自由快递人配送经验不足易对商品安全产生影响，进而影响众包物流服务质量。

三、众包物流服务质量的评价

提升众包物流服务质量可以消除顾客对众包物流服务的不信任感，从而增强众包物流企业的核心竞争力。传统物流服务质量的评价更注重物流服务过程，而众包物流不同于传统物流，传统物流服务质量的评价指标并不完全适用于对众包物流服务质量的评价。构建众包物流服务质量的评价指标体系，并以此作为提高众包物流服务质量的依据，对于企业改善众包物流服务质量、提升行业竞争力具有十分重要的意义。

根据众包涉及的地理范围不同，可将其划分为同城众包物流服务质量评价和跨城众包物流服务质量评价两种类型。

（一）同城众包物流服务质量的评价

众包物流是共享经济的产物。早期的众包物流主要致力于解决同城高效配送问题。人人快递、达达、京东众包、闪送、E 快送、您说我办、51 送等大批众包物流企业均属于同城众包物流企业。相应地，对同城众包物流服务质量的评价也成为颇受关注的问题。

在这方面，较有代表性的是林婉婷（2016）关于众包物流服务质量评价的研究。基于同城配送情况下众包物流服务的特点，林婉婷对 SERVQUAL 模型中的维度进行调整并重新诠释，将其划分为 5 个新的评价维度：可靠性、响应性、保证性、移情性及安全性；并从这5 个维度分别对众包物流服务涉及的物流平台、客服中心及自由快递人 3 个服务主体进行服务质量评价指标设计，构建了包含信息化服务质量、客服中心服务质量、物流过程服务质量3 个一级指标，以及 37 个二级指标的同城众包物流服务质量评价指标体系（见表 6-2）。

表 6-2　同城众包物流服务质量评价指标体系

一级指标	二级指标	评价维度
信息化服务质量	信息准确率	可靠性
	并单程度	
	信息更新频率	响应性
	接单反应时间	
	信息全面性	保证性
	界面美观程度	
	支付方式多样性	移情性
	操作流程便捷度	
	支付安全	安全性
	信息安全	

（续）

一 级 指 标	二 级 指 标	评 价 维 度
客服中心服务质量	投诉处理率	可靠性
	客服中心营业时间	响应性
	信息反馈程度	
	紧急订单处理方式	
	客服人员的沟通能力	保证性
	客服人员的协调能力	
	客服人员的服务态度	
	订单变更容易程度	移情性
	退换货容易程度	
物流过程服务质量	配送地点准确率	可靠性
	商品种类准确率	
	商品数量准确率	
	商品完好率	
	取货及时率	响应性
	配送及时率	
	特殊情况延迟率	
	自由快递人衣着整洁度	保证性
	自由快递人的沟通能力	
	自由快递人的服务态度	
	自由快递人的活跃度	
	自由快递人的退单率	
	订单费用	移情性
	流程规范程度	
	配送灵活性	
	自由快递人的身份信任度	安全性
	个人信息安全程度	
	商品安全程度	

资料来源：林婉婷. 基于系统动力学的众包物流服务质量评价研究［D］. 北京：北京交通大学，2016：27-30.

　　林婉婷在其构建的众包物流服务质量评价指标体系的基础上，还分析了各指标与众包物流服务质量的因果关系以及各指标之间的因果关系，建立了众包物流服务质量评价系统动力学主系统模型及信息化服务质量、客服中心服务质量、物流过程服务质量三个子系统，并基于现实数据及合理假设，对模型实施了检验。该评价指标体系适用于对同城配送众包物流服务质量的评价，但随着众包物流的发展，可能不会局限于同城配送，跨城众包物流在服务质量评价方面可能会呈现出新的特征，有待进一步研究。

（二）跨城众包物流服务质量的评价

　　近年来，伴随电子商务的快速发展，人们对跨城当日送达的需求也日益增长。然而，受限于传统快递公司的运力等方面问题，我国的跨城快递当日送达业务一直处于相对有限的市场。2015年10月，通过众包方式实现跨城市快件9小时到达的服务的公司——"空间客车"正式创立。"空间客车"的最核心之处是发现当下高速运转的高铁、飞机的闲置空间背后隐藏的巨大运输潜力。"空间客车"为自身的模式提出"快递2.0"的口号，而且是对传统快递短板的补充，开发小件跨城当日送达的增量市场。

现阶段，众包物流主要服务于同城配送的餐饮、外卖之类的O2O场景配送。而跨城众包物流主要为商务客户的快件服务，其流程为：快递员收件——到达始发地服务点——"空间客"取件——上飞机/动车——到达终点站服务点——"空间客"放件——快递员派送。其中，快递员收件和派送除了专业配送员，还可以由自由快递人完成。所谓"空间客"，是指在"空间客车"APP免费注册、有意愿参与跨城配送的高铁或飞机乘客。空间客从高铁或机场指定物流服务点取放件，完成配送后获得相应的报酬。跨城众包物流从本质上看属于众包物流同城配送的一种衍生，都是把物流快件众包给大众群体。

对跨城众包物流服务质量的评价较有代表性的是钟燕燕（2017）的研究。基于跨城众包物流的安全性和不可控性的特点，钟燕燕以SERVQUAL模型维度为基础，确立了评价跨城众包物流服务质量的5个维度：可靠性、保证性、安全性、时间性、反应性。据此对跨城众包物流的服务主体——自由快递人、线上信息平台、线下后勤保障中心分别设计评价指标，并采用信度分析进行指标调整，通过层次分析法设置指标权重，最终构建了包含信息化服务质量、后勤保障中心服务质量、物流过程服务质量3个一级指标，以及23个二级指标的跨城众包物流服务质量评价指标体系（见表6-3）。

表6-3　跨城众包物流服务质量评价指标体系

一级指标	二级指标	评价维度
信息化服务质量	信息准确率	可靠性
	支付安全	安全性
	信息安全	
	订单响应时间	时间性
	物流信息的更新速度	
	订货-收货周期	
	收寄包裹等待时间	
后勤保障中心服务质量	投诉处理率	可靠性
	客服人员的表达能力	保证性
	信息保密度	安全性
	客服应答及时	反应性
	对突发事件的处理能力	
	对遗失或损失的处理速度	
物流过程服务质量	空间客身份信任度	安全性
	个人信息安全	
	商品安全	

(续)

一 级 指 标	二 级 指 标	评 价 维 度
物流过程服务质量	配送地点准确度	可靠性
	商品种类准确度	
	商品数量准确度	
	商品完好率	
	自由快递人衣着整洁度	保证性
	自由快递人的沟通能力	
	配送效率	时间性

资料来源：钟燕燕. 基于模糊综合评价法的众包物流跨城服务质量评价 [D]. 南昌：江西财经大学，2017：32.

跨城众包物流作为在同城众包物流基础上发展起来的新型物流模式，在充分挖掘闲散社会资源并启动其闲置空间价值方面具有独特的优越性。钟燕燕构建的跨城众包物流服务质量体系有助于对跨城众包物流服务质量进行合理的评价，找出影响跨城众包物流服务质量的关键因素，从而推进跨城众包物流的快速发展。

众包物流的发展正处于关键时期，其发展十分迅速。伴随着众包物流的快速发展，其服务质量也受到广泛关注。从现有研究来看，对众包物流服务质量的评价还处于探索阶段，相关研究分别从同城和跨城配送的角度构建了众包物流服务质量的评价指标体系。但这些研究所构建的评价指标体系主观性较强，且对众包物流服务质量评价的重要主体——网络配送员的关注不足。由于众包物流服务质量是一个动态的、复杂的发展过程，因此随着众包物流服务的不断发展，有必要进一步探索其更为系统和科学的综合评价方法。

第三节　众包物流服务质量管理的问题与对策

作为一种新型的终端物流配送模式，众包物流从出现到如今的快速增长不过短短数年的时间，相关的行业规则和质量管理方面尚缺乏统一标准；加之该模式基于零散社会资源的自由自愿参与，使整个物流配送服务过程的管控难度很大。由于众包物流的配送过程全部由自由快递人承担，其综合素质及职业能力差异较大，因此导致最终的物流服务结果参差不齐，服务绩效难以把控。如何对众包物流服务质量实施有效的管理，从而提升众包物流的服务绩效，成为制约众包物流深入发展亟待解决的问题。

一、众包物流服务质量管理面临的问题

近年来，众多电商平台纷纷试水众包物流，行业规模得到快速扩张，较为典型的众包物流平台包括京东众包、人人快递、达达配送、蜂鸟快递等。众包物流迅猛发展的同时，其服务方面也伴随着一些不容忽视的问题，如市场竞争混乱、缺乏行业规制，且尚无统一的众包物流服务标准；众包物流服务人员素质参差不齐，无人接单、信息泄露、商品损坏等现象时有发生，顾客不满、投诉等问题也接踵而来。因此，众包物流服务质量已成为制约众包物流持续发展的关键问题。

（一）缺乏完善的行业法规和监管机制

随着我国众包物流市场竞争格局日渐形成，需要成熟完善的行业法规和监管机制来支

撑保障。《中华人民共和国邮政法》明确规定，从事快递配送业务的企业必须要持有快递经营许可证，快递企业中的持证员工占比必须要超过30%；个人从事快递配送，必须要参加正规的职业培训，具备一定的职业技能素养并通过资格审核认定。物流行业至今未出台关于众包物流合法性的政策法规，便意味着行业标准的缺失，从而加大了监管的难度。此外，众包物流配送市场交易缺乏标准的规章制度，其安全运输问题尚未得到有效解决。最后，物流行业对众包物流配送整个交易流程中出现的错单、货损及超时等配送事故的责任界定至今依旧模糊，处理方式也颇有争议。潜在的政策风险和薄弱的监管机制直接影响众包物流的服务质量，成为众包物流发展面临的一项必不可免的挑战。

（二）众包物流模式的潜在风险

众包物流作为互联网共享经济下颠覆传统物流的一种新型配送模式，其标签是"轻资产"和"用人不养人"，存在准入门槛较低、企业文化缺失、运营模式同质化严重、业内竞争激烈等问题。竞争不仅存在于众包物流平台之间，也存在于自由快递人之间，恶性抢单、刷单等现象层出不穷，而众包物流企业在处理问题时难免会激化平台、自由快递人和加盟商之间的矛盾。同时，众包物流配送服务也无法避免经历烧钱补贴的尴尬窘境，市场用户和众包物流配送方都需要补贴。在运营初期，用户忠诚度较低，一旦降低补贴力度，客户端订单便会随之减少，制约企业发展众包物流的积极性。自由快递人从事众包物流配送工作也多以赚钱养家为目的，因而他们更倾向于相互比价，选择容易接单、赚钱较多的众包物流平台。如果短时间内取消补贴，众包物流配送的发展就可能会陷入困境。因此，如何采取适宜的方式刺激并激励众包物流的服务主体积极参与众包物流，并从中分享利益，是值得研究的问题。

（三）众包物流平台的管理风险

众包物流平台是连接客户与自由快递人的重要信息中介，是支持众包物流发展的关键服务主体。然而，众包物流平台在发展中也面临着一些突出的问题。首先，自由快递人的管理和服务质量的管控是众包物流平台的"软肋"。相对简单的注册、审核、培训等环节造成准入门槛较低，难以规范和约束自由快递人行为。例如，有的众包物流平台仅进行简单的身份验证、上传照片、下载APP、阅读相关条款等流程，即可抢单参加配送。部分自由快递人同时在多个众包物流平台注册，抢单的现象时有发生，扰乱了众包市场秩序。其次，众包物流平台面临着技术壁垒的瓶颈，合并订单、动态定价的能力不足、苛刻的超时预警等造成自由快递人配送体验欠佳，求助于客服时系统经常处于繁忙状态，众包物流平台的技术管理水平有待提高。最后，众包物流平台对自由快递人信用等级的界定仅仅依赖于客户端（商家或个人）的评价，这造成信用评价双方关系不对称，使自由快递人处于被动弱势一方。有的自由快递人由于一些客观原因（比如等餐时间过长造成配送超时）被客户端（商家或个人）恶意投诉，甚至无缘无故被系统判定为差评处理，导致信用等级降低，而且申诉困难。

（四）自由快递人存在的道德风险

众包物流服务的准入门槛低，其从业者（自由快递人）多为非物流专业人员，从事众包物流配送只是他们的兼职。自由快递人与众包物流平台之间只是一种合作关系，而不是传统意义上正规的契约式隶属、劳务关系，因此物流企业对自由快递人的约束控制力薄弱。自由快递人的个人社会背景以及对物流配送工作的掌握程度也是未知数。在众包物流配送市场中，信息不对称现象、交易行为不确定性都高于传统物流市场。相比全职快递员，自由快递人的审核、培训过于简单，他们是否具备一定的职业素养以及配送设备、配送经验，都难以把控，相应地，他们提供配送运力的持续性也得不到保障。这些都滋生了自由快递人的道德风险，容易发生"隐藏行动"，如提供低质量的配送服务，甚至发生跑单等更为恶劣的欺诈行为。一些自由快递人在配送时没有统一衣着，配送设备极为简陋，有的甚至在取餐、送餐时将待处理餐饮袋置于无人看管状态，由此造成的食品安全隐患令人担忧。

二、众包物流服务质量管理的对策

基于众包物流服务面临的问题及风险，明确众包物流服务主体的质量责任，构建以物流企业、众包平台、自由快递人和顾客为主体的质量管控体系，对促进众包物流服务质量的管理及提升有重要的意义。

（一）明确众包物流服务的质量主体责任

众包物流在原理上与电子商务中的 B2C、C2C 模式非常相似，均由平台方、参与者、客户三部分组成，因此，处理好它们三者之间的关系也就成为众包物流服务质量管理中的首要问题。

为了更好地解决众包物流服务过程中可能出现的问题，首先需要找到这些问题产生的原因。如果某一问题是由于自由快递人的过失造成的，那么这部分问题则应该由过失人员自己负责。当然，众包物流平台也要因管理不善承担必要的责任。由于对自由快递人的管理存在较大不足，因此平台必须尽可能地增加相关的人员培训工作，并自觉建立起较为实用完善的管理制度，尽量防止不必要的问题出现。在培训过程中，应当加强对自由快递人在快递业务流程、服务质量标准、安全防范意识等客户感知价值方面的教育。

其次，应尽快引入众包物流信用评价机制，优化顾客保险补偿机制。目前，很多众包物流平台都有"保价赔付"机制和配送员信用体系，如云鸟平台推出的闪赔服务、达达推出的保价赔付等。这种赔付机制和信用体系的设计既是提升客户感知价值的体现，也是保证众包物流服务质量管控体系顺利运作的重要环节，应成为未来的行业标配。

最后，众包物流企业需要考虑更多安全方面的因素。首当其冲的安全性问题就是运输物品的安全，其次是人身安全和财产安全，包括收件方（顾客）的人身安全与财产安全，以及自由快递人的人身和交通安全。物流企业应通过采取与公安系统联网、使信息公开透明等手段多方面保证众包物流服务中货物、人员和资金的安全。

（二）建立众包物流服务质量管控体系

众包物流打破了物流资源整合效应，而是"轻资产"运营，在创新传统物流服务方式的同时，也存在着一些不易掌控的风险，使得众包物流服务质量管理面临着严峻的考验。为有效开展众包物流服务质量管理，必须建立和实施相应的质量管控体系。

众包物流服务质量管控体系应当做到全主体、全过程、全方位。所谓"全主体"，是指众包物流服务质量的管控主体应包括发包方物流企业、中介方众包物流平台、接包方自由快递人和收包方顾客。其中，物流企业方面还涉及物流行业监管部门。"全过程"是指横跨各管控主体之间的交涉流程，如发包方物流企业需要先细分区域市场需求并将信息发布到众包物流平台，众包物流平台根据累计的信息量发布抢单任务，并对有意接单的社会群体大众进行资信评估及完成实名认证。通过认证评估后的接包方自由快递人可以抢单，抢单成功后向众包物流平台反馈抢单信息，然后进行上门投递，并与收包方核实验证码。"全方位"是指管控对象要全面覆盖。众包物流配送市场信息不对称现象严重、市场交易行为不确定性高，"全方位"主要保证物流配送服务质量信息的全面、有效传递，以减少信息不对称造成的交易行为不确定。

在众包物流服务质量管控体系中，各个管控主体相互影响、相互依存。其中，众包物流平台发挥着管控的核心作用，是保障众包物流配送服务质量管控体系顺利运行的关键。众包物流平台上承物流行业政策法规以及行业监管机构，将行业的政策法规和监管措施落实到管控机制中；下启接包方自由快递人，对自由快递人进行资信评估，并设置客服中心和风险管控机制，对自由快递人的物流配送活动进行指导和监管。

（三）形成众包物流服务质量管控机制

在越来越注重客户感知的时代，应该从客户感知价值角度探究众包物流存在的问题，以物流企业、众包平台、自由快递人和客户构建四位一体的质量管控机制，为众包物流企业提升客户感知价值、改进服务质量提供决策依据，从而规范现有众包物流服务市场，促进众包物流健康、蓬勃发展。

1. 完善众包物流行业法规及监管机制

众包物流是"互联网+"环境下催生的一种新兴物流配送模式，完善物流行业内政策法规是对其合法性的肯定。众包物流监管部门的主要任务是对众包配送交易行为进行监管，监督管理各参与主体的不合理、不合法行为，净化物流交易市场。众包物流作为一种新型"轻资产"类的末端物流配送模式，可控性差是其最大的软肋。监管部门和行业协会应出台众包物流服务业务流程和服务质量方面的标准及规范，不断完善并落实众包物流在行业内发展的利好政策。同时，应鼓励众包物流企业开展差异化竞争，创造自身独特的物流企业文化，不盲目复制同行的经营模式。本着对广大顾客负责任的态度，应运用经济手段及相关制度为众包物流行业设立准入门槛，对众包物流的从业者资格进行相应的规范约束，明确界定物流众包流程中各个主体的责任。

2. 优化众包物流风险管控机制

众包物流平台不仅仅是提供简单的物流渠道或中介服务，更关键之处在于通过其在众包物流流程中所处的核心位置，领衔各方共同打造一个具有成长潜力的、日益完善的、健康的"新物流生态圈"。众包物流平台需要在众包物流服务质量管控中挑起大梁。在进一步打破技术壁垒、通过算法和大数据平衡订单与运力、完善客户服务系统、优化自由快递人配送体验的同时，众包物流平台需要针对当前的信用风险、投递风险以及恶意抢单和刷单现象，设置完善的风险管控机制。由于众包物流平台的接包方（自由快递人）存在信用风险，因此除了对其身份信息进行验证审核，还需要进一步进行资信评估。考虑到商家或顾客可能会恶意投诉自由快递人，可以建立客户端（商家、个人）与自由快递人的互评体系，通过借助社交关系来降低管理成本，口碑不好的、进入"黑名单"的都不予聘用。客户评论量化打分并逐步累积，以此作为对自由快递人信用等级进行排序的凭证，为下次发放抢单任务提供依据。平台可以与银行合作降低投递风险，提前冻结接包方账户上的等价资金，对投递货物投保并设定密码机制完成最终取件，尽可能规避财产损失、货物丢失和损坏等现象的发生。关于恶意抢单、刷单现象，必须先认定何为抢单、刷单，标准的制定要以现实为依据，建议配置相应的人工复核程序以减少误判的可能。此外，要注意打通各众包物流平台的信息通道，明确规定自由快递人不能同时在多个平台注册，以免扰乱众包物流市场。为了增加自由快递人的安全感和归属感，尤其是防止自由快递人在配送过程中出现意外事故，众包物流平台可推出为自由快递人投保意外综合险等措施来规避风险。

3. 设置有针对性的接包方奖惩机制

在众包物流服务质量管控体系中，自由快递人作为众包物流配送的接包方，是物流行业监管部门政策法规和物流众包平台风险管控机制的主要落脚点。必须响应监管部门和物流众包平台设置的质量管控机制，对自由快递人做好备案工作，并保障相关信息的透明度。针对自由快递人的道德风险问题，可以设置相应的奖惩机制，根据个人累积信用度、服务时间长短和完成的抢单数量，从其完成的交易量总金额中抽取一定比例的金额作为奖金，在发布的抢单任务中赋予信用等级高者以优先抢单权，以此来激励其以主人翁的态度参与众包物流配送。对于存在欺诈行为的自由快递人，直接将其拉进"黑名单"，取消其配送资格并施以惩罚。对于提供低质量物流配送服务或漏单的接包方，需要通过培训或其他途径提高其素养，并根据漏单的数量从其酬劳里扣去相应的金额以施鞭策。

4. 改进顾客保险补偿机制

顾客作为众包物流服务质量管控体系中的最终服务对象，在整个众包物流流程中处于比较被动的局面。行业及监管部门应通过一系列制度的设计，确保顾客的利益得到保障，这是众包物流模式能否长久发展的关键所在。由于物流企业将原本应该由自身承担的物流配送工作转交给自由快递人来完成，为保证顾客满意，物流企业应建立相应的保险补偿机制，并设置有效的渠道使顾客能够在对服务不满意时获得相应的保障或补偿。比如，云鸟平台推出的闪赔服务、达达推出的保价赔付等。对于不提供运费险的商品，顾客可以自己提前购买运费险或对商品进行保价，如遇物品破损、数量缺少、品类不正确或丢失等情况，就可以通过正规渠道和流程申请退换货，或者申请损失赔偿。顾客的保险补偿机制是保证众包物流配送服务质量管控体系顺利运作的重要环节。

众包物流通过整合社会部分闲置、分散的劳动力资源，把原本应该由企业员工承担的订单配送任务，以自由、自愿、有偿的方式，通过互联网随机外包给非特定的群体，对服务的供给与需求进行匹配。这种基于移动互联网和大数据系统对终端配送的改变尝试，为传统物流配送模式提供了一种新思路，是"互联网＋流通"利好政策的实践落地，改变了传统物流服务的模式，使其由最初的劳动密集型产业逐渐转向劳动、技术及资本相结合的产业。然而，由于众包物流发展时间短，涉及服务主体多，其规范性和服务质量都需要加强。在众包物流发展中，消费者的权益是第一位的，其次才能考虑相关企业的利益；国家实行相关的监管措施，实际上也是基于这样一个逻辑。为此，应不断从顾客感知角度完善众包物流服务质量，提供客户导向的服务内容及服务体验，并通过市场调节进行资源整合、优胜劣汰，进而提高众包物流行业的整体竞争力，做大做强，做出品牌。

【本章小结】

- 众包是指把传统上由内部员工或外部承包商所做的工作以自由自愿的形式外包给

一个大型的、非特定的群体去做，自主参与、自由协作、开放性思维和互联网基因是众包的主要特征。众包涉及三个基本要素：有待执行的任务、执行任务的群体，以及用来执行任务的工具和过程。

- 众包物流是把原本由企业员工承担的配送工作，以自愿、有偿的方式，经由网络外包给非特定的群体，通过匹配供给与需求实现资源的优化配置。众包物流服务具有如下特点：互联网技术依赖程度高，轻资产模式运营成本低，社会化运力服务柔性强，自由快递人平台控制弱，服务安全性考虑方面多。

- 众包物流平台、自由快递人、客服中心是众包物流的三大服务主体。众包物流服务的流程主要包括抢单、取货、配送、投递、结算。

- 众包物流服务质量主要取决于众包物流平台、客服中心、自由快递人这三个服务主体的服务质量。其中，众包物流平台为顾客提供信息化服务，客服中心为顾客提供客户服务，自由快递人为顾客提供物流过程服务。

- 众包物流服务质量的影响因素可概括为信息化服务质量方面的影响因素、客服中心服务质量方面的影响因素、自由快递人服务质量方面的影响因素。

- 对众包物流服务质量的评价还处于探索阶段，学术界分别从同城和跨城配送视角下构建了众包物流服务质量的评价指标体系。

- 众包物流服务质量已成为制约众包物流持续发展的关键问题。众包物流服务质量管理面临的问题包括：缺乏完善的行业法规和监管机制，众包物流模式的潜在风险，众包物流平台的管理风险，自由快递人存在的道德风险。

- 基于众包物流服务面临的问题及风险，应明确众包物流服务主体的质量责任，构建以物流企业、众包平台、自由快递人和顾客为主体的质量管控体系，形成众包物流服务质量管控机制。

【思考题】

1. 如何理解众包的含义？
2. 什么是众包物流？它具有哪些特点？
3. 众包物流具有哪些优势？
4. 试分析众包物流的服务流程。
5. 如何理解众包物流服务质量的内涵？它具有哪些影响因素？
6. 试比较分析同城和跨城众包物流服务质量的评价指标。
7. 众包物流服务质量管理面临哪些问题？
8. 如何对众包物流服务质量进行管理？

【实践训练】

1. 对班级同学或身边朋友进行一项调查，了解哪些人有参与众包物流或兼职自由快递人的经历。通过对调查资料进行整理，从自由快递人视角分析众包物流服务质量的影响因素。

2. 根据你最近一次收发快递物品的经历，对众包物流平台或自由快递人提供的物流服务进行评价，列出导致你对服务满意或不满意的因素。

3. 假如你是一家餐饮企业的负责人，你会如何甄选外卖配送的物流商？你将如何处理高峰订单的配送？试阐明你对众包物流服务质量管理的建议。

 【案例讨论】

达达的众包物流服务

达达快送是达达集团旗下国内领先的本地即时物流配送平台，它通过众包模式，可以为即时配送中订单的频繁波动合理匹配运力，高效应对全年中各个订单量的峰值时段。达达快送已覆盖全国上千个县区市，日单量峰值约 1000 万单。

达达集团的前身达达物流公司成立于 2014 年 1 月，隶属于达疆网络科技有限公司。达达物流公司的信念是"达达，使命必达"，致力于以移动和众包的方式解决 O2O 领域中本地配送的"最后三公里"问题。2016 年 4 月，达达物流宣布与京东集团旗下子公司"京东到家"合并成立新公司，以"达达-京东到家"命名。其中，京东以"京东到家"资产、京东集团资源以及 2 亿美元现金持有新公司 47.4% 的股份，成为单一最大股东。2019 年 12 月，"达达-京东到家"更名为达达集团，旗下本地即时配送平台"达达"更名为"达达快送"，完成品牌升级。

合并之前，"京东到家"采用专职配送员模式，拥有配送员超过 2000 人；合并之后，新公司订单主要由达达配送，完全采用众包物流配送方式，专职配送员被分配至京东商城其他配送体系。合并之前，达达的配送业务主要来自外卖订单；合并之后，京东集团为达达众包物流带来了更加多样化的订单种类和数量，在"京东到家"补充了超市生鲜等订单业务的基础上，京东商城配送点部分订单的发货和配送也交给达达由众包物流完成。

达达平台主要包括达达商家客户端和达达客户端两个分别面向发包方和网络用户接包方开放的端口。达达商家客户端是专门为商家发单使用的手机客户端，有发单需求的客户可以通过手机客户端或者专门的网页，在线注册成为达达商家并发布需求订单。达达客户端则是针对网络用户设计的，网络用户可以利用闲暇时间注册成为达达配送员，通过兼职完成配送任务并取得相应的经济报酬。网络用户注册成为达达配送员需要下载达达手机客户端，上传手持身份证自拍照，审核通过并完成在线学习之后即可成为达达配送员。达达手机客户端方便网络用户利用闲暇时间查看附近需要配送的订单详情。在参与达达配送前，配送员需要自备电动车等交通工具，需持有在"达达商城"购买的达达保温箱，并保证干净整洁且熟悉路线。在接单之前，众包配送员需要经过线上培训并通过考试，才能进一步刷新订单和接单。

达达众包物流平台上配送的订单类型包括以餐饮外卖订单为主的餐饮外卖平台订单，以商超生鲜为主的"京东到家"订单和京东商城订单，以及以全程直送、远距离为主的同城快送订单。此外，达达平台将订单分为普通订单和优质订单，基础运费分别以 2 元起和 4 元起分别定价，服务和设备要求也有所差别，进一步细分配送服务市场，以满足客户的个性化需求。

为了让"更多的包裹"能够"更快地送达"，达达平台在配送路线优化、配送订单合并、系统供需调控方面下足了功夫。达达"智慧物流"系统可以在复杂交通路况下，为骑士实时规划最优的配送路径，让骑士可以用更短的时间完成订单配送。此外，"智慧物流"系统还能为骑士选择合适的品类订单或者顺路订单，在不影响配送时效的情况下进行合并，让骑士可以同时配送更多订单，从而提高效率。

随着达达业务的快速发展，达达平台需要对客户端进行更加精准、快速的更新和升级。达达最初通过发布新版本客户端调整逻辑，但是由于版本更新需要一定的周期并具有滞后性，因此达达平台采用达达客户端配置系统。达达客户端实时配置系统包含服务端、Android 端和 iOS 端。客户端配置系统针对不同类型的用户执行准确、及时和差异化的业务逻辑，对客户端按照城市和用户维度提供不同类型的配置。比如，通过控制功能显示或隐藏，对优质配送员开放达达商城供其购买达达装备等，或者根据不同运营策略和发展战略实时调整文案；客户端实时配置系统通过不断更新来迎合配置变更的实时性和透明性，配置更新高并发性和低客户端使用的流量因素等。

随着众包物流商业模式迅猛发展，达达平台的业务量和访问量迅速增加，达达日志系统中的记录的数量呈现指数级增加的趋势。达达平台日志具有高度分散性，分别存储在不同语言的不同应用中，并分散于多台主机的多个文件中。这导致难以清晰定位相关日志记录的位置，影响系统吞吐能力，通过日志分析线上问题变得更加困难。再加上达达配运业务具有明显的高峰期重叠效应，系统快速处理大容量日志信息的能力必不可少。基于这些发展要求和内部特征，达达采用了缓冲数列技术，通过分布式消息发布订阅系统和信息缓冲通道，实时进行在线分析和离线分析，高效处理日志信息。

财务模式的建立和完善为达达整体商业模式的发展与应用提供了充足的内在动力。达达财务账户系统随着众包物流商业模式的完善而逐渐演变和发展，由最初与第三方存管合作到逐渐建立自己的财务账户系统。随着业务发展的成熟，达达将账户核心系统变更为虚拟账户及交易模块，主要负责虚拟账户管理和交易管理，并将其拆分出结算平台和收付款平台，分别负责公司各业务条线的结算业务和代收代付业务；随后又提供了业务自助接入的管理工具，实现了财务系统平台化。

达达众包物流的商业模式发展态势良好，尤其是通过与"京东到家"的合并，达达展现出积极的发展趋势。根据达达官方统计数据显示，仅 2019 年"双十一"当天 10：00—12：00，达达骑士在 2 小时内就将近 150 万个包裹送到了消费者手中，配送总里程达到 3 亿 km。同时，达达已成为电商大促等物流高峰的深度参与者，大大缓解了大促期间末端配送的压力，物流"爆仓"、消费者收货慢等现象正在逐渐成为过去时。

资料来源：段佳乐. 众包物流商业模式研究［D］. 开封：河南大学，2017.

思考：

1. 与京东合并对达达众包物流业务的发展具有怎样的影响？
2. 达达在众包物流服务方面具有哪些优势？你对其未来发展有何建议？

【延伸阅读】

1. 段佳乐. 众包物流商业模式研究：以新达达为例［D］. 开封：河南大学，2017.

2. 豪. 众包：大众力量缘何推动商业未来 [M]. 牛文静，译. 北京：中信出版社，2009.

3. 雷静. 互联网时代下同城快递的众包物流模式研究 [J]. 物流工程与管理，2017，39（9）：19-21，26.

4. 林婉婷. 基于系统动力学的众包物流服务质量评价研究 [D]. 北京：北京交通大学，2016.

5. 毛婷. 基于云模型的众包物流服务质量评价体系研究 [D]. 武汉：武汉纺织大学，2018.

6. 姜岩，王岩. 基于突变级数法的众包物流服务质量评价研究 [J]. 供应链管理，2020，1（9）：74-87.

7. 颜晓乐. 众包物流服务质量影响因素研究：基于自由快递人视角 [D]. 蚌埠：安徽财经大学，2017.

8. 颜晓乐，贺亚吉，张亮亮，等. B2C电商物流末端众包配送服务质量管控研究 [J]. 重庆科技学院学报（社会科学版），2017（9）：36-39.

9. 张立平. 基于客户感知价值的众包物流服务质量提升研究 [J]. 电子商务，2018（9）：11-12.

10. 张宁. 基于众包物流平台的同城快递配送问题研究 [D]. 大连：大连理工大学，2019.

11. 钟燕燕. 基于模糊综合评价法的众包物流跨城服务质量评价 [D]. 南昌：江西财经大学，2017.

12. HOME J. The rise of crowdsourcing [J]. Wried，2006，14（6）：176-183.

第七章

铁路物流服务质量管理

【学习目标】

知识目标

1. 掌握铁路物流的概念和功能。

2. 了解我国铁路物流的发展历程。

3. 理解铁路物流服务质量的概念及影响因素。

能力目标

1. 了解铁路货运服务质量的评价方法。

2. 掌握铁路物流服务质量的评价方法。

3. 理解铁路物流服务质量管理的策略。

【引导案例】

铁路运输"华丽转身"现代物流

我国物流产业的飞速发展、国内外新的物流理念的涌现，为铁路物流发展带来了新的机遇和挑战。铁路作为我国运输体系的骨干，其物流与一般的物流企业相比，服务货物品类更加多样，服务范围更广。自 2013 年 6 月实施铁路货运改革以来，我国铁路开始逐渐重视对于物流服务的探索。铁路物流中心在传承原有铁路优势业务的基础上，积极学习和吸收国内外物流企业的服务模式和经验，整合航空、水运、公路等交通方式，延伸"门到门"全程物流服务；面对客户的个性化需求，充分利用电子商务平台的作用和特点，开拓贴近客户需求的增值服务。

2015 年 4 月，中国铁路 95306 网站上线运行。95306 网站依托在铁路物流上的先天优势，打造集大宗商品交易、小商品交易、行业资讯、物流服务为一体的综合电子商务平台，进一步整合了铁路物流体系，实现了铁路运输向现代物流转型的第一步。客户可以根据自身需求，在 95306 网站提交所需货运方式，并选择上门取货等物流服务。铁路工作人员在该网站平台上审批订单，客户可实时获取订单审批情况，及时做出调整；货物发出后，客户可根据订单号实时跟踪物流信息；客户收货后，针对货损货差情况，可进行申诉和理赔等一系列服务。据统计，95306 网站仅开通半年，其注册用户就达到 20 多万人，成交量突破 2.6 亿 t，交易额达到 2400 亿元。

铁路物流中心在拓展服务链的同时，还纵向研发多样化的物流产品，满足不同客户多样化的物流需求。根据不同企业的产品属性及价值不同，还有货物运输过程中对货损、环境、时间等具有不同的需求，铁路物流中心推出了集装箱运输、高铁快运、冷链物流等运输方式。铁路货运产品结构的调整，最大限度地发挥了铁路货运的优势，在为铁路物流中心带来丰厚利润的同时，也提升了企业形象。

更值得一提的是，在"一带一路"倡议的推动下，中欧班列已成为"丝绸之路"上一颗闪耀的珍珠。从 2011 年的 17 列到 2018 年的 12 406 列，中欧班列的运行数量逐渐增多。截至 2018 年年底，中欧班列累计开行近 4 万列，合计货值超过 2000 亿美元，通达欧洲 23 个国家的 168 个城市。中欧班列不仅是拓宽铁路货运的新方式，还是助燃世界经济一体化发展的新动力，将对铁路进一步发挥国际物流骨干作用，以及将"丝绸之路"从原先的"商贸路"变成产业和人口集聚的"经济带"起到重要作用。

资料来源：作者根据华龙网相关资料（http://say.cqnews.net/html/2017-08/24/content_42695039.htm）改编。

思考： 我国铁路运输为什么要向现代物流转变？

随着现代物流的发展，物流活动已经被越来越多的企业当作一个整体来考虑，单一的运输或仓储服务已经很难适应市场的需求了。基于这一变化，铁路面临的已经不是原来单纯的运输市场了，而是包含运输、仓储、配送等多种服务功能的整个物流市场，这样铁路所面临的竞争对手也不再只是运输企业，而是各种类型的物流企业。传统的铁路营运方式已经不能适应市场的需要了，铁路货运企业要想在竞争中立于不败之地，必须迅速调整经营战略，构筑货畅其流、方便及时、经济合理、用户满意的现代物流服务体系。近年来，尤其是铁路货运改革以来，我国铁路运输企业不断改进铁路物流服务，并通过铁路货运电子商务平台使客户参与到全程货品运输的各环节，大大提升了铁路物流服务水平。铁路要向现代物流领域进行拓展，作为铁路主要生产部门的货物运输生产，必须根据现实的市场环境和未来的发展趋势，确立合理的市场定位，实现自身角色和功能的转变，从而实现铁路向现代物流的跨越式发展。本章将系统阐述铁路物流的概念、特征与功能，铁路物流服务质量的内涵，铁路物流服务质量的评价以及铁路物流服务质量的管理等内容。

第一节   铁路物流概述

铁路物流是在国内外现代物流业迅猛发展、铁路生产力布局不断调整、运输能力不断释放的情况下产生的，以铁路货运场站等资源为基础，融合现代物流与供应链管理和服务理念，为客户提供以铁路运输为主的全方位、一体化现代物流服务的空间场所；其既可作为铁路自身提供物流服务的场所，又可作为公共性物流基地吸引相关物流企业入驻共同开展物流服务的场所。铁路物流一般具备适度超前、功能齐全、能力强大、装备先进、辐射广泛等特点。

一、铁路物流的概念和分类

在研究铁路物流的过程中，如何从概念上理解和认识铁路物流至关重要。实践中，由于对铁路物流认识不同，对铁路物流活动的理解也各异，加之国家和行业对铁路物流尚没有明确的定义，导致人们对铁路物流概念的理解并不一致。其中有些理解并没有反映出铁路物流的本质特征，只是从字面上宏观理解为：铁路物流是以铁路运输方式为主的物流。

（一）铁路物流的基本概念

在现阶段，完成有形产品的空间位移离不开汽车、火车、飞机、轮船、管道这几种运输手段，运输是物流的一项重要功能，但这并不意味着运输就等同于物流。按照运输方式的不同，物流可以分为铁路物流、公路物流、航运物流、水运物流和管道物流。

铁路物流是依托铁路的点、线集合，发挥基础设施和生产运营两个层面的网络经济特征，连接供给主体和需求主体，根据铁路资源配置和优化条件，将运输、储存、装卸、搬运、包装、流通加工、配送、信息处理等功能有机结合起来，使物品从供应地向需求地实体流动的计划、实施与控制的过程。

铁路物流的定义包含如下要点。

1）铁路物流是物流的一个分支，是通过对铁路干线或者铁路相关服务开展物流活动的综合性过程。铁路物流是在铁路基础上发展物流，是以物流为载体、发展铁路业务为目的的一种运作方式，它的作用在于将物流与铁路更好地结合起来。

2）铁路物流是物流的一个类别，因而其活动规律也要服从物流活动的普遍规律，但铁路物流又具有自身的行业特点，因此发展铁路物流要对其系统的发展需求、特点、内涵、结构、流程、运营模式等进行相关理论和方法的深入研究，发展铁路物流特色服务。

3）物流企业不能只为客户提供单纯的储运服务，要尽量提供一体化、全过程服务。目前，我国很多物流企业只能为客户提供简单的运输、仓储服务，在物流企业众多、市场竞争激烈的情况下，很难与客户建立起长期、稳定的合作关系。铁路物流企业要与客户建立长期合作关系，就必须提高自身的服务能力，增加服务功能，不但为客户提供运输、包装、装卸搬运、保管等服务，还要向原材料采购和生产领域延伸，与仓储、通关、商检相连，与商流、资金流、信息流有效结合，把铁路物流纳入生产、流通与消费的全过程中。

（二）铁路物流的服务分类

铁路具有运量大、运价低、全天候、安全、环保、路网站点分布广等特点。根据客户需求，我国铁路物流系统可以提供整车、集装箱、零散快运、国际联运等多种货运服务。

1. 整车运输

整车运输是指一批货物的重量、体积或形状需要以一辆以上货车进行整车运输的货运方式。整车运输主要适用于煤炭、石油、矿石、钢铁、焦炭、粮食、化肥、化工、水泥等大宗品类物资运输，同时也适于重量在 30t 以上或体积在 $60m^3$ 以上的塑料制品、金属制品、工业机械、日用电器、果蔬、饮食品、纺织品、纸制品、文教用品、医药品、瓷砖、板材等批量货物运输。整车运输是铁路的主要运输方式。

2. 集装箱运输

集装箱运输具有标准化程度高、装卸作业快、货物安全性好、交接方便等技术优势，是多式联运的主要方式，也是我国铁路的重点业务发展方向。铁路集装箱运输业务类型包括铁水联运、国际联运、内陆铁公联运等，可为客户提供门到门运输和全程物流服务。

3. 零散快运

对于批量零散货物快运品类的货物，一批重量不足 30t 且体积不足 $60m^3$ 的，可按零散货物快运办理；对于非批量零散货物快运品类的货物，不足整车时，可按零散货物快运办理，但以下情况除外：

① 散堆装货物。

② 危险货物，超限、超重和超长货物。

③ 活动物及需冷藏、保温运输的易腐货物。

④ 易于污染其他货物的污秽货物。

⑤ 军运、国际联运、需在米轨与准轨换装运输的货物。

⑥ 在专用线（专用铁路）装卸车的货物。

⑦ 国家法律法规明令禁止运输的货物。

⑧ 其他不宜作为零散货物运输的货物。

4. 国际联运

国际铁路货物联运是指在跨国及两个以上国家铁路的货物运送中，由参加国家铁路共同使用一份运输票据，并以连带责任办理的全程铁路运送。办理国际联运的相关规定详见《国际铁路货物联运协定》及其办事细则。我国铁路可以与以下国家之间办理国际联运：蒙古国、越南、朝鲜、俄罗斯、哈萨克斯坦、乌兹别克斯坦、吉尔吉斯斯坦、塔吉克斯坦、土库曼斯坦、白俄罗斯、乌克兰、立陶宛、波兰、德国、法国、比利时、西班牙、捷克、斯洛伐克、拉脱维亚、爱沙尼亚、格鲁吉亚、匈牙利、阿塞拜疆、阿富汗、伊朗等亚欧大陆国家。

为全面释放新丝绸之路经济带物流通道的潜能，我国铁路全力打造"快捷准时、安全稳定、绿色环保"的中欧、中亚班列。铁路以其运距短、速度快、安全性高的特征，以及安全快捷、绿色环保、受自然环境影响小等优势，已经成为国际物流中陆路运输的骨干方式。

二、铁路物流的主要特征

现代物流理念的实质是以市场为导向，以客户的需要为服务准则，以最优化的资源配置来实现成本最低、效率最高的目标，从而实现物流企业与客户的双赢。铁路物流的特点就是通过资源整合和合理调配来提升其服务水平并降低成本，为铁路占领市场、扩大份额提供支撑。其主要特征可以概括为以下几点：

（一）铁路物流的网络性

铁路物流的基础设施网络由实现空间效应的线路和实现时间效应的点组成。我国铁路现处于工业化发展阶段，资源分布与工业布局东西错位的空间格局、众多的人口基数等客观实际要求我国必须有一个发达完善的铁路网，实现主要干线大能力通道、干支结构合理、点线能力配套的综合运输网络。由于铁路运输组织生产是一项专业性很强的技术，不仅涉及线路、车站，还有编组站、区段站等具有不同技术要求的作业单位，货运能力涉及点上装卸车能力、线上运输能力、编组站能力及空车配送能力等，彼此之间的能力配套和充分利用远比其他行业复杂，各环节的协调和配套会影响整个运输生产组织的效率。由此可见，对铁路运输的网络连通性需要多角度、多层次的分析和研究，而不应简单地认为"有路就能通"。在研究铁路物流的过程中，应将网络连通作为铁路物流一体化的前提，要研究铁路网络每一方面及相关环节的作用和效率，研究铁路物流具有的网络特性。

（二）铁路物流的重载化

重载运输是铁路物流的发展方向。为了适应货运市场变化，满足大宗货物运输对铁路的需求，提高铁路运输的市场竞争力，各国铁路纷纷开展重载运输。铁路重载化是指在先进的铁路技术装备条件下，扩大列车编组，提高列车载重量的运输方式。相较于其他几种运输方式，铁路具有运量大、成本低的特点，能够通过专用线与大宗货物产地或港口无缝连接，实现大宗货物运输的一体化。在我国，铁路货运量逐年增加，重载化能提升物流能力和效率，是铁路物流的发展趋势。

（三）铁路物流的干线性

铁路是我国综合交通运输体系的重要组成部分，在该体系中，干线铁路网是国民经济发展的主动脉，地区铁路网是国民经济发展的支动脉。因此，铁路干线运输能力是铁路物流的主能力，是铁路物流的重要支撑，承担着铁路运输的重要任务，是铁路运输的基础。充分发挥铁路干线的优势，实现铁路干线的三大特点（运输强度大、里程较长、汇集和辐射范围广）是铁路运输优于其他运输方式的主要特点。

（四）铁路物流的环保性

铁路发展绿色物流具有先天条件。在各种交通工具的单位能源消耗中，私人小汽车是铁路的9倍，公共汽车是铁路的4倍。铁路每公里占地1.6公顷$^{\ominus}$，4车道高速公路每公里占地2.6公顷，是铁路的1.44倍，6车道、8车道高速公路则占地更多，而1条铁路相当于5条4车道高速公路的运输能力。在诸多交通运输方式中，铁路是能耗最低、能源结构合理、机车牵引基本电气化、污染小、占地少、安全有保证的交通方式。铁路运输的环保性占明显优势，为铁路物流发展奠定了基础。

（五）铁路物流的经济性

与其他运输方式相比，铁路运输的成本更低。据估算，我国铁路运输的成本分别是汽车运输成本的1/11～1/17，民航运输成本的1/97～1/267。同时，铁路运输每千吨公里的能耗仅为汽车的1/11～1/15，民航运输的1/174。因而，在中长途运输过程中，相较于公路运输，铁路运输不仅是更安全和便捷的运输方式，还可以极大地节省货物运输费用；尽管航空运输也具有适合较长距离运输的特点，但是从成本上看，铁路运输的性价比要远远高于航空运输。

更重要的是，铁路运输具有更突出的经济辐射作用。汽车的自身特点决定其不能进行过长距离的运输，而铁路则较适合长距离的运输，有更长距离的经济辐射性。铁路运输较之航空运输也有更大空间的经济辐射性。航空运输虽然具有速度快的特点，但是在货物的承载上具有明显的局限性，铁路运输则不然。铁路运输较之管道运输有更加多样化的经济辐射性。管道运输的运输形式较为单一；而铁路运输则可以实现人、货等多种对象的同时运输，能够满足不同的运输需要。铁路运输较之水路运输有更密集化的经济辐射性。铁路运输途经的地区较为广泛，能够带动周围的经济发展；而水路运输则绕开了经济体，直达目的地。

三、铁路物流的主要功能

现代铁路物流依托铁路货运发展而来，具备传统铁路货运作业的基本功能；同时，为

$\ominus$　1公顷＝10 000m^2，余同。

了满足现代物流的发展要求，也基本具备相应的物流服务功能。总体而言，铁路物流的功能可以分为基本功能和增值功能。

（一）铁路物流的基本功能

铁路物流的基本功能主要包括以下几个方面：

1. 运输

运输功能是现代铁路物流的基本功能之一。为满足客户对运输方式和运输时间的要求，铁路物流利用既有设施设备（铁路线、列车等）或通过租赁及购买一定规模的运输工具组织运输作业，在规定的时间内以高品质、低价格的条件将商品送达目的地。

2. 包装

包装是指在物流过程中，使用适当的材料、物品和技术，以维护商品安全，便于商品运动的技术经济行为。铁路物流的包装功能主要是为了提高作业效率、减少装卸和运输过程中的货损而对商品进行包装作业，主要是对销售包装进行拼配、组合和加固，形成适合于运输和配送作业的组合包装单元。

3. 仓储

仓储是物流过程的中心环节，利用仓储设备对商品进行高效的计划、组织、控制和协调，从而保证商品的使用价值，及时满足市场需求。由于铁路具有强大的运输能力，通常情况下，经由铁路运输的货物大都具有种类多、批量大的特点，因此，铁路物流中心应当具备强大的储存能力，为到站以及中转货物提供储存服务。另外，铁路物流的储存功能具有多样性，涉及集装箱、散堆装货物的堆放式存储以及仓库存储等多种方式。

4. 流通加工

流通加工是在铁路商品流通过程中为更好地适应市场需求变化及终端消费需要、节约运输资源、提高物流运作效率、减少物资损耗而提供的一种重要的配套物流服务功能。铁路物流应具备基本的加工功能，如零部件的装配、为商品粘贴标签以及材料的分割等。为了适应销售市场的需求变化，铁路物流可以与固定的生产制造商或分销商长期合作，为其完成一部分加工作业，如条形码的生成、粘贴标签、分割和剪切材料、组配零部件及拼装集装箱等。

5. 配送

铁路物流的配送功能是指根据客户多样化的需要，组织配送方式和运输路线，安排货运计划，为客户选择承运人并确定配载方法，在规定时间内将指定的商品运达准确的地点，实现"门到门"服务。铁路物流的配送作业一般包括两个方面的内容：一是依据货主托运时的运单，对已经达到目的地站的货物进行送货；二是依据客户的需求，对需要运输的货物提供上门取货服务。根据客户需求的不同，铁路物流的配送方式主要有三种：利用大型企业的铁路专用线，直接对其进行配送服务；利用铁路专用线与其他运输方式相结合的配送模式；利用公路运输或其他运输方式进行除铁路之外的运输，并做到"门到门"服务。一般情况下，对大型企业而言，其货物运输主要依托铁路专用线。利用铁路专用线进行货物配送是对传统铁路配送模式的扩展，是铁路物流中心的优势和特色。

6. 装卸搬运

装卸搬运功能是指在同一地域范围内，为改变货物存放状态和空间位置所进行的作业活动。具体来讲，就是对货物进行垂直或水平位置移动，以及改变其支撑方式的作业活动。装卸搬运功能是铁路物流的必备功能之一。由于铁路节点这些能力限制，点上的装卸搬运经常成为整个物流活动的衔接瓶颈。因此，为了加快商品在铁路物流中的流通速度，提高整体物流的运作效率，应该对既有货运站的装卸线进行调整和改造，并配备专业化的装载、卸载、堆放和出入库等装卸搬运机械，合理设计装卸搬运流程，提高作业效率；同时，应避免野蛮装卸，减少装卸搬运过程中的货损率。

7. 多式联运

多式联运是指经由两种或两种以上的运输方式，将货物运至目的地。多式联运经营人将货物的全程运输分为几个运输区段，每个区段的承运人分别通过一次托运、一份单证、一次计费、一次保险共同完成货物"门到门"的全程运输，最终到达运输成本最小化的目的地。铁路物流以铁路运输为主，同时积极发展多式联运功能，主要包括公铁联运和海铁联运等与铁路运输相关的联合运输方式。通过增加多式联运功能，可以更好地为客户提供便利，实现物流一体化服务，同时增强铁路物流的竞争力。

8. 信息处理

发展铁路物流时，应该合理利用既有货运站的信息处理系统，结合发展现代物流服务所需要的各种物流信息，构建铁路物流的信息系统。通过采集、传递、分析、发送各种物流信息，为货主提供物流作业明细和咨询信息。目前，铁路货运仅能提供对车的粗略跟踪信息，而对于货物在站点的状态信息客户无法得知，信息在不同部门间无法共享。发展铁路物流要增加信息系统的服务功能，应与供应链上下游企业实现信息共享，从而提高铁路物流的作业效率，实现对全程物流活动的系统化和集成化管理。

（二）铁路物流的增值服务功能

根据现代物流的发展理念，铁路物流可以拓展相应的增值服务功能，为客户提供更高质量的物流服务，主要涉及如下 6 个方面。

1. 信息咨询与服务

铁路物流拥有数量极为庞大的各种物流信息，可以利用这些信息，在为客户提供物流服务的同时，也为客户提供物流系统设计、物流解决方案设计、供应商选择与评价等相关业务咨询和服务。

2. 物流金融服务

物流金融服务功能是物流服务和金融服务相结合的产物。铁路物流发展此项服务可以通过仓单质押等形式为企业提供融资，从而缓解企业资金链的压力，提高铁路企业的竞争力，吸引更多的客户企业通过铁路物流处理商品运输与中转。

3. 商品展示

随着铁路物流的进一步发展，铁路物流可以利用自身所具备的商品信息优势，以及集中各种信息的优势，为客户提供商品展示、交易、客户洽谈等服务，拓展铁路物流的物流增值服务。

4. 结算

铁路物流的结算功能是对运输服务功能的延伸。当铁路物流中心具有代理、配送等业务时，结算功能就不仅局限于物流费用，还可包括代替货主向收货人收取的结算费用。结算功能在代理和配送作业量较大时效果较为显著，运用该项功能可以提高铁路物流的服务质量。

5. 物流服务集成

传统的物流服务运作模式往往是单一功能的，难以满足客户多样化、个性化的需求。相比之下，物流服务集成不仅能提供仓储、运输、搬运、装卸、包装、信息处理等基本物流服务，还能提供诸如订单处理、物流方案的选择与规划、贷款回收与结算等增值性服务，并能设计解决方案等。

6. 物流方案设计

铁路物流方案的设计是指铁路物流可以按照客户要求以及客户特定的业务流程，为其设计物流解决方案等。客户只需要面对物流服务集成供应商，由其全面负责组织、管理、协调并提供"一站到位"式的综合服务。

四、我国铁路物流的发展历程

我国铁路物流的发展大致经历了三个阶段：一是以传统货运场站发展为主的萌芽起步期；二是以集装箱中心站、大型装卸车点等具有物流发展理念的节点为主的探索发展期；三是以铁路物流中心布局规划为标志进入系统发展期。

（一）萌芽起步期（2003 年以前）

新中国成立以后，我国铁路实现了快速发展，铁路货运场站也随之发展起来，并逐渐形成了覆盖全国的铁路货运场站网络。20 世纪 90 年代，随着公路路网不断完善以及高速公路的快速发展，公路运输迅速发展，铁路运量出现了下滑态势，当时的铁道部重点进行了零担运输集中化改革，在"七五"期间停办了 2000 多个车站的零担业务，大量取消沿途零担列车；"八五"期间又重点进行了整车集中化运输的理论分析和局部试点工作；从 1996 年开始在全路推行货运业务集中化，并于当年相继停办了 565 个日均装卸车在 1 车以下的车站的货运业务，平均站间距延长到 14km；1997 年停办了 1042 个日均装卸车在 3 车以下车站的货运业务；到"九五"末期停办了日均装卸车数小于 5 车的车站货运业务，将平均站间距延长到 22km 左右。至此，全路货运营业站保留 2500 个左右。

在货运业务集中化办理、关闭小型货运场站的同时，铁路货场自身也在不断提升服务水平，以实现增运增收，更好地应对激烈的市场竞争。20 世纪 80 年代，部分铁路局结合多元经营发展，实际尝试修建用于开展铁路延伸服务的经营基地；90 年代后，为有效缓解铁路货场能力不足的问题，又大规模建设适应经营需要的自有货场。与此同时，铁道部鼓励货场站拓展服务功能，成立货运营销机构，通过"货场办市场"，形成新的物流集散地，盘活存量资产，有效吸引货源。

2001 年，当时的国家经济贸易委员会联合铁道部、交通部等六部委下发了《关于加快我国现代物流发展的若干意见》，铁路系统逐渐认识到物流在提高运作效率、降低运作成本等方面的巨大作用，为铁路物流中心的建设与发展奠定了思想基础。

总体而言，这一阶段的发展特点是以传统货运场站为主、多元经营基地为辅，不断优化场站布局、拓展货运服务功能，但并未形成自上而下、具有全局指导性的统一布局优化方案，"以客户为中心"的服务理念也尚未形成。

（二）探索发展期（2003—2010 年）

2003 年 3 月，我国明确了全国铁路集装箱中心站的建设方案，提出在北京、上海、广州、深圳等重点城市规划建设 18 个集装箱中心站，以及 40 个左右靠近省会城市、大型港口和主要内陆口岸的集装箱专办站。集装箱中心站具有多式联运和综合物流服务功能，能够开展诸如仓储、加工、拆拼箱、洗箱、修箱、报关、报验、信息处理等物流服务，是铁路物流中心的发展雏形。

2003 年 12 月，铁道部组建了中铁快运、中铁特货、中铁集装箱三大铁路专业运输公司，标志着我国铁路进入了管理体制改革的新探索。由三大铁路专业运输公司主导，建设了一批具有物流运作特色的行包行邮基地、商品车物流作业基地和专办站，积极融入了现代物流的发展理念。

2006 年，全路运输工作会议提出"两整合，一建设"，即整合零担业务、整合运量小的货运站，建设战略装车点，进一步推进货运场站布局优化调整。此后，铁路大力推进以大型装车点为重点的物流节点建设，鼓励开展运贸、代理、仓储、流通加工、配送等物流服务。至 2010 年年底，全路已经建成大型装车点近 710 个，这些装车点的货物发送量约占全路货物发送量的 40% 以上。

在这一阶段中，铁路物流的表现形式不断丰富，三大专业运输公司构建了一批具有现代物流发展理念的物流节点。但受经营体制的影响，不同经营主体所规划建设的不同物流节点间缺乏有效的沟通与合作，重复建设、资源利用不足等现象开始出现，如何规范引导既有节点向着合理化、可持续方向发展，成为摆在铁路系统面前的重要问题。

（三）系统发展期（2011 年至今）

2011 年，《铁路"十二五"物流发展规划》发布，在全路层面上明确提出了我国铁路物流中心总体布局方案，并要求"新建货运场站和铁路物流企业经营基地均应按照物流中心要求进行规划建设，既有货运场站和铁路物流企业经营基地应逐步向物流中心转型"，标志着我国铁路物流中心进入了系统规划建设阶段。2013 年 6 月，铁路货运组织改革正式实施，以客户需求为导向、注重市场营销、发展现代物流等理念受到铁路系统的普遍重视，零担业务全面回归铁路，各个路局相继成立了货运营销中心，18 个路局（公司）三大铁路专业公司也相继成功申报了 5A 级物流企业。

2015 年，在既有铁路物流中心、规划、建设、运营的基础上，中国铁路总公司根据新形势新变化，对全路铁路物流中心、布局进行了优化调整，出台了《铁路物流基地布局规划及 2015—2017 年建设计划》，提出了新建、改扩建一级铁路物流中心 33 个，三级铁路物流中心 175 个，三级铁路物流中心 330 个，并于 2016 年 2 月 4 日出台了《铁路物流中心设计规范》，规范铁路物流中心的规划、建设与运营。

在这一阶段，我国铁路物流进入系统发展时期。各铁路局和专业运输公司针对铁路物流中心的设计、建设与运营服务等重点工作展开了系统性的实践，铁路物流节点网络得到进一步完善，铁路信息化水平不断提高，铁路物流的服务水平得到较大提升。但是，我国铁路物流中心需要进一步贯彻现代物流理念，加强基本功能中的多式联运功能建设，成为多式联运网络的节点和枢纽；此外，还应该进一步拓展仓储、配送、流通加工、包装等物流增值服务功能，推进供应链一体化服务能力建设。

在改革货运受理方式、大力发展铁路"门到门"全程物流服务的形势与要求下，铁路物流中心的发展将朝着建设合理化、功能多样化、装备现代化、办理便利化、服务全程化等方向进一步发展。

第二节　铁路物流服务质量的内涵

物流业属于第三产业，其性质主要在于服务。铁路物流作为物流业的一个分支，其本质是为客户提供各项物流服务，满足客户多样化的服务需求。因此，整个铁路物流的质量目标，就是其服务质量。铁路物流服务质量具有不同于一般行业服务质量的特性，它是根据物流运动规律所确定的物流工作的量化标准与根据物流经营需要而评估的物流服务的顾客期望满足程度的有机结合。

一、铁路物流服务质量的含义

对于铁路物流服务质量，目前并没有一个统一的概念定义。国家铁路局发布的《铁路货物运输服务质量》（TB/T 2968—2018）将铁路货物运输服务定义为：为满足客户安全、完整、准时运送货物的需求，铁路运输企业与客户接触的活动和铁路运输企业内部经营活动所产生的结果；将铁路货物运输服务质量界定为：铁路货物运输服务满足客户货物运输需求的程度。

铁路物流服务质量是铁路物流企业满足客户或托运方物流服务需求的程度，是服务过程中铁路物流服务客户感受、感知的质量。铁路物流服务质量是一个整体概念，包含"符合规格"和"符合期望"两个方面。一方面，铁路物流活动过程需要各种资源和技术是完全可以控制的，很容易确定质量规格和操作标准；另一方面，铁路物流是为客户提供时间、空间效应的物流服务，需要根据不同要求提供不同的服务，物流服务质量是由客户根据期望评价的。

物流服务质量是铁路物流企业管理的一项重要内容，这是因为铁路物流业具有极强的服务性质，服务质量因客户不同而要求各异。一般来讲，铁路物流服务的普遍性体现在满足用户要求方面，这个难度是很大的，因为各个用户要求不同，有些要求往往超过铁路物流企业现有的服务能力，要满足这些服务要求，就需要铁路物流企业有很强的适应性及柔性，而这些又需要有强大的软件及硬件系统支撑。

二、铁路物流服务质量的特性

铁路物流服务不同于其他工农业企业生产，它的最终产品是货物运输服务，这是一种特殊的产品，其使用价值是实现货物的空间位移。运输生产和产品的特殊性决定了铁路货物运输服务质量的特性，主要体现在以下几个方面：

（一）功能性

功能性是指铁路物流企业提供的物流服务能够满足客户所运输货物"位移"需求的功能特性。这是铁路物流服务必须具备的作用和效能，也是铁路物流服务质量最基本的特性。

（二）安全性

安全性是在货物运输过程中，铁路物流企业保证运输对象完好无损，平安实现位移的特性，是铁路物流企业安全、可靠地履行服务承诺的能力体现，是铁路运输服务质量的首要特性。铁路货物运输活动的特点之一就是要改变货物的空间位移，而不改变其属性和形态。因此，在铁路物流活动中首先必须保证货物安全，货物运输服务中任何不安全的事件都将直接或间接地影响正常的生产和消费活动，而且必定会造成社会财富的损失。

（三）及时性

及时性是指铁路物流企业及时、准时和省时地满足客户的货物运输时限需求的特性。铁路货物运输及时性的基本要求是按照货物运输合同、协议所规定的或企业对社会宣布的办理时间，提供及时的货物运输服务，将货物及时送达目的地。

（四）经济性

经济性即货物运输质量的经济特性，是指以尽可能少的劳动消耗实现货物位移。货物运输质量的经济性要求铁路物流企业采取最佳的货物运输方案，在完成既定货物运输任务的情况下，使货物运输费用最低，其直接表现是使客户的费用支出公平合理，间接表现是减少追加到社会产品中的货物运输费用。

（五）完整性

完整性是指铁路物流运输过程只使货物产生位移而不造成货物数量减少、质量变化的特性，是保证物流服务对象能力的体现。铁路货物运输为国民经济和人民生活服务，由于其产品的特殊性，如果货物运输过程造成货物损坏或数量减少，则意味着社会财富的减少，会造成直接、间接的损失或者其他后果。

（六）服务性

服务性是铁路物流企业在生产经营活动中，以运送货物的物质条件和服务态度使客户满意的程度。铁路货物运输具有强烈的社会服务性，这种服务性要求一切从客户的需求出发，尽最大可能为客户提供便利条件，提供热情周到的服务。

以上特性是铁路货物运输质量特性的主要表现。在铁路物流服务质量管理工作中，还可以通过服务质量的其他特性来描述。

三、铁路物流服务的基本流程

铁路物流服务的基本流程主要包括受理、承运、保管、装卸、运输、交付和损失处理7个阶段。

（一）受理

受理是指铁路物流企业根据客户要求，按照货物运输的有关规定，接受客户的货物运输需求。

1. 基本要求

铁路物流服务人员应按货物实名运输相关规定核实并如实记录托运人、承办人和货物的相关信息。在受理货物时，铁路物流服务人员应审查货物相关信息及限制性规定，并告知客户提供相关信息和证明文件及安全要求。

2. 受理方式

铁路物流企业可通过电话受理、网站受理、营业场所受理或上门受理等形式受理客户的货物。对符合物流条件的物流需求，应为客户提供受理服务；对不符合物流条件的物流需求，应积极向客户做好解释工作并提供解决方案建议。

（二）承运

承运是指铁路物流企业为客户办理货物运输手续，具体包括接收、检查、称重与计费、制单 4 个环节。

1. 接收

接收一般包括营业场所接收和上门接收两种方式。在营业场所接收货物时，铁路物流企业应为客户发货提供停车场地、货位等基本条件。铁路物流企业上门取货时，应按照与客户约定的时间、地点、接取方式等接取货物。

2. 检查

铁路物流企业按照运单记载事项，查验货物的品名、件数、包装等是否一致。

3. 称重与计费

铁路物流企业根据货物运输费用项目、费率及计费规则，使用法定的计量器具，对客户运输的货物进行称重并计算运输费用。同时，应根据客户要求及时提供运单、发票等单据。

4. 制单

客户、铁路物流企业根据货物运输类型、数量、里程以及实际承运能力等，按照铁路货物运输合同填写要求，分别填写托运人部分、承运人部分。双方填制完成且无异议，共同盖章或签字确认。

（三）保管

铁路物流企业根据客户需求，对货物提供仓库保管服务。

（四）装卸

铁路物流企业按照货物装载作业规程进行货物装车或卸载，并按仓储规定规范堆码。

（五）运输

铁路物流企业在运输过程中应满足以下要求：保障货物完整，且处于合理的损耗范围内；按规定或双方约定的运到期限将货物运至到站；运输信息准确完整，并按规定储存、备份。

（六）交付

交付是指铁路物流企业将到达目的地的货物交付给客户。

1. 交付方式

铁路物流企业可以通过电话、短信或与客户约定的其他方式，向客户发出到货通知或领货通知。具体交付方式可以根据合同约定，采取客户自提、送货上门等方式。

2. 货物交付

铁路物流企业应按规定及时、准确地办理货物交接手续。收货人对货物交付提出异议的，铁路物流企业应按相关规定积极处理；对无法交付的货物，也应按相关规定办理。

（七）损失处理

在运输过程中，铁路物流企业由于自身原因未按合同约定提供相关服务，导致货物发生灭失、短少或损坏的，应根据相关规定对客户进行赔偿。

1. 赔偿原则

铁路物流企业与客户之间有赔偿约定的，应从其约定；未约定的，由铁路物流企业按有关规定向客户进行赔偿。

2. 理赔时限

客户向铁路物流企业提出赔偿要求后，对符合赔偿条件的，铁路物流企业应积极受理。根据《铁路货物运输服务质量标准》（TB/T 2968—2018）的规定，自受理客户赔偿要求的次日起至支付赔款之日止，办理赔偿的最长时限为 60 日。

四、影响铁路物流服务质量的因素

随着铁路货运向现代物流的积极转型，铁路物流企业也采取了多种行之有效的措施来适应转型发展的需要，但结合目前铁路物流服务的现状，并对照服务质量特性分析，仍有诸多不适应之处需进一步改善。影响铁路物流服务质量的主要因素有如下 6 个方面。

（一）服务功能

伴随国家经济转型发展和"互联网＋"时代的来临，铁路货运功能已无法适应变化中的物流市场，特别是无法满足发送零散货物的需求，主要表现为以前的铁路货运功能主要为大宗货物服务，由于对应的运输产品、生产组织和资源配置等大都基于服务运输大宗货物设计，导致在服务功能上仍不完备，难以有效满足零散货物的发送需求。

（二）运输价格

铁路货物的运输价格是否合理对客户的取舍具有重要影响。运输价格符合市场规律，才能有效争取到客户。当前铁路货物运输价格执行统一定价，价格体系欠缺灵活性，没有淡、旺季之分，也缺乏冷、热方向之分。虽然部分运输产品可以议价，但因无法实时掌握市场变化，特别是无法有效追踪其他运输方式的价格，议价流程较为烦琐，导致铁路货物运输价格无法充分适应市场的变化，也无法随着客户需求的变化而变化。

（三）货物安全

一般来说，客户发货时，要求货物及其包装在物流服务过程中不发生改变，即使发生货损，在理赔上也能做到快捷、简便。但因铁路长期以运输大宗货物为主，对于零散货物的运输，在机具配备、装载方案、合理装卸等方面都难以有效避免货物污损，特别是铁路货运的环节较多，关系单位也较多，一旦在运输过程中发生货物污损和丢失，事故调查、事故处理、责任划分和货损理赔等过程均较为复杂；加之个别单位和个人存在互相推诿的现象，导致货损理赔的时间较长，甚至出现个别客户难以得到应有赔偿的情况，这些都会极大地影响铁路物流服务质量及客户满意度。

（四）运输时效

在激烈的市场竞争中，时间就是金钱，货物早一天出现在市场上，客户就会得到更多的利润；晚一天到货，市场行情可能大变，客户也可能因此受到损失。在铁路货物运输过程中，特别是在跨局运输过程中，配车、中转、集结和接取送达等环节缺乏有效衔接，会使货物运输无法做到快捷、高效，导致部分货物不能在规定的时限内运达目的地，有时还会远远超出运到时限，甚至在运输过程中不知所踪。

（五）服务意识

客户选择铁路发运货物时，期望在互相尊重、双赢互惠的氛围中完成市场交易行为。但因长期以来铁路运力相对紧张，部分单位和货运工作人员"铁老大"的思想仍根深蒂固，服务意识相对淡薄，未能树立客户至上的服务观念。这导致一些客户对通过铁路运输货物心存顾虑，有的客户甚至就此彻底"告别"铁路，转而选择其他运输方式。

（六）服务环境

客户都希望有一个良好、舒适的服务环境，业务人员业务熟练、行为规范、用语文明、态度亲切，服务场所设备齐全、环境整洁，会使客户在点滴之间感受到"宾至如归"的感觉，从而无形中增加对铁路货运的好感。但部分铁路物流企业未能注重改善铁路货运营业场所的硬件设施，或是投入了也不注重保持，导致个别营业场所环境不佳；个别工作人员业务生疏、态度不佳，给客户留下了不好的服务印象，这些都会影响铁路物流的服务质量。

第三节　铁路物流服务质量的评价

铁路物流服务质量是铁路物流企业生存与发展的关键，体现着铁路物流企业的核心竞争力。对铁路物流服务质量进行科学评价，有利于铁路物流企业衡量和评价自身服务质量与现代物流水平的差距，从而有针对性地找出差距所在，改善物流服务质量，提升物流服务效益。

一、铁路货运服务质量的评价

目前，我国尚未颁布明确的铁路物流服务质量行业和国家标准，可参照的是《铁路货物运输服务质量标准》（TB/T 2968—2018）、《铁路货物运输服务质量监督监察办法》（铁运〔2000〕6 号），以及《铁路运输服务质量监督管理办法（征求意见稿）》（2018 年发布）。

（一）铁路货运服务质量的评价标准

国家铁路局在 2018 年发布的《铁路货物运输服务质量标准》（TB/T 2968—2018）（以下简称《标准》）从总则、基本要求、设施设备、服务流程、投诉与处理以及服务公开、测评与改进 5 个方面对铁路货物运输服务质量标准做出了规定，具体可将其归纳为总体标准和具体标准两个方面。

1. 总体标准

《标准》的"总则"提出了铁路货物运输服务质量的总体标准，即安全、优质、高效、便捷。安全是指铁路运输企业应健全货物安全运输管理制度，配备保证货物安全运输的人员和设施设备，保障货物在接取、装卸、运输、保管、送达等环节的安全。优质是指铁路运输企业应采用多种渠道向社会公众及时公开货物运输的服务内容，提高运输服务的透明度，并确保兑现各项服务承诺。高效是指铁路运输企业应运用有效的技术设施及管理手段，合理利用资源，保证货物在规定的时间、地点送到顾客手中，实现高效率的铁路货物运输。便捷是指铁路运输企业应优化流程、简化程序，方便客户在最短的时间内完成咨询、托运、收货等铁路货物运输业务。

2. 具体标准

《标准》从基本要求、设施设备、服务流程、投诉与处理以及服务公开、测评与改进 5 个方面提出了铁路货物运输服务质量的具体标准。

（1）基本要求。铁路货运服务质量的基本要求涉及服务人员、服务信息查询和标识三方面。其中，对服务人员的基本要求包括业务技能、仪容仪表、服务用语和职业道德 4 个方面；对服务信息查询的基本要求包括查询渠道和查询内容两个方面；对标识的基本要求主要包括标识位置、设置规定等。

（2）设施设备。设施设备是指为铁路货运服务的相关场所及设备，主要包括：场站布局、营业厅、场库设施、装卸设备、货车和集装箱、计量安全检测设备、货物交接场所、特殊设施、其他设备。这些设施设备均应达到相应的质量标准。

（3）服务流程。铁路货运服务的流程主要包括受理、承运、保管、装卸、运输、交付和损失处理7个环节。《标准》中对这7个环节的服务质量标准做出了相应的规定。

（4）投诉与处理。及时处理客户的投诉是保证铁路货运服务质量的关键。《标准》从投诉渠道、投诉受理和投诉处理三个方面提出了服务质量标准。

（5）服务公开、测评与改进。服务公开、测评与改进是铁路货运服务质量管理的重要内容。服务公开是指铁路运输企业应在货物营业场所、企业网站等公开服务种类、收费标准、投诉与赔偿等内容。服务测评是指铁路运输企业应健全货物运输服务质量管理制度，定期开展客户满意度的服务质量测评。服务改进是指铁路运输企业应根据服务测评的结果，提出改进措施并推进实施。

（二）铁路货运服务质量的问题分类

为提高铁路货物运输服务质量，贯彻执行《铁路货物运输服务质量》标准，促进铁路货物运输工作发展，国家铁路管理部门于2000年1月印发了《铁路货物运输服务质量监督监察办法》（铁运〔2000〕6号，目前仍在执行）；2018年5月，根据铁路运输行业的发展实际，又印发了《铁路运输服务质量监督管理办法（征求意见稿）》。在这两份文件中，管理部门对铁路货运服务质量中的问题进行了分类。

1.《铁路货物运输服务质量监督监察办法》

该办法将铁路货运服务质量问题分为不良反映问题、一般质量问题和严重质量问题三类，共20项问题。其中包括不良反映问题6项，一般质量问题7项，严重质量问题7项。

（1）不良反映问题。

① 服务、设施不标准不规范，不符合《铁路货物运输服务质量标准》，影响货物运输质量。

② 货运、装卸作业违反作业标准。

③ 装卸违章作业造成货物损坏，直接经济损失一次在1000元及以上、不足5000元。

④ 责任货物运到逾期10天及以内。

⑤ 违反铁路货运收费有关规定收费累计金额在10 000元以上，不足50 000元。

⑥ 有路风不良反映。

（2）一般质量问题。

① 对货主投诉推诿扯皮不认真处理。

② 货运延伸服务管理混乱。

③ 装卸违章作业造成货物损坏，直接经济损失一次在5000元及以上但不足10 000元。

④ 职工（含委托装卸人员）因盗窃、侵占货物被拘留的。

⑤ 责任货物运到逾期10天以上。

⑥ 违反铁路货运收费有关规定，收费累计金额在50 000元及以上，不足200 000元。

⑦ 有一般路风事件。

（3）严重质量问题。

① 内外勾结超载装车。

② 伪报货物品名，以整化零，票据填记货物重量与实际不符，造成运输收入流失或截留运输收入。

③ 装卸违章作业造成货物损坏，直接经济损失一次在 10 000 元及以上。

④ 职工（含委托装卸人员）因盗窃、侵占货物被劳动教养或判刑的。

⑤ 违反铁路货运收费有关规定收费累计金额在 200 000 元及以上。

⑥ 部文（电）直接点名批评，性质恶劣。

⑦ 有严重级别以上路风事件。

2.《铁路运输服务质量监督管理办法（征求意见稿）》

交通运输部 2018 年 5 月印发的《铁路运输服务质量监督管理办法（征求意见稿）》将铁路货运服务质量问题分为服务质量重大问题、服务质量较大问题和服务质量一般问题三类问题，共涉及 12 项具体问题。

（1）服务质量重大问题。

① 因铁路运输企业责任，造成货物损失及其他直接损失 10 万元以上的。

② 违反运价有关规定，违规收费金额累计 10 万元以上的。

③ 因铁路运输企业责任，造成货物运到逾期 10 天以上的。

④ 违法经营、强制服务或者只收费不服务等，累计所得 10 万元以上的。

⑤ 铁路运输企业工作人员殴打托运人、收货人的。

⑥ 虽未构成上述条款，但在社会上造成恶劣影响或者被国家有关部门通报批评。

（2）服务质量较大问题。

① 因铁路运输企业责任，造成货物损失及其他直接损失 1 万元以上 10 万元以下的。

② 违反运价有关规定，违规收费金额累计 5 万元以上 10 万元以下的。

③ 因铁路运输企业责任，造成货物运到逾期 3 天以上 10 天以下的。

④ 违法经营、强制服务或者只收费不服务等，累计所得 5 万元以上 10 万元以下的。

⑤ 虽未构成上述条款，但在社会上造成不良影响的。

（3）服务质量一般问题。

未构成服务质量重大问题和服务质量严重问题的其他问题。

（三）铁路货运服务质量的评价指标

《铁路货物运输服务质量标准》对铁路货运质量的评价偏重于内部生产管理，缺少评价铁路货运为社会服务的系统性指标。纪嘉伦等学者（1999）通过对各种类型的托运人、企业、代理托运公司的问卷调查，并征询铁路局及车站货运工作人员的意见，提出了铁路货运服务质量的评价指标体系。该评价指标体系包括安全性、经济性、迅速性、高效性、便利性和满意性等 6 个一级指标、19 个二级指标。

1. 安全性指标

万批货运事故率：

计算公式为

$$万批货运事故率 = \frac{货运事故件数}{参与运输的货物批次} \times 10\ 000$$

其中，货运事故件数为本单位责任的货运事故数，包括由本单位责任及外单位结案属本单位责任的事故。参与运输的货物批次包括发送、到达和中转的货运批次。由货运原因造成行车事故时，可根据事故损失情况以相应的换算系数对此项指标进行修正。

万元货运收入赔偿率：

计算公式为

$$万元货运收入赔偿率 = \frac{确定本单位责任的货运事故赔偿金额}{本单位货运收入总额} \times 10\ 000$$

百万货物周转量事故损失率：

计算公式为

$$百万货物周转量事故损失率 = \frac{确定本单位责任的货运事故赔偿金额}{货物周转量} \times 1\ 000\ 000$$

此项指标只用于考核铁路局工作。

2. 经济性指标

万吨公里收入率：

计算公式为

$$万吨公里收入率 = \frac{货运运输收入}{运营万吨公里数}$$

发送万吨收入率：

计算公式为

$$发送万吨收入率 = \frac{货运运输收入}{货物发送万吨数}$$

货物运输成本率：

计算公式为

$$货物运输成本率 = \frac{货运运营支出}{万吨公里数}$$

3. 迅速性指标

货物在站滞留时间：

这是指货物从承运时起（或到达车站时起）到货物离站时止的延续时间。

按运到期限到货比率：计算公式为

$$按运到期限到货比率 = \frac{按运到期限兑现的货物批数}{货物总批数}$$

该指标按直通、管内分别统计（其中货物批数按到达量统计）。

货物运送速度：

这是指平均每批货物或每吨货物每天被运送的距离。其计算公式为

$$P_{吨} = \frac{货物周转量}{货物吨日数}$$

$$P_{批} = \frac{货物批公里数}{货物批日数}$$

其中，货物吨日数和货物批日数是表示货物运送时间总和的数值，批日数与吨日数以货物批数或吨数乘以相应的运送时间（承运次日起至到站之日止）得到。

4. 高效性指标

货运职工劳动生产率：

计算公式为

$$货运职工劳动生产率 = \frac{货物发送吨数 + 货物中转吨数 + 货物到达吨数}{货运职工人数}$$

人员创收率：

这是指计算期内平均每位货运职工的货运收入。其计算公式为

$$人员创收率 = \frac{总货运收入}{企业货运职工数}$$

成本收入率：

这是指单位运输成本创造的货运收入金额。其计算公式为

$$成本收入率 = \frac{货运总收入}{货运总成本}$$

5. 便利性指标

计划审批时间：

这是指从托运人向车站提出计划，到车站做出答复批给空车或空箱的时间。

托运人在站停留时间：

这是指托运人办理完一次货运业务在车站停留的时间。对于托运，包括受理、车站作业时间（如进货、搬运、过磅等）、延迟等待、票据交接、托运人在站内空走时间等；对于提货，包括换票、票据交接、结算、车站作业时间（如搬运出货等）、延迟等待、托运人在站内空走时间等。

货损按期赔偿率：

计算公式为

$$货损按期赔偿率 = \frac{按期赔付的货损金额}{计算期内货损赔偿总金额}$$

计算机化水平：

它以计算机数据传输或统计的工作量占总的数据工作量的百分比表示。

6. 满意性指标

货场设备满意率：

该指标具体包括基础设施配置满意率（如仓库、雨棚配置及状态满意率，货场硬面化、检厅设备配置及货场环境等满意率）、货场服务设施配置满意率（包括营业厅布局及功能满意率、交通及场库指示标志满意率）、装卸机械设备配置及状况满意率、货场安全设施配置满意率、危险品和贵重品仓库设施配置满意率，以及新技术、新设备开发应用满意率。

作业效率满意率：

该指标主要包括装卸机械生产率、作业机械化、自动化水平满意率、设备利用率和作业协调满意率等。

员工服务水平满意率：

该指标主要包括员工的技术等级、文化水平、服务形象、作业规范化和服务态度等。

二、铁路物流服务质量的评价

铁路物流服务质量评价是通过科学的方法，找出影响铁路物流服务质量的关键性因素

并提出相应的评价指标。铁路物流服务质量评价指标体系的构建是客户以及铁路物流企业本身对铁路物流服务质量进行判别和评价的前提和基础，评价指标选取得是否合适，直接影响着综合评价的效果。

根据服务质量评价的经验，铁路物流服务质量的评价指标应采用定量指标和定性指标相结合的方法。定量指标可以采用科学的方法进行比较准确的计算。而对于诸如方便程度、满意程度、服务水平高低等指标，由于难以量化，可通过逻辑分析、判断、推理及归纳得出可比的结论。只有定量指标，缺少定性指标，铁路物流服务质量的评价就成了生硬的数字集合，失去了"服务的内涵"，不能及时反映铁路运输市场的需求和变化。定性指标与定量指标间既有联系，又互为条件、互相制约、互相补充。下面将重点阐述铁路物流的运输和仓储环节的服务质量及其评价指标。

（一）铁路运输服务质量与评价指标

铁路运输服务质量是铁路提供的运输服务能够满足客户约定需要和潜在需要的特征和特性的总和。约定需要是指已经在技能或服务规范中明确的客户要求，是服务的成果，是客观存在的。潜在需要是指那些未在技能或服务规范中规定，但客户在接受服务时实际存在的需要，是客户对所接受服务的主观感知。

1. 铁路运输服务质量

铁路运输服务质量主要包括以下内容：

① 车辆运行前应对车辆再次检查，确保完好。

② 驾驶人员应熟悉运输货物注意事项，弄清装卸地点、线路、时间、收货人等相关信息，并妥善保存各种运输单证，签注齐全。

③ 运行中，发现异常情况应及时采取措施，做好防火、放盗、防雨、防腐和温度控制工作。

④ 在保证安全的前提下，车辆应准确停靠在车位或客户指定的装卸地点。

⑤ 承运人受理业务时应简化手续，为客户提供方便快捷的服务。

⑥ 业务受理人员应熟悉业务、法律和法规，合理选择车辆和线路，且单证填写完备。

⑦ 承运人对待货物的性质、包装、质量和数量、规格应认真核对，发现问题及时处理。

⑧ 承运人对具备托运条件的货物，不应拒绝承运。

⑨ 托运人因故需要变更货物的名称、数量、地点、时间等，承运人应积极配合；货物起运后，在可能的情况下，允许变更收货地点或收货人。

⑩ 承运人要求变更运输日期、车辆及线路时，应与托运人联系，达成一致后方可起运。

⑪ 托运人自行决定货物保险与保价，承运人应积极提供代办保险服务，对保价运输的，应合理收取保价费。

⑫ 承运人在承运过程中必须遵守国家的相关法律、法规。

货物交接过程中，对包装货物应件交件收，对散装货物原则上应磅交磅收，对"门到门"重箱、集装箱及其他施封货物凭铅封交接。

⑬ 货物起运前，应认真核对货物的品名、规格、数量与运单是否相符，包装是否良好，发现不符或危险运输的，不得启运。

⑭ 包装有轻度破损且短时间修复、调换有困难的，但托运人坚持起运的，应做好记录，签名盖章后方可起运。

⑮ 货物运达后，发现有货损、货差的，双方交接人员做好记录并签字确认。交接时，收货人对货物重量和内容有异议的，允许查验与复磅。

⑯ 承运人对发出领货通知次日起超过 30 天无人领取的货物，按以下规定处理：

a. 建立台账，及时登记，妥善保管，在保管期间不得动用，并认真查找物主。

b. 经多方查询，超过一个月仍无人领取的货物，按《关于港口、车站无法交付货物的处理办法》办理；但鲜活和不易保管的货物，经企业主管部门批准可不受时间限制。

2. 评价指标

铁路运输服务质量主要涉及以下评价指标：

客户有效投诉率：

这是指考核期内，客户有效投诉次数占投诉总次数的比率。有效投诉是指因运输引起，经查证确属运输服务过失的客户投诉。其计算公式为

$$A = \frac{Q}{M} \times 100\%$$

式中　A——客户有效投诉率；

　　　Q——客户投诉有效次数；

　　　M——客户投诉总次数。

客户满意率：

这是指在规定时间内，满足客户需要数量占客户要求数量的比率。其计算公式为

$$G = \frac{U}{I} \times 100\%$$

式中　G——客户满意率；

　　　U——满足客户需要数量；

　　　I——客户要求数量。

运输及时率：

这是指在规定时间内，按期完成运输的数量占承运总数量的比率。其计算公式为

$$X = \frac{N}{Y} \times 100\%$$

式中　X——运输及时率；

　　　N——按期完成运输的数量；

　　　Y——承运总数量。

货物事故赔偿率：

这是指考核期内货物事故赔偿金额占货物运输保价总金额的比率。其计算公式为

$$W = \frac{R}{P} \times 100\%$$

式中　W——货物事故赔偿率；

　　　R——货物事故赔偿金额；

　　　P——货物运输保价总金额。

运输质损率：

这是指考核期内运输质损数量占承运总量的比率。其计算公式为

$$C = \frac{B}{Z} \times 100\%$$

式中　C——运输质损率；

　　　B——运输质损数量；

　　　Z——承运总量。

铁路运输服务质量应是运输服务过程和成果的统一。随着运输市场的发展，铁路运输服务质量不但应在检验服务成果的技能质量上做得更好，技能质量规范应跟随运输市场的变化而变化，跟随客户需要的发展和进步而进步，而且应在检验服务过程的功能质量上拓展服务内容，增强竞争优势，并且需要客户加以检验。比如，快捷性的要求之一就体现在向客户提供越来越完整的运输服务过程上，提供诸如上门取货、代办托运手续、货物包装处理、流通加工、货物保管、货物分拣和配送等更多的延伸服务。

（二）铁路仓储服务环节与评价指标

铁路仓储是指铁路物流企业通过库房或场地对物资及其相关设施设备进行货物的入库、储存、出库的活动。铁路仓储随着铁路物资储存的产生而产生，又随着生产力的发展而发展。它不仅是铁路物流的重要环节之一，也是铁路物流活动的重要支柱。

1. 铁路仓储服务环节

铁路仓储服务环节主要包括入库、堆码、退货处理、储存、检查和盘点等作业内容。

（1）入库。

① 入库准备：根据即将入库的物品性质编制仓储计划；安排库区和仓容，并确定堆放位置；安排作业人员和装卸搬运机具；准备好验收设备及单据资料。

② 入库验收：货物入库验收时，收货人应对入库的单据信息进行核对。

③ 核对内容：货物的品名、规格、批号、数量等是否与入库单据描述一致；货物的包装是否完好，能否保护货物不受损害；对于包装内的货物，宜采用抽检方式进行检验；当货物出现异常时，应做好记录并及时通知客户等候处理。

货物验收完毕后，应对货物的数量和状态进行记录，并与送货人签字确认或者出具入库凭证。

（2）堆码。货物入库后，应放置在指定的货位，收货人应及时填写相应的单据，并交由信息录入人员登记物品信息，保证账货相符。

堆码原则有：

① 堆码方式应根据货物的性质、形状、仓储设备、场所条件等因素决定，实行分类、分区、分库管理。不同理化性质的货物不得混存，防止交叉污染。

② 对于不同客户的重要货物，应采取如信息技术、物理防护等有效的监管手段来进行管理，防止发生串货。

③ 货物堆码应做到稳固、整齐、美观，并尽量利用仓库容量。

④ 应根据货物保管和搬运要求，对货物进行适当的苫垫操作和托盘应用。

（3）退货处理。退货入库的货物，应设置单独的区域进行存放。

（4）储存。应将物品按照要求储存在指定的区域。

（5）检查和盘点。仓储管理人员应制订定期的计划对仓储货物进行检查和盘点。

2. 铁路仓储服务评价指标

铁路仓储服务主要涉及以下评价指标：

（1）货损率。这是指在考核期内，由于作业不善造成的货物霉变、残损、丢失、短少等损失的件数占期内库存总件数的比率。企业可根据不同的货物类型设置不同的考核指标值。其计算公式为

$$B = \frac{C}{D} \times 100\%$$

式中　　B——货损率；

　　　　C——期内残损件数；

　　　　D——期内库存总件数。

（2）出库差错率。这是指在考核期内，发货累计差错件数占发货总件数的比率。其计算公式为

$$E = \frac{F}{G} \times 100\%$$

式中　　E——出库差错率；

　　　　F——累计差错件数；

　　　　G——发货总件数。

（3）账货相符率。同一品种、规格（批次）货物为一笔。账货相符率是指经盘点，库存货物账货相符的笔数与储存货物总笔数之比。其计算公式为

$$H = \frac{I}{J} \times 100\%$$

式中　　H——账货相符率；

　　　　I——账货相符的笔数；

　　　　J——储存物品总笔数。

（4）收货及时率。这是指考核期内，在规定时间内接收货物的订单数占应接收的订单数的比率，仅包括由仓库内操作所造成的延误，不包括因运输车辆迟到造成的延误。其计算公式为

$$K = \frac{L}{M} \times 100\%$$

式中　　K——收货及时率；

　　　　L——在规定时间内接收货物的订单数；

　　　　M——应接收订单数。

（5）出货及时率。这是指考核期内，在规定时间内出货的出库单数占应出库单数的比率。其计算公式为

$$N = \frac{O}{P} \times 100\%$$

式中　　N——出货及时率；

　　　　O——在规定时间内出货的出库单数；

　　　　P——应出库单数。

（6）单据与信息传递准确率。这是指考核期内，向客户传递的单据、信息的准确次数

占单据、信息传递总次数的比率。其计算公式为

$$Q = \frac{R}{S} \times 100\%$$

式中　Q——单据与信息传递准确率；

　　　R——传递准确次数；

　　　S——传递总次数。

（7）单据与信息传输准时率。这是指考核期内，按时向客户传输数据、信息的次数占传输总次数的比率。其计算公式为

$$T = \frac{U}{V} \times 100\%$$

式中　T——单据与信息传输准时率；

　　　U——传输准时次数；

　　　V——传输总次数。

（8）有效投诉率。这是指考核期内，客户有效投诉涉及订单数占订单总数的比率。有效投诉是指因仓储引起，经查证确属仓储服务商过失的客户投诉。其计算公式为

$$W = \frac{X}{Y} \times 100\%$$

式中　W——有效投诉率；

　　　X——有效投诉涉及订单数；

　　　Y——订单总数。

（9）投诉及时处理率。这是指在规定时间内，已经处理的投诉数量与客户投诉总数的比率。其计算公式为

$$Z = \frac{\Theta}{\Phi} \times 100\%$$

式中　Z——投诉及时处理率；

　　　Θ——已处理的投诉数；

　　　Φ——客户投诉总数。

传统的仓储定义是从物资储备的角度给出的。现代的仓储不再是传统意义上的"仓库""仓库管理"，而是在经济全球化与供应链一体化背景下的仓储，是现代物流系统中的仓储。随着物流向供应链管理的发展，铁路仓储已逐渐成为以满足供应链上下游的需求为目的，运用现代技术对货物的进出、库存、分拣、包装、配送及其信息进行有效的计划、执行和控制的关键铁路物流活动。

三、铁路物流服务质量评价的发展

服务质量最基本的内涵或特性应包括服务的功能性、安全性、适用性、时间性、可靠性和经济性等。从服务是满足客户需求的意义上讲，服务质量是服务过程中客户所感知和感受到的效果。因此，铁路物流服务质量就是铁路满足客户或托运方运输服务需求的程度，是服务过程中铁路物流客户所感受和感知的质量。随着社会的发展，人们开始追求服务过程中的尊重感和关注度等精神层面的要求。当一项服务满足其目标顾客的需求期望时，则可认为服务质量达到了优良水平。为此，铁路物流服务质量的评价者应该是客户而

不是企业，评价铁路物流服务质量需从客户需求入手。

（一）铁路物流服务质量评价指标量表

赵娟（2013）在对以往物流服务质量理论及评价指标评述的基础上，基于 SE-RVQUAL 和 LSQ 理论模型构建了适用于铁路物流服务的质量评价指标量表。该指标体系中采用 SERVQUAL 量表中的有形性、可靠性、响应性、关怀性 4 个维度，以及 LSQ 量表中的时间性和信息质量维度，并根据铁路物流的特点和服务特性，将可靠性改为可得性，强调货物运输的完整过程。针对以往量表的不足，该研究增加了经济性维度。根据市场规律，价格体现相应的价值，运价水平高低及相关费用直接会影响客户对服务质量的感知，因此有必要从经济性角度评价物流服务质量。其最终确定的铁路物流服务质量评价指标包括可得性、时间性、经济性、信息质量、响应性、有形性、关怀性 7 个维度，共 19 个评价指标，其中定量指标 15 个，定性指标 4 个（见表 7-1）。

表 7-1　铁路物流服务质量评价指标量表

维度	评价指标	指标描述
可得性	订单满足率	订单满足率 = 实际交货数量/订单需求总数量
	货物完好率	货物完好率 = 完好的货物数量/货物总量
	突发事件处理能力	妥善处理可能发生的意外事件的能力（定性指标）
时间性	按时交货率	按时交货率 = 按时交货次数/总交货次数
	订单处理时间	根据不同的运送地点和企业条件制定不同的标准
经济性	运价水平	铁路物流企业所提供的物流服务是否与运价水平匹配
	货损赔偿费用	货物损坏后，物流企业给客户的赔偿费用
	物流成本	对运输、仓储、增值服务、管理等方面成本的控制能力
信息质量	信息交互质量	在物流服务过程中，物流企业和客户之间信息交流的便利准确程度（定性指标）
	货物追踪质量	
	信息系统投入比率	一定时期内物流信息系统投入占销售收入的百分比
响应性	订购响应速度	铁路物流企业响应客户订单、处理订购过程的效率
	投诉响应时间	衡量物流的售后服务质量
	员工服务态度	物流企业员工服务时给客户带来的直观感受（定性指标）
有形性	现代化物流设施配置比率	现代化物流设施比率 = 现代化物流设施成本/物流设施总成本
	员工管理费用率	员工管理费用率 = 员工管理费用/总管理费用
	形象宣传投入	物流企业对市场宣传、品牌创塑等的投入水平
关怀性	临时需求满足率	临时需求满足率 = 服务客户临时需求的产值/总产值
	增值服务比率	增值服务比率 = 增值服务产值/总的服务产值

资料来源：赵娟. 基于 SERVQUAL 和 LSQ 模型的铁路物流服务质量评价指标研究［C］//综合交通与物流发展研讨会论文集. 贵阳：第十五届中国科协年会，2013.

这个指标量表反映了客户对铁路物流服务过程和结果的感知，具有较好的全面性和系统性；但该量表没有实施实证检验，其评价指标体系设置的合理性有待进一步考察及完善。

（二）铁路货运物流服务质量评价指标体系

铁路货运物流服务贯穿于铁路货物的受理、运输、交付、查询、投诉和赔偿等众多环节。铁路货运物流服务质量应从铁路货运从业人员、相关专业人员以及货运客户的角度对服务质量进行监督和评价。徐菱等学者（2018）在前期相关研究成果的基础上，通过对铁路货运从业人员、相关专业人员及货运客户的问卷调查，建立了铁路货运物流服务质量评价指标体系，见表7-2。

表7-2 铁路货运物流服务质量评价指标体系

一级指标	一级指标意义	二级指标
运到时限满意度	及时、迅速地履行对客户货物运输服务承诺的能力，是评价铁路货运物流服务质量优劣的核心因素	货物运到时限
货运安全满意度	运输过程中货物安全、完好的情况，反映对货物运输全过程中发生的服务质量事件迅速、有效、无差错的处理能力，是客户评价服务质量优劣的重要因素之一	交付货物安全性
		货损货差理赔
运输费用满意度	货物运输费用公开、公正及缴费便捷性等服务水平，是企业和客户都关心的重要指标之一	铁路货运费用
		装载加固材料费用
投诉处理满意度	在运输全过程中，对客户投诉的处理水平，是客户关心的重要指标之一	投诉受理
		投诉处理结果
信息查询服务满意度	网络信息查询和话务查询的响应性、方便性、可靠性以及客户对查询结果的满意度	货运信息查询服务
		话务服务水平
		货物到达通知
客户受理服务满意度	包括网上营业厅和实体营业厅两个方面的运输受理服务水平	营业厅服务态度
		营业厅服务环境
		业务受理手续
		业务告知
		货运系统网站操作
货物作业服务满意度	在货物确认、装卸等作业过程中，客户感知的服务水平	发站接收货物服务
		增货运装卸作业质量
服务设施设备满意度	货区货位、仓储、货运场所等服务设施设备满足货物运输服务的程度	货区货位安排
		货物仓储设施
		货场服务设施设备
服务环境满意度	包含客户对货运站内部卫生和外部交通等环境的满意度	货运站点卫生环境
		货场周围交通环境

资料来源：徐菱，陈婷，江文辉. 基于 IPA 方法的铁路货运物流服务质量评价研究［J］. 中国铁路，2018（7）：24-29.

该指标体系从铁路货运企业、相关人员和客户 3 个渠道出发，比较全面系统，具有一定的可操作性。同时，为了克服现有铁路货运物流服务质量评价往往直接以服务质量指标得分为依据，且多针对某一特定货运站进行、服务质量优劣区分不明显的缺陷，徐菱等人引入了重要度-绩效分析方法（Importance Performance Analysis，IPA），将指标的服务质量得分与指标的重要性相结合的两个维度为参考点进行分类评价，改变了从单一维度考察货运服务质量的不足，所得评价结果更加全面，为改善服务质量提供了分类管理、重点突破的方法。

自铁路实施货运改革以来，货运服务质量有了明显提高，但与货运客户的期望水平还存在一定的差距。铁路物流服务质量的评价是一项长期工作，需要不断发现新问题，适时调整指标体系，革新评价方法以应对客户对铁路物流服务的需求。虽然铁路物流服务质量的内容因不同客户而要求各异，但一般应包含：对铁路物流货物质量的保持及提高程度；对批量及数量的满足程度；配送精确度、配送间隔期及交货期的保证程度；配送、运输等服务方式的满足程度；成本水平及物流费用的满足程度；服务过程的满足程度；口碑、形象信息提供、索赔及纠纷处理等相关服务的满足程度等。此外，铁路物流服务的构成成分及其质量是不断变化发展的，随着物流领域绿色物流、柔性物流等新的服务概念的提出，铁路物流服务也会形成相应的新的服务质量要求。

第四节　铁路物流服务质量的管理对策

现代质量管理思想指出，质量的持续提升，需要通过企业内全面展开质量管理来获得，这就将质量管理从早期的职能管理提升到企业管理的高度。因此，良好的企业质量管理环境才能保证物流服务质量控制和改进的顺利进行，而创建这样的环境，需要引入全面质量管理思想，构建适合铁路物流发展的服务质量体系。

一、建设铁路物流质量管理体系

为了全面提升铁路物流质量水平，必须从质量保障和质量控制两方面双管齐下，构筑质量管理体系。一方面是建立质量保障，从规范化的角度约束物流行为，要求以物流行为的规范性来保证物流服务的合格性。另一方面是建立质量控制与改进制度，以促使物流活动全过程达到既定的质量标准为基本目标，对物流过程进行监督、处理，预防不合格现象。

（一）质量保障模块的建立

质量保障以规范化为主旨，包括以下三个要素：

1. 机制保障

提高铁路物流质量水平首先要提高全员的质量意识。相对于现代物流业而言，铁路物流企业一直处于相对独立和封闭的状态。过去的计划经济体制使铁路企业在获得稳定货源的同时，竞争能力也被削弱了。员工甚少考虑"顾客需求""服务水平""顾客满意度"等问题，质量意识比较薄弱。因此，铁路建立物流质量管理体系首要要从制度上为员工树立质量标准和质量目标，使员工从主观或客观上认识到质量的重要性，从而逐步形成质量意识。

2. 流程保障

要求全面分析物流活动的流程，将大的流程按树形分解为各个子流程，再将子流程分解成更小的子流程，直至每个流程步都是一项可以独立完成的作业。在此基础上，为每个流程步制定程序文件和作业手册，指导员工按规范完成工作，降低出现差错的可能性。此外，对于工作的完成情况及产生的重要数据还应该形成记录，以便对物流作业进行分析改进。

3. 员工保障

要彻底改进铁路物流质量，还必须增强全员对质量问题的责任感。人员保障是在流程细分的基础上，为每一个可以独立完成的流程步明确指定责任人，被指定的责任人就要对该流程步的作业质量水平负全责。这种方式使物流活动中的各种质量问题都具有可追溯性，强制员工对物流质量负责。这是铁路物流服务质量提高的重要保障。

（二）质量控制与改进模块的建立

由于环境的不确定性，计划好的操作程序执行起来也会与期望有所差异；质量控制与改进就是要使两者尽可能地保持一致。质量控制与改进包括选择关键控制点和采用控制与改进方法实施质量控制。

1. 控制点的选择

可以以流程分解为基础来选择提高客户满意度和铁路物流质量水平的关键点。具体来说，客户与铁路进行货物交接、货物装载等，都是影响铁路物流质量水平的关键点；客户接触的托运环节、收货环节、交货环节和事故处理环节都是影响客户满意度的关键点。这些关键点就是对铁路物流质量实施控制的关键点。

2. 控制与改进方法的使用

质量控制与改进方法有定性分析和定量分析两种，工具有控制图、过程能力分析等。定量分析方法以数据说话，更具有说服力，更能让员工发觉质量问题。铁路一线员工过去对于质量控制方法接触较少，因此在实际使用过程中可先运用一些简单的方法。此外，作为服务行业，对物流服务进行定量化的质量控制与改进，其有效性的关键在于控制指标的量化，铁路物流质量管理体系还应制定相应的指标量化程序，合理地进行指标量化。

二、制定铁路物流服务质量改进策略

随着公路、水路和航空物流的不断发展，铁路物流在服务环节还存在作业流程衔接不到位、服务功能不全面、接取送达的便利性不够、服务效率不高等问题，直接影响着客户满意度的提升。根据需求层次理论，不同时期、不同条件下，客户对各项需求的需要程度、权重会有所不同。解决权重大的问题，客户满意度的提高也会更明显。因此，应从客户最为关注的真实需求入手，研究改进铁路物流服务质量的策略及措施。在不同阶段制定不同的服务策略，以更好地契合铁路物流服务承诺，保障服务质量。

（一）健全物流服务标准和功能

从服务客户、系统完整、科学适用的目标出发，建立完善的铁路物流服务标准体系，重点从货物受理、接取送达、运到时限、装卸作业、货损理赔等方面制定服务标准和规范。铁路物流企业应充分利用现有仓库、雨棚等货运设施，不断增强仓储设施能力，形成以仓储为载体的堆存、配送、联运、储运包装、销售包装、流通加工、市场交易、商品展示、仓单质押、库存管理等服务体系，努力通过仓储手段吸引企业进货场、开市场。铁路物流企业还应大力推进货运场站标准化建设，推广托盘、集装箱、集装袋等标准化设施设备。

（二）能力有限时的重点服务策略

在当前铁路还难以满足客户所有服务需求的情况下，应根据客户需求的紧急程度以及需求层次等情况，细化各类服务需求，提供分类客户服务策略、措施，分层次满足各类客户的服务需求。针对客户最基本的运输需求，采取重点服务策略，重点保障客户最关注、最急需的运输需求，从而达到促进和提高客户满意度、提高服务质量的目的。可通过加强运力保障等措施，首先满足客户的发货基本需求，缩短货物发送过程周期；其次，根据各类客户对货物的时效性要求和运价承受能力，结合铁路运力情况，制定相应的时效保障方案以及相应的价格政策。再次，提供及时的货物在途信息追踪查询服务，缓解因运输时效性差而引起的不满情绪。

（三）需求分类提供差异化服务

在细化分析各类客户需求以及货物类别、运输特点的基础上，针对不同的客户类型和客户需求，铁路应提供差异化的服务，制定不同的服务策略，以充分、有效地运用铁路运输资源。

对于大中型客户，要提供稳定的运力保障和良好的服务过程，以充分满足其主要运输需求。制定批量优惠运价和运输优先策略，既可稳定大宗客户，又可鼓励和引导零散货源客户进行联合发货，或通过货代进行"集零为整"式的货源组织。借用社会物流力量进行零散货源的集散与配送，可以更好地发挥铁路的批量运输优势。

对于小散客户，应提供灵活的服务方式，制定弹性运价政策和多样化的货运产品及服务方案。如根据市场情况采取灵活的价格政策、竞价机制、包保运量等方式，货运产品可因时效性、准时性、速度等要素的不同而有不同的价格，同时，服务方式、内容也应有所差别。

随着物流业的发展，铁路物流企业应根据市场需求及客户要求，采取个性化策略，逐步向仓储物流一体化、流通加工、物流配送及信息提供等一系列增值服务拓展，满足客户个性化服务的需要。

（四）提升铁路运输的准时性

在客户的时效性需求中，对运输的准点性要求要高于对运送速度的要求，很多客户对运输时效方面的需求是"不一定要多快，但一定要准时"，希望铁路提供一定范围内的准时性运输服务。提高运到时限准时性的技术措施主要有：①重点货运列车进行客车化开行。采用专线列车、快运直达列车、定线班列等形式进行货运列车的客车化运行。②提高按图行车比例，严肃运输纪律，严格执行编组计划，真正落实"按图行车"。

（五）提供准确的货物运输信息

服务产品具有不可知性，使客户对运输信息的渴求异常迫切。因此，应加强信息服务功能，提供客户最为关注的运输全程货物追踪信息服务，并加强宣传解释工作，让客户及时了解铁路运输过程的相关信息。这不仅有利于双方的协调配合，还能缓解因铁路运输时效性不强或服务不到位而引起的不良影响问题。为此，应全面提升运输信息集成平台信息采集质量，加强列车到发信息考核，抓好货物装卸、车辆、机车和机车乘务员的信息采集工作，将信息操作纳入业务流程和岗位职责，确保信息采集完整、及时和准确。应将接取送达信息纳入运输信息集成平台，构建串联物流各环节的完整信息链条，为客户提供货物全程追踪查询服务。

（六）强化货损理赔及投诉处理服务

应增强主动理赔意识，严格执行"先赔付后划责"，简化理赔手续，压缩理赔办理周期，扩大现场办理理赔的权限，积极创造条件为客户提供上门理赔服务，大力改善客户体验；研究建立铁路物流总包服务合同违约保障制度，建立快捷处理绿色通道；研究实行保价补偿和费率浮动制度；推广电子防盗技术，对重点物流总包项目、保价金额较高的货物提供实时防盗报警和定位追踪服务。

应加强物流服务投诉专业管理，建立现场作业和投诉处理人员双向交流机制，强化专业知识培训，提升人员业务素质；畅通网上投诉渠道，建立投诉快速反应机制，严格落实首问首诉负责制，做到件件处理、件件回复；完善投诉信息管理，强化投诉处理监督，对运到时限、接取送达、货物丢失、货物追踪等投诉问题进行重点盯控。

随着市场经济不断深入，我国各种运输方式发展迅速，物流运输市场竞争激烈。要想在激烈的市场竞争中立于不败之地，铁路物流企业必须敢于面对自身存在的问题，不断提升物流服务质量，延伸增值服务，加强与公路、水路的协作联运，把铁路全天候、大运力、低运价、节能环保的优势展现出来，充分发挥铁路在综合交通体系中的骨干作用，为全社会提供更加方便、快捷的铁路物流服务。

【本章小结】

- 铁路物流是依托铁路的点、线集合，发挥基础设施和生产运营两个层面的网络经济特征，连接供给主体和需求主体，根据铁路资源配置和优化条件，将运输、储存、装卸、搬运、包装、流通加工、配送、信息处理等功能有机结合起来，使物品从供应地向接受地实体流动的计划、实施与控制的过程。铁路物流具有网络性、重载化、干线性、环保性和经济性的特点。

- 铁路物流的功能可以分为基本功能和增值功能。基本功能包括：货物运输、货物包装、仓储、流通加工、配送、装卸搬运、多式联运、信息处理；增值功能包括：信息咨询与服务、物流金融服务、商品展示、结算、物流服务集成、物流方案设计。

- 我国铁路物流的发展大致经历了三个阶段：一是以传统货运场站发展为主的萌芽起步期；二是以集装箱中心站、大型装卸车点等具有物流发展理念的节点为主的探索发展期；三是以铁路物流中心布局规划为标志的系统发展期。

- 铁路物流服务质量是铁路物流企业满足客户或托运方物流服务需求的程度，是服务过程中铁路物流服务客户感受、感知的质量。其具有功能性、安全性、及时性、经济性、完整性、服务性的特性。影响铁路物流服务质量的因素主要包括服务功能、运输价格、货物安全、运输时效、服务意识、服务环境6个方面。

- 我国尚未颁布明确的铁路物流服务质量行业和国家标准，可参照的是《铁路货物运输服务质量标准》（TB/T 2968—2018）、《铁路货物运输服务质量监督监察办法》和《铁路运输服务质量监督管理办法（征求意见稿)》。上述文件对铁路货物运输服务质量的评价标准及问题做出了规定。

- 铁路物流服务质量评价是通过科学的方法，找出影响铁路物流服务质量的关键性因素，并提出相应的评价指标。根据服务质量评价的经验，铁路物流服务质量的评价指标应采用定量指标和定性指标相结合的方法。

- 为全面提升铁路物流质量水平，必须从质量保障和质量控制两方面双管齐下地构筑质量管理体系；还应从客户最为关注的真实需求入手，研究改进铁路物流服务质量的策略及措施；在不同阶段制定不同的服务策略，以更好地契合铁路物流服务承诺，保障服务质量。

【思考题】

1. 什么是铁路物流？铁路物流具有哪些特征？
2. 铁路物流具有哪些主要功能？
3. 我国铁路物流经历了哪些发展阶段？
4. 如何理解铁路物流服务质量？它具有哪些特性？
5. 影响铁路物流服务质量的因素主要有哪些？
6. 铁路货运服务质量的问题包括哪些种类？
7. 如何对铁路物流服务质量进行评价？
8. 如何对铁路仓储环节的服务质量进行评价？
9. 为什么要从客户角度评价铁路物流服务质量？
10. 如何建立铁路物流质量管理体系？
11. 如何制定铁路物流服务质量的改进策略？

【实践训练】

1. 上网查找我国铁路货运改革的资料，形成一份 10 分钟的报告，以备课程交流。
2. 如果你有通过铁路托运货物的经历，请列出影响铁路物流服务质量的因素，并说明你更关注哪种因素，写出理由。
3. 设计一份调研问卷，对使用中国铁路 95306 网站办理业务的顾客进行调研，并对调研结果进行分析，提出改进铁路物流服务质量的建议。

 【案例讨论】

宝供储运的成长故事

宝供储运是一家民营的中型储运企业。1992 年，宝供储运的总经理和创始人刘武承包了广州的一个铁路货物转运站。在那个时候，这个小小的转运站在铁路货运方面已经小有名气。这主要是因为，该货运站承担的货运任务大多都能及时完成，运输质量比较好，仓库也比较干净。另外，这个货运站也是当时唯一一家能够提供 24 小时货运仓储服务的企业。也正是因为这些原因，1994 年刘武终于迎来了一个对自己和自己未来事业都将产生巨大影响的客户——宝洁公司（P&G）。

1994 年，美国宝洁公司进入中国市场，并在广东地区建立了大型生产基地。对于刚刚进入中国市场的宝洁公司而言，产品能否及时、快速地运送到全国各地，是其能否快速抢占中国市场的一个重要环节。宝洁把目光投向了民营储运企业。

被宝洁这样的一个大客户看上，当时还处在个体户形态的刘武颇感紧张。他说："最开始的第一单生意，我记得是发了 4 个集装箱，通过铁路从广州发到上海。那时我做得非常仔细。宝洁一再明确重申自己的标准和要求，这使得许多我们实际上已经很娴熟的具体操作程序都被重新讨论了一遍。在整个发运过程中，我们好像是在照料小孩一样，对宝洁的货物呵护倍至。"

为了保证第一单生意的运输质量，刘武将集装箱送上火车以后，也马上乘飞机去了上海。当时他想，一方面去上海可以现场"督战"；另一方面还可以考察各个环节，拿到第一手资料，这样才能够保证以后的发运避免一些可能出现的问题，满足客户的要求。

结果，刘武在宝洁这次"考试"中得了高分。不过这单生意的成本也确实很高，刘武自己说那次根本没有赚到什么钱。但是这笔没赚钱的生意，却为刘武承包的铁路货物转运站带来了越来越多让同行"眼红"的单子。宝洁从此开始陆陆续续地给刘武加大业务量，甚至一度把自己所有的铁路货运业务全部交给了刘武的宝供储运。

为了更好地满足宝洁的要求，刘武曾经仔细思考过自己该怎么去做：铁路运输为宝洁节省了成本，但是铁路运输的特点就是环节多、时间不可靠，再加上一些装卸、运输过程中的野蛮作业，所以残损率也比较高。另外，宝洁还曾经一再表示：传统的储运公司让客户觉得很麻烦，货到了以后，还要委托另外一个供应商来提货，或者派自己的人去提货，而一旦出现短少、破损，或者提货不及时等问题，往往就会造成互相扯皮的现象。在宝洁的启发下，刘武决定要在全国建立一个运作的网络，以保证货物都是按照同样的操作方法、同样的模式和标准来运作，而且这样在公司内部进行信息沟通以及协调起来也会比较方便。于是在宝供储运成立后的两个月里，刘武一直都是在外面搞试点，并很快就在成都、北京、上海、广州设立了 4 个分公司。分公司的设立，比较好地解决了以上的大部分问题——由宝供承运的货物到达目的地后，将仍然是由受过专门统一培训的宝供储运的人来接货、卸货、运货，为宝洁公司提供门到门的"一条龙"服务。

刘武曾经拍着胸脯对宝洁的人说："在我这里，无论是信息沟通或者发生了什么样的问题，你谁都不要找，你就找我。你交给我一千件，我就会把这一千件完好无损地送到它要去的地方。"这种做法自然很受宝洁的欢迎，因此宝洁很快就跟宝供储运签了一份铁路运输的总代理合同，所有铁路运输都交给了宝供。

资料来源：张鹏，尹小山. IT 的"味道"——"宝供储运"的成长故事 [J]. IT 经理世界，1999 (15)：3-5.

思考：

1. 宝洁为什么在众多客户中选择了宝供储运？
2. 宝供储运在铁路物流服务方面具有哪些优势？
3. 你对宝供储运的未来发展有何建议？

【延伸阅读】

1. 陈新鸿. 我国铁路物流服务质量存在问题及解决措施探讨 [J]. 物流工程与管理，2018，40 (1)：41-43.

2. 程一达，江健，孙金平. 提高铁路货运服务质量的研究与思考 [J]. 中国铁路，2013 (12)：9-

11，24.

3. 姜岩，铁路零担货运服务质量与客户满意度关系实证——基于客户感知视角［J］. 中国流通经济，2015，35（1）：11-13.

4. 中国铁道科学研究院集团有限公司标准计量研究所. 铁路货物运输服务质量：TB/T 2968—2018［S］. 北京：中国铁道出版社，2018.

5. 徐菱. 铁路物流概论［M］. 北京：中国铁道出版社，2014.

6. 徐菱，陈婷，江文辉. 基于IPA方法的铁路货运物流服务质量评价研究［J］. 中国铁路，2018（7）：24-29.

7. 赵娟. 基于SERVQUAL和LSQ模型的铁路物流服务质量评价指标研究［C］//综合交通与物流发展研讨会论文集. 贵阳：第十五届中国科协年会，2013.

8. 中华人民共和国铁道部. 铁路货物运输服务质量监督监察办法（铁运［2000］6号）［A/OL］.（2000-01-11）［2020-05-22］. http：//www. law-lib. com/law/law_view. asp？id=14924，2000.

9. 中华人民共和国交通运输部. 铁路运输服务质量监督管理办法（征求意见稿）［A/OL］.（2018-05-03）［2020-05-22］. http：//www. nra. gov. cn/hdjl/wsdc/zqyj1/201805/t20180504_56390. shtml，2018.

第八章

港口物流服务质量管理

【学习目标】

知识目标

1. 掌握港口物流的概念与功能。

2. 了解港口物流的发展模式。

3. 理解港口物流服务质量的内涵。

能力目标

1. 熟悉港口物流服务质量的评价方法。

2. 理解港口物流服务质量管理的策略。

3. 了解港口物流管理的发展趋势。

【引导案例】

大连港的转型发展

大连港始建于 1899 年，是我国东北地区最重要的集装箱港口之一，拥有国际和国内集装箱航线 100 多条，航班密度为 300 多班/月，航线网络覆盖全球主要贸易区域，东北三省 90% 以上的外贸集装箱均在大连港转运。随着港口的不断发展，港口的物流模式和运营模式都在发生变化，货物吞吐量不再是衡量实力的唯一指标，功能与服务的比拼逐渐成为核心竞争力。搭建全程物流体系服务平台和工商贸一体化服务平台，成为大连港进一步完善自身体系、寻求转型发展的重要举措。

2016 年，依托现有的业务资源，大连港在国内沿海港口中率先完成了传统港口企业的大数据建设顶层设计。借助领先的信息化优势，大连港让"智慧应用"全面融入整个物流环节，覆盖港口运营的各个板块，在港口、企业、政府间搭建起"智慧口岸"平台。与此同时，首套岸桥智能化操作语音提醒系统、无人值守作业、自主研发的智能集装箱码头操作系统（Intelligent Terminal Operation System，ITOS）也使得大连港的智慧化建设呈现百花齐放的态势。

作为"一带一路"重点布局的 15 个港口之一，大连港充分发挥带动作用，大力开展亚欧国际物流通道建设。2016 年，大连港与中铁集装箱运输有限责任公司、沈阳铁路局、中远集运、三星电子签署战略合作协议，共同推进"中韩俄"国际物流通道建设；与哈尔滨、通辽开展中欧班列业务合作，打造"连哈欧""连通欧"过境班列；依托"辽满欧"国际物流大通道建设，积极推动覆盖东北"三省一区"的全产业链战略联盟建设，在为欧亚国家间经贸往来和互联互通提供全新物流路径的同时，使更多腹地企业和货源走上"一带一路"，提升腹地对外开放水平。

大连港将建设成为多功能、全方位、现代化的国际强港，实现从"港口装卸"向"物流商贸"方向发展的战略转型，为东北老工业基地振兴做出应有的贡献。

资料来源：作者根据搜狐网（http：//www. sohu. com/a/145219249_505782）相关资料改编。

思考：大连港是如何实现转型发展的？

随着经济全球化、贸易自由化和国际运输市场一体化的形成，尤其是现代物流的发展，港口不再是仅具有传统的装卸、仓储功能，游离于生产、贸易和运输之外的企业，而是货品集散的物流运转中心。港口对经济社会发展的作用逐步增大，港口物流在国际贸易中所占的地位不断提高，已成为现代国际贸易不可或缺的重要组成部分。由于辽宁沿海经济带及环渤海区域港口分布较为密集，大连港正面临着较大的竞争压力，传统的港口物流运营模式已经不能适应日趋激烈的竞争形势。为实现港口转型和多元化发展，大连港陆续出台了新的发展战略和经营策略，实现了从产业布局到物流服务体系构建的整体覆盖，取得了较为突出的成效。随着港口物流的不断建设发展，衡量港口物流建设水平的考核标准已经不再局限于港口的输送能力以及基础设施建设方面，现代化的港口物流服务理念也应运而生。本章将系统讲述港口物流的概念、特点、功能，港口物流服务质量的内涵与评价、港口物流服务质量管理等方面的内容。

第一节　港口物流概述

港口是海上运输与陆地运输的连接点，是货物中转、换装和集散的重要场所。经济全球化不仅对港口提出了更高的要求，同时也带动了港区周边物流服务业的发展。港口物流服务业已成为我国物流产业的重要组成部分，并逐步成为衡量国民经济发展水平的重要指标。

一、港口物流的含义

物流的出现和发展，赋予了港口发展以想象的空间。港口作为全球综合运输网络的节点，与生产制造企业、运输企业、仓储企业及销售企业等有着十分密切的关系。现代物流供应链中许多环节都发生在港口，并通过港口的功能来实现。为了充分发挥现代物流供应链重要节点的作用，越来越多的港口正在向现代物流中心发展。

（一）港口物流的概念

港口作为全球综合运输网络的节点，更确切地说是稀缺节点，其功能在不断拓宽，并朝着提供全方位增值服务方向的现代物流发展。由于港口独特的地理位置及在整个物流体系中的重要地位，因此港口物流作为一个独立的概念被提出来。

1. 港口物流的定义

一些物流领域的研究学者对港口物流给出了定义。张丽君等人（2005）指出：传统的港口物流是提供装卸、仓储和转运服务的；现代的港口物流是指以建立货运中心、配送中心、物流信息中心和商品交易中心为目的，将运输、仓储、装卸搬运、代理、包装加工、配送、信息处理等物流环节有机结合，形成完整的供应链，能为用户提供多功能、一体化的综合物流服务。程言清、李秋正（2007）认为，港口物流是以港口作为整个物流过程中的重要节点和服务平台，以建设全程运输服务中心和商贸后勤基地为重点，利用港口集货、存货、配货、多式联运的特长，以区域性经济为中心，发挥其对港口周边区域物流活动的辐射能力，为用户提供多功能、一体化的综合物流活动。白满元（2009）认为，港口物流是指以港口作为整个物流过程中的一个重要节点，依托这个节点所进行的仓储、货运代理、拆装箱、装卸搬运、包装、加工以及信息处理等物流活动。

综合以往的研究，本书对港口物流给出如下定义：港口物流（Port Logistics）是指中心港口城市以临港产业为基础，以信息技术为支撑，以优化港口资源为目标，利用港口集货、存货、配货的特长，发挥其对港口周边物流活动的辐射能力，为客户提供多功能、一体化的综合物流活动。

港口物流是以港口作为物流的中心节点提供的综合性多功能服务，是一个特殊的物流产业。港口物流的产品分为三个层次：核心产品、形式产品和延伸产品。核心产品是货物的装卸；形式产品就是利用不同的装卸机械设备和安全保障体系完成对货物的装卸、运输、储存；延伸产品是向货主提供优质、便捷的承运、交付手续，形成一个完善的服务网络。港口物流作为特殊形态下的综合物流体系，目的是为整个供应链物流系统提供基本物流服务和衍生增值服务。

港口作为综合运输网络体系中的枢纽节点，汇集着包括陆运、海运、空运等多种运输方式。港口物流是随着现代港口的发展而逐渐发展起来的，港口与物流的结合是现代服务业功能进一步延伸的结果，有着不可估量的发展前景。在现代物流服务业的理念中，港口物流服务的功能也需要进一步调整与延伸，从传统的基本物流服务功能向延伸服务功能实行拓展，将诸多物流环节，如仓储配送、运输中转、装卸搬运、信息处理、设计咨询等，在港口附近进行有机结合，使港口逐步成为"综合性港口物流服务中心"，形成一条完整的物流服务供应链，为用户提供功能一体化、专业化、多样化的现代物流服务。

2. 港口物流的要素

港口物流作为物流活动的一种，一般应具备物流活动的三个基本要素，即流体、载体和流向。

流体是指经过港口的货物。港口物流的目的是实现货物从提供者（如接卸货物时的船舶承运人）向接受者（如疏港的铁路经营人等）的流动。在实现这一流动的过程中，有一部分货物需要储存在港口的仓库中，但是所有经过港口的货物都要经历装卸、搬运等过程来实现空间的移动。因此，总的来说，港内货物处于不断流动的状态中。根据流体的自然属性和社会属性，可以计算出流体的价值系数，即每立方米体积该货物的价值。该系数可以反映货物的贵贱，对港口生产组织部门确定货物作业方案有重要的参考价值。

载体是指流体借以流动的设施和设备。载体分成两类，一类是指基础设施，如航道、码头、港内道路、港池等；另一类是直接载运流体的设备，如装卸机械、搬运设备等。港口物流载体的状况，尤其是物流基础设施的状况，直接决定港口物流的质量、效率和效益。

流向是指港内流体从起点到目的地的流动方向。物流的流向一般有四种：第一种为自然流向，是由产销关系决定的商品的流向，是一种客观的需要，即商品从生产者流向消费者；第二种是计划流向，如港口管理机构为了平衡各港区任务，人为地指定港内货物的流向；第三种是市场流向，即根据货主或承运人的意图确定货物在港内的流向，如由货主指定货物在某泊位上装卸；第四种是实际流向，是指在港口实际物流活动中货物的流向。

（二）港口物流的特点

港口物流作为一种服务，由于港口具有独特的地理位置，其发展具有一些自身的特点，主要表现为：

1. 国际物流链中的交汇点和瓶颈

港口位于交通运输的节点，连接着大陆和海洋、河流，是远洋运输的起点和终点，同时连接着各种陆运运输方式，各种陆运从这里辐射开，也在这里汇集。港口是整个物流链中最大物流量的流经点。

2. 物流作业的柔性化

柔性化本是生产领域提出来的，即制造出能满足用户不同需要的产品或服务。港口物流的柔性化就是要根据货主和承运人的需要，及时有效地处理多货种、小批量、多票数、短周期的物流。

3. 专业化

激烈的市场竞争加快了专业细分化趋势。制造型企业纷纷专注于核心竞争能力的提升，从繁杂的物流管理中解脱出来，并将其外包给社会，从而促使港口物流的发展并日益专业化。专业化是港口物流产业发展的核心，主要是指港口物流企业致力于在行业内充分发挥和体现自身的优势，结合临港产业的布局特点及对外业务范围的科学定位，不求做得最大最全，但求做得最精最强。

4. 物流量大、成本低

船舶是港口运输的主要交通工具，而当今世界船舶的大型化也促进了港口成为货物大进大出的集散地。另一方面，促成港口物流业不断发展壮大的因素就是成本，低价位的运输成本使得货主青睐于通过港口进行水上运输。

5. 港口物流需要多方面协调

港口的特殊地位，使得港口物流必然会涉及多方面的政府职能部门，如"一关两检"（即海关、边防检查站、检验检疫局）、金融税收等，港口要为客户提供良好的物流服务质量，就必须有很强的与政府各职能部门进行协调的能力。

6. 港口物流是一个大跨度系统

港口物流系统涉及运输、储存、包装、装卸搬运、配送、流通加工、信息处理等诸多环节，且跨度很大，这反映在两个方面：一是地域跨度大，二是时间跨度大。港口物流经常跨越不同的地域，采用存储方式解决产需之间的时间矛盾。大跨度系统带来的问题主要是管理难度大，对时间的依赖大。港口物流系统应在保证社会生产顺利进行的前提下做好各个环节的合理衔接，实现货物的空间和时间效益，取得最佳的经济效益。

二、港口物流的功能

港口物流的功能可以分为基本功能和延伸功能。基本功能是指为所有从港口进出的货物提供必需的大众化服务。延伸功能是指根据客户的多样化需求而提供个性化的物流服务。

（一）基本功能

港口物流的基本功能包括以下几个方面：

1. 装卸搬运功能

港口物流的装卸搬运功能实现的是货物由进港地点向离港地点的移动，体现了港口物流的空间价值。装卸搬运功能是港口物流的主要业务和关键环节之一，是加快货物在港口的流通速度、提高港口吞吐能力的重要手段，是港口价值的重要体现，同时也是提高客户满意度的重要手段。港口必须加强基础设施建设，配备专业化的装载、卸载、提升、运送、码垛等装卸搬运设备，从而提高港口物流运作中装卸搬运环节的作业效率，并减少装卸作业对货物造成的损毁。

2. 仓储功能

港口物流的仓储功能是港口物流体系中的静态环节，包括转运仓储和库存仓储，体现了港口物流的时间价值。转运仓储是指货物从公路运输或铁路运输转水上运输（或者相反），或从内河运输转海上运输（或者相反），从散货运输转集装箱运输（或者相反）等不同运输方式之间转运时，临时在港内仓库存放的业务。库存仓储是为制造企业或者分销企业的原料、半成品和产成品提供储存和管理的服务。转运仓储设施和库存仓储设施之间有比较明显的区别，转运仓储设施往往在港内码头后方，以方便转运操作。库存仓储设施则离码头较远，靠近连接经济腹地的主要交通道路；而且库存仓储中心对仓库、机械及服务都有较高的专业性要求。

3. 集装箱堆场功能

在港口物流中，集装箱业务已经成为港口的主营业务之一，集装箱吞吐量是衡量港口绩效和国际化水平的重要指标之一。因此，集装箱堆场服务是港口物流必不可少的功能。集装箱堆场的服务主要包括空箱堆存和重箱堆存。空箱堆存是指港口集装箱堆场作为船公司的备用箱储存管理点和货主提箱及还箱点；重箱堆存是指装有货物的进口集装箱拆箱前的存放和集装箱门到门运输前的临时存放业务，有时也作为进口集装箱货物的查验场所。

4. 集装箱拆拼箱功能

集装箱运输包括两种形式：整箱运输和拼箱运输。整箱运输是指发货人单独使用一个集装箱运输货物，整箱货由发货人负责装箱和施封。拼箱运输是指两个以上发货人的货物拼装在一个集装箱内进行运输，拼装箱的装卸作业由承运人或有关运输代理部门负责。港口作为集装箱的中转枢纽，必须积极拓展港口物流功能，提供拆拼箱服务以满足客户拼箱运输的需求。

5. 运输、中转需求

运输和中转是港口物流的重要功能。在港口物流活动中，运输已不再是单一的、与其他业务分离的活动，而是构成供应链服务的中心一环。运输功能主要体现在货物的集疏运上，以及不同运输方式之间的转运。具有竞争优势的港口不应只是一个点上的服务，而是一个对港口腹地具有辐射服务能力的网络化服务。

6. 信息处理功能

港口物流要对大量的、不同种类的、不同客户的、不同流向的货物提供装卸搬运、仓储、代加工等物流服务，这需要有很强的信息处理能力。而且，随着信息技术的发展和客户多样化、个性化需求的增强，港口不仅需要为客户提供高效的物流作业，还需要提供及时、准确的货物信息。对各个物流环节的信息进行实时采集、分析、传递，并向货主提供各种作业明细信息及咨询信息，是客户对港口物流的新要求。因此，信息处理是港口进行物流运作必不可少的功能之一。

（二）延伸功能

港口物流的延伸功能包括以下几个方面：

1. 组装加工功能

为了降低进口关税，进口贸易商和产品分销商往往以产品零部件的形式进口，然后再组装加工成为完整的商品销售；另外，为了满足客户个性化需求，许多商品必须在接到客户个性化订单后才能组装完成。而港口作为90%以上国际贸易的中转枢纽，无疑是提供该服务的最佳地点。在国外的自由贸易区或自由贸易港内可以进行这项服务功能，而我国主要在保税区内进行相关操作。目前，我国许多港口都设置了相应的保税区，部分港口还设立了自由贸易试验区，使得在港口开展产品的组装加工服务更具优势。

2. 多式联运功能

运输是物流活动的物质基础，也是物流最重要的一个功能。在现代综合运输体系中，通过多式联运实现货物在不同运输方式之间的有效衔接已成为提高运输效率、降低运输成本的有效手段。港口是货物在不同运输方式之间换装的重要枢纽，因此必须具备方式齐全、功能完善、手段先进的转换设备，从而实现多式联运。

3. 商贸服务

由于物流和商流一体化的发展趋势，港口势必会成为商业服务中心，以及商品推广、分销、采购、交易的重要场所，商业服务水平的高低将直接影响港口物流的发展。因此，港口物流应当具备较完善的展示、交易及一定的金融服务等商业辅助功能。

4. 口岸服务

随着国际物流逐渐成为港口物流的主要服务对象，客户希望提供通关等口岸服务的需求日益强烈。因此，应在港口区域或部分区域实现保税（海关监管）区的功能，并设立海关、检验检疫等监督机构，以便为客户提供便捷的通关、通验服务。

5. 其他增值服务

港口物流还具备其他增值服务功能，如船舶接待，船舶技术供应，燃料、淡水等船用必需品及船员食品的供应，集装箱的冲洗，天气恶劣时船舶的隐蔽，海难的救助等。随着港口物流服务的深入，港口还可以拓展包括结算功能、需求预测功能、物流系统设计及咨询功能、物流教育与培训功能等一些增值服务功能，从而将传统的港口建设成为现代物流中心。

在现代物流管理和物流技术下发展起来的港口物流，已经成为一种重要的物流形态和物流链的关键环节，港口物流功能的不断丰富不仅使港口起到简化贸易和物流过程的作用，还巩固和提高了港口在国际多式联运和全球综合物流链中的地位和作用，进而为国民经济和世界经济的发展发挥更大的作用。

三、港口物流的发展模式

1992年，联合国贸易与发展会议把港口及其物流功能划分为三代。第一代是在20世纪 50 年代中期以前形成的港口，其功能定位于"运输中心"，主要提供船舶停靠及货物运输功能。20 世纪 50 年代中期至 80 年代，港口发展成为运输、工业和商业服务中心，即为第二代港口，其功能定位于"运输中心 + 服务中心"。在第一代港口功能的基础上，第二代港口的物流服务功能注重加工增值，发展与装卸和货运相关的辅助作业和增值服务。在 20 世纪 80 年代之后，一些港口发展成为第三代港口，其功能定位于"国际物流中心"。第三代港口除了运输和服务功能之外，又增加了集聚有形商品、资本、技术、信息等高端衍生服务功能。

（一）鹿特丹港的发展模式

鹿特丹港位于荷兰，是欧洲最大的港口城市之一。该港是连接亚洲、非洲、欧洲、北美洲和大洋洲五大洲的重要港口，因此也有"欧洲门户"之称。

鹿特丹港的管理模式为政府机构（港务管理局）直接管理模式，由政府统一实施港口规划、建设与管理。随着经济发展和市场变化，港务管理局开始认识到政府单一管理模式的弊端，对港口管理功能进行不断调整。例如，港务管理局由先前的港务管理功能逐渐转变成了物流供应链管理功能，同时，持续扩大港口区域，还主动为厂商寻求各种投资机会，建设信息港，发展增值物流及服务，从而带动城市经济发展。

鹿特丹港的物流运作模式为地主型物流中心模式。在这种模式下，大部分经营管理自主权和土地使用权由港务管理局拥有。通常，港务管理局提供部分仓库或场地以开辟成公共型港口物流中心，但不直接参与物流中心经营，重点挑选业务基础和信誉好的物流公司加盟经营。除了鹿特丹港之外，美国纽约港、德国汉堡港、法国马赛港等世界著名港口也采用该模式。

（二）安特卫普港的发展模式

安特卫普港是比利时最大的海港，也是比利时、卢森堡、法国和德国等欧洲主要国家的进出口门户。港口腹地广阔，除本国外，还包括法国北部、阿尔萨斯地区以及洛林地区、卢森堡、德国萨尔州、莱茵-美因河流域、鲁尔河流域，以及荷兰的林堡等大工业区。

安特卫普港的管理模式为政府机构直接管理。该模式可以充分调动政府资源，但也存在投资使用率不高、经营效率低下以及服务质量较差等显著问题。1997 年之后，安特卫普港实行管理体制改革，将港务局由政府的一个部门转变为独立经营核算单位，增加财务、人事和管理决策方面的自主权，负责规划并管理整个港区。责权利的明确化极大地提高了管理机构的积极性，有利于改善港口的运转效率。

安特卫普港的物流运作采用共同出资型物流中心模式。该模式以港口为依托，联合数家水、陆运输企业共同出资，或以股份制形式组成现代物流中心，将装卸、仓储、运输、配送及信息处理等功能合为一体，开展一条龙式综合性服务。该模式有助于解决港口的资金短缺问题；此外，港口通过与国内外先进物流企业进行合作，能适时掌握国际物流中心的经营管理技术和运作方式。

（三）新加坡港发展模式

新加坡港位于新加坡南部沿海，主要特点有：一是优越的战略地位决定了其成为世界著名转口港，中转业务极为发达。新加坡港与世界上 100 个国家和地区的 600 多个港口建立了业务联系，每周有 400 多艘班轮发往世界各地，可以为货主提供多种航线选择。二是港口利用率极高，平均每 12 分钟就有一艘船舶进出，这相当于世界所有货轮在一年之内至少在新加坡港停泊一次。因此，新加坡港也被称为世界利用率最高的港口。三是大力拓展港口综合功能。例如，围绕集装箱国际中转，新加坡港打造国际集装箱管理和租赁中心，形成了国际性的集装箱管理与租赁服务市场。此外，新加坡海港与新加坡空港合作开展空港联运的增值业务，并已发展成为国际船舶燃料供应中心和船舶修理中心。

新加坡港的管理模式为各方共同管理模式，由政府、国营企业、私有企业三方共同对港口进行投资建设及管理，这种模式也是世界上最为普遍的港口管理模式。它打破了由国家或政府对港口发展全权负责和垄断的地位，减少了国家、政府的权力寻租和管理的低效率，能够提高私营企业的积极性，提高港口的运作效率，进而不断巩固新加坡港在国际港口物流中的地位。

新加坡港的物流运作模式为供应链型与联合型物流中心模式。在该模式下，港口物流公司与航运物流公司共同成立物流中心，共同投资设立紧密型物流集团公司，或由同一大型物流集团公司同时经营航运与物流两方面供应链，以发挥各自优势进行专业化分工协作。

（四）香港港发展模式

香港港地处我国珠江口外东侧，香港岛和九龙半岛之间，是世界上最优良的深水港之一。香港港是联系韩国、日本、东南亚、大洋洲及欧洲与美洲各国的重要港口，也是我国对外经济贸易往来的重要门户。作为远东地区的航运中心，香港港是全球最繁忙且效率最高的国际集装箱港口之一，也是全球供应链上的主要枢纽港。

香港港的管理模式为私人企业港口管理模式。世界上完全由私人企业经营管理的港口并不多见，香港港是比较有代表性的。顾名思义，私人企业港口管理模式就是指由私人企业来投资建设港口的基础设施并对港口进行管理的模式。香港港所有的集装箱码头都遵循自由港政策，港口基础设施几乎全部由私人企业投资建设，并由私人企业经营管理。其中，葵涌货柜码头是香港港最主要的集装箱物流处理中心，同时也是具有全球第二大吞吐量的集装箱码头，它的 19 个集装箱泊位分别由和记黄埔、美国海陆、韩国现代和中远（与和记黄埔合营）四家企业经营。香港港私人企业的业务经营极少受到政府的行政干预，完全可以自由定价。私人企业港口管理模式的重要特点是经营管理市场化、高效率，它的形成与香港港发达的私有经济密切相关。但受制于私人企业有限的资本规模，从长远来看，会制约港口的进一步发展。

香港港的物流运作模式为独立型物流中心模式。该模式指的是由港口企业自行组建专业化物流中心，并依托港口的基础设施、人力资源和上下游业务关系开展物流业务。这种模式主要有以下几个特点：第一，物流企业实行一条龙经营和一体化服务；第二，物流自动化水平高；第三，物流信息化水平高；第四，围绕主业提供各种增值服务。

从以上四大港口管理模式及发展状况可以看出，向国际化、规模化、系统化发展并形成高度整合的"大物流"，进一步拓展服务功能的"增值物流"，打造技术密集型的"智能港"，以及发展"虚拟物流链控制中心"，是港口物流发展的主要趋势。1999 年，联合国贸易与发展会议提出了第四代港口的功能理念阐明港口已经不再作为运输链中孤立的点而存在，而是作为一个物流系统，成为全球供应链中的重要组成环节。它将汇集的海运货物发到内陆，同时又把内陆运输出来的货物送往海外，如图 8-1 所示。第四代港口强调港口物流精细作业和敏捷柔性服务，港口物流功能以知识密集和技术扩散为重要特征。

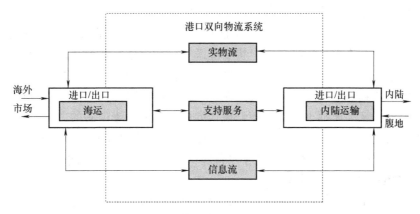

图 8-1　第四代港口物流系统

资料来源：冯云，徐力. 港口物流中心的功能特点与基本要素［C］//中国物流协会. 中国物流学术前沿报告（2006-2007）. 北京：中国物资出版社，2007：390-402.

总之，在港口物流发展过程中，港口物流的发展轨迹是一个由成本理念到利润理念再到综合物流服务理念的过程。成本理念追求的是降低物流总成本；利润理念追求的是获取最大利润；而综合物流服务理念则除了追求商品自然流通的效率和费用外，还要强化客户服务意识，切实转换经营和管理方式，按现代物流的要求进行整合，以客户为中心进行管理和控制，提供完善的物流服务。

第二节　港口物流服务质量的内涵与评价

港口作为交通运输网络中不可或缺的重要节点，对整个社会资源的配置具有不可替代的作用。港口借助其基础设施、软件环境，服务于自营物流的制造商和提供公共服务的第三方物流企业，开展仓储、运输、货运代理、装卸搬运、加工以及信息处理等物流服务。港口的快速发展，对港口物流服务质量提出了更高的要求，为了适应激烈的竞争形势，各港口纷纷朝着提供全方位、多元化的港口物流服务而努力。

一、港口物流服务的含义

港口在处理货物的同时，往往还发挥着其他功能。例如，对已进港船只的管理与给养、与货运代理机构之间信息交流的管理，以及协调海关方面的报关、检验检疫等工作。港口物流涉及相关的企业和相关的业务操作多，导致了港口物流服务的复杂性。在一般情况下，港口物流链是由众多的包括公有制和私有制企业共同参与的过程，其中任何一家企业都没有足够的能力对全过程进行控制，更不用说对过程中的服务提供保障了。

（一）港口物流服务的分类
根据不同的分类标准，可以将港口物流服务划分为不同的类型。

1. 根据物流的环节划分
根据物流的环节，可将现代港口物流提供的服务划分为基本物流服务和增值物流服务。港口基本物流服务主要是指运输、装卸、配送等运输配送业务，港口增值物流服务主要包括仓储堆存、加工及其他物流增值服务。

运输配送业务是港口物流的一项基本业务，该项业务帮助港口实现基本的运输功能，包括货物转运、货物集散、货物分拨、货物配送等。仓储堆存业务和加工业务是现代港口提供的货物增值服务，除此之外，物流增值服务还包括：商检、卫生检疫，船舶、国际多式联运、国内一票到底等代理，各种货运保险、财产保险以及人身保险等各种符合国际惯例的保险，财务结算、律师事务等。随着现代港口向国际物流中心的方向发展，港口物流引入电子数据交换（Electronic Data Interchange，EDI）、全球定位系统（Global Positioning System，GPS）等现代信息技术，提供客户管理、电子商务等新的服务项目。

2. 根据物流服务提供者划分

根据港口物流服务提供者性质的不同，可以把港口服务大致分为四类：

第一类，由公共部门拥有和提供的物流服务，如海关提供的货物检验检疫。

第二类，所有权属于国家，但由私有部门提供的服务。这些港口服务由港口当局制定有关条例，包括服务定价、服务的特性等，而服务的履行则由私人企业承担，这些企业必须遵守有关的条例。这些服务包括为船只提供的导航服务、货物在港口的装卸和搬运服务等。

第三类，由大量相互竞争的私有企业提供的服务，这类服务包括货运代理、货船经纪等。

第四类，连接港口的陆上运输服务。这类服务一般由私有企业提供，但行业受国家比较严格的管制，管制一般涉及服务的定价和从业资格的确认。

（二）港口物流服务的特性

在考虑港口物流服务质量时，必须认识到港口物流服务的两个特性。

1. 港口物流服务水平来自客户的感知

港口物流服务是一种"经验产品"。客户只有在享受到港口物流服务后，才能知道该服务的质量水平如何。港口物流这一服务属性必然导致千差万别的港口物流服务，因为港口物流服务的提供者可能存在做出机会主义行为的动机。

2. 港口物流服务涉及多个层次的委托代理关系

为了保证达到期望的港口物流服务水平，客户必须在合同中列明服务的各项要求。但是客户能约束的仅是与其直接接触的物流服务提供者，而后者往往还要通过其他的中介或者代理来完成整个服务过程。在缺乏正式合同的情况下，港口物流协议由各种不成文的"行规、惯例"来监督，而这些协议往往又非常模糊，使客户难以承担监督所获服务水平的高昂成本。因此，顾客充其量只是部分控制着自己的物流，在其控制以外是各种各样的协议，如码头搬运公司与承运人之间的协议，或那些只有立法部门才清楚的各种限制条款。

（三）港口物流服务能力的影响因素

影响港口物流服务能力的因素可以分为硬件因素和软件因素两个方面。

1. 硬件因素

对于现代化港口来说，船公司、货主等客户进行港口选择时所考虑的主要方面是港口的硬件设施。港口的现代化设施越好，港口在开展物流活动时就越可能完成更多的在港作业，也能很好地进行港口物流的组织和运作，同时可以降低物流成本，提升客户的满意度。对于现代化港口来说，影响港口物流服务质量的硬件因素主要包括：

（1）港口集疏运设施条件与交通位置。港口集疏运设施与交通位置主要影响港口的集疏运能力。

（2）航道泊位。航道泊位主要影响港口容纳及运行船舶的能力。

（3）仓储堆场设施、流通加工设施、装卸设备等。港口仓储、装卸、流通加工等物流设施的好坏直接影响着货物的进出港速度和装卸的质量及效率，是影响港口物流服务水平的重要因素。

2. 软件因素

现代港口的软件因素也是客户选择港口时必须考虑的要素。港口软件方面的因素对港口物流服务能力具有重要的影响，主要包括：

（1）港口的进出港速度及产品的安全性。港口进出港速度和产品或货物的保护能力直接影响着客户对港口物流服务的直观感受。

（2）通关复杂程度、信息化和标准化水平。通关复杂程度、信息化水平和标准化水平会影响船舶的通关效率，也影响客户对港口物流服务的满意度。

（3）服务方面。服务方面的因素主要包括服务的态度、对服务的信赖度、服务的个性化以及港口对投诉的处理，这些都会给客户对港口物流服务质量的感受和预期产生影响。

（4）港口的税费等。港口的税费会影响港口的竞争力。

硬件方面和软件方面中包含的影响港口物流服务能力的因素还有很多，以上只是其中主要的因素，这些因素在一定程度上决定着港口发展的质量和前景，是港口健康、持续、快速发展的关键因素，也影响着客户对港口物流的选择。

二、港口物流服务质量的概念与影响因素

港口物流作为物流供应链中不可替代的重要节点，承担着完成供应链系统中基本的物流服务和衍生的增值服务的使命。国际物流供应链的有效运作要求有高质量的港口物流服务相配合，使货物可以在海运与陆运衔接关键节点的港口能畅通无阻，而服务又能够满足客户对物流准时、可靠、高效和廉价的期望。因此，理解港口物流服务质量就具有十分重要的意义。

（一）港口物流服务质量的概念

质量被定义为产品、服务的性质或特性的组合，以及这样的组合能够满足顾客内在和外在需求的程度。

作为港口的客户（港口使用者），船主、进出口商总是希望能够得到符合公认标准的服务。一般来说，可以从三个方面来衡量港口的服务：效率、时间和安全性。效率是指通过投入产出来衡量的服务水平；时间是指服务的时效性，即服务是否能在协议规定或可接受的范围内按时完成；安全性是指船舶货物在通过港口时，服务提供者能安全可靠地进行处理，不存在机会主义行为。

由此可见，港口的物流服务质量如何能被客户（港口使用者）所感知，主要取决于客户的需求与港口为其所提供的服务成果之间的匹配程度。因而，港口物流服务质量比一般的物流服务质量更加难以评价，港口物流服务质量取决于港口使用者对港口实际提供的服务的结果的总体感知。

（二）影响港口物流服务质量的因素

作为以服务为主要产品的港口物流业，影响其服务质量的因素可以从客户、港口物流

企业，以及港口物流企业与客户之间的交流三个方面进行归纳。如果以大宗商品运输业务为主的港口物流为对象，则可以将影响港口物流服务质量的因素概括为三个方面：服务绩效、服务过程和服务能力。

1. 服务绩效

服务绩效测量的是服务质量的结果，它体现为企业对客户期望的满足程度和客户对服务质量的主观感受。服务绩效涉及货物送达后的完好程度、收费的情况、货物发送的时效性等方面。货物送达后的完好程度可以用货物完好率来表示，即完好送达的货物占发送的全部货物的百分比。收费情况可以用收费合理程度来衡量，根据客户对服务收费合理程度的满意度来评价。货物发送的时效性可以用货物及时发送率和货物准时送达率来评价。

服务接受方（物流企业的客户）在各个服务接触点上形成对服务质量的感知认识，因此客户有能力对服务质量进行评价，评价的信息可以作为企业从外部出发改善服务过程的依据。

2. 服务过程

服务过程体现企业员工对客户要求的理解程度和对客户承诺的实现程度。在服务进行的过程中，带给客户的感受直接影响客户对企业服务质量的评价。服务过程包括从客户咨询服务到服务完成的全过程。服务过程对服务质量的影响既与港口物流人员有关，又与港口服务项目本身有关。与港口人员相关的方面，如从业人员的服务态度，与港口服务项目本身相关的有服务个性化程度、货物运输途中的跟踪反馈等。

港口物流服务过程主要体现在运输和仓储两个部分，因此，从业务类型角度考虑，服务的过程质量指标需要考虑运输作业和仓储作业两类评价指标，主要评价指标包括服务态度、在途跟踪、服务个性化程度、交接达成率、库存结构合理性等。

作为服务提供方的企业，对于其所提供的服务是否符合自身的承诺也应有着自我认识。更进一步地说，服务流程中的每一道工序都为其上一道工序提供服务，因此可以将评价导入到组织内部，这将有助于发现问题产生的根源。

3. 服务能力

在港口物流服务中，港口的硬件设施（如航运条件）和软件条件（如从业人员）也会影响港口物流的服务质量。服务能力是运用现代质量管理理论总结出来的组织的服务质量要素，通过比较目前的状况与最优状况，得到服务能力水平。物流服务能力不是单纯地指物流系统中的仓储设备、运输设备、分拣设备等物流硬件资源的处理能力，还包括物流系统中的管理者对物流活动的计划、组织与控制的能力。

根据物流能力各构成要素的特点，可以认为物流能力是由物流要素能力和物流运作能力综合而成的。其中，物流要素是指输入物流系统的各种资源，包括物流机械设备、物流设施、劳动力、资金、信息等。从可评价性角度而言，物流要素能力主要是物流硬件设施的处理能力（即机械设备或仓储设施的面积、数量、生产率、劳动时间等诸要素的综合）。物流运作能力是指物流管理者通过采用物流计划、组织与控制等手段，实现资源的优化配置，提高物流活动效率、降低物流成本的能力。

对于上述物流服务能力的一些评价指标，如果由企业内部员工来评价，由于人情等因素可能会掩饰问题的存在。因此，建议可以考虑借助外部人员来进行评价，这样有利于防止可能来自内部员工因素所造成的虚假信息，能更客观地对服务能力进行评价。

三、港口物流服务质量的评价

现代港口物流正向规模化、信息化、系统化和国际化的方向发展。港口企业的物流意识也逐步从利润观念转向服务观念，即由从前的单一的追求降低成本、追求经济利润，转向更加注重客户服务，尤其是更加重视从物流解决方案设计到仓储加工等增值服务的提供，体现出现代港口越来越重视服务的经营理念。对港口物流服务质量进行科学评价，以便采取针对性的改进措施，也随之成为港口物流企业面临的重要课题。

（一）港口物流服务质量评价的研究概况

从 20 世纪 70 年代之后，国内外学者开始关注港口物流服务质量，并形成了一系列的理论成果。福斯特（Foster）（1978）认为，航运公司会被港口的服务频率和服务品质、方便性和习惯所影响。洛佩兹（Lopez）和普尔（Poole）（1998）提出，效率、及时和安全是评价港口服务质量的关键指标。刘建军（2002）从顾客满意的角度探讨了港口服务质量问题，认为港口服务质量具有安全、及时、经济和方便 4 个特性。哈（Ha）（2003）识别了影响港口服务质量的 7 个因素，分别是：港口有关信息的可得性、港口位置、港口中转时间、设施的可用性、港口管理、港口费用和客户便利性。尤格波玛（Ugboma）等人（2004）发现，SERVQUAL 模型的 5 个维度，即有形性、可靠性、响应性、保证性、移情性对测量港口服务质量同样是有效的。泰（Thai）（2008）开发并检验了一套海上运输服务质量的测量工具（ROPMIS），包括 6 个测量维度：资源（Resources）、结果（Outcomes）、过程（Process）、管理（Management）、形象（Image）和社会责任（Social Responsibility）。该模型整合了与质量维度有关的一些新要素，如管理、形象和社会责任。与 SERVQUAL 模型相比，ROPMIS 模型更适合于海运业，因为其整合了形象和社会责任方面的因素，而这两点对这个行业是至关重要的。泰指出，这些因素及其测量指标通过修正也适用于海运业的下属部门，如港口的服务质量测量。杨（Yeo）、泰和罗（Roh）（2015）以集装箱港口为对象，对泰（2008）的海上运输服务质量评价模型进行了修正，并将形象与社会责任合并为一个测量维度，开发了包含资源、结果、过程、管理、形象与社会责任 5 个维度的港口服务质量测量量表。

（二）港口物流服务质量的主要评价模型和指标体系

1. 集装箱港口服务质量评价模型

通过对以往服务质量评价因素的系统回顾，并结合对集装箱船舶经营者和物流经理的个人访谈和问卷调查，识别出衡量港口服务质量的 7 个因素：港口有关信息的可得性、港口位置、港口中转时间、设施的可用性、港口管理、港口费用和客户便利性，并开发和检验了相应的测量指标，见表 8-1。

表 8-1　集装箱港口服务质量的测量指标

因　素	测　量　指　标
港口有关信息的可得性	高效运作与通关质量
	有效建立 EDI 系统
	通过互联网提供港口相关信息
	提供货物追踪系统

（续）

因　　素	测 量 指 标
港口位置	处于主要干线的合适位置
	转运中心的有效位置
	特大型集装箱船进出的方便性
港口中转时间	港口船舶的拥挤程度
	集装箱的自由停留时间
	集装箱在码头的装卸时间
设施的可用性	提供船舶交通系统
	提供有效的进港航道
	建立多式联运系统
	有足够的集装箱堆场和备用设施
	集装箱装卸设备的可用性
	为意外事件采购额外的集装箱泊位的情况
	货物装卸系统自动化
港口管理	港口工人的工作技能
	港口工作人员的安全规则
	港务局的销售活动和营销广告
	港口工作人员的外语能力
港口费用	港口费
	码头装卸费（THC）
	领航费
	拖船费
客户便利性	港口使用程序的便捷性
	对用户意见和要求的反馈
	处理用户不满的及时性
	港口事故索赔处理
	对正规航运经营者的好处

资料来源：HA M S. A comparison of service quality at major container ports：implications for Korean ports ［J］. Journal of Transport Geography，2003，11（2）：131-137.

2. 现代港口服务质量评价指标体系

王磊、吴庆军（2007）通过对现代港口服务质量的定性和定量分析，提出可以运用功能质量、过程质量、关系质量和价值质量4个一级评价指标，以及相应的15个二级评价指标对现代港口服务质量进行综合评价，其评价指标体系见表8-2。

表8-2 现代港口服务质量的评价指标体系

一 级 指 标	二 级 指 标	指 标 描 述
功能质量	航运条件	航运泊位和集疏运条件
	堆场状况	在港区内堆存货物的露天场地
	设备状况	起重机械、运输机械和装卸搬运机械等设备情况
	流通加工能力	反映港口企业创利的增值服务指标

（续）

一级指标	二级指标	指标描述
过程质量	进出港速度	反映港口作业效率的重要指标
	安全性（对货物的保护能力）	货物在港口作业的整个过程中不能有损失
	信息化水平	港口的信息化建设程度
	通关复杂程度	影响港口物流效率及客户质量评价的指标
	服务的标准化程度	标准化水平越高，其服务质量越好
关系质量	一致性（服务的信赖度）	对不同客户的物流服务都是一致的
	与业务相关部门的合作水平	港口与相关业务部门的合作关系
	服务态度	港口物流服务过程中的服务态度
	投诉处理满意度	客户对服务投诉处理的满意程度
价值质量	基本费用合理化程度	基本物流成本费用的合理化程度
	附加费用合理化程度	附加物流成本费用的合理化程度

资料来源：王磊，吴庆军. 现代港口服务质量评价指标体系研究：以日照港为例 [J]. 科技资讯，2007，（33）：74-76.

表 8-2 中的评价指标的具体含义如下：

（1）功能质量指标。功能质量主要反映港口各项功能满足客户需求的程度。功能质量与港口的整体投入、设计和规划有关，是港口提供物流服务的基础，也是港口物流服务质量的显性要素。在这个方面，客户服务质量搜寻的特征比较明显，而且各港口之间的情况易于辨别和比较。功能质量一旦确定，短期服务将会是比较稳定的。港口功能质量包括航运条件、堆场状况、设备状况、流通加工能力 4 个二级评价指标。

（2）过程质量指标。过程质量是反映港口物流服务的整体作业质量的评价指标，也是港口物流服务质量管理的重点。根据质量管理专家朱兰的质量螺旋曲线理论，港口物流服务质量的形成与此过程的质量有直接关系。港口过程质量具体包括进出港速度、安全性（对货物的保护能力）、信息化水平、通关复杂程度和服务的标准化程度 5 个二级评价指标。

（3）关系质量指标。关系质量是反映港口与客户之间合作化水平的一个重要指标，它直接影响港口所提供的物流服务在客户心目中的满意程度。一般来说，港口关系质量越高，客户的满意度就越高，港口的相关营销成本就越低，港口的效益就越好。关系质量主要包括一致性（服务的信赖度）、与业务相关部门的合作水平、服务态度、投诉处理满意度 4 个二级评价指标。

（4）价值质量指标。价值质量是指港口提供综合服务的价值与客户预期的一个比值，它直接体现为客户接受港口物流服务后的综合感受，直接影响客户的忠诚度。它主要包括港口基本费用合理化程度、附加费用合理化程度两个二级评价指标。

3. 港口物流服务质量评价模型

李黎（2011）在借鉴国内外物流服务质量评价相关研究成果的基础上，结合现代化港口物流的服务特点，从港口物流服务能力、服务过程和服务绩效 3 个维度设计了港口物流服务质量的评价模型，如图 8-2 所示。

（1）服务能力指标。服务能力具体包括 8 个二级评价指标：航运条件、从业人员教育程度、港口信息化程度、运输网络覆盖率、仓储能力、服务项目综合性、经营设施先进水平、资金支持能力。各评价指标释义如下：

① 航运条件，反映港口码头的航运情况，具体包括港口船只数量、船舶的运载能力、船舶先进程度等。

② 从业人员受教育程度，港口从业人员的受教育程度、各水平学历的比例。

③ 港口信息化程度，反映港口信息化系统的功能完善性，影响港口各部门之间以及港口与服务对象之间的信息交流效率。

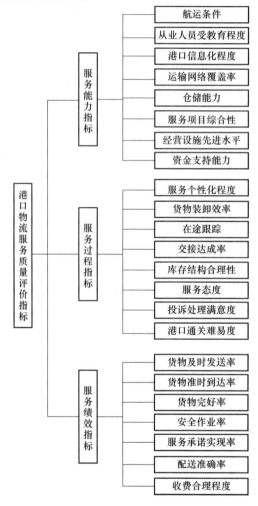

图 8-2　港口物流服务质量的评价模型

资料来源：李黎. 港口物流服务质量评价研究 [D]. 北京：北京航空航天大学，2011：26.

④ 运输网络覆盖率，反映港口运输路线对其他主要港口及内陆腹地的覆盖程度。

⑤ 仓储能力，可从仓库有效容积以及库存完好率两个方面来衡量。其中

$$仓库有效容积 = 仓库有效体积 = 仓库有效面积 \times 堆码有效高度$$

$$库存完好率 = \frac{完好库存物品价值}{库存物品总价值} \times 100\%$$

⑥ 服务项目综合性，用来衡量港口服务产品的多样化程度，反映港口是否可以为客户提供多样化的服务组合和增值服务，如港区加工、仓储等。

⑦ 经营设施先进水平，主要包括装卸设施、仓储设施、驳运和陆运工具、港口堆场、港口铁路及道路，以及其他相关辅助设施。

⑧ 资金支持能力，主要包括港口获得当地政府的支持力度、港口的偿债能力、港口目前的经营状况是否能提供满足未来发展的资金。

（2）服务过程指标。服务过程具体包括8个二级评价指标：服务个性化程度、货物装卸效率、在途跟踪、交接达成率、库存结构合理性、服务态度、投诉处理满意度、港口通关难易度。各评价指标释义如下：

① 服务个性化程度，反映服务的定制性和柔性。例如，港口是否可以根据客户提出的发货时间、仓储条件等特殊要求提供个性化的服务。

② 货物装卸效率，是指货物在港口内装卸的效率，体现港口营运期内提供服务的次数。

③ 在途跟踪，是指每一笔货物运输出去以后，港口方通过信息系统对货物运输的信息跟踪情况。计算公式为

$$运输信息及时跟踪率 = \frac{跟踪到运输信息的次数}{总的订单次数} \times 100\%$$

④ 交接达成率，是指在下单、运输、配送、反馈过程中与交接部门之间按计划完成交接的次数。该指标可以反映部门之间的协同性。计算公式为

$$交接达成率 = \frac{与交接部门之间按计划完成的交接次数}{总交接次数} \times 100\%$$

⑤ 库存结构合理性，可以通过库容利用率来衡量。合理的库存结构可以让仓库更好地发挥存储功能。库容利用率的计算公式为

$$库容利用率 = \frac{一定时期内实际平均库存量}{仓库容积 \times 单位容积储存定额} \times 100\%$$

式中，单位容积储存定额是指在一定技术条件下，单位面积（或体积）允许合理储存物资的最高数量标准。

⑥ 服务态度，是指港口从业人员服务是否热情，是否能够以客户为中心提供服务。

⑦ 投诉处理满意度，反映客户对投诉处理的满意程度，体现为投诉处理是否及时、处理结果是否达到客户要求等方面。

⑧ 港口通关难易度，体现在两个方面：港口通关时间和一定时间顺利通关的次数。它是体现港口商检部门和港务部门工作效率的指标。

（3）服务绩效指标。服务绩效具体包括7个二级评价指标：货物及时发送率、货物准时到达率、货物完好率、安全作业率、服务承诺实现率、配送准确率、收费合理程度。各评价指标释义如下：

① 货物及时发送率，是指单位时间内及时将货物发送出去的次数与发货总次数的百分比，其计算公式为

$$货物及时发送率 = \frac{及时发送货物的次数}{发货总次数} \times 100\%$$

② 货物准时到达率，可用一定时期内准时送达订单数与订单总量的比率来表示。所谓准时送达，是指按照顾客的要求在规定的时间内将货物按时送达目的地。计算公式为

$$准时送达率 = \frac{准时送达订单数}{订单总量} \times 100\%$$

③ 货物完好率，用于衡量货物的完好情况。完好送达是指按照客户的要求在规定的时间内将客户订购的产品无损坏的送达客户手上。计算公式为

$$货物完好率 = \frac{交货时完好货物量}{订单货物总量} \times 100\%$$

④ 安全作业率，用于反映港口运输、仓储作业的安全性，包括仓库防盗、防火、防震，货品防盗，船舶安全航行等方面的物流服务质量。计算公式为

$$安全作业率 = \frac{一定时间内安全作业次数（包括运输、仓储）}{一定时间内总作业次数} \times 100\%$$

⑤ 服务承诺实现率，反映企业对服务承诺的实现程度，在一定程度上也体现了企业的信誉。

⑥ 配送准确率，是指在某段时间内，物流公司按照客户要求的产品名称、规格、型号配送货物的数量占总送货数量的百分比。计算公式为

$$配送准确率 = \frac{准确配送物资数量}{订单货物总量} \times 100\%$$

⑦ 收费合理程度，是指在提供相当服务水平的基础上与同行相比收费的合理性程度。

4. 集装箱港口服务质量测量量表

杨、泰和罗（2015）在文献回顾基础上，通过韩国港口物流协会（Korean Port Logistics Association，KPLA）对港口客户实施邮寄问卷调查，修正了泰（2008）的海上运输服务质量评价模型，提出并验证了包含资源、结果、过程、管理、形象与社会责任 5 个因素的港口服务质量测量量表（见表 8-3）。杨等人的研究还显示，管理、形象与社会责任因素对港口客户满意有显著影响。因此，港口管理者可以使用该量表来衡量客户对港口服务的满意度，并指导港口在服务质量管理方面进行合理投资。

表 8-3　集装箱港口服务质量的测量量表

因　素	测　量　指　标
资源	我们正在使用的港口总有可用的设备和设施来满足我们的需要
	我们正在使用的港口设备和设施是现代化的，并且总是运转正常
	我们正在使用的港口有着强大而稳定的金融支持
	我们正在使用的港口有极好的货运跟踪能力
	我们正在使用的港口有良好的基础设施，如泊位、堆场、仓库、配送中心和腹地连接网络
结果	我们正在使用的港口总是能够提供快速服务
	我们正在使用的港口总是以可靠的方式提供服务
	我们正在使用的港口总是以一致的方式提供服务
	我们正在使用的港口总是能够确保我们的船只/货物的安全
	我们正在使用的港口总是能够出具无误的发票和相关单据
	我们使用的港口总是能够提供有竞争力的服务价格
	我们正在使用的港口可以随时随地满足我们的服务需求

（续）

因　素	测量指标
管理	我们正在使用的港口业务和管理中的信息和通信技术（ICT）水平是完善的
	我们正在使用的港口在操作和管理方面显示出很高的效率
	我们正在使用的港口的管理层始终具有良好的知识和能力，包括事故处理能力
	我们正在使用的港口的管理层总是能够很好地了解我们的需求和要求
	我们正在使用的港口总是收集我们对其服务的意见反馈并进行改进
	我们正在使用的港口不断改进以客户为导向的运营和管理流程
形象与社会责任	我们正在使用的港口与其他港口及陆路运输服务提供者关系良好
	我们正在使用的港口在市场上有良好的信誉
	我们正在使用的港口一直强调操作和安全生产
	我们正在使用的港口具有良好的操作和安全生产记录
	我们正在使用的港口对其员工和其他利益相关者履行了良好的社会责任
	我们正在使用的港口总是强调对环境负责的操作
	我们正在使用的港口环境管理系统到位

资料来源：YEO G T, THAI V V, ROH S Y. An analysis of port service quality and customer satisfaction: the case of Korean container ports［J］. The Asian Journal of Shipping and Logistics, 2015, 31（4）: 437-447.

随着物流产业的兴起和繁荣，我国各港口顺势发展。在港口吞吐量急剧增加的同时，其服务质量也日益受到关注。实施港口服务质量评价研究有利于提高港口企业的管理水平，提升港口的市场竞争力，在现代化港口的建设和发展中具有重要意义。然而，目前学术界对于港口物流服务质量评价方面的研究还处于起步阶段，还比较缺乏针对我国港口物流服务质量的评价体系，有待于在未来的理论研究中进一步推进和完善，以促进我国港口持续改进服务质量，赢得更大的市场，取得更佳的经济效益。

第三节　港口物流服务质量管理的环节与对策

港口物流服务质量评价的目的在于明确港口物流服务活动需要控制和检验的关键内容，制定港口物流服务整个层面的质量控制指标，使港口对物流的各环节的作业状况持有正确的认识，找出影响其服务水平的因素及存在的问题，为港口实施物流服务质量管理、提高运营效率提供依据。

一、港口物流服务质量管理的环节

在日常的港口生产管理中，常常以港口的产品与服务为基点，以港口的质量目标、过程控制和管理创新为导向，来设计港口服务质量管理的所有职能和活动的管理。具体体现为：明确港口企业的质量管理目标、制定质量管理方针和管理措施；建立和健全质量保证体系；实施质量管理与过程管控；征求客户意见，改进服务管理，提高客户满意度。

（一）确立质量目标

港口企业为了向国内外市场扩展，一个基本的策略是确保产业、服务和设施符合国际质量标准。由于客户的需求在不断变化，因此港口企业须随时掌握甚至预测客户的需求情况。对港口企业而言，客户的需求就是挂靠在港口的船舶，而船舶的需求就是港口为其提供高质量的服务，并且保证该服务的成本必须合理。为此，港口企业可以引入全面质量管理（TQM）理念来树立质量目标。

全面质量管理是一个涵盖所有组织行为的管理概念，其基本目标是"以最低的成本使客户获得最大程度的满意"。全面质量管理有助于不断提高港口企业在各方面的管理水平（包括高层管理），促使港口企业为客户提供优质的服务，降低服务的成本，从而提高港口的竞争能力。

为了达到这一目标，港口企业需建立一套服务质量体系，并且重点洞察人在服务体系中发挥的作用。例如，认清客户对港口企业形象、文化和企业经营等方面的评价，提高港口工作人员的知识水平、技能水平，改善工作态度，促使员工团结协作，为客户提供满意的服务。

港口企业必须贯彻执行全面质量管理体系，只有这样，才能在客户服务、安全、环境保护等领域不断提高港口服务质量，并降低港口企业自身的经营成本以及客户的生产成本，使企业的市场竞争力明显增强、利润收入大为提高。

（二）提供质量保证

质量保证是港口企业为维护客户的利益，并取得客户信任而进行的一系列有组织、有计划的活动。质量保证是包括港口企业在内的现代企业管理的核心和支柱。除了用于港口设备、设施及技术的财政支持之外，一个成功的质量体系的基本要求是港口企业的高层管理者必须确保港口服务的安全和质量。

在港口服务质量保证的问题中，安全和控制污染是港口物流服务质量管理的核心问题。安全和环境标准的维持意味着良好的操作实践，安全的工作实践关注工人的健康和福利，有效地防治污染，使损失减至最小。

港口物流服务质量的水平和程度是由市场结构、港口基础设施、技术水平、经营转换和公众利益等因素决定的，当然还离不开诸如完善的设备设施、足够的资金支持、有效的港口管理等必要因素的支持。港口服务质量保证观念将促使港口建立一种安全、环保的制度体系。这一制度将根据 ISO 9000 系列标准的基本结构和过程来制定，并将促进港口工程的持续发展。最重要的是，这一切需得到港口企业高级管理层的大力支持和实施，并把以上所描述的框架制定为企业发展的政策、目标和策略。

（三）实施质量控制与改进

质量控制与改进是指港口企业为保证港口生产组织、过程管理及服务质量所采取的作业技术、质量监控和质量攻关等相关活动，即通过质量控制来测量实际的质量管理结果并与标准相对比，及时发现和改进港口生产管理中的薄弱环节，以保证质量管理方针的落实和质量管理目标的实现。

在港口服务质量改进方面，可以采用标杆管理模式。标杆管理可概括为：不断寻找和研究同行一流公司的最佳实践，并以此为基准与本企业进行比较、分析并加以判断，从而使企业不断得到改进，进入赶超一流公司、创造优秀业绩的良性循环之中。其核心是向业内外最优秀的企业学习。通过学习，企业可重新思考和改进经营实践，创造自身的最佳实践，这实际上是一种模仿创新的过程。

港口企业应从如下方面推行标杆管理：一是进行全员的标杆管理知识培训；二是确立

企业推行标杆管理的战略思路；三是选择国内外先进企业作为比较对象；四是设计标杆对比项目及方法；五是对标国内外先进港口企业，找出对标港口企业的先进经验和做法，以及本企业与对标企业的差距；六是综合上述 5 点内容，组织实施企业的标杆培育与推广工作。

二、港口物流服务质量管理的对策

随着经济的发展，传统的以产品为基础的物流服务的定义发生了变化，港口物流服务的内容已不仅限于运输与配送这样的基础物流服务，还包括订单处理、库存管理、流通加工、共同配送、物流信息系统等增值物流服务。抓好服务，就等于抓住了港口物流的精髓，也抓牢了港口物流最大的利润源。港口物流服务质量的提升及有效管理，事关港口的营运效益及行业竞争能力。聚焦分析产品（服务）性能与客户满意关系的卡诺（Kano）模型，为港口物流服务质量管理提供了有效的分析框架。

（一）基于卡诺模型的港口物流服务分类

受行为科学家赫兹伯格（Herzberg）的双因素理论的启发，东京理工大学教授狩野纪昭（Noriaki Kano）于 1984 年发表《魅力质量与必备质量》（*Attractive Quality and Must-be Quality*）一文，标志着卡诺模型被正式提出。根据卡诺模型，企业提供的产品或服务质量特性一般可分为三类：必备质量（Must-beQuality）、期望质量（Performance Quality）和魅力质量（Attractive Quality）。

1. 必备质量

必备质量满足的是客户的基本型需求，或者说是理所当然的需求，是客户认为产品"必须有"的属性或功能。当其特性不充足（不满足客户需求）时，客户很不满意；当其特性充足（满足客户需求）时，客户也不会因此表现出满意。对于这类质量，企业的做法应该是注意不要在此方面失分，保证基本质量特性符合规格标准，以满足客户的基本要求。

2. 期望质量

期望质量满足的是客户的意愿型需求。此类需求如果得到满足或表现良好，客户满意度会显著提升，企业提供的产品和服务水平超出客户期望越多，客户就越满意。当此类需求得不到满足或表现不好时，客户的不满也会显著增多。对于这类质量，企业关心的就不是符合不符合规格标准的问题，而是怎样提高规格标准本身，并力争能比竞争对手提供更好的质量，促进顾客满意度的提升。

3. 魅力质量

魅力质量满足的是客户的兴奋型需求。当客户尚未对产品或服务的某些质量特性表达明确的需求时，企业如能提供出乎客户意料的产品属性或服务行为，客户就会感到惊喜、非常满意，客户忠诚度也会因此提高。对于这类质量，企业应关注的是如何在维持前两类质量的基础上探究客户需求，创新产品或服务，增加意想不到的新质量。

港口物流企业的产品是货物的空间位移及相关的服务。借助卡诺模型分析，港口物流服务可分为三个层次：

第一层次是以货物装卸为主的核心服务。这一层次的服务，是港口必须具备的物流功能，其目的是满足港口客户的基本型需求，港口物流企业应保证其服务质量符合标准。

第二层次是在完成货物装卸的基础上，港口企业还要利用不同的运输工具，完成客户货物的运输、堆码、储存等辅助服务。港口企业应通过通信技术、自动化运输和仓储技术，将各种现代化运输方式汇集到港口，以便将货物转运到海外和内陆的广阔腹地去。这一层次的服务的目的是满足港口客户的意愿性需求。对于这种需求，客户自身可能也不甚明确，但期望得到，因此港口企业应注重努力提高服务质量，满足方便、快捷等客户期望的质量特性。

第三层次是向货主提供优质、便捷的货物交接等延伸服务。港口应以现代化的运输为主线，将仓储、包装、配送、加工、信息服务等多种物流功能集成化，使港口从交通枢纽转变为内涵更丰富、层次更高的物流网络节点。货物不仅能在物流网络上畅通流动，还可以根据客户的需求，在为客户服务的同时开展流通加工服务，并且通过加工服务使货物在港口转运过程中增值。这一层次的服务的目的是在满足客户基本需求和期望需求的基础上，增强港口物流服务的特色，为客户提供意料之外的魅力服务质量，使港口树立优于竞争者的品牌形象，从而赢得客户信任，建立竞争优势。

（二）港口物流服务质量的改善措施

针对客户不同层次物流服务的质量特性需求，港口企业应制定相应的物流服务质量管理改善措施。

1. 改善必备质量属性的措施

（1）加强港口基础设施与物流业配套建设。港口物流基础与配套设施功能的完善，是发展港口物流服务业的重要保障。港口企业要高标准地抓好港口公共型码头建设，加强集装箱码头数量、装卸能力、码头堆场、航道等的建设；以港口物流基地为载体，建设集装卸、储运、分拨、保税、出口加工、贸易、信息咨询、金融服务于一身的多功能、现代化的大型物流基地；积极整合港口现有条件，对港口内的疏港公路、铁路、公共交通等配套基础设施进行技术改造，并将海铁专用线路建设列入港口基础设施的建设当中，加强港口与铁路运输之间的联系，提高港口集疏运方式的服务水平；增强港口的通航条件，加快船舶货物的在港周转速度，为港口物流基地的建设与发展提供重要的物质基础条件。

（2）建立相应的制度，有效管理服务质量。港口服务提供的产品是无形的，是一个过程而且不能储存，港口服务质量事先无法确定，客户只有接受服务后才能评定服务质量的结果。这样一来，客户就必然承担一定的质量风险。然而，港口企业一旦建立相应的质量管理和质量保证制度，就能建立起服务提供与客户之间的相互信赖关系，从而吸引更多的货主和船舶。随着港口物流服务业的快速发展，现代物流活动也变得越来越频繁，其诸多环节都会在不同程度上对生态环境造成危害。建立港口物流环境保护体系在当下显得尤为重要。应积极推进港口逆向物流服务，有意识地开展逆向物流，避免环境污染之后再采取补救措施。要具有超前的环境意识，探索建立相关的港口环境保护法规，改善当前的港口环境污染问题，促进自然环境资源的合理利用。

2. 改善期望质量属性的措施

（1）加强港口物流信息化建设，提高港口服务的可靠性和响应速度，降低服务成本。港口物流服务质量取决于各个环节的柔性连接，以较低的成本满足客户的需要。信息化建设是提高港口服务质量的重要手段。港口是不同运输方式的交汇点，货主、货代公司、船代公司、商品批发和零售部门、陆上运输公司、仓储公司、海关、商检、银行、保险，都以不同的方式发布着各自的信息。港口物流业的发展应充分利用条码技术、数据库技术、电子订货系统、电子数据交换等信息技术，不断完善港口物流信息系统。同时，要扩大业务合作，建立国际物流系统的网络运作，实现现代港口物流质的飞跃。港口要通过物流信息网络大力开展电子商务，发展成为电子物流中心，形成离岸贸易和远程物流，并实现物流全过程的可视化、自动化、智能化，使港口物流业务中的运输、装卸、仓储、包装、分拨、配送、流通加工和信息服务，都建立在公共服务平台之上，使港口具备物流信息港的功能，从而为客户提供高效、周全、优质的物流服务。

（2）加快培养港口物流专门人才，提高业务人员的服务水平。港口物流专业人才紧缺是制约我国港口物流服务业发展的重要因素。针对物流人才需求的不同，港口物流企业除了在国内外市场上招募有知识、有资质、有经验的物流专门人才外，要积极对港口物流从业人员开展专业化教育培训，加强理论与实践相结合的指导，提高从业人员的业务水平与专业技能。公司的培训可以分成对中高级管理人才的培训和对普通物流作业人员的培训等不同档次，对中高级管理人才的培训应注重物流及管理知识的融会贯通以及应用能力和管理协调能力的提升；对普通物流作业人员主要是灌输物流理念和某一方面的具体操作技能。此外，要积极与政府、高校合作，形成产学研相结合的港口物流人才培养体系，学习与借鉴国外领先的经验与技术，为港口物流服务业的发展提供有力的人力资源保障。

（3）拓展港口服务领域，开展综合物流业务。为了追求规模经济，船舶公司争相采用大型化船舶，从而对港口的水深、装卸设施、服务水平以及腹地货源等相关因素提出了更大的挑战。为了适应船舶大型化的趋势和基于节约投资成本、节约船舶在港时间以及加快货物流转速度的考虑，发展综合物流服务已成为港口发展的首选。综合物流突出了服务客户、令顾客满意的宗旨，它根据后工业化社会客户个性化的要求，推出以满足基本服务水平和特定客户要求相结合的全方位满足客户要求的战略，即以低的成本满足基本要求，而以特殊服务满足个性化客户的特定需求。"高质量管理＋优质服务＋高效、快速、安全"是综合物流服务的基本要求。为实现这一服务要求，港口企业应加强功能建设，将传统港口发展成为物流园区或物流中心，为客户提供各种物流增值服务，诸如货物状态跟踪，提单办理和管理，通关、联运及仓储，船期、泊位使用及货运市场行情预告等。

3. 改善魅力质量属性的措施

（1）紧紧围绕客户进行服务创新，满足客户需要，增加港口服务的柔性。服务创新的来源有客户、竞争者、经销商等，但客户始终是最重要的因素，因为谁最能满足客户需要，谁就能赢得竞争优势。因此，港口企业的服务创新应以客户需求作为切入点，详细分析客户需求的构成，而且服务要柔性化，以满足客户需求为目标，并随时根据客户需求的改变而改变。港口企业应准确收集和分析顾客的真实要求，将顾客的期望作为企业追求的目标，以此作为制定质量方针和质量目标的依据，并不断调整、提高质量指标，以满足全球性托运人对港口服务更高的要求。

（2）争做品牌服务的"领跑者"。港口企业在港口服务过程中，要时刻以客户的当前需求及潜在需求为出发点，时刻走在竞争对手的前面，尽可能持续地占领市场份额。为取得服务质量的领跑地位，港口企业必须在起步之初就聚焦在一个业务领域之内，找准切入点，以便准确地找到突破口，集中力量研究，确保服务质量的深度和领先水平，以塑造自身的品牌。

三、港口物流管理的发展趋势

随着市场经济的发展和周边港口的激烈竞争，服务质量及作业综合成本对于港口企业的持续、健康、稳定发展显得愈加重要，港口对客户的服务已由原来关注的满意度、忠诚度，逐渐上升为契合度，从共赢的视角来考虑今后港口管理的方向和举措。通过管理水平的提升，由被动服务转化为客户参与企业管理的主动服务，推动港口物流管理的理念创新、举措创新和服务创新，已成为港口企业进一步提升物流服务质量管理效能的重要举措。

（一）建设港口物流中心

港口物流中心的基本形态一般有三种：一是全能型的物流中心，兼具商流、物流、信息流、资金流的流通功能，并配备完善的服务基础设施；二是基础设施型的物流中心，主要提供物流、信息流和资金流等流通所需的基础设施；三是商流型的物流中心，它只具有商流功能。

港口物流中心是以最大限度地满足客户需求为至高目标。为实现物流中心的目标，港口物流中心应具备物流集散、货物存储、分拨配送、国际物流服务、市场交易、信息管理、服务咨询和增值性服务等功能，这突破了原有港口作为单一交通枢纽基础设施的设计理念。根据现代物流的功能要求对港口资源进行重新整合，通过功能多元化、标准国际化、布局合理化、管理现代化和运行高效化的改造，使港口功能适应未来国际集装箱多式联运和国际物流网络节点的要求，以全面提升港口竞争力。

（二）健全港口的现代物流模式

从港口物流的发展模式看，可以分为内向型和外向型两种。

1. 内向型发展模式

内向型发展模式主要是从充分优化港口内部的存量资源着手，重新整合和优化配置内部资源，在各种资源高效利用的基础上健全港口的物流功能，其运营理念侧重于管理。港口实施内向型发展模式，应在分析当前物流发展状况的基础上，采取"改造主业，系统剥离"的发展策略。在经济全球化背景下，港口之间的竞争正在逐渐演变为物流供应链之间的竞争，改造主业成为一种必然选择。所谓改造主业，就是运用现代物流的理念和运营模式，改造港口现有的经营机制和组织模式，把提高货物通港效率作为港口建设和运营的主要指标，以提高港口所在物流供应链的核心竞争力。系统剥离则是将港口系统的自理物流作业剥离出来，集中起来由一个物流部门独立运作，在向利润中心逐渐转变的过程中逐渐变为完全独立的以提供"供应物流服务"为主的第三方物流服务。

2. 外向型发展模式

外向型发展模式主要是从港口涉及的关系对象着手，充分重视港口物流发展过程中的纵向联系和横向联系，即通过纵深发展港口物流所处的外部环境来实现港口物流的持续发展，其运营理念侧重于经营。港口纵向协作包括：港口企业让渡出部分码头、仓库、堆场给拥有物流供应链的企业，让其在港区内从事企业物流；与航运、公路、铁路等运输企业共同构筑物流供应链；港口企业与生产要素市场和消费市场资源整合等多种方式。横向协作主要表现为港口群的协同发展，枢纽港与喂给港之间需要建立稳定的战略联盟，以共同的业务、共同的利益进行联合。联盟港口企业统一制定好经营战略，对资源进行统一配置与合理的利益分配，实现港口之间的优势互补，提高港口物流群体的整体竞争力。

（三）发挥港口的第三方物流优势

传统观念认为，港口是现代物流业的重要环节，港口只需围绕现代物流业开展服务即可。但是，现代港口物流发展理念表明，港口有必要直接开展第三方物流服务。港口的功能主要包括装卸运输、货物集散、贸易、信息、拆装箱包装，以及提供其他增值服务等。这些功能与物流园区的功能相差无几。在有港口的地区，如果政府把兴办物流园区的土地资源和优惠政策向港口倾斜，支持港口物流的健康发展，那么港口完全可以建设成为一个功能完善的物流园区。而相反，物流园区想要变成港区是绝对不可能的。鉴于港口在一个地区的稀缺性和港口与外围物流企业的利益相关性，港口企业在组建第三方物流企业上具有得天独厚的优势。港口企业可以围绕自身集疏运的主要货种，组建第三方物流公司。考虑到港口以外物流资源的丰富性，公司不需在港口以外投资构建自己的运输和仓储资源，而只需为客户提供多式联运的解决方案并去有效执行。很多仓储、运输公司都是以港口业务为核心来开展自己的业务的，因此港口完全可以利用自己的特殊地位来约束外包者，将更多的物流业务集聚到港口所属的第三方物流公司来，从而在市场竞争中取得优势。

（四）加强政策引导、促进协调发展和完善管理系统

港口物流服务能力不仅影响着港口物流系统的运作和效率，还对整个港口竞争能力的提高和临港产业的经济发展具有带动作用。政府有关部门应通过政策引导、规范市场等手段，为实现现代港口物流的发展营造公平、开放、竞争有序的宏观环境，制定现代物流业发展规划，理顺现有港口体制，特别应研究、建立鼓励港口发展现代物流业的激励机制。

港口物流的发展，不可避免地将港口与航运企业联系在了一起，只有港航加强合作，才能满足港口物流的形成与运行，港口与航运企业才能在物流发展中真正发挥各自的特点和优势。只有这样，现代物流系统才能顺利发展。随着全球现代物流时代的到来，为适应现代运输技术的发展，尤其是船舶大型化对港口自然条件和设备要求的提高，港口应在港口基础设施方面加强建设，包括集装箱码头数量、装卸能力、码头堆场、航道水深等的建设，以满足国际集装箱船舶大型化、超大型化的需求。

从全球物流系统的角度来看，港口是连接国内与国外两个市场、运用国外与国内两种资源的主要对接口，贯穿于自原料进口至成品出口的供给链的全部流程。这就需要进一步完善港口的现代物流管理系统，有效施展港口处于生产系统联合部位的有利形势。首先，各类型的流通业内部流程设计要系统化，使物流过程处于一个稳定协调的系统中；其次，各类型物流业组合应系统化，使港口物流在完成传统作业的基础上，还可以开展货物精选、加工、包装等业务，使进出口业务增值，以及根据市场发展和货主的需求，为客户提供报检、报关、接货、集疏港、流通加工等多样化服务，向产业链的上游与下游进行有效的扩展，形成一个开放型、互通型的物流服务平台，提升综合流通效率。

【本章小结】

● 港口物流是指中心港口城市以临港产业为基础，以信息技术为支撑，以优化港口资源为目标，利用港口集货、存货、配货的特长，发挥其对港口周边物流活动的辐射能力，为客户提供多功能、一体化的综合物流活动。港口物流作为物流活动的一种，一般应

具备物流活动的三个基本要素，即流体、载体和流向。

- 港口物流的特点包括：国际物流链中交汇点和瓶颈，物流作业的柔性化，专业化，物流量大、成本低，港口物流需要多方面协调，港口物流需要多方面协调，港口物流是一个大跨度系统。

- 港口物流的功能可以分为基本功能和延伸功能。港口物流的基本功能包括装卸搬运功能，仓储功能，集装箱堆场功能，集装箱拆拼箱功能，运输、中转需求，信息处理功能。港口物流的延伸功能包括组装加工功能；多式联运功能，商贸服务，口岸服务，其他增值服务。

- 港口及其物流功能主要划分为三代：第一代港口定位于"运输中心"，第二代港口定位于"运输中心 + 服务中心"，第三代港口定位于"国际物流中心"。

- 根据不同的分类标准，可将港口物流服务划分为不同的类型。按照物流的环节，可将现代港口物流提供的服务划分为基本物流服务和增值物流服务。按照港口物流服务提供者性质的不同，可以把港口服务分为四类：由公共部门拥有和提供的物流服务；所有权属于国家，但由私有部门提供的服务；由数量众多的相互竞争的私有企业提供的服务；连接港口的陆上运输服务。

- 港口物流服务具有两方面的特性：港口物流服务水平来自客户的感知，港口物流服务涉及多个层次的委托代理关系。影响港口物流服务能力的因素主要有硬件因素和软件因素两个方面。硬件因素主要包括港口集疏运设施条件与交通位置、航道泊位、仓储堆场设施、流通加工设施、装卸设备等。软件因素主要涉及港口的进出港速度及产品的安全性，通关复杂程度、信息化和标准化水平，以及其他服务方面的因素，如港口的税费等。

- 港口的物流服务质量如何能被客户（港口使用者）所感知，主要取决于客户的需求与港口为其所提供的服务成果之间的匹配程度。影响服务质量的因素综合起来可以概括为三个方面：服务绩效、服务过程和服务能力。

- 港口物流服务质量评价有利于提升港口企业的管理水平和港口的市场竞争力。目前，对于港口物流服务质量评价方面的研究还处于起步阶段，主要的评价模型包括：哈（2003）提出的集装箱港口服务质量评价模型，王磊、吴庆军（2007）构建的现代港口服务质量评价指标体系，李黎（2011）建立的港口物流服务质量评价模型，以及杨、泰和罗（2015）开发的集装箱港口服务质量测量量表。

- 港口物流服务质量管理的环节主要包括确立质量目标、提供质量保证、实施质量控制与改进。

- 基于卡诺模型，港口物流服务可分为三个层次：以货物装卸为主的核心服务；货物运输、堆码、储存等辅助服务；向货主提供优质、便捷的货物交接的延伸服务。针对客户不同层次物流服务的质量特性需求，港口企业应制定相应的物流服务质量管理改善措施。

- 港口物流管理的发展趋势主要有：建设港口物流中心，健全港口现代物流模式，发挥港口的第三方物流优势，加强政策引导、促进协调发展和完善管理系统。

【思考题】

1. 什么是港口物流？它具有哪些特点？

2. 港口物流具有哪些功能?

3. 如何理解港口物流的发展模式?

4. 港口物流服务可以划分为哪些类型?

5. 如何理解港口物流服务质量?

6. 影响港口物流服务质量的因素有哪些?

7. 比较分析港口物流服务质量的主要评价模型。

8. 港口物流服务质量管理涉及哪些环节?

9. 试述如何根据卡诺模型对港口物流质量进行分类管理。

10. 试分析港口物流管理的发展趋势。

【实践训练】

1. 选择一个你熟悉的集装箱港口,搜集其有关资料,分析该港口物流业发展的现状及制约因素,形成一份 10 分钟的演讲报告,并与同学进行交流。

2. 如果你是一家大型船舶公司的负责人,你更关注挂靠港口的哪些条件?你如何理解港口服务质量?

3. 针对我国港口物流的发展现状,列出一份港口物流园区建设项目建议书。

 ## 【案例讨论】

河北港口集团:从"一煤独大"到"多点开花"

河北港口集团由具有 100 余年历史的秦皇岛港发展壮大,现有生产泊位 64 个(含 2 个试运行泊位),年设计通过能力 3.095 亿 t,主要布局在秦皇岛港、唐山曹妃甸港区、沧州黄骅港综合港区。正像从"打鱼船"到"大型船舶"的跨越,如今,河北港口集团正开始从"一煤独大"到"多点开花"的蜕变。

1. 由单一煤炭运输向多种货物发展

秦皇岛港作为全球最大的煤炭输出港,占全国北煤南运下水量 45% 的煤炭要经此运往华中、华南地区。秦皇岛港年设计通过能力 2.25 亿 t,其中煤炭年设计通过能力 1.93 亿 t,即每月通过能力在 1609 万 t 左右。和秦皇岛港一样,河北港口集团下辖的另外两大港区——唐山港和黄骅港,也均以煤炭运输为主。煤炭运输被业界形象地称为"酒肉穿肠过"——港口赚取的利润有限。集装箱运输则不同,对地方经济的带动作用为 1∶86,即向集装箱运输投入 1 元钱,能带来 86 元的经济效益。"一煤独大"的传统优越感和发展模式在一定程度上束缚了河北港口集团的发展,致使其杂货和集装箱运输的发展相对滞缓。

2012 年 1 月,河北港口集团率先与河北钢铁集团、沧州港务集团签署合作协议,共同建设黄骅港综合港区矿石泊位和通用散杂货泊位,以实现集团的多元化发展。2017 年 9 月,河北港口集团又与河北中运集团等企业共同成立了秦皇岛禾港有限责任公司,以发展农产品进出口贸易为平台,创新物流模式,提供经济便捷的港口物流全程服务,打造进口水果口岸市场，实现港口经营、物流产业、区域经济高效协同发展。

2017年11月，曹妃甸港集团等五家企业与中国五矿集团签约建设曹妃甸国际矿石交易中心。该中心定位于涵盖保税、仓储、配矿、保值、融资、现货、期货交割库等功能的新型绿色环保、智能高效、功能齐全的亿吨级国际矿石交易中心。中心建成后，京津冀及周边企业将获得一个便捷、高效的物流贸易新平台。

近年来，唐山港京唐港区大力推进以集装箱业务为重点的港口功能提升和拓展，建成了集装箱电子口岸管理系统，实现了网上办单、订舱、查询、货代、船务等业务功能，集装箱单船作业效率达到195箱/小时。这些举措有力促进了集装箱吞吐量的迅猛发展，该港区集装箱吞吐量增速每年都保持在30%以上。

河北省港口货种"一煤独大"局面正在逐步改观，港口正在由单一的煤炭过境运输向多种货物集散发展。2017年，河北省港口非煤货种吞吐量近5亿t，比重达47%，对腹地钢铁、石化及临港产业的带动和集聚作用更加明显。

2. 港口功能定位大调整

长期以来，河北省港口一直以煤炭、矿石等干散货业务为主，集装箱运输量很少，且各港口之间竞争激烈。在港口资源整合与环保政策日益严格的背景下，改革已成必然选择。

2018年12月，河北省政府办公厅印发《关于加快沿海地区开放开发的实施方案》，将河北省三大港口的定位进行了重大调整。在规划之下，秦皇岛港将由货运为主的能源集疏港向客货并举的自由贸易港转型，并重点发展集装箱运输业务。唐山港着力发展海公铁多式联运，建设能源原材料主枢纽港；黄骅港则重点发展国际航运，建成现代综合服务港。

根据此次河北省的规划，有着中国"煤炭第一大港"之称的秦皇岛港将重点发展集装箱运输业务，煤炭运输和传统散货功能将被唐山港承接；而唐山港和黄骅港也要强化集装箱运输业务。毫无疑问，秦皇岛港是河北省三大港口中功能定位变化最大的港口。

事实上，随着近年来煤炭消费量增速的放慢，以及"北煤南运"铁路开通在即，秦皇岛港作为"北煤南运"中转节点的功能正在逐步减弱。在环保政策的影响下，秦皇岛港的煤炭业务正在收缩。数据显示，2018年，秦皇岛港全年完成煤炭吞吐量为2.03亿t，同比减少1214万t。尽管秦皇岛港仍是全国第一大煤炭运输港，但仅比第二名的黄骅港多出7万t，榜首的地位岌岌可危。

业内人士认为，河北省各大港口之间需要竞争合作，也需要错位发展。秦皇岛港转型自由贸易港应明确改革创新思维，重点发展集装箱业务的前提是要完善沿海综合交通网络。唐山港和黄骅港则需要补齐集装箱业务短板，同时开辟更多的国际航线。

资料来源：童洁. 河北港口集团：华丽变身背后的"全球视野"：专访河北港口集团有限公司总经理李敏［J］. 中国港口，2012（08）：13-15.

思考：

1. 河北港口集团为什么要从"一煤独大"向多种货物发展？

2. 试比较分析河北港口集团各港口的物流模式。

3. 你对河口省港口功能定位的调整如何评价？

【延伸阅读】

1. 白满元. 港口物流绩效评价研究 [D]. 秦皇岛：燕山大学，2009.

2. 陈婉婷. 港口物流服务业的发展对策研究 [J]. 物流科技，2018，41（1）：120-122.

3. 程言清，李秋正. 港口物流管理 [M]. 北京：电子工业出版社，2007.

4. 李黎. 港口物流服务质量评价研究 [D]. 北京：北京航空航天大学，2011.

5. 刘建军. CS 战略与港口服务质量管理 [J]. 中国港口，2002（8）：20.

6. 刘庆广，施国洪. Kano 模型在港口服务质量管理中的应用研究 [J]. 科技与管理，2009，11（6）：24-28.

7. 孙建军，胡佳. 欧亚三大港口物流发展模式的比较及其启示：以鹿特丹港、新加坡港、香港港为例 [J]. 华东交通大学学报，2014，31（3）：35-41.

8. 王磊，吴庆军. 现代港口服务质量评价指标体系研究：以日照港为例 [J]. 科技资讯，2007（33）：74-76.

9. 张丽君，侯超惠，胡国强，等. 现代港口物流 [M]. 北京：中国经济出版社，2005.

10. FOSTER T A. Ports：what shippers should look for [J]. Distribution Worldwide，1978：41-48.

11. KANON N，SERAKUN N，TAKAHASHIF F，et al. Attractive quality and must-be quality [J]. The Journal of the Japanese Society for Quality Control，1984，41（2）：39-48.

12. HA M S. A comparison of service quality at major container ports：implications for Korean ports [J]. Journal of Transport Geography，2003，11（2）：131-137.

13. LOPEZ R C，POOLE N. Quality assurance in the maritime port logistics chain：the case of Valencia，Spain [J]. Supply Chain Management，1998，3（1）：33-49.

14. THAI V V. Service quality in maritime transport：conceptual model and empirical evidence [J]. Asia Pacific Journal of Marketing and Logistics，2008，20（4）：493-518.

15. UGBOMA C，IBE C，OGWUDE I C. Service quality measurement in ports of a developing economy：Nigerian ports survey [J]. Managing Service Quality，2004，14（6）：487-497.

16. YEO G T，THAI V V，ROH S Y. An analysis of port service quality and customer satisfaction：The case of Korean container ports [J]. The Asian Journal of Shipping and Logistics，2015，31（4）：437-447.

第九章

物流服务质量的控制与改进

【学习目标】

知识目标
1. 掌握物流服务质量标准的概念和分类。
2. 理解物流服务标准化的含义和内容。
3. 掌握物流服务质量控制的概念和特点。

能力目标
1. 了解物流服务质量标准化的评价方法。
2. 熟悉物流服务质量控制的主要方法。
3. 理解物流服务质量改进的过程及方法。

【引导案例】

S公司的质量改进

位于美国密歇根州的S公司是为美国三大汽车制造商生产外轮胎及其他橡胶部件的橡胶生产企业。在经过三年质量改进后，这家公司从混乱和浪费中走出来，成为"每一家公司都欣赏的供应商"。S公司还因此荣获了小型企业质量奖。

说到S公司的成功，应当归功于其发展了适应三大汽车制造商准时制需求的新的生产方法，这意味着该公司对时限非常短的货物配送需求也能及时做出反应，马上送货，而及时送货得益于员工们开发出了一套能大量削减库存的计算机管理系统。在应用这套系统之前，供货要在公司仓库平均放置23天，而现在则降至14天，由此每年可以为公司节约库存成本250 000美元。同时，S公司响应顾客的速度也加快了，原来处理一批订货通常需要花费36个小时，而现在只需花费不到1个小时。原来运货的车辆需要空车闲置等待到中午才能送货，而现在早上就开始送货了。虽然S公司的工厂有一个10人小组，负责专门解决会计、生产和信息系统出现的问题，但实际上，S公司的大多数质量改进方案，是由基层员工提出来并付诸实践的。

资料来源：作者根据相关资料编写。

思考：S公司是如何改善库存管理，提升物流服务质量的？

对于生产企业来说，产品质量是企业生存的灵魂，而对处于服务行业的物流企业而言，服务质量就是物流企业生存的灵魂。在物流业中，提供服务与产品交付同时实现，没有产品完成后、交付前的检验时机。虽然质量不是靠检验出来的，但检验至少能在不合格产品交付给顾客前被剔除出来，最大限度地减少不合格品可能造成的顾客不满意。由于缺少产品检验的环节，物流服务质量管理就有了较大的难度。由于物流服务的独特之处，根据物流企业的服务特点，制定并实施物流服务质量的标准，进行循序渐进的质量改进及控制，就成为物流企业服务质量管理中最为关键的环节。上述案例中，S公司的库存管理思想体现了准时制生产方式，其理念是不断改进、全面控制、全员参与和降低库存，由此极大地提升了公司的物流运作效率，降低了物流成本。本章将系统阐述物流服务质量管理的标准化、物流服务质量的改进和物流服务质量的控制三方面内容。

第一节　物流服务质量的标准化

物流服务标准化工作在物流领域具有十分重要的作用，整个物流领域的发展都离不开标准化工作，物流服务标准化是促进物流服务发展的重要技术支撑。随着物流业的快速发展，以服务标准化为手段提高服务质量，实现物流服务的规范化管理，已成为时代发展的迫切需要，并成为落实科学发展观、构建和谐社会的必然要求。

一、物流服务质量标准的概念和分类

物流服务质量标准是物流服务质量所要达到的水准。物流服务质量标准的制定是企业经营过程中非常重要的决策阶段，物流服务质量标准的完整性和严格程度直接影响物流系统的整体运行水平。

（一）物流服务质量标准的概念

标准是指在一定范围内获得最佳秩序，以科学、技术、经验的综合成果为基础，对活动和结果规定共同的和重复使用的规则、指导原则或特性的文件。

物流服务质量标准是指在运输、配送、包装、装卸、保管、流通加工、资源回收及信息管理等环节中，对服务质量提出明确应该达到的，并能够检验的和可重复使用的规则或指导性文件，是物流企业在为客户提供服务时的准则和依据。

物流服务质量标准主要包括：有形的，如物流系统的各类固定设施、移动设备、专用工具的技术标准；无形的，如物流过程各个环节内部及之间的工作标准，物流系统各类技术标准之间、技术标准与工作标准之间的配合要求，以及物流系统和其他相关系统的配合要求等。制定和实施物流服务质量标准，目的在于实现物流质量管理的制度化、科学化，明确物流企业和客户的权利和义务，确保物流工作目标的实现。

物流服务质量标准不仅是物流企业向社会提供和承诺的可监控、可考核的服务产品性能的指标，还是物流企业规划建设、设施设备的配备、管理条例、工作流程和规章规范，以及工作人员（尤其是一线服务人员）素质和工作方法的标准。这种标准化管理方法的核心，是以物流服务工作中大量出现的重复作业方法为对象，以现行的规章制度为依据，在物流服务工作实践的基础上，协调一致地制定并实施服务标准。物流服务质量标准通过建立一整套质量控制体系，将他控、自控和互控结合起来，将预先控制、现场控制和事后控制结合起来，实现物流质量管理的制度化、科学化。其基本思想是统筹人、物和环境诸因素，优化物流服务与管理方法，从而满足物流工作中心目标——把合适的产品以合适的数量和合适的价格在合适的时间和合适的地点提供给客户，以获得良好的社会效益和经济效益。

（二）物流服务质量标准的分类

根据物流系统的构成要素及功能，物流服务质量标准可以划分为以下三类：

1. 大系统配合性、统一性标准

物流作为一个整体系统，其子系统之间的配合应有统一的标准。这些标准主要有：专业计量单位标准，物流基础模数尺寸标准，物流建筑模数尺寸标准，集装模数尺寸标准，物流专业名词标准，物流核算、统计标准，标志、图示和识别标准等。

2. 分系统技术标准

大的物流系统可以划分为许多子系统，子系统中也要制定一定的技术标准。主要包括：运输车船标准，作业车辆（如叉车、台车、手车等）标准，传输机具（如起重机、传送机、提升机等）标准，仓库技术标准，站台技术标准，包装、托盘、集装箱标准，货架、储罐标准等。

3. 工作标准与作业规范

工作标准与作业规范是指对各项工作制定的统一要求及规范化规定，其内容很多。例如，岗位责任及权限范围，岗位交接程序及作业流程，车船运行时间表，物流设施、建筑的检查验收规范等。

（三）物流服务质量标准级别的划分

物流服务质量标准除按类别划分外，也可以按级别划分。服务标准的级别规定了标准使用的范围，也反映了制定和发布标准的机构级别。当今世界上存在着如下不同级别的标准。

1. 国际级标准

国际级标准在世界范围内适用，如国际标准化组织（International Organization for Standardization，ISO）、国际电工委员会（International Electrotechnical Commission，IEC）等制定发布的标准。

2. 区域级标准

区域级标准是由区域性国家集团或标准化团体为其共同利益而制定发布的标准，如欧洲标准化委员会（European Committee for Standardization，CEN）、泛美技术标准委员会（Pan-American Commission of Technical Regulations，COPANT）、亚洲标准咨询委员会（Asian Standards Advisory Committee，ASAC）等组织制定的标准。区域性标准在区域国家集团范围内使用。

3. 国家级标准

国家级标准是由合法的国家标准化组织，经过法定程序制定发布的标准，在该国范围内使用。

例如，在物流服务质量方面，2007年9月15日，我国发布了国家标准《仓储服务质量规范》（GB/T 21071—2007），于2008年3月1日起实施。该标准规定了仓储服务的基本质量要求及评价指标，适用于专业仓储、物流企业，生产与销售企业的内部仓储服务可参照执行。

2008 年 7 月 2 日，我国发布国家标准《国际货运代理服务质量要求》（GB/T 22154—2008），于 2008 年 12 月 1 日起实施。该标准规定了国际货运代理服务的质量要求，适用于国际货运代理行业和与行业有关的企业，也可作为对企业进行规范与管理的依据。

2009 年 9 月 30 日，我国发布了国家标准《第三方物流服务质量要求》（GB/T 24359—2009），于 2009 年 12 月 1 日起实施。该标准规定了第三方物流服务质量的基本要求，以及方案设计、信息服务、作业服务、风险与应急管理、投诉处理的质量要求，并给出第三方物流的重要服务质量指标。该标准适用于提供第三方物流服务的企业，也可用于客户对第三方物流企业选择和评价的依据。

2012 年 6 月 29 日，我国发布了国家标准《口岸物流服务质量规范》（GB/T 28580—2012），于 2012 年 10 月 1 日起实施。该标准规定了一般货物口岸物流服务的基本要求，确立了方案设计服务、信息服务、作业服务、客户服务的具体要求和主要服务质量指标。该标准适用于提供一般货物口岸物流服务的相关企业，也可作为对一般货物口岸物流服务提供企业进行选择和评价的依据。

2019 年 5 月 10 日，我国发布了国家标准《物流公共信息平台服务质量要求与测评》（GB/T 37503—2019），于 2019 年 12 月 1 日起实施。该标准给出了我国物流公共信息平台的分类，从系统功能、平台管理、客户协议、业务运营服务、客户服务、客户信息保护、信用管理、业务风险与应急管理八个方面规定了不同类型的物流公共信息平台的通用服务质量要求，规定了物流公共信息平台服务质量的测评原则和评价内容。标准适用于我国物流公共信息平台的管理与测评。

此外，我国物流服务质量相关的国家标准还有《物流服务分类与编码》（GB/T 26820—2011）、《快递服务》系列国家标准（GB/T 27917.1—2011、GB/T 27917.2—2011、GB/T 27917.3—2011）、《物流服务合同准则》（GB/T 30333—2013）、《物流园区服务规范及评估指标》（GB/T 30334—2013）、《物流企业冷链服务要求与能力评估指标》（GB/T 31086—2014）等。

国家标准是基础标准，是物流服务标准的底线，它能够促进物流行业或企业在此基础上追求更多的服务标准，以提高企业市场竞争力和塑造良好形象。

4. 行业级标准

行业级标准是由行业标准化组织制定和发布的标准，在该行业范围内适用。目前，常见的与物流服务质量相关的行业标准主要有：《餐饮冷链物流服务规范》（WB/T 1054—2015）、《乘用车运输服务规范》（WB/T 1069—2017）、《家电物流配送服务要求》（WB/T 1083—2018）、《家具物流服务规范》（WB/T 1098—2018）等。

5. 地方级标准

地方级标准是由地方标准化组织制定和发布的标准，在相应的地方范围内实施。随着我国物流业的快速发展，各地也纷纷制定和发布了地方级物流服务质量相关标准。例如，2013 年 12 月 4 日，吉林省颁布了《物流快递质量规范》（DB22/T 1938—2013），并于同年 12 月 31 日开始实施。该标准规定了物流快递的术语和定义、服务要求与规范等内容，适用于物流快递日常作业与服务。2014 年 12 月 11 日，吉林省又颁布了《物流配送服务规范》（DB22/T 2231—2014），并于 2014 年 12 月 30 日开始实施。该标准规定了物流配送的术语与定义、服务内容、配送流程、岗位技能要求及服务质量指标，适用于物流配送操作与服务质量管理。2018 年 9 月 25 日，天津市颁布了《会展物流服务质量规范》（DB12/T 823—2018），于 2018 年 10 月 25 日开始实施。该标准规定了会展物流服务的定义、会展物流服务商的资质要求、从业人员基本条件、服务规范及质量要求等。该标准适用于会展物流服务商所提供的会展物流服务质量管理。

6. 企业级标准

企业级标准是由企业制定和发布的标准，是各物流企业根据国家标准及相关行业规范，结合本企业实际，建立运输、装卸、仓储、配送、流通加工、信息管理等方面的服务规范及管理标准，以及相应的管理制度等，用以指导企业的物流业务活动。如由中国仓储与配送协会家居物流分会组织，红星美凯龙家居集团股份有限公司联合家居工厂和家居物流服务商共同制定的《家居物流管理与服务规范（第二部分）：定制、软体家具》团体标准（T/WD 105.2—2019）即属于企业内部管理标准。该标准适用于定制、软体家具物流服务，规定了家居工厂在仓储、配送、安装、维修等物流工作方面的服务规范及质量要求，对提升定制、软体家具物流服务质量具有一定的指导意义。

二、物流服务质量标准化的实施

物流是一个比较开放的系统，涉及资源的整合、协作。实施物流标准化，有利于合作各方的责任落实，对于促进物流运作高效通畅、提高物流服务水平、优化物流作业流程、更好地与国际接轨具有重要作用。现代物流体系主要由运输、装卸、仓储、加工、包装、配送、信息服务等环节构成，随着信息技术和电子商务、电子数据、供应链的快速发展，国际物流业已经进入快速发展阶段，迫切需要制定系统内部各个环节的工作标准、技术标准、服务标准、各岗位责任制、操作程序、机械设备使用规定等。应以系统为出发点，研究各个分系统与分领域中各个标准的配合性，统一整个物流系统的标准、计量单位标准等。为此，国家标准化管理委员会将建立物流服务标准化作为推进服务业标准化的重要内容之一。

（一）物流服务质量标准化的含义

标准化是在一定范围内获得最佳秩序，对现实问题或潜在问题制定共同使用和重复使用的条款的活动。而物流服务质量标准化就是通过对物流服务质量标准的制定和实施，以及对标准化原则和方法的运用，达到服务质量目标化、服务方法规范化、服务功能模块化、服务流程合理化以及服务设施和设备的通用化，从而获得优质服务的活动过程。

随着消费多样化、流通高效化，一般性的服务以及传统的运输和仓储服务难以满足专业化、定制化、供应链一体化的需求，物流成本不再是客户选择服务的唯一标准，人们更多地关注服务质量，对综合物流服务的要求越来越高。同时，产品的多样化带来服务的多样化和个性化，也构成了对企业资源优化配置能力的全新的挑战，售前、售后服务，物流服务，产品寿命周期终端回收、处置服务等已成为市场营销竞争战略的重要内容和手段。因此，物流服务质量标准化是提升企业市场竞争力的必然选择。

物流服务标准的建立，可以使物流企业管理者规范管理制度、统一技术标准和服务岗位的工作项目及程序，向物流服务产品的消费者提供统一的、可追溯的和可检验的重复服务，并且降低企业员工培训的人力资源成本。物流企业可以此来建立自己的品牌优势，在竞争激烈的市场上赢得一席之地。

（二）物流服务质量标准化的原则

物流服务标准化是物流业规范发展的基础。因为物流是一个复杂的系统工程，对待这样一个大型系统，要保证系统的统一性、一致性和系统内部各环节的有机联系，需要多种方法和手段，而标准化就是现代物流管理的重要手段之一。物流质量标准化建设应遵循如下主要原则。

1. 面向客户

物流服务质量标准的制定要面向客户需求。物流业属于现代服务业，主要为生产者提供服务。因此，物流服务提供商要对客户的生产和营销体系有透彻的了解。建立客户物流服务需求的调查规范，将有利于为客户提供高效、经济的物流解决方案，方便客户获得和使用物流服务，与客户共担风险和共享收益。

2. 注重过程

物流服务质量标准的制定要面向服务过程。物流服务具有服务产品的一般特性，即无形性、不可储存性、过程互动性和异质性等特点。对于服务质量的控制不可能像有形产品那样采取事后检验的办法，因此必须对服务过程实施监测和控制，即对物流服务质量实施预防性或前置性管理。物流企业通过服务标准确保服务过程的可见性，以消除客户对过程不确定性的担忧，从而保障客户的利益。

3. 方便接轨

物流服务质量标准的制定要考虑未来的发展。由于经济全球化已经成为时代的潮流，因此物流服务质量的标准化体系应尽可能为物流服务采用其他标准体系预留接口，以便与客户接轨、与国际标准接轨，打破市场壁垒。

（三）物流服务质量标准化的内容

随着物流社会化程度不断提高，现代物流作为一种产业类型，要成长为一个社会化的产业集群，必须要有一定的标准来保驾护航。因此，物流服务比较发达的国家基本都有较为完善的物流标准体系。加快物流服务标准化建设也是推动我国物流产业发展和提高物流企业竞争力的基本要求。作为标准化的一部分，物流服务标准化是按照物流合理化的目的和要求，制定各类技术标准、工作标准，并形成全国乃至国际物流系统标准化体系的活动过程。具体来说，物流服务质量标准化主要涉及如下5个方面的内容。

1. 物流技术方法标准化

物流技术方法标准主要分为4部分，即物流技术方法通用标准、物流综合技术方法标准、物流环节技术方法标准和物流增值业务作业标准。物流技术方法通用标准主要包括物流技术方法的总则、术语、内容、分类等。物流综合技术方法标准主要包括综合作业技术方法标准、物流集成优化技术标准、综合物流业务单证标准和特定产品物流作业规范。物流环节技术方法标准主要涉及运输、仓储、包装、配送、装卸搬运及流通加工等环节的技术方法标准。物流增值业务作业标准是指对物流延伸业务进行作业的标准与规范，主要包括采购销售延伸业务作业规范、专项代理业务作业规范、金融延伸业务作业规范，以及其他业务作业规范。

2. 物流设施设备标准化

物流设施设备标准包括基础标准、集装化器具和物流设备标准。物流设施设备基础标准主要涉及物流设施设备的主要术语、分类、图示符号等。集装化器具主要分为托盘、集装箱、周转箱和其他集装器具等，不同形式的集装化之间，其标准应相互适应、相互配合。物流设备标准主要规范设备的尺寸（如货车车厢）、性能要求（如冷餐车的制冷性能）、稳定性要求（如叉车的稳定性）等，对具体的单体设备则不做过多的参数性、部件性要求。

3. 物流管理标准化

物流管理标准分为物流管理基础标准、物流规划标准、物流安全标准、物流环保标准、物流统计标准。物流管理基础标准主要包括物流管理术语标准、物流企业分类标准、物流从业人员标准等。物流规划标准包括物流规划基础标准、区域物流规范标准、物流园区（基地）规划标准、物流中心规划标准4个方面。物流安全标准包括物流设施设备安全标准、物流作业安全标准、物流人员安全标准、危险品及特殊物品安全标准。物流环保标准包括物流基本业务环保标准、物流特殊业务环保标准、废弃物流环保标准。物流统计标准主要包括物流统计基础标准、物流业务活动统计标准、物流从业人员统计标准、物流绩效评估标准等。

4. 物流服务标准化

物流服务标准包括物流服务基础标准和物流服务管理标准。物流服务基础标准由物流服务分类标准组成，是制定其他服务标准的依据。物流服务管理标准是对物流企业建立质量管理体系中的质量方针、质量目标、质量职责评审等提出的各项要求。

5. 物流信息标准化

物流信息标准主要包括物流信息基础标准、物流信息技术标准、物流信息管理标准、物流信息服务标准等。物流信息基础标准是物流信息建设中的通用标准，主要包括物流信息术语、分类、编码等。物流信息技术标准主要分为物流信息采集标准、物流信息交换标准、物流信息系统及信息平台标准等。物流信息管理标准主要包括物流信息管理的基本要求，以及物流管理过程中订单处理、仓储作业、运输及配送作业、结算、合同管理、投诉管理、统计分析等环节的信息管理要求。物流信息服务标准现有标准较少，鉴于从业人员是服务标准中的重要方面，因此物流信息服务标准可分为物流信息从业人员服务标准和其他人员服务标准。

三、物流服务质量标准化的评价

实施物流服务质量标准化后，对于企业的价值变化有着多方面的影响。物流服务质量标准化后企业所能得到的经济效益，可分为收益的增加和成本的降低两个方面。鉴于收益的增加需要长时间的市场反应，在短期内无法得到相应的市场反馈，在此，我们仅讨论标准化后对于企业成本降低的意义。在收益不变的情况下，成本的降低也就意味着利润的上升，同时也伴随着利润率的上升，这就是物流服务质量标准化给企业所带来的短期经济效益。

（一）物流服务质量标准化节约成本的计算

对于实施物流服务质量标准化对企业总成本的节约，可分别从如下5个方面计算并加总得到。

1. 提高质量的节约

这是指由于实施物流服务质量标准化，而使承运品损耗减少所节约的费用。计算公式为

$$J_b = Q_1(R_{b0} - R_{b1})(C - Z_b)$$

式中，J_b 为减少承运品损耗的年节约（元/年）；Q_1 为标准化后的承运品数量（台、件）；R_{b0}，R_{b1} 为标准化前、后的承运品损坏率（%）；C 为承运品成本（元/件）；Z_b 为被损坏的承运品残值（元/件、元/台）。

2. 折旧费用的节约

这是指实施物流服务质量标准化后，周转次数增加而使折旧费摊薄所节约的费用。计算公式为

$$J_z = r_1\left(\frac{F_{s0}}{r_0} - \frac{F_{s1}}{r_1}\right)$$

式中，J_z 为折旧费的年节约（元/年）；r_0，r_1 为标准化前、后的年周转次数；F_{s0}，F_{s1} 为标准化前、后每年的折旧费（元/年）。

3. 管理费用的节约

这是指由于实施物流服务质量标准化，而使单位工作量分摊的管理费减少所节约的费用。计算公式为

$$J_j = Q_1\left(\frac{F_{j0}}{Q_0} - \frac{F_{j1}}{Q_1}\right)$$

式中，J_j 为管理费用的年节约（元/年）；Q_0，Q_1 为标准化前、后的年工作量；F_{j0}，F_{j1} 为标准化前、后的年管理费（元/年）。

4. 订单引起的收益

这是指由于实施物流服务质量标准化，而引起的订单增加带来的收益。计算公式为

$$J_r = (N_1 - N_0) \times \overline{P}$$

式中，J_r 为订单增加带来的年收益（元）；N_0，N_1 为标准化前、后的订单数（笔）；$\overline{P}$ 为平均每笔订单金额（元/笔）。

5. 审核成本节约

这是指实施物流服务质量标准化后，由于相关事项审核减少而节约的费用。计算公式为

$$J_u = [(R \times n) + (Z \times N)] \times K \times W$$

式中，J_u 为审核成本节约（元）；R 为差旅费（机票往返）（元）；n 为出差次数（机票往返）；Z 为住宿费（元）；N 为外地仓库数量；K 为重复性审核次数的减少；W 为审核系数。

（二）制定和贯彻物流服务质量标准化的投资计算

物流服务质量标准化投资的基本项目包括：试验费、资料费、工资、差旅费、标准过度损失费等。为制定标准和实施标准化，企业投资的资金很大程度上来源于银行贷款，因此随着时间的变化，利息的支付也会增加，累计一次能偿还的本利之和可根据以下复利公式来计算

$$K_z = K(1 + i)^t$$

式中，i 为年利率，%；t 为时间（年）；K 为投资（现值）（元）；K_z 为 t 年后的本利和（未来值）（元）。

（三）物流服务质量标准化的经济效果计算

对于物流服务质量标准化带来的经济效果，可通过标准有效期内预计实现的总经济效益（X_s）及年经济效益（X_n）来衡量。其计算公式分别为

$$X_s = \sum_{i=1}^{t} J_i - K$$
$$X_n = J - aK$$

式中，$\sum_{i=1}^{t} J_i$ 为标准有效期内预计的标准化总节约额（元）；J 为预计的标准化的年节约额（元）；K 为预计的标准化投资额（元）；a 为标准有效期内，标准化的投资折算成一年的费用系数（1/年数），$a = 1/t$，如标准有效期为 5 年时，则每年均摊的费用为投资的 1/5；t 为标准有效期（年）。

第二节　物流服务质量的控制

物流服务质量控制是物流服务质量管理中的重要环节，物流企业为了克服物流服务质量管理体系的不稳定性，达到预期的服务质量目标，必须实施物流服务质量控制。

一、物流服务质量控制的含义

服务质量控制是物流企业的主动行为，是以物流服务标准为参照，对标准具体实施过程进行的有效管理。物流企业通过服务质量控制，可以避免服务失误或降低服务失误造成的损失，缓和服务水平的波动，同时还可以采取引进新技术或进行管理创新等方法提高服务质量。

（一）物流服务质量控制的概念

质量控制（Quality Control）是指为了达到质量要求所采取的作业技术和活动。质量要求需要转化为可用定性或定量的规范表示的质量特性，以便于质量控制的执行和检查。物流服务质量控制就是物流企业为了把服务质量各项指标控制在顾客可接受的范围之内，使服务系统处于稳定的、良好的循环状态而采取的一切技术和管理活动。因此，物流服务质量控制是针对物流服务过程以相关质量标准为参照的管理活动。

物流服务质量控制可视为一种反馈控制系统。首先，要选择质量控制目标，并制定相应的服务标准及评测准则，以保证在物流服务过程中能够按照标准执行；其次，实施质量控制计划与标准，并在实施过程中进行连续的监视、评价和验证，测量实际绩效，比较实际绩效与标准绩效，判定偏差是否在可接受范围内，分析发生服务质量问题的原因；最后，针对偏差在可接受区域外的服务采取行动，进行服务补救，或对相关环节进行纠正，排除造成质量问题的不良因素，并将所有结果进行反馈，开始下一轮质量控制循环。物流服务质量控制过程如图 9-1 所示。

由此可见，物流服务质量控制从对物流服务标准形成过程的控制开始，通过控制服务实施（或传递）过程，对顾客感知和期望形成过程进行控制，最终保证服务质量水平在顾

客的可接受范围内。在控制活动中，最终要采取管理行动对偏差或者标准进行纠正，因此，物流服务质量控制是对实际绩效和标准的双重检验。

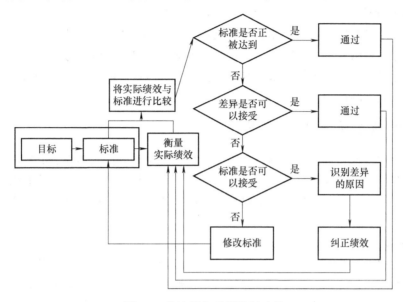

图 9-1　物流服务质量控制过程

（二）物流服务质量控制的特点

物流质量控制的目标是确保物流服务质量能够满足客户及法律法规等方面的要求，其具体实施要具备以下基本条件：首先，制定物流服务质量控制的各种标准，包括服务标准、作业标准、设备保证标准等。这些标准是判断物流服务过程是否处于稳定状态的依据。其次，建立一套信息反馈系统，把握物流服务过程中各个环节的实际执行结果及可能的发展趋势。再次，要有优化标准及纠正执行偏差的相关措施。没有纠正措施，质量控制就失去了意义。

物流服务质量控制具有如下 4 个特点。

1. 全面性关注

物流服务一般分为基本物流服务和增值物流服务。基本物流服务是物流活动中各作业环节基本的功能性服务，如运输、仓储、装卸、包装、流通加工、配送、信息处理等，这是物流服务最基本的内容。增值服务是为了满足关键客户的要求，向其提供个性化完备服务的承诺。物流服务质量控制涉及对全方位物流服务质量的控制。

2. 全程性监控

物流服务质量与物流运作各环节、各工种、各岗位的具体工作质量密切相关，物流服务水平取决于物流运作全过程各项物流工程、物流工作质量的整体绩效。全程性监控的关键是把物流活动中下一道作业环节视为上一道作业环节的用户，每一道作业环节都按照质量标准严格把关，从而不断提高整体物流服务质量。

3. 全员性参与

物流服务质量管理涉及物流系统的各类人员，各类人员都可能对最终物流服务质量产生影响。高质量的物流服务是全体员工共同努力的结果。物流服务质量在买卖双方相互作用的瞬间产生和实现，处理顾客关系以及为顾客服务的一线员工参与了服务质量的形成。但服务质量好坏又依赖于物流质量，后方支持对顾客感知的质量同样负有重要责任。

4. 综合性评价

物流服务质量管理需要物流组织、物流技术、物流管理、经营制度等各个方面集成，主观与客观评价相结合。物流服务质量是顾客感知的对象，物流服务质量不能由企业单方面决定，而是必须适应顾客的需求和愿望。物流服务质量不能完全用客观方法评价，它更多的是顾客主观上的认识。

二、物流服务质量控制的内容

对物流企业服务质量进行控制，必须建立起一套完整的控制体系，必须要有一定的标准。围绕顾客，物流服务过程会涉及哪些问题，都应当进行分析，并提出相关的优化途径。一般来说，物流服务质量控制主要分为物流服务过程质量控制和物流服务支持过程质量控制两个方面。

（一）物流服务过程质量控制

由于物流服务具有需求的不确定性和过程的复杂性等特点，因而不能完全按照制造业中完全一致的质量控制方法来进行，这就造成物流企业的质量定量化较为困难。为此，依据质量控制环节，可将物流服务质量划分为方案设计质量和一致性质量。方案设计质量是指物流服务创新过程输入的结果；一致性质量是指物流服务能在多大程度上符合设计的规范。方案设计质量控制主要是物流方案设计阶段的质量控制，过程一致性质量控制主要是在物流提供过程阶段的质量控制。

1. 方案设计阶段控制

方案设计控制是通过与顾客进行有效沟通，对顾客需求、顾客对于物流企业服务质量的期望、竞争企业的服务状况做全面了解后通过科学的设计方法，设计出符合客户期望的物流服务方案。方案设计质量的控制难度较大，不同客户对质量的期望不同，也就是说，物流结果的质量需要"符合期望"，而顾客的期望具有不确定性，受价格、竞争企业的质量、宣传的效果等方面的影响。方案设计控制具体包括确定顾客需求、将需求转化为质量特性、将质量特性转化为物流服务提供方案等方面。

2. 提供过程阶段控制

过程一致性控制是指使物流过程中提供服务的工程设施、技术装备等的质量"符合规格"，从而使物流对象和物流结果的质量也符合规格。过程一致性控制是根据方案设计和物流行业标准、企业标准、物流服务提供规范等要求设立质量控制标准，然后在整个物流过程中严格按照标准来执行，并对整个过程进行测量、监视和不合格改进，使整个过程符合标准。过程一致性控制具体包括确立服务质量标准、建立测量过程、测量实际绩效、比较质量标准与实际绩效以及纠正偏差。

（二）物流服务支持过程控制

物流服务支持是一个完整的物流质量控制体系能够有效运行的基础，对物流服务质量影响很大。物流服务支持过程是指对物流方案设计与提供过程、顾客感知过程、物流服务内容等提供合适的支持和保证的过程，具体包括所有对物流过程提供支持的人员、机器、管理方法、环境等要素等。各种硬件和软件设施，如各种工具的可靠性和准确性、物流作业流程的合理性、信息系统的快速响应性，以及标准本身制定得是否合理、人员和机器的匹配是否恰当，都影响着物流服务标准的达成。因此，物流服务支持过程主要致力于对物流活动、顾客感知、客户服务要求的关键支持过程的识别，进行关键过程设计并提供关键支持服务，运用适合的统计、测量、分析技术与方法实施监控。具体来说，物流支持过程控制主要通过设置组织机构、明确管理职责和实施资源管理来实现支持物流服务的目的。

1. 设置组织机构

物流企业质量控制以物流过程为主线，所以在组织设计中应建立以过程为导向的水平化组织。传统的垂直职能组织属于部门分割的形式，各种物流活动分散于各独立的部门中，企业物流活动几乎处于割裂状态，造成物流业务运作相互牵制，物流效率低下。而物流服务灵活性要求企业的组织也必须灵活，在对物流各环节进行全过程的质量管理时，有效的物流组织是至关重要的因素。

2. 明确管理职责

物流服务质量涉及各个部门和人员，因此应结合物流企业实际情况，商讨、分析、明确质量职责，在此基础上进行分工，明确各部门的责任，加强配合和协作，保证质量职责的落实。同时，应对服务质量形成的各环节进行分析，建立严格的质量控制程序，做到服务质量管理程序化。此外，为保证服务质量，必须制定严格的质量管理制度、物流服务规范和标准等，以规范和约束物流服务人员的行为。

3. 实施资源管理

物流资源是物流服务质量控制体系的物质、技术基础和支撑条件，是物流服务质量控制体系赖以存在的根本，也是其能有效运行的前提和手段。物流资源主要包括人力资源、物质资源和信息资源三部分。人力资源是实现物流服务质量控制最为基础和关键的要素。根据服务利润链原理，客户忠诚才能给企业带来更多的利润。而物流企业要真正做到顾客满意，必须加强人员培训，提高服务人员的基本素质、服务方法、服务技能、职业道德等。物质资源主要涉及物流基础设施及设备。物流企业可根据客户需求及企业自身服务能力，设定设备设施提供物流服务的产能，在确保为客户提供全面服务的同时，减少对技术设施及设备的投入。物流服务质量控制体系还有赖于物流管理信息系统的支持。物流企业可根据自身的信息资源，给客户提供个性化的物流服务，并针对客户的偏好适时调整自身的物流服务，以提高物流服务效率。

三、物流服务质量控制的方法

质量控制方法是保证产品或服务质量并使其质量不断提高的一种质量管理方法。它通过研究、分析产品或服务质量数据的分布，揭示质量差异的规律，找出影响质量差异的原因，并采取措施消除或控制导致质量问题的因素，使产品或服务在生产全过程的每一个环节都能正常、理想地进行，最终使产品或服务能够达到人们的需要。物流服务质量的实现要通过一系列的控制手段来完成。常用的物流服务质量控制方法主要有控制图、因果图、直方图等。

（一）控制图

控制图（Control Chart）是用于分析和判断过程是否处于稳定状态所使用的带有控制界限的图，是能够区分正常波动和异常波动的功能图表，是现场质量管理中重要的统计工具。控制图不仅对判别质量稳定性，评定作业过程质量状态以及发现和消除作业过程的失控现象、预防废品产生有着重要的作用，而且可以为质量评比提供依据。

1. 控制图的基本原理

世界上第一张控制图是由美国贝尔电话实验室质量课题研究小组过程控制组的学术带头人休哈特（Walter A. Shewhart）博士于 1925 年提出的，也是通常应用最广泛的控制图。其基本结构形式如图 9-2 所示。

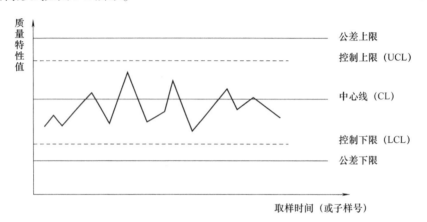

图 9-2　控制图的基本结构

由图 9-2 中可见，纵坐标是质量特性值，横坐标为取样时间或子样号。图中有 5 条线，最上面一条实线表示公差上限，最下面一条实线表示公差下限；上面一条虚线称为控制上限，用 UCL 表示，下面一条虚线称为控制下限，用 LCL 表示；中间一条实线称为中心线，用 CL 表示。控制上限与控制下限、中心线是通过收集过去一段时间生产处于稳定状态下的数据计算出来的。控制线的范围应比技术标准（公差）的范围要窄。在作业过程进行中，按规定的时间抽取子样，测量质量特性值，将测得的数据用点标注在图上，再将各点连接起来就得到了控制图。

在正常情况下，统计量相应点分布在中心线附近，在上下控制界限之内，表明生产过程处于稳定状态。如果点落在上下控制界限之外，就表明出现了异常现象，生产过程处于不稳定状态，需要及时查明原因，采取调整措施，确保生产过程处于稳定状态。

通过控制图观察与分析，当生产处于稳定状态时，图上的点在控制界限范围内和在中心线两侧附近活动；当生产处于失控时，就会出现异常情况。异常情况可归纳为以下几种：①连续 7 个点落在中心线一侧；②连续 3 个点中有 2 个点接近控制线；③点发生倾向性变化，连续上升或下降；④点出现周期变化，如从上到下再由下而上，周而复始。总之，凡出现上述情况，就应引起注意，并查明原因。

2. 控制图在物流服务质量控制中的应用

在物流服务提供过程中，可以根据控制图对物流服务质量进行控制。一般来说，当物流服务过程的绩效低于预期绩效时，就需要开展调研以识别问题的原因并提供纠正方案。控制图可以对物流服务过程质量加以测定、记录，从而进行控制管理。

构建一个质量控制图与确定样本平均值的置信区间（confidence interval）类似。使用有代表性的历史数据可以确定物流服务过程绩效指标的平均值与标准差。这些参数被用来构建绩效测量平均值的 99.7% 的置信区间，我们希望将来随机收集的样本均值落在这个置信区间内。如果没有落在这个区间，即可断言，服务过程变化了，真实的平均值移动了，即物流服务过程处于失控状态。构建和使用物流服务质量控制图有如下几个步骤：

① 决定物流服务绩效的测量方法。

② 收集代表性的历史数据来计算总体平均值、系统绩效测量方差。

③ 决定样本大小，使用总体平均值、方差计算 3 倍标准差的控制限。

④ 将控制图绘制成样本平均值与时间的函数。

⑤ 标出随机收集的样本平均值，并按下列方式说明结果：过程在控制中（样本平均值落于控制限内）；过程失控（样本平均值落于控制限外或连续 7 个点落于平均值一侧），此时需要进行服务现状评估，并采取纠正措施并检查行动结果。

⑥ 定期更新控制图，并且加入最新数据。

此外，可以根据服务绩效测量方式将控制图分为变量控制图和特性控制图两类。变量控制图记录允许出现小数的测量值，如长度、宽度和时间。而特性控制图则记录离散的数据，如缺陷数和以百分比表示的错误数。

（二）因果图

当质量控制图的分析结果显示物流服务质量处于过程失控状态时，及时准确地确定过程失控的原因，并采取相应的措施进行质量控制及改进，就成为物流服务质量管理的关键问题。因果图提供了这样一种分析工具。

1. 因果图的基本原理

因果图又名鱼骨图（Fishbone Chart）、石川图、特性因素图，是由日本管理专家石川馨（Kaoru Ishikawa）设计的一种找出问题原因的方法。其特点是简捷实用、深入直观。它看上去有些像鱼骨，问题或缺陷（即后果）标在"鱼头"处。在鱼骨上长出鱼刺，上面按出现机会多寡列出产生问题的可能原因，有助于说明各个原因是如何影响后果的。一个完整的因果图如图 9-3 所示。

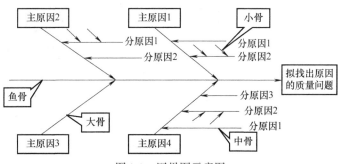

图 9-3 因果图示意图

由于因果图不以数值来表示并处理问题，而是通过整理问题与其原因的层次来标明关系，因此能很好地定性描述服务质量问题。因果图的实施要求工作组负责人（即进行服务质量问题诊断的专家）有丰富的指导经验，整个过程中负责人应尽可能地为工作组成员创造友好、平等、宽松的讨论环境，使每个成员的意见都能完全表达出来，从而保证因果图层次清晰、绘制准确，防止工作组成员将原因、现象、对策互相混淆。在因果图的绘制过程中，负责人不应对问题发表任何看法，也不能对工作组成员进行任何诱导。

2. 因果图在物流服务质量控制中的应用

在物流运作过程中，导致质量问题的原因通常有很多，因果图可以把这些重要因素进行分析和归类，并在图上用箭头把因果表示出来。通过因果图，人们可以明确物流服务质量问题产生的各种原因，为质量改善和控制提供帮助。

在物流服务质量控制中，绘制因果图应当把握以下要点：

1）物流服务质量结果要找得具体合理并有针对性，以便于绘制出有使用价值的因果图。

2）明确要达到的目的。要改善就要对物流运作流程进行应有的优化以及具体作业的有效控制，要维持就要缩小物流服务质量的波动，同样达到最终对物流服务质量控制的目的。

3）在查找原因时，要尽可能多地收集资料，充分听取物流工作人员，特别是现场物流作业人员的意见，深入分析产生的质量问题。

4）一个物流服务质量问题绘制一个因果图，多个质量结果就绘制相应数量的因果图，以便于有针对性地解决问题。

5）在查找原因时，要多角度分析、发散思维，尽可能多地掌握影响质量结果的因素。

按规范完成因果图后，影响物流服务质量的原因一般能详尽列出。但哪些是主要原因、哪些是次要原因呢？各个主要原因的重要性、优先程度又如何确定？层次分析法（Analytic Hierarchy Process，AHP）对此做了最好的回答。

层次分析法是一种将困难的复杂的定性问题，如人们的主观感受等，在严格的数学运算基础上定量化，并对人们所做判断的一致性程度进行科学检验所使用的决策方法。层次分析法的基本思路与因果图的逻辑是一致的。两者都是在深入分析实际问题的基础上，将有关因素按不同的属性自上而下地分解成若干层次，同一层次的各因素从属于上一层的因素或对上层因素有影响，同时又支配下一层的因素或受下一层因素的影响。一个如图9-3所示的因果图，可方便地转化成如图9-4所示的层次结构模型。

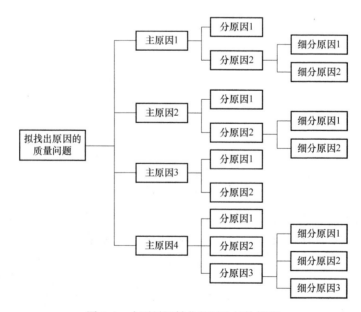

图9-4　由因果图转化的层次结构模型

得出层次结构模型后，对每一层次的因素按规定的准则两两进行比较，建立判断矩阵，运用特定的数学方法计算和判断矩阵的最大特征值及对应的正交特征向量，得出每一层次各因素的权重值，并进行一致性检验；在一致性检验通过之后，再计算各层次因素对于所研究问题的组合权重，根据权重便可对各原因进行评分、排序和指标综合。

从上述分析可以看出，因果图还可以与层次分析法等其他分析方法相结合，从错综复杂的服务质量问题中方便地确定引起过程失控的关键原因及其重要程度，从而便于进一步采取针对性措施纠正质量问题。

（三）直方图

在质量管理中，如何预测并监控产品质量状况？如何对质量波动进行分析？直方图（Histogram）就是一目了然地把这些问题图表化处理的工具。直方图通过对收集到的貌似无序的数据进行处理，来反映产品质量的分布情况，判断和预测产品质量的不合格率。

1. 直方图的基本原理

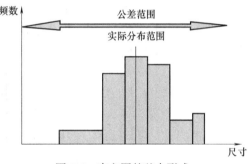

直方图又称为质量分布图，是根据从生产过程中收集来的质量数据分布情况将一系列直方型连接起来，表示质量数据离散程度的一种图形。它的横坐标表示质量特性值，纵坐标表示频数，每个直方形的底边长度代表质量特性的取值范围，高度代表落在这个区间范围的质量数据个数。其基本的图形如图 9-5 所示。

图 9-5　直方图的基本形式

在相同的工艺条件下，加工出来的产品质量是不会完全相同的，质量数据总是在某个范围内变动。制作直方图的目的，就是把其变动的实际情况用图形反映出来，通过观察图形的形状，与公差要求相比较，来判断生产过程是否处于稳定状态，预测生产过程的不合格品率。制作直方图的基本步骤如下：

① 收集数据。制作直方图的数据一般应多于 50 个。

② 确定数据的极差。用数据的最大值减去最小值求得。

③ 确定组距。先确定直方图的组数，然后以此组数去除极差，可得直方图每组的宽度，即组距。组数的确定要适当，组数太少，会引起较大计算误差；组数太多，会影响数据分组规律的明显性，且计算工作量加大。

④ 确定各组的界限值。为避免出现数据值与组界限值重合而造成频数计算困难，组的界限值单位应取最小测量单位的 1/2。分组时应把数据表中最大值和最小值包括在内。

⑤ 统计数据出现的频数，制作频数分布表。

⑥ 制作直方图。以组距为底长，以频数为高，制作各组的矩形图。

2. 直方图在物流服务质量控制中的应用

直方图可以作为判断和预测物流作业过程中质量好坏、估算作业过程不合格率的工具。为此，在画出直方图后要进一步对其进行观察和分析。在正常生产条件下，如果所得到的直方图不是标准形状，或者虽是标准形状，但其分布范围不合理，就要分析其原因，采取相应措施。

（1）标准型直方图。标准型直方图是指生产过程处于稳定状态的图形，如图 9-6 所示。其形状是中间高、两边低，左右近似对称。所谓近似，是指直方图多少有点参差不齐，但整体形状基本对称分布。

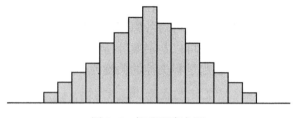

图9-6　标准型直方图

（2）异常型直方图。异常型直方图种类比较多，因此如果是异常型，还要进一步判断它属于哪类异常型，以便分析原因、加以处理。常见的异常型直方图主要有如下六种。

1）孤岛型。孤岛型直方图是指在直方图旁边有孤立的小岛出现，如图9-7所示。当这种情况出现时，过程中存在异常的原因有：原料发生变化，不熟练的新工人替人加班，测量有误等。这些都会造成孤岛型分布，应及时查明原因，采取措施。

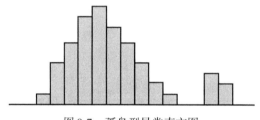

图9-7　孤岛型异常直方图

2）双峰型。双峰型直方图是指在直方图中出现了两个峰值，如图9-8所示。这可能是由于观测值来自两个总体，或两个分布的数据混合在一起造成的。例如，两种有一定差别的原料所生产的产品混合在一起，或者就是两种产品混在一起，此时应当对数据加以分层。

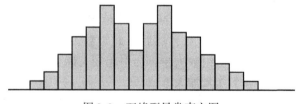

图9-8　双峰型异常直方图

3）锯齿型。锯齿形直方图是指在直方图中出现了凹凸不平的形状，但图形整体形状还是中间高、两边低，左右基本对称，如图9-9所示。这可能是由于数据分组太多、测量仪器误差过大或观测数据不准确等造成的。此时应重新收集数据和整理数据。

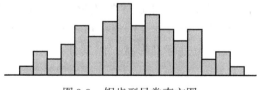

图9-9　锯齿型异常直方图

4）陡壁型。陡壁型直方图是指直方图像高山的陡壁那样向一边倾斜，如图 9-10 所示。为了找出符合标准的产品，需要进行全数检查，以剔除不合格品。当用剔除了不合格品的产品数据制作频数直方图时，容易产生这种陡壁型，这是一种非自然形态。

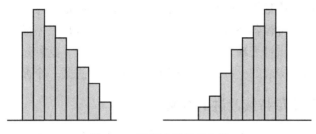

图 9-10　陡壁型异常直方图

5）偏峰型。偏峰型直方图是指图的顶峰有时偏向左侧、有时偏向右侧，如图 9-11 所示。这可能是由单向公差要求或加工习惯等原因引起的。

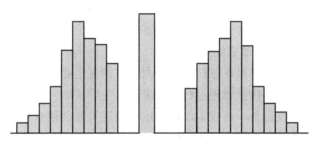

图 9-11　偏峰型异常直方图

6）平顶型。平顶型直方图是指直方图没有突出的顶峰，呈平顶状，如图 9-12 所示。形成这种情况一般有三种原因：一是与双峰型类似，有多个总体、多种分布混在一起；二是生产过程中某种要素缓慢劣化，如工具的磨损、操作者的疲劳等；三是质量指标在某个区间中均匀变化。

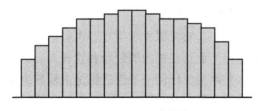

图 9-12　平顶型异常直方图

由上述分析可见，直方图是揭示质量分布规律的一种有效工具。在正常情况下，其分布规律为：质量分布的数值总是靠近中心值的最多，然后向两方分散，离中心值越远的越少。通过直方图与公差范围相比较，看直方图是否都落在公差要求的范围之内，可以较为直观地看出产品质量特性的分布状态，预测和控制生产过程的质量及测定工序能力，从而提高质量。当出现异常直方图时，需及时查明原因，并采取处理措施，以纠正质量偏差。

第三节 物流服务质量的持续改进

持续的质量改进是质量管理的基本特点，"质量改进永无止境"是质量管理的基本信念。通过改进质量形成过程各环节的工作，可使产品及服务质量不断提高，使企业始终保持竞争优势。物流服务质量表现为产生、形成和实现的过程，这种过程是按照一定的逻辑顺序进行的一系列活动构成的，因此，物流服务质量的改进是一个循序渐进的过程。

一、物流服务质量持续改进的含义

质量管理活动可划分为两种类型：一类是维持现有的质量，其方法是质量控制；另一类是改进质量，其方法是主动采取措施，使质量在原有的基础上有突破性的提高，即质量改进。所谓质量改进（Quality Improvement），是指为向本组织及其顾客提供增值效益，在整个组织范围内所采取的提高活动和过程的效果与效率的措施。而持续改进则是指循序渐进的质量改进，它是以产品、体系或过程为对象，以提高过程的效率和有效性为目标的活动，还包括对产品固有特性的改进，以适应顾客和其他相关方的质量要求。

（一）物流服务质量持续改进的对象

物流质量持续改进的主要对象包括三个方面：对物流企业本身的改进，对物流服务实施过程的改进，对物流服务质量管理过程的改进。

对物流企业本身的改进是一种技术改进，这种改进可能会使企业的质量得以提高，也可能会使企业的管理成本下降，甚至可以促成质量创新。对物流服务实施过程的改进，是对物流服务实施方案、实施环节及实施过程中各生产要素等方面的改进，这种改进可能会使物流服务质量提高，也可能使成本下降，还可能提高实施过程的有效性。对物流服务质量管理过程的改进是质量持续改进的最主要方面，它包括对质量方针、质量目标、组织机构、管理制度、管理方法等各方面的改进，这种改进会使项目质量保证能力增强，从而使项目质量和质量管理效率得以提高。对管理过程的改进往往能收到事半功倍的成效。

（二）物流服务质量持续改进的主体

一项物流服务通常涉及业主、物流服务承担方、供应单位等各方面，这些组织构成了物流服务质量持续改进的主体。而这些组织的领导和管理人员是物流服务质量持续改进最直接也是最主要的主体。这是因为，任何一项改进都是由领导决策的，只有领导意识到应该改进并决定改进，改进才能实施成功。当然，这些组织中的员工在物流服务质量持续改进中的重要地位同样是不可忽视的。无论是对物流本身的改进，还是对物流实施过程的改进或是对管理过程的改进，特别是涉及需要员工执行、实施的改进，从改进的策划、准备、论证到实施、测量、认可和保持，都需要与员工协商，征求其意见，否则就可能会使质量改进脱离实际，甚至受到员工的抵制。因此，为了使物流服务质量改进持续且有效，必须充分发挥各方组织和各类人员的作用。

（三）物流服务质量持续改进的特征

物流服务质量持续改进具有如下主要特征。

1. 持续改进是质量改进的渐进过程

物流的所有工作都是通过过程完成的，物流服务质量取决于形成和支持其过程的效果和效率。物流服务质量的持续改进是通过持续改进过程的质量实现的，是扎扎实实的、循序渐进的。"渐进过程"就是一次一次不断进行的过程，而绝不是"毕其功于一役"。

2. 持续改进是积极的、主动的行为

一般意义上的质量改进往往是出现质量问题后才进行，而持续改进应该是积极、主动地寻找改进的机会，而不是质量出了问题再进行。改进的机会既存在于物流服务质量管理的各项活动之中，也存在于客户的需求和期望之中。越是积极主动、充分开放，就越能够敏锐、准确地捕捉到改进的机会。

3. 持续改进涉及较为广泛的内容

持续改进不仅包括对物流企业本身的改进，还包括对物流服务过程和物流服务质量管理涉及的各个主体及其服务内容的改进。因此，持续改进的内容包括影响物流服务质量的方方面面。即使在质量要求一定的情况下，形成物流服务及其质量的过程本身仍有必要进行改进，以提高物流服务形成过程的质量。

4. 物流服务质量的持续改进与相关组织的持续改进密切相关

与物流企业相关的组织包括投资方、使用方、承包方、供应方等，物流企业的服务质量持续改进可以促进物流工作效率的提高以及客户满意度的提升，而这也是与物流企业相关的组织通过持续改进所追求的目标之一，同样也是这些组织持续改进的重要内容。

5. 持续改进的目的是提高有效性和效率，确保实现预期目标

物流服务质量的提高是无止境的，而持续改进所追求的是物流服务的最佳质量，而不是最高质量；追求的是物流服务质量管理的有效性和效率，更加强调提高质量效益；追求的是确保物流服务质量预期目标的实现；追求的是物流相关方的满意程度，强调发掘长处而不是减少错误。

二、物流服务质量持续改进的过程

物流服务质量持续改进重在实施。为了保证持续改进能达到预期效果，必须采用科学的实施方法，并在实施过程中加强监督和控制。PDCA循环作为开展质量改进活动的科学工作程序，可应用于任何实体的质量改进活动。PDCA循环在开展全面质量管理活动中的指导价值已为国内外质量管理实践所证实。物流服务质量的持续改进是一个过程，必须遵照一定的规则进行，PDCA循环提供了这样一种逻辑思路和工作方法。

（一）PDCA 循环的基本原理

PDCA循环是现代质量管理学中的一个通用模型，最早由美国管理专家休哈特于1930年构想，后来被美国质量管理专家戴明博士在1950年再度挖掘出来，并加以广泛宣传和运用于持续改善产品质量的过程中，所以又被称为戴明环。PDCA是英语单词 Plan（计划）、Do（执行）、Check（检查）和 Act（纠正）的第一个字母，PDCA循环就是按照这样的顺序进行质量管理，并且循环往复地进行下去的全面质量管理的科学程序。

如图9-13所示，PDCA循环最基本的特点就是循环的阶梯提升。循环是有前后时间差异的，前一循环的输出往往成为后一循环的输入，在吸取前一循环经验和教训的前提下又开展了新一轮的循环。但这种循环的接连滚动并不是在原地进行的，而是随着每一个新循环的开始，质量改进的水平也跃上了一个新的台阶。

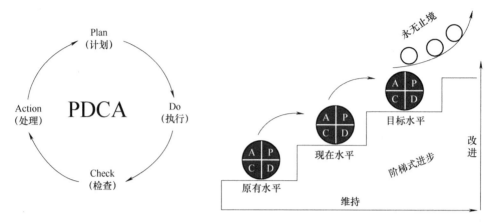

图 9-13　PDCA 循环示意图

PDCA 循环是能使任何一项活动有效进行的一种合乎逻辑的工作程序，特别是在质量管理中得到了广泛的应用。在质量管理活动中，要求把各项工作按照做出计划、实施计划、检查实施效果的逻辑推进，看是否达到符合计划的预期结果或效果，并将成功的经验纳入标准，进行标准化，遗留问题则转入下一个循环去解决。这一工作方法是质量管理的基本方法，也是企业管理各项工作的一般规律。

（二）物流服务质量持续改进的实施

为了能使物流服务质量的持续改进能有效地开展，物流企业应确保改进的组织、职能和计划落实，并运用正确的工作步骤和方法。如图 9-13 所示，在 PDCA 循环中，计划、执行、检查和处理这 4 个管理环节是不断循环转动的，每一个循环解决一个主要问题，服务质量就提高一步，并不断向新的质量目标持续下去。

1. P——计划阶段

这一阶段的主要工作收集物流服务质量信息，确定服务质量目标、计划，并制定相应的实施措施。物流服务质量因不同用户而要求各异，比如：配送额度、间隔期及交货期的保证程度，成本水平及物流费用的满足程度，运输方式的满足程度等。物流服务提供者必须要了解需求，通过访问、市场调查、了解国家计划指示等方式搜集服务质量信息。要搞清楚用户的要求和标准，即用户需要什么类型的物流服务及相应的水平要求。在此基础上，分析自身服务质量现状，找出质量差异；分析影响质量产生差异的因素，找出影响质量的主导因素及影响程度，要客观准确，有数量分析。针对影响质量的主导因素，结合企业资源的实际情况，制定出提高质量的技术组织措施，即制订出计划，并要具体落实执行者、时间、地点和完成方法等。总之，计划和措施要求具体、准确、可行、明确。

2. D——执行阶段

这一阶段的主要任务是实施改进计划，按既定计划、目标、措施及分工，严格组织计划实施，同时根据实际情况对原计划进行补充和调整。物流活动涉及许多环节，在为顾客提供物流服务的过程中，多种因素的共同影响导致企业物流服务质量的变化。加强物流服务质量管理需要随时了解和掌握物流服务质量的现状、运行过程和发展趋势，及时发现问题、改进管理，提高企业物流服务与管理质量。物流服务的提供者可建立有效的服务质量管理信息系统，控制物流过程，同时为企业提供物流服务质量改进决策必需的各种信息，激励企业内部员工改进物流服务工作。比如，通过物流服务质量管理信息系统，计量顾客对物流服务质量的期望，实时监控物流服务质量状况等。此外，该阶段涉及相关部门和相关人员，要注意全员参与管理的重要性。

3. C——检查阶段

这个阶段主要是物流服务提供者在计划执行过程中或执行之后，检查执行情况是否符合计划的预期结果，如果实际与预定目标偏离，就应分析原因。这一阶段可建立一些具体的指标考核方法，比如物流服务可采用关键绩效考核法（Key Performance Indicator，KPI）。以下为某物流企业的KPI：

服务时间：360×24；单据处理及时率：$\geq 98\%$；单据处理百分率：接近100%；公路运输准点率：$\geq 98\%$；铁路运输准点率：$\geq 95\%$；配送及时率：$\geq 8\%$；运输货损率：$\leq 0.3\%$；仓储货损率：接近零；意外处理及时率：100%；投诉处理及时率：100%。

4. A——处理阶段

这个阶段主要是对检查结果进行总结，有针对性地修改和制定有关标准及质量工作制度，防止问题再次发生。必要时还应查明并列出这一循环尚未解决的问题，拟订措施和对策。遗留问题转入下一循环中，继续解决。该阶段的重要性在于对解决问题的成功经验进行总结，使质量水平提高一个层次；同时指出此次循环的问题，推动下一循环的进行。对遗留问题应进行细致分析，要充分看到改进的成果，不能因为存在遗留问题就阻碍了改进的积极性；但也不能盲目乐观，对遗留问题视而不见。质量改进之所以是持续的、不间断的，是因为任何质量改进都可能存在遗留问题。一次质量改进成功后，又可能产生新的问题，进一步改进的可能性总是存在的。

在处理阶段需要进行的另一项重要工作是通过采用一定的测量评价技术对改进的效果进行度量。其主要方法是：通过测量改进前后的差距确定持续改进的效果。因此，为了度量持续改进的效果，至少需要进行两次度量，一次是在改进之前，另一次是在改进之后。改进前后的测量应在相同条件下，采用相同的方法进行，以增强结果的可比性。改进之后的测量是持续改进是否取得效果的关键。根据测量的结果，对持续改进的效果进行分析与评价。评价方法主要有单项分析评价和系统评价。单项分析评价就是将改进之后的测量效果与改进之前的测量效果进行比较，如果前者优于后者，就说明改进取得了效果。这种评价方法操作起来简单易行，但考虑因素比较单一，往往难以评价持续改进的综合效果。若需要评价持续改进的综合效果，则可采用系统评价的方法，即通过构建相应的指标体系并在一定的准则下对持续改进效果实施分析评价。

以上4个阶段循环往复，没有终点，只有起点，不是在同一水平原地循环，而是每循环一次，质量水平就上升一个台阶，到下一循环又有新的内容。因此，物流服务质量的改进，可采用PDCA循环这一科学程序为指导，伴随着循环，物流服务的水平也不断跃上新的台阶。当然，累积的物流服务质量问题不可能通过一次检查就彻底解决，物流服务质量的提高是一个动态的、持续的过程，只有在实践中不断地探索，才能针对问题有效地改革、优化，进而确保物流服务质量的持续提高。

三、物流服务质量持续改进的方法

物流服务质量持续改进的方法，是指为了达到物流服务质量改进的目的而采用的各种逻辑分析方法、数理统计方法、工程技术管理方法以及其他方法。这些方法不仅适用于物流服务质量改进，也适用于物流服务质量控制和物流服务质量策划等活动。

（一）质量改进基础工具的运用

用于质量改进的分析工具较多，本章第二节介绍的控制图、因果图（也称鱼骨图）和直方图等质量控制方法也适用于质量改进。此外，还有流程图（Flow Chart）、检查表（Check Sheet）、散点图（Scatter Diagram）、帕累托分析（Pareto Chart）、趋势图（Transition Diagram）等分析工具。这些质量改进的基础工具在使用上有一定的逻辑顺序。在应用过程中，应注意逻辑顺序式中这些工具的"典型顺序"（见图9-14），并参照执行。

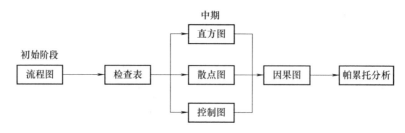

图9-14　质量改进基础工具的逻辑顺序

在实践中，每一种质量改进工具均有其对应的使用场合。在质量改进的初始阶段，一般使用流程图对所要改进的流程进行基本描述，并运用检查表收集过程数据。在质量改进的中期阶段，则由直方图、散点图或控制图来完成数据的分析，同时，运用因果图分析问题的根本原因。最后，利用帕累托分析对原因进行排序，明确原因的主次及其重要程度。

物流企业在实施质量管理活动时，经常会同时采用上述多种质量改进工具来收集和处理数据，找出问题的根源并加以改进。就PDCA循环而言，不同的质量改进工具有不同的用途，应用于不同的阶段，并由此形成了八步质量改进法，见表9-1。

表9-1　八步质量改进法

阶　段	步　骤	说　　明	工　具
	1	发现问题	—
	2	收集数据	检查表
计划	3	分析问题	散点图
			帕累托分析
			直方图与条形图
			流程图
			趋势图
	4	找出根本原因	因果图
	5	提出解决方案与行动计划	流程图
执行	6	方案的执行	—

（续）

阶 段	步 骤	说 明	工 具
检查	7	检查与评估	散点图
			帕累托分析
			直方图
			流程图
			趋势图
			控制图
实施	8	流程标准化	流程图
			控制图

资料来源：贾俊芳. 城市轨道交通服务质量管理［M］. 北京：北京交通大学出版社，2012：145-146.

例如，若物流企业发现客户对服务不满意，首先要运用检查表收集客户的不满或投诉反馈数据，接着运用直方图描述数据，显示不同类型的投诉出现的频率。对直方图的有关项目赋予一定的权重，将其形成帕累托分析图，以确定行动的优先顺序。物流企业可召集员工与中层管理者进行座谈，共同讨论导致客户不满意或投诉的原因，并由此形成因果图。随后，根据因果图分析，可以开发出一张效率更高的流程图。当新方案实施后，为保证问题得到真正的解决，物流企业还要进一步收集相关数据进行分析研究，在此基础上改进方案并将业务流程标准化。当流程改进完成之后，新的运行周期又从头开始。如此下去，就实现了物流企业服务质量不断持续改进和提升的目的。

（二）运用 DMAIC 模型持续改进物流服务质量

DMAIC 模型是由美国通用电气公司（General Electric Company，简称 GE）在改进产品质量时提出的，也是由其推广到非制造业和服务领域中去的。通用电气公司在运用此模型减少账单递送失误、改进医疗检测技术和提高金融服务质量方面取得的巨大成就，不仅证明了 DMAIC 模型在服务业和非制造业中也能创造出丰厚的财务效益，还掀起了全世界服务业应用六西格玛管理法的风潮。

1. DMAIC 模型的含义

DMAIC 模型是六西格玛管理中流程改善的重要工具，它是由界定（Define）、测量（Measure）、分析（Analyze）、改进（Improve）和控制（Control）5 个阶段构成的过程改进方法。它是一种以客户需求为中心，根据客户需求，借助一系列的专业工具与统计方法，针对企业内部原因不明、效率低下的流程，进行绩效测量、原因分析并制定对策加以改进，以提高业务流程能力和顾客满意度的方法。

相对制造企业来说，物流企业在提供物流服务的过程中，需要更直接地面对顾客，而且还可能有顾客要参与到服务过程中，与顾客直接交流的机会比较多，因此，只要多加留心，就能更真实地倾听到顾客声音。显然。这种强化"以顾客为中心"的做法将大大有利于物流企业改善业务流程和提高顾客对服务质量的感知。另外，制造业中的产品质量问题是显而易见的，而物流服务过程中的质量问题却隐藏着不易被人注意，如客户等待了多长时间、客户的内心感受如何、提供的服务是否有效、物流人员的沟通技巧如何等，这些往往是物流服务提供者最容易疏忽的。运用 DMAIC 模型可以把这些平时看不到、又不容易引起企业注意的问题揭示出来，并用数据形式表达出来。这样，业务流程改进或持续改进起来的效果就非常明显。正如毕威特咨询公司总裁、六西格玛专家彼得·S. 潘迪（Peter S. Pande）所说的那样："在服务业里应用六西格玛，就好像是在黑暗环境中做事情的时候突然把灯打开了，所有问题都变得显而易见。"

2. 运用 DMAIC 模型改进物流服务质量的步骤

运用 DMAIC 模型提升物流服务质量，首先要从物流企业所面临的纷繁复杂的问题中找出合适的改进项目，过大、过小或随意选择的项目都难以取得令人满意的成果。为此，六西格玛项目的关键参与者需从有关顾客、市场和竞争者的声音中找出企业面临的主要问题，再通过分析与评估找出少数的关键问题作为最终要实施的改进项目。选出优秀的改进项目仅仅是物流企业提升服务质量的序幕，更多、更具体的改进活动主要体现在 DMAIC 模型的 5 个阶段之中。

（1）界定阶段。界定阶段是 DMAIC 模型运用的第一步，也是实施整个六西格玛改进项目的基础。这一阶段的主要任务是识别物流企业的核心流程与关键顾客，倾听关键顾客的心声，并列出与之对应的影响顾客满意度的关键质量特性，从而确定物流企业需要改进的流程。完成这一阶段任务的方法工具主要有：头脑风暴法、帕累托分析、流程图、因果图、亲和图（Affinity Diagram）和项目管理等。

（2）测量阶段。测量阶段是衔接界定阶段与分析阶段的重要桥梁。这一阶段的主要任务是围绕已界定的改进项目，测出该流程当前关键质量特性的实际值，为查找问题的原因提供事实依据与线索。完成这一阶段任务的方法工具主要有：过程能力分析、测量系统分析、过程流程图、帕累托分析、直方图和散点图等。

（3）分析阶段。分析阶段的主要任务是找到问题的症结和产生问题的根本原因。可以说，它是整个 DMAIC 模型中最为重要的一步。只有诊断准确了，才能对症下药、药到病除。完成这一阶段任务可选用的方法工具有：因果图、头脑风暴法、方差分析、假设检验、直方图、帕累托分析、多变量相关分析、回归分析和实验设计等。

（4）改进阶段。改进阶段是整个 DMAIC 模型的核心，前三个阶段的工作都是为它准备的。这一阶段的主要任务是运用各种方法寻找出对应于关键质量特性的最优解决方案并加以落实。这一阶段面临的最大困难可能是物流企业员工不愿轻易改变过去长期形成的工作习惯，这需要六西格玛改进人员耐心做好宣传和引导工作。可供这一阶段选用的方法工具有：头脑风暴法、质量功能展开（Quality Function Deployment，QFD）、实验设计、响应曲面法、田口方法（Taguchi Method）等。

（5）控制阶段。控制阶段是实施 DMAIC 模型的最后一个阶段。此时的主要任务是巩固已有的改进成果，避免回到老习惯、旧流程上去，确保改善后的流程持续运行在新的水平上，并扩大改进成果，构建六西格玛企业文化。六西格玛企业文化是保证流程改进活动永续进行的思想基础。物流企业要通过对相关人员的培训，把六西格玛理念融入整个企业文化中。供这一阶段选用的方法工具有：控制图、统计过程控制、防错法（Poka-Yoke）、过程能力指数、标准操作程序（Standard Operating Procedure，SOP）、过程文件（程序）控制等。

作为企业实施六西格玛管理运用最为普遍的方法，DMAIC 模型并不是一种全新发明，而是 PDCA 循环（戴明环）的一种具体应用模式。但 DMAIC 模型是一个由数据和事实来驱动的决策过程，在每一阶段都配备了多种解决问题的专业技术和方法，整个过程都是在统计数据和事实分析的基础上进行定量决策的，因而具有系统的科学性和很强的可操作性，对于物流企业改进关键流程和持续改进服务质量也具有较大的应用价值。

【本章小结】

- 物流服务质量标准是指在运输、配送、包装、装卸、保管、流通加工、资源回收及信息管理等环节中，对服务的质量提出明确应该达到的，并能够检验的和可重复使用的规则或指导性文件，是物流企业在为客户提供服务时的准则和依据。根据物流系统的构成要素及功能，物流服务质量标准可以分为大系统配合性、统一性标准，分系统技术标准，工作标准与作业规范三类。按照物流服务质量标准级别的划分，物流服务质量标准可分为国际级标准、区域级标准、国家级标准、行业级标准、地方级标准和企业级标准。

- 物流服务质量标准化就是通过对物流服务质量标准的制定和实施，以及对标准化原则和方法的运用，以达到服务质量目标化、服务方法规范化、服务功能模块化，服务流程合理化，以及服务设施和设备的通用化，从而获得优质服务的活动过程。物流质量标准化建设应遵循面向客户、注重过程、方便接轨的原则。

- 物流服务质量标准化主要涉及物流技术方法标准化、物流设施设备标准化、物流管理标准化、物流服务标准化和物流信息标准化5个方面的内容。

- 物流服务质量标准化后企业所能得到的经济效益，可分为收益的增加和成本的降低两个方面。在收益不变的情况下，成本的降低也就意味着利润的上升，同时也伴随着利润率的上升。可通过计算物流服务质量标准化节约的成本，制定和贯彻物流服务质量标准化的投资，以及物流服务质量标准化的经济效果来衡量物流服务质量标准化给企业所带来的短期经济效益。

- 物流服务质量控制是物流企业为了把服务质量各项指标控制在顾客可接受的范围之内，使服务系统处于稳定的、良好的循环状态而采取的一切技术和管理活动。物流服务质量控制具有全面性关注、全程性监控、全员性参与以及综合性评价4个特点。

- 物流服务服务质量控制的内容主要分为物流服务过程质量控制和物流服务支持过程质量控制两个方面。物流服务过程质量控制包括方案设计质量控制和过程一致性质量控制。物流服务支持过程控制主要通过设置组织机构、明确管理职责和实施资源管理来实现支持物流服务的目的。

- 物流服务质量的实现要通过一系列的控制手段来完成。常用的物流服务质量控制方法主要有控制图、因果图、直方图等。

- 质量改进是指为向本组织及其顾客提供增值效益，在整个组织范围内所采取的提高活动和过程的效果与效率的措施。而持续改进则是指循序渐进的质量改进，它是以产品、体系或过程为对象，以提高过程的效率和有效性为目标的活动，还应包括对产品固有特性的改进，以适应顾客和其他相关方的质量要求。

- 物流质量持续改进的主要对象包括3个方面：对物流企业本身的改进，对物流服务实施过程的改进，对物流服务质量管理过程的改进。

- 物流服务质量持续改进具有如下主要特征：持续改进是质量改进的渐进过程；持续改进是积极的、主动的行为；持续改进涉及较为广泛的内容；物流服务质量的持续改进与相关组织的持续改进密切相关；持续改进的目的是提高有效性和效率，确保实现预期目标。

- 物流服务质量的持续改进是一个过程，必须遵照一定的规则进行。物流服务质量持续改进的实施可按照 PDCA 循环的思路和方法进行。

- 质量改进的分析工具除控制图、因果图和直方图外，还有流程图、检查表、散点图、帕累托分析、趋势图等。这些质量改进的基础工具在使用上有一定的逻辑顺序。此外，在 PDCA 循环中，不同的质量改进工具有不同的用途，应用于不同的阶段。

- DMAIC 模型是六西格玛管理中流程改善的重要工具，它是由界定、测量、分析、改进和控制五个阶段构成的过程改进方法。DMAIC 模型是一个由数据和事实来驱动的决策过程，对于物流企业改进关键流程和持续改进服务质量有较大的应用价值。

【思考题】

1. 什么是物流服务质量标准？它可以分为哪些种类？
2. 如何理解物流服务质量标准化的含义？它有哪些原则？
3. 物流服务质量标准化包括哪些主要内容？
4. 什么是物流服务质量控制？它具有哪些特点？
5. 物流服务质量控制包括哪些内容？
6. 常用的物流服务质量控制方法有哪些？
7. 如何理解质量持续改进的含义？
8. 如何理解物流服务质量持续改进的对象和主体？
9. 物流服务质量持续改进具有哪些特征？
10. 试根据 PDCA 循环分析物流服务质量持续改进的实施过程。
11. 质量改进的基础工具主要有哪些？它们之间存在怎样的逻辑关系？
12. 试述基于 DMAIC 模型改进物流服务质量的过程及方法。

【实践训练】

1. 登录中国标准在线服务网及全国物流标准化委员会官方网站，检索所有执行期内的物流服务质量国家标准，并将其整理为一份表格。表格栏目应涉及标准名称、发布时间、执行时间、主要内容和适用对象等。

2. 请思考下列问题，并为每个问题绘制因果图（鱼骨图）：

（1）就面向大学生而言，贵校面临的主要服务问题是什么？

（2）干扰你学习的主要因素是什么？

（3）你认为当前大学生就业面临的主要问题是什么？

3. 持续改进服务质量为什么对物流公司是非常必要的？组织班级同学以此为主题开展一次讨论会，并将大家的观点总结为一份报告。

【案例讨论】

美国家助公司

美国家助公司是一家大型家庭装潢零售商，在美国 18 个州共经营着 200 多家仓储式店铺，店铺平均面积超过 9000m²，并销售 2.5 万种不同的产品。其中，墙纸和装饰布料占 50%，装饰辅助品占 25%，灯光和电子装置占 20%，家具占 5%。作为行业领袖企业，家助公司已在 800 亿美元的家庭装潢零售市场中占据了 10% 的份额。伴随着家庭装潢市场销售额的逐年上升，估计未来家助公司将享有整个行业销售额的 20%。

家助公司的主要消费者构成是：专业装修公司占 40%，家庭自主装修用户占 60%。家助公司与专业装修公司的联系比较紧密，但是目前专业装修公司仅购买家助公司 10% 的家具用品，主要原因是：

（1）家助公司的递送服务外包给当地的运输公司，运输公司每递送一件家具通常要在家助公司的定价基础上增加 10～30 美元，虽然价格不高，但对于装修公司的顾客来说，免费递送家具更容易在心理上得到认可，因此，装修公司的顾客会到别处购买家具。

（2）家助公司每个店铺的存货受到限制，无法展示各种产品。在店铺的所有订货中，通常只有 7% 能够从存货储备中得到满足。如果一家店铺没有存货，订单将被转移到家助公司的地区仓库，从地区仓库存货中提取家具，在第二天运至店铺，顾客最早得到家具的时间是在原始订货后的 3～7 天。若地区仓库也无存货，则顾客得到家具的时间更长，因为家助公司要向制造厂订购。由于递送时间的延长和不确定，装修公司主要向独立的配送商购买，以满足家具递送时间和安装时间的衔接，保证顾客按计划装修。

威特摩尔公司是一家家具制造公司，拥有 2 个制造工厂和 6 个地区配送中心，其主要顾客是零售层次的经销商。6 个配送中心遍布整个美国，有 40% 的顾客利用电子手段从公司进行订购。威特摩尔公司的制造厂通过销售预测来制订生产计划。预测在装配前 6 个星期锁定。3 个配送中心承担全部的产品库存并维持最低的库存水平。当库存下降到预定的最低限度时，进货订单就送往相应的制造工厂。其余的 3 个配送中心储备的只是一些周转快的产品。当接收到顾客订单后，订单将被分配到离顾客最近的配送中心，如果该中心缺货，缺货产品就会从离该中心最近的配送中心中调拨或向制造工厂订购。如果预订的产品是多品种，一直要到所有产品备齐后再装运，以保证通过一次递送顾客就可以得到所需全部产品。

所有订单都经过配送中心处理。配送中心每晚检查和汇总订单，设法进行整合装运，并选择合适的递送路线。当最初被指定的配送中心的存货可得时，通常订货周期时间为 3～6 天；内部配送中心之间的存货调拨通常需要 2～3 天；当一种产品向制造工厂延伸订货时，在订货周期上需再加 8～12 天。

威特摩尔公司原来的主要伙伴是幸福家具公司，其销售额曾占到威特摩尔公司的 25%，但是，由于幸福家具公司出现了财务危机，其飘忽不定的订购正造成威特摩尔公司开工不足。目前，威特摩尔公司急需寻求新的合作伙伴。

资料来源：作者根据豆丁文库相关资料（http：//www.docin.com/p-20635117.html）改编。

思考：

1. 威特摩尔与家助公司有合作的可能性吗？请说明理由。

2. 如果双方合作，威特摩尔公司现有的物流系统哪些方面需要改进，请设计出其物流运作方案。

【延伸阅读】

1. 福斯特．质量管理：整合供应链［M］．何桢，译．北京：中国人民大学出版社，2018.

2. 李瑞峰．物流企业服务质量控制体系研究［D］．西安：长安大学，2009.

3. 姜跃．我国物流服务标准化研究［D］．沈阳：沈阳工业大学，2009.

4. 许英．基于 PDCA 循环法论第三方物流服务质量的持续改进［J］．商业文化（下半月），2010（8）：277-278.

5. 徐剑，姜跃．我国物流服务标准化实施研究［J］．中国高新技术企业，2009（23）：68-70.

6. 祝世富．运用 DMAIC 模型提升我国第三方物流服务质量［J］．北方经济，2009（10）：66-68.

参 考 文 献

[1] 陈红丽. 物流服务质量管理 [M]. 北京：首都经济贸易大学出版社，2016.

[2] 陈静，沈丽，王超. 电子商务质量管理 [M]. 北京：中国财富出版社，2017.

[3] 中国铁道科学研究院集团有限公司标准计量研究所. 铁路货物运输服务质量：TB/T 2968—2018 [S]. 北京：中国铁道出版社，2018.

[4] 格罗鲁斯. 服务管理与营销：服务利润的逻辑 4 版 [M]. 韦福祥，姚亚男，译. 北京：电子工业出版社，2019.

[5] 南剑飞，刘志刚. 物流服务质量评价体系构建研究 [J]. 现代管理科学，2013（10）：51-53.

[6] 梅虎，林玲霞，马子程. 电商物流服务质量评价关键指标构建及分析 [J]. 物流技术，2015，34（6）：85-88.

[7] 福斯特. 质量管理：整合供应链 [M]. 何桢，译. 北京：中国人民大学出版社，2018.

[8] 王海燕，张斯琪，仲琴. 服务质量管理 [M]. 北京：电子工业出版社，2014.

[9] 王晓华，姬静. 不同模式下电子商务物流服务质量评价研究 [J]. 物流技术，2014，33（2）：39-41.

[10] 王勇，张培林. 产业融合下冷链物流服务质量评价实证 [J]. 中国流通经济，2016，30（4）：33-39.

[11] 温碧燕. 服务质量管理 [M]. 广州：暨南大学出版社，2010.

[12] 韦福祥. 服务质量评价与管理 [M]. 北京：人民邮电出版社，2005.

[13] 徐菱，陈婷，江文辉. 基于 IPA 方法的铁路货运物流服务质量评价研究 [J]. 中国铁路，2018（7）：24-29.

[14] 余杨. 基于 SERVQUAL 的第三方物流服务质量的评价研究 [J]. 物流工程与管理，2009，31（5）：62-64.

[15] 郑兵，金玉芳，董大海，等. 中国本土物流服务质量测评指标创建及其实证检验 [J]. 管理评论，2007，19（4）：49-55.

[16] 全国物流标准化技术委员会. 物流术语：GB/T 18354—2006 [S]. 北京：中国标准出版社，2007.

[17] 全国物流标准化技术委员会. 第三方物流服务质量要求：GB/T 24359—2009 [S]. 北京：中国标准出版社，2009.

[18] 全国电子业务标准化技术委员会. 电子商务平台服务质量评价与等级划分：GB/T 31526—2015 [S]. 北京：中国标准出版社，2015.

[19] BIENSTOCK C C, MENTZER J T, BIRD M M. Measuring physical distribution service quality [J]. Journal of the Academy Marketing Science, 1997, 25 (4)：31-44.

[20] BIENSTOCK C C, ROYNE M B, SHERREL D, et al. An expanded model of logistics service quality：incorporating logistics information technology [J]. International Journal of Production Economics, 2008, 113 (1)：205-222.

[21] KANO N, SERAKU N, TAKAHASHI F, et al. Attractive quality and must-be quality [J]. The Journal of the Japanese Society for Quality Control, 1984, 41 (2)：39-48.

[22] MENTZER J T, GOMES R, KRAPFEL R E. Physical distribution service：a fundamental marketing concept [J]. Journal of the Academy of Marketing Science, 1989, 17 (4)：53-62.

[23] MENTZER J T, FLINT D J, KENT J L. Developing a logistics service quality scale [J]. Journal of Busi-

ness Logistics, 1999, 20 (1): 9-32.

[24] MENTZER J T, FLINT D J, HULT G T M. Logistics service quality as a segment-customized process [J]. Journal of Marketing, 2001, 65 (10): 82-104.

[25] MENTZER J T, MYERS M B, CHEUNG M S. Global market segmentation for logistics services [J]. Industrial Marketing Management, 2004, 33 (1): 15-20.

[26] PARASURAMAN A, ZEITHAML V A, BERRY L L. A conceptual model of service quality and its Implications for future research [J]. Journal of Marketing, 1985, 49 (3): 41-50.

[27] PARASURAMAN A, ZEITHAML V A, BERRY L L. SERVQUAL: a multiple-item scale for measuring consumer perceptions of service quality [J]. Journal of Retailing, 1988, 64 (1): 12-40.

[28] PARASURAMAN A, ZEITHAML V A, MALHOTRA A. E-S-Qual: A multiple-item scale for assessing electronic service quality [J]. Journal of Service Research, 2005, 7 (3): 213-233.

[29] RAFIQ M, JAAFAR H S. Measuring customers' perceptions of logistics service quality of 3PL service providers [J]. Journal Marketing Management, 2007, 28 (2): 159-177.

[30] SOHN J I, WOO S H, KIM T W. Assessment of logistics service quality using the Kano model in a logistics-triadic relationship [J]. The International Journal of Logistics Management, 2017, 28 (2): 680-698.

[31] THAI V V. Service quality in maritime transport: conceptual model and empirical evidence [J]. Asia Pacific Journal of Marketing and Logistics, 2008, 20 (4): 493-518.

[32] UGBOMA C, IBE C, OGWUDE I C. Service quality measurement in ports of a developing economy: Nigerian ports survey [J]. Managing Service Quality, 2004, 14 (6): 487-497.

[33] VARGO S L, LUSCH R F. Service-dominant logic continuing the evolution [J]. Journal of the Academy of Marketing Science, 2008, 36 (1): 1-10.

[34] YEO G T, THAI V V, ROH S Y. An analysis of port service quality and customer satisfaction: the case of Korean container ports [J]. The Asian Journal of Shipping and Logistics, 2015, 31 (4): 437-447.

[35] ZEITHAML V A, PARASURAMAN A, MALHOTRA A. Service quality delivery through web sites: A critical review of extant knowledge [J]. Journal of the Academy of Marketing Science, 2002, 30 (4): 362-375.